母、子女、配偶等，得请求国家补偿其全部或一部分财产或非财产上之损失的一种司法保护制度。❶ 其二是“国家有限弥补论”，即所谓犯罪被害人之补偿，是指国家对一定范围内因受犯罪侵害而遭受损失且又无法通过刑事附带民事诉讼获得损害赔偿的被害人及其家属，通过法律程序给予一定的物质弥补的方式。❷

对于以上两种观点，既有相似之处，又存在着较大差别。其共同点在于都明确地将国家作为具体犯罪行为的侵害人之外的第三人对被害人予以补偿。其差异在于国家补偿的介入点，即第一种观点强调被害人只要受到犯罪的侵害就可以请求国家予以补偿，国家补偿的介入点在犯罪被害后。而第二种观点则强调国家补偿的给予，必须是在被害人无法通过刑事附带民事诉讼程序或其他途径获得损害赔偿之后。两种不同的介入点体现了其背后不同的理论基础，第一种观点意味着补偿被害人是国家或政府的义务，是国家应该负担的损害赔偿之责，其理论基础是国家责任理论；第二种观点显示了对被害人进行补偿是国家或政府在行善，被害人没有先验的权利要求国家对其补偿，其理论基础是人道及社会福利理论。

笔者认为，上述两种观点都具有一定的片面性，刑事被害人国家补偿制度应是这两种理论的结合体。毫无疑问，对刑事被害人的补偿是国家责任的应有之义，然而这种补偿不是无条件的补偿，不能违背补偿的性质。它必须是在无法从被告人那里获得赔偿后，由国家给予的救济。因此，所谓刑事被害人国家补偿制度，是指因犯罪而遭受侵害的刑事被害人或其亲属，尚不能从犯罪侵害人处或其他途径得到赔偿并因此陷入严重生活困境时，有权请求国家通过法定程序给予其一定的物质补偿的原则、对象、范围、机构及程序等一系列法律规范的总称。

2. 刑事被害人国家补偿制度的特征

通过以上对刑事被害人国家补偿制度含义的探究，可以归纳出该项制度具有以下几个特征：

（1）补偿主体的特定性。刑事被害人国家补偿制度，顾名思义，是由国家作为补偿主体的制度。

（2）补偿对象的有限性。刑事被害人国家补偿制度救济的对象是因犯罪行为而遭受侵害的人。但并非所有的被害人都可以纳入补偿对象范围，必须同时

---

❶ 许启义编译：《犯罪被害人的权利》，中央警官学校出版社 1987 年版，第 60 页。

❷ 邓晓霞：“试论犯罪被害人补偿制度之价值”，载《法商研究》2002 年第 4 期。

满足两个条件：其一是经过刑事附带民事诉讼程序无法从犯罪人那里获得赔偿，从其他途径也无法得到补偿的；其二是因遭受犯罪侵害而陷入严重生活困境的自然人被害人可以获得补偿，不包括法人被害人或者单位被害人，因为他们是一个拟制的而非实在的法律主体，补偿制度是为了维持被害人的基本生存、抚平被害人的仇恨心理，体现的是国家奉行的人本主义原则及对被害人的关怀。

（3）补偿范围的限定性。国家对刑事被害人的补偿不能与犯罪人的赔偿相提并论，因为它并非是国家对刑事被害人的损失承担的直接法律责任，而是一种带有社会福利性质的间接责任。因此，只是一种适当的补偿，目的是为了防止被害人陷入困境。

（4）补偿程序的后置性。刑事被害人只有先通过刑事附带民事诉讼程序或其他途径无法得到赔偿或赔偿与实际损失不符时，才能请求国家给予一定的补偿。

（二）刑事被害人国家补偿制度的历史沿革

美国学者 Stephen Schalfer 在其所著的 *The Victim And His Criminal* 一书中将刑事被害人补偿制度的历史沿革较为准确地概括为三个时期：被害人之黄金时期、被害人之衰退时期和被害人之复活时期。[1] 依此脉络，本文也从这三方面简要介绍刑事被害人国家补偿制度的产生和发展进程。

1. 被害人之黄金时期

被害人之黄金时期是公元前 1750 年左右《汉谟拉比法典》的颁布到罗马灭亡为止的这段时间。这个时期的补偿制度主要表现为用赎罪金来满足被害人及其亲属的报复心理。它涵盖了整个古代文明时期的法律。[2] 古巴比伦时期的《汉谟拉比法典》第 23 条规定："如果强盗未能捕获，被劫者应于上帝前请求其失物；窃盗发生地之城市与长官应回复其所失物。"第 24 条规定："如生命被害时，城市与长官应赔偿其人民银一名那（名那：mina，为金衡之单位）。"[3] 后来，古希腊、古罗马也一度有类似的补偿规定。随着生产力的发展，劳动力在社会生产生活中的重要性凸显，加害人用牲畜、谷物甚至用货币支付给被害者以抵偿罪行，这种由犯罪者对被害者及其家族的赔偿，最初是一

---

[1] 许启义：《犯罪被害人保护法之实用权益》，台湾永燃文化出版股份有限公司 1990 年版，第 15～21 页。

[2] 杨正万：《刑事被害人问题研究——从诉讼角度的观察》，中国人民公安大学出版社 2002 年版，第 333 页。

[3] ［英］爱德华滋著：《汉谟拉比法典》，沈大钰译，中国政法大学出版社 2005 年版，第 28 页。

种刑罚手段。

2. 被害人之衰退时期

被害人之衰退时期自中世纪起到19世纪末。随着公法与私法的划分走向成熟，对犯罪人的行为责任的追究主要是在刑事审判中实现的，而对其行为所造成的经济损失则由民事审判来实现。个人主义思想的代表们认为："犯罪是扰乱社会秩序的行为，国家为维护社会秩序而有权依照刑法论罪科刑，至于被害人及其家属所受犯罪之损害，则是私人与私人之间的问题，不属于刑法应该规范的领域，所以刑法上不应有损害赔偿的规定。"❶ 这样，由于犯罪人缺乏赔偿能力而使得被害人的损失被严重忽视。到18世纪，欧洲掀起了监狱改革运动，监狱改革家们一方面为囚犯的痛苦而呼吁，另一方面呼吁人们重视被害人的困难处境。著名监狱改革家边沁（Jeremy Bentham）主张："社会不应该抛弃那些人身或财产受到犯罪侵害的被害人。被害人曾经对其作出过贡献而有责任保护他们的社会应当补偿他们的损失。"❷ 但改革家的呼声并未得到立法者的重视，被害人处于被遗忘的角色，基本权益无法获得保障。

3. 被害人之复活时期

这个时期以第二次世界大战为界分为复活前期和复活后期。复活前期是从19世纪末到"二战"结束。以意大利学者菲利和加洛法罗为代表的刑事实证学派认为，犯罪被害人因为种种原因不能得到赔偿便转而通过犯罪以维持生存已经成为一种事实。因此，该学派建议应该由国家对这部分犯罪被害人进行经济补偿的建议，在19世纪末引起了许多人的重视。但因当时各国经济实力不济，该建议终未能付诸实施。

第二次世界大战之后，随着被害人学的兴起，被害人的权利保护问题日益受到重视，被害人的赔偿和补偿权也成为研究的重要课题之一。1947年3月29日，与冯·亨蒂希、雷德里克·沃瑟姆一同为被誉为"被害人学之父"的耶路撒冷律师本杰明·门德尔松，在布加勒斯特罗马尼亚精神病学学会上作题为《被害人学——生物、心理、社会学的一门新学科》的研究报告，认为在被害人已尽到了自己的努力，但因为社会机构的责任或低效率而使其被害，加害者又未能赔偿被害人的损害的场合，该损害应当由国家负责弥补。为此，国家应建立一种保险制度，弥补这类被害人的损失。❸ 该文也成为后来各国建立刑

---

❶ 赵可主编：《被害者学》，中国矿业大学出版社1989年版，第218页。

❷ 郭建安主编：《犯罪被害人学》，北京大学出版社1997年版，第300页。

❸ 曾友祥："建立我国犯罪被害补偿制度"，载《现代法学》1990年第6期，第28页。

事被害人补偿制度的重要理论基础。英国著名监狱改革家、法官弗莱（Margery Fry）女士于20世纪50年代又开始提倡建立刑事被害人补偿制度。从20世纪60年代开始，许多国家相继建立了刑事被害人国家补偿制度。新西兰于1963年建立了一个刑事损害补偿法庭，开始对被害人进行补偿，成为第一个对被害人进行补偿的国家。英国于1963年成立了一个专门委员会研究不同的赔偿制度，1988年英国刑事审判法将国家补偿规定为被害人的一项法定权利。法国于1977年在《刑事诉讼法典》第4卷特别程序中增设第14篇，确立了刑事被害人的国家补偿制度，即使是因心神丧失而对行为人不能作犯罪处理时也可以补偿。1981年又规定，对盗窃、诈欺、渎职案的被害人也采取补偿手段。美国的1982年法规定了国家补偿制度，到1985年，美国的34个州和哥伦比亚特区建立了补偿制度。澳大利亚（1967年）、加拿大（1969年）、瑞典（1971年）、德国（1971年）、奥地利（1972年）、芬兰（1973年）、日本（1981年）陆续通过立法建立了刑事被害人补偿制度。在上述国家确认国家补偿制度的基础上，联合国于1985年通过了《为犯罪和滥用权利行为受害者取得公理的基本原则宣言》，明确规定了国家补偿制度的对象、方式，对资金来源和补偿程序也作了原则性的规定，使被害人补偿制度迈上了一个新的阶梯。[1]

三、刑事被害人国家补偿制度的理论基础、价值和功能

"一项法律制度如果不能从内在理论上说服于人，就会形成影响该法律制度理论和实践运作的天然缺陷"。[2] 本章从微观角度出发，洞悉刑事被害人国家补偿制度的理论基础、价值和功能，从而为该项制度的构建奠定坚实的理论基础，提供更具说服力的制度依据。

（一）刑事被害人国家补偿制度的理论基础

关于刑事被害人国家补偿制度的理论基础，学界存在不同的观点。概观各种理论基础，探析各说之利弊，从而得出最有说服力的观点作为构建我国刑事被害人国家补偿制度之理论基石。

1. 各国刑事被害人国家补偿制度理论基础概观

（1）国家责任说。该说认为，宪法是保障公民的人身和财产安全不受侵犯的根本大法，公民只要依法履行了对国家的义务，就应拥有受国家保护的权

[1] 许志："建立我国刑事被害人国家补偿制度的立法构想"，载《西北大学学报》2007年第4期。

[2] 杨正万："论被害人诉讼地位的理论基础"，载《中国法学》2002年第4期，第166页。

利。理由有二：其一是国家对其国民负有防止犯罪发生的责任，因此，如果国家没有尽到防止犯罪发生的责任而致被害人遭受犯罪行为的侵害，就应当对被害人所遭受的损失或伤害给予适当的补偿；❶ 其二是国家补偿责任的产生，是由于国家垄断了使用暴力镇压犯罪和惩罚犯罪的权利，使得国家在对侵害人进行刑事惩罚的同时，不仅减轻或免除了行为人的赔偿责任，而且也常常降低了行为人的经济能力，影响了加害人对被害人赔偿的能力。因此，国家应该为其影响行为人赔偿能力的行为负责，弥补行为人赔偿能力的不足。❷ 如新西兰的《刑事被害补偿法》即是采用此学说而建立的。

（2）社会福利说。该说认为国家对被害人予以补偿，是社会增进人民福利的一项重要任务，是一种对处于不利社会地位者的公共援助。原因有二：其一是从被害人来看，被害人因为犯罪的发生在人身及财产方面遭受了伤害和损失，在诉讼程序中被害人又沦为检察官和被告人双方争斗下的祭品，再次受到伤害，诉讼程序结束后，被害人最终沦落为“被遗忘的对象”，不仅受损权益无法恢复，而且生活从此陷入困境。对于被害人这样的弱势群体，国家和政府应该给予人道扶助。其二是从社会来看，国家要通过社会政策来改善和关心每个社会成员的生活，这是整个社会的一种责任。如果某个社会成员因犯罪侵害而伤残、贫困，社会应当给予其适当援助。❸ 对被害人的这种补偿，是国家或政府在行善，被害人没有先验的权利要求国家对其补偿。荷兰的《暴力犯罪补偿基金会临时设置法》即是采用此学说而建立的。

与社会福利说观点相类似，有的学者提出“公共援助说”。这种观点认为，国家对犯罪被害人的补偿是一种对处于不利社会地位者的公共援助。“刑事被害人受到犯罪侵害之后，由于身体受到损害或财产受到损失，实际上变成了一个处于不利社会地位者。出于人道考虑，国家应当对其通过被害补偿的形式予以援助。但是，因为国家对刑事被害人的补偿只是一种道义上的责任，而不是一种法律责任，所以允许对补偿规定条件和设置限额。❹ 有的学者提出“被期待说”。持该观点，认为国家对被害人补偿制度之所以被建立，就在于它本身被期待“第一，被害者生活贫困的实际状态，是使这种制度成为必要的社会背景之一；第二，民事上的损害赔偿制度在对犯罪被害方面的机能是不充分的，

❶ 赵可主编：《被害者学》，中国矿业大学出版社 1998 年版，第 217 页。

❷ 李玉华：“论被害人国家补偿制度”，载《政法论坛》2000 年第 1 期。

❸ 许建添：“建立刑事被害人国家补偿制度之多视角分析”，载《东华大学学报》2007 年第 1 期。

❹ 郭建安主编：《犯罪被害人学》，北京大学出版社 1997 年版，第 301～302 页。

因为事实上，被害者及其家属中，不能恢复由于犯罪人之害造成的损失很多。”❶ 还有的学者提出“社会保障说”。该观点认为，刑事被害人国家补偿是为了弥补原有社会保障制度的不足。❷

（3）社会保险说。该说主张国家对被害人的补偿是一种附加的社会保险。其一，社会中的每一个人都是犯罪行为的潜在被害人，被害人之所以被害实际上是由于他被适当机会选择出来的不幸者，对被害人自己的不幸，理应由社会全体成员来共同承担，国家对被害人补偿或援助实乃代表社会共同承担被害人的不幸。其二，各种社会保险的目的都是使人们能够应付威胁其生活稳定和安全的意外事故。对于受到犯罪侵害这一问题，也应视为社会保险帮助解决的意外事故之一，在被害人不能从其他渠道获得足够赔偿的情况下，由国家予以补偿而不使被害人被迫独自承受这一事故带给他的损失。❸ 如日本的《犯罪被害人等给付金支付法》即是采用此学说而建立的。

与此观点相类似，有学者提出“宿命说”或者称为“命运说”，认为犯罪是人类社会无法避免的客观危险，其存在具有一定的必然性，在特定时期总会有一定数量的被害人因犯罪侵害而遭受损失，正是由于这些被害人的遇害才使其他社会成员幸免于难。因此，社会没有理由要求被害人独自承担不利的后果，而应当由包括被害人和社会上未受害的幸运者在内的所有社会成员一起来共同分担损失。❹

（4）社会防卫说。社会防卫说所主张的观点可以从两方面理解：其一是被害人受犯罪侵害得不到赔偿与补偿时极易产生一种怨恨心理，并采取报复行动，而这种报复行动往往是犯罪的一个重要来源，国家要有效地控制与减少犯罪，必须采取措施以避免这种被害人向犯罪人的转化态势。“根据美国实证研究得知，每年约有上百万之被害者被传唤出庭作证，其中有44%之被害者宣称在出庭作证过程中，给他们带来金钱损失、起居不便、遭人恐吓骚扰等，使其饱受心灵创伤”。❺ 因而被害人补偿制度的建立可以对被害人进行物质与精神的双重抚慰，用以调节被害人失衡的心理状态，减少因遭受犯罪侵害而生活贫困的被害人的怨恨心理，防止和避免其向犯罪人转化。其二是国家对被害人

---

❶ 樊学勇：“关于对刑事被害人建立国家补偿制度的构想”，载《中国人民大学学报》1997年第6期。

❷ 董鑫主编：《刑事被害人学》，重庆大学出版社1993年版，第129页。

❸ 许永强：《刑事法制视野中的被害人》，中国检察出版社2003年版，第166页。

❹ 赵可主编：《被害者学》，中国矿业大学出版社1989年版，第218页。

❺ 张平吾：《被害者学概论》，台湾警察大学出版社1996年版，第255页。

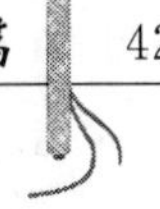

进行补偿，有利于被害人与司法机关进行合作，提高追诉犯罪的效率，并形成一个坚固的社会防卫网，增强社会的防卫功能。

（5）政治利益说。该说认为保护刑事被害人是争取民众支持，凝聚民众与政府的重要手段。社会治安的日趋恶化，使得民众的生活陷入不安。同时，现行司法制度片面地强调保护被告人的利益，漠视刑事被害人的利益，由此造成被害人和被告人利益的严重失衡，致使被害人对司法机关丧失信心而不愿配合其工作，其后果是犯罪率上升，但犯罪的报案率和破案率却令人大失所望。这种恶性循环会形成严重的政治问题，政府应从政治利益全局考虑，积极改革司法制度，使民众感觉到其司法制度是服务于全体民众的，而非仅为少数人谋取利益的工具。因此，保护刑事被害人立法，应着重在建立政府与刑事被害人之间的公共关系上，通过政府对刑事被害人的补偿体现社会公平，赢得众多的刑事被害人对政府的认同与拥护。❶

2. 我国刑事被害人国家补偿制度理论基础之确立

（1）现有理论基础之评析。以上关于刑事被害人国家补偿制度理论基础的几种流行观点，笔者一一进行对比分析。

其一，“国家责任说”实质上是“社会契约”理论的产物。卢梭认为：“每个人的力量和自由是他生存的主要手段，但为了使社会由自由状态过渡到文明状态，人们就必须寻找到一种结合形式，使它能以全部的力量来维护和保障每个结合者的人身和财富；并且由于这一结合而使每个与全体相联合的个人只不过是在服从自己个人，并且仍然像以往一样地自由。”❷ 依据此观点，公民已经将保护自己人身和财产安全的权利交给国家行使，国家便有保障公民人身财产权利不受侵犯的义务。因此，国家必须切实履行自己的义务，如果未尽到职责，则要承担由此而产生的后果。犯罪的发生不仅是对公民权利的严重侵害，更是国家的失职，国家应当根据契约承担相应的责任。对被害人损失的补偿，国家责任义不容辞。不仅是卢梭的《社会契约论》有着相关的见解，洛克的《政府论》也表明了同样的观点：“人们联合成为国家和置身于政府之下的重大和主要目的，是保护他们的财产；在这方面，自然状态有许多缺陷。”❸ 因此根据“契约”，当国家不能履行义务时，犯罪被害人有权要求国家对他们遭受犯罪侵害而造成的损失负责。另一方面，“国家责任说”源自权利义务对等的

❶ 莫洪宪主编：《刑事被害救济理论与实务》，武汉大学出版社 2004 年版，第 190 页。

❷ ［法］卢梭著：《社会契约论》，何兆武译，商务印书馆 1980 年版，第 23 页。

❸ ［法］洛克著：《政府论（下篇）》，叶启芳译，商务印书馆 1964 年版，第 23 页。

原理。在国家产生之前，危害行为对被害人造成的损失一般都由侵害人负责。而在国家产生之后，作为权力机构的国家垄断了暴力镇压和惩罚犯罪的武器，国家不允许公民携带武器预防和对抗犯罪，而导致了公民在与犯罪分子的斗争中处于劣势。国家也不允许公民运用私刑惩罚犯罪，被害人便无权对犯罪分子使用私刑来挽回损失。因此，当国家没有尽到防范并打击犯罪的义务，而公民因犯罪侵害所受到的损失，又不能通过公力救济的渠道从罪犯处获得适当的赔偿时，国家自然应当对其损失给予补偿。否则，国家与公民间的权利义务便处于失衡状态。

然而，"国家责任说"并非完美无缺，其仍存在一定的局限性。这表现为几方面：第一，作为国家责任说来源的社会契约论本身存在理论缺陷。即社会契约论片面强调所有犯罪给被害人造成的损失都应由国家来承担责任，而忽视了犯罪的发生与被害人之间的关系。犯罪学研究表明，犯罪产生的原因是多方面的，对犯罪责任的界定越来越模糊。[1] 将每一个具体的犯罪都归因于某个特定的政府的过错而完全忽视了犯罪者的个人意愿，这种推理是有失偏颇的。第二是国家责任说没有看到国家补偿制度的福利性质。边沁指出："公共福利不能等同于个人愿望和个人要求的总和，而是构成此共同体的众多成员利益总和。一个社会在面对因形式机会与实际机会脱节而导致的问题时，会采取这样一种方法，即以确保基本需要的平等去补充基本权利的平等。"[2] 社会福利由社会成员共同创造，国家负有增进社会公共福利和确保公民基本需要平等的职责。某些社会成员的人身无辜遭受到犯罪侵害时，国家理应运用社会福利机制予以救济，应当在个人权利与社会福利之间保持一种适当的张力。刑事被害人受到犯罪侵害后，由于身体受到损害和财产受到损失，实际上处于不利社会地位，有的甚至沦为社会底层，法律就必须对他们予以保护。公共福利救济程序应当及时启动，通过给予被害人补偿的形式予以援助，使其尽快摆脱不利境地。

其二，社会福利说体现了刑事被害人国家补偿制度一种特性。正如前文所论述的那样，"公共福利乃是一个特定社会在个人权利范围内接受法律调整的状况。反过来讲，如果这些权利遭到侵犯，那么这些法律就必须对他们进行保

[1] 张智辉：《比较犯罪学》，中国人民公安大学出版社1992年版，第185～186页。

[2] L. T. Hobhouse：*The Elements of Social Justice*，New York：Academic Press，1992，pp. 122～155.

护。”❶ 对刑事被害人的损失进行补偿正是社会福利在发挥作用，是国家从公共福利中分配一定数额对被害人进行的一定补偿。然而，将社会福利说作为刑事被害人国家补偿制度惟一的理论支撑是站不住脚的。原因如下：第一，如果将补偿作为一种社会福利，应当惠及社会所有接受法律调整的公民，不应因所涉及法律关系的不同而有所区别。而“社会福利说”支撑的国家补偿制度仅将这种福利惠及刑事被害人，排除了其他法律关系中的被害人，如自然灾害中的被害人。因此，单纯地将社会福利说作为国家补偿制度的理论基础与社会福利的本质要求是不完全吻合的。第二，社会福利说将国家对被害人的补偿视为一种行善行为，被害人没有法定的权利来请求国家予以合理补偿，因此这种“善举”带有一定的不确定性和不规范性。不确定性表现为国家对被害人的补偿可能因国家经济状况和福利制度的变化而变化；不规范性表现为被害人没有先验的权利予以保障，没有法定的程序予以实现，更谈不上受损权益的救济了。第三，国家补偿既然是对被害人为全社会福利所作贡献的奖励，那么全社会都应该有帮助建立补偿基金的义务和责任，而不应该是仅仅或主要是依靠对罪犯所征纳的税收来建立补偿基金。此外，更不应放弃应由罪犯自己直接或间接补偿被害人的前提，毕竟社会福利的救济不能取代刑事责任的承担。

其三，“社会保险说”认为犯罪造成的损失是一种意外事故，从损失风险的社会分担角度将社会保险做广义的理解，认为国家补偿制度是一种附加的社会保险，这是有一定道理的。但是，该说也存有以下缺陷：第一，如果只是将补偿视为国家对被害人的一种附加保险，那么，通过设立新的险种——“刑事被害险”，由保险公司来负责赔偿被害人的全部损失相比国家专项建立补偿制度而言更加便捷有效。第二，依照社会保险理论，只要被害人符合一定的条件，即有权向国家请求补偿，而不以生活陷入困境为条件，这一方面无法达到对犯罪人通过刑事赔偿来实现刑事惩罚的目的；另一方面也会产生与社会福利说同样的问题，即要受到国家经济基础和刑事政策的限制。

其四，“社会防卫说”所倡导的理念对于提高被害人对司法的信赖和合作的意愿，从而提高追诉犯罪的效率，增强社会防卫功能，促进社会安全有着重要意义。然而，从国家补偿制度理论根源的角度出发，社会防卫说只能视为国家补偿制度设立所追求的目标之一，而非设立该项制度的根基。其一，国家补偿制度所追求的目标并非仅限于给全社会撑起“保护伞”，它还包括公平、正

❶ Vera Bolgar: The Concept of Public Welfare, *American Journal of Comparative Law*, 1959. p. 68.

义、人权保障等诸多理念。其二，社会防卫目标的实现也并非仅限于加强被害人的权益保障及受损利益的恢复和补偿，它是一项全方位、多元化的系统工程，是通过以全社会所有公民为保障对象，以国家法律为保障基础的司法体系的有序运作来实现的。

其五，“政治利益说”对于平衡利益冲突，维护社会稳定，促进刑事被害人保护的立法有着积极作用，但是将其作为刑事被害人国家补偿制度的理论基础是站不住脚的。其一，刑事被害人国家补偿是一种刑事法律制度，而非政治制度。因而刑事被害人国家补偿制度的建立必须符合刑事法律的相关特征，应当以保障刑事被害人的权益，实现法律的公平、正义为最终目标，而不能将其视为政治制度而去迎合统治阶级的利益，沦为统治阶级的工具。其二，政治利益说所强调的促进被害人与司法机关合作的积极性，消除对被害人的排斥与歧视只能视作刑事被害人国家补偿制度确立的意义之一，因为政治动机理论实际上是每个补偿立法制度都内含的企图，甚至可以说是被害人补偿制度确立的一个直接的原因。

3. 我国刑事被害人国家补偿制度理论基础之现实选择

根据以上分析，不难看出，前两种学说作为刑事被害人国家补偿制度的理论基础都具有一定的可采性，但在理论上都不能尽善尽美。而后三种学说则是为刑事被害人国家补偿制度提供观念支持，对于具体的补偿制度模式构建没有影响。笔者认为，“国家责任说”强调主体，社会福利说强调内容，以国家责任说为主兼采社会福利说作为我国建立国家补偿制度的理论基础较为适合。

哈耶克曾经说过：“大凡在人们为了强制实施行为规则而建构起了诸如政府这类组织的地方，个人都有正当的理由要求政府对他的权利进行保护并且对他所受到的侵犯做出补偿。”❶ 我国学者也指出：“任何国家都具有阶级统治和社会管理的双重职能，无论基于哪种职能，维护社会治安，防止犯罪，保障公民的生命健康权和财产权，是国家应尽的义务和责任。公民因为暴力犯罪受到伤亡，不仅是加害人的过错，而且在很大程度上源于国家的过失，即国家未能尽到有效保护公民的责任。对加害人不能赔偿的，由国家予以补偿，这是国家应该承担的责任。”我国是社会主义国家，国家肩负着保护人民的生命、财产和人身安全，改善和关心每个公民生活的双重责任与义务。随着我国法治现代化进程的不断深化，经济实力的不断加强，人权保障意识的不断提高，国家有

❶ [英] 弗里德利希·冯·哈耶克著：《法律、立法与自由》，邓正来等译，中国大百科全书出版社 2000 年版，第 180 页。

义务也有实力对刑事被害人权益予以保障和恢复。此外，刑事被害人国家补偿制度所带有的福利性质体现了现代文明国家对公民的人文关怀，这与当今我国所倡导的构建和谐社会的执政理念有着紧密联系。诚然，社会福利制度的健全性和普及度正是构建和谐社会的重要一环，刑事被害人国家补偿制度给被害人所带去的福利也是安抚怨恨心理、平复矛盾冲突进而消解社会不稳定因素的一剂良方。

（二）刑事被害人国家补偿制度的价值

任何制度首先有价值，才能被确立和完善。价值的一般意义上的含义是指与主体的需要、欲求具有相恰互适性的、从而受到主体的珍视、重视的事务的存在、性状、属性或作用。❶ 法律的价值是社会全体成员根据自己的需要而认为法应当具有的最基本的性状、属性。博登海默认为，法律是秩序与正义的综合体。秩序和正义是法律价值的两个基本范畴，秩序表现法律的形式结构，正义表现法律的实质目的。除了秩序和正义这两大永恒的价值主题以外，增进效率是法律所追求正义的重要组成部分，效率价值也越来越受到理论和实务界人士的关注。同样，刑事被害人国家补偿制度的构建也要以追求法律的核心价值为目标，将正义、秩序、效益的价值理念贯穿于整个制度之中。

1. 正义价值

“正义”（justice）一词由来已久。古罗马法学家乌尔比安首创了正义的概念，他指出“正义乃是使每个人获得其应得的东西的永恒不变的意志”。“正义是一个以权利为基础（right－based）的而不是以目的为基础（goal－based）的价值目标。”❷ 古罗马法学家西塞罗也曾把正义描述为“使每个人获得其应得的东西的人类精神取向”。❸ 亚里士多德将抽象的正义划分为分配正义和矫正正义两个范畴，指出了正义作用的双重性。分配正义关注的是在社会成员或群体成员之间进行权力、权利、义务和责任的配置问题，矫正正义则要求使受到破坏的不平等的境况回复到最初的平等状态中去。❹ 如果社会的一名成员侵犯了另一名成员的权益，那么矫正正义就要求偿还属于受害者的东西或对他的损失进行补偿。美国法学家博登海默认为：“当政府未能提供安全与治安方面的基本保障时也可以认为是非正义的，为此发生的矫正正义就是国家也须承担

❶ 张恒山：《法理要论》，北京大学出版社 2002 年版，第 205 页。

❷ ［美］博登海默著：《法理学：法律哲学与法律方法》，邓正来译，中国政法大学出版社 2004 年版，第 277 页。

❸ 同上。

❹ 邓晓霞：“试论犯罪被害人补偿制度之价值”，载《法商研究》2002 年第 4 期。

一定的责任。”罗尔斯则认为：“正义的对象是社会的基本结构——即用来分配公民的基本权利和义务、划分由社会合作产生的利益和负担的主要制度。契约的目的并非是选择建立某一特殊的制度或进入某一特定的社会，而是选择确立一种指导社会基本结构设计的根本道德原则，即正义原则。”❶ 他的理论反映了一种对最少受惠者的偏爱，一种尽力想通过某种补偿或再分配使一个社会的所有成员都处于一种平等地位的愿望。

从以上对正义的理解我们可以得到两点认识：其一是作为社会稳定的基础，法律进行权利分配时必须一视同仁，以显示其公平。“当思想家把理性的目光转向人类社会的时候，他们首先关注的问题便是物质的社会分配差异，以后又扩大到权利分配的差异，这样，公平的概念便凸显出来。”❷ 在刑事诉讼领域，既要赋予被告人以平等的权利对抗公诉机关的指控，也要赋予被害人请求恢复其受损利益的参与性程序权利和补救及预防性程序权利。权利的平等分配是实体正义和程序正义得以实现的前提和基础。因此，刑事被害人国家补偿制度正是通过赋予刑事被害人请求补偿权来平衡被告人和被害人之间倾斜的法律天平，从而实现法律的正义价值。其二是犯罪被害人与其他公民一样是居于平等地位的，当其受到其他社会成员的犯罪侵害时，意味着其原有的与其他社会成员平等的地位遭到了破坏，在这种情形下就发生矫正正义的情形，而矫正正义的核心是补偿，即破坏分配正义的社会成员应当为其破坏行为付出代价，并努力使破坏的情形恢复到最初的正义状态。“没有什么不平等的现象会像经济上的不平等现象一样导致如此大的怨恨，其他不平等的现象之所以不像经济上的不平等现象那样引发极大的怨恨只是因为它们被认为不是人为的结果。”❸ 在刑事案件中，被害人受到犯罪侵害后应当由犯罪人对其破坏性行为付出代价，即令其承担相应的刑事责任及给予被害人经济赔偿，以便恢复被害人失衡的心理状态、弥补其经济上的损失。否则，“这种不平等会导致被害人对犯罪人以及社会产生不满甚至敌对情绪，因此而实施犯罪行为，使被害者向犯罪者方向转化，由此招致被害人和市民对包括刑事司法在内的法秩序的不信任感，进而削弱刑法的规制机能。”❹ 刑事被害人国家补偿制度以确保被害人的利益

---

❶ ［美］约翰·罗尔斯著：《正义论》，何怀宏等译，中国社会科学出版社 1997 年版，第 379 页。

❷ 姚莉：《反思与重构——中国法治现代化进程中的审判组织改革研究》，中国政法大学出版社 2005 年版，第 57 页。

❸ ［英］弗里德利希·冯·哈耶克著：《法律、立法与自由》，邓正来等译，中国大百科全书出版社 2000 年版，第 152 页。

❹ ［日］大谷实：“犯罪被害人及其补偿”，黎宏译，载《中国刑事法杂志》2000 年第 2 期。

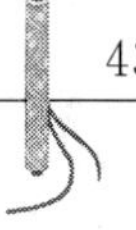

为基础和出发点，以保障被害人的生存权为根本目的，以国家补偿的方式实现被害人与加害人、被害人与国家之间关系的和谐，在稳定整个社会秩序的同时，实现其作为一项“善”的法律制度对正义的追求。❶

2. 秩序价值

秩序是法律最基本的价值。与法律永相伴随的基本价值，便是社会秩序。必须先有社会秩序，才谈得上社会公平。❷ 所谓一定的秩序，在学者哈耶克看来：它本质上就意味着个人的行动是由成功的预见所指导的，这亦即是说人们不仅可以有效地使用他们的知识，而且还能极有信心地预见到他们所能从其他人那里所获得的合作。❸ 我国学者胡锡庆则认为：“概括起来说，秩序是规范体系作用与社会而建立起来的有条不紊的状态。其特点是：(1) 秩序是一种理想的社会状态，生活于其间的人们都乐于适应这种状态。这种状态通过冲突的发生、解决的不断运动，保持一种动态的平衡。(2) 这种状态通过提供人们的行为规则来实现，它指引人们可以实施什么行为，必须实施什么行为，禁止实施什么行为。人们可以依此评价他人的行为，防止行为的冒险与盲从，为解决社会矛盾提供了依据。(3) 秩序这种社会状态具有一定的强制性，任何打破这种状态的行为，都会被社会强制力抑制平息下来，一定的社会状态因而得以维护和保障。”❹

从以上关于秩序价值的理解，我们可获得以下几点认识：其一，秩序是一个动态的过程，它表现为社会的稳定。然而犯罪是对社会稳定的最大威胁，从另一方面看，正是因为社会存在不稳定、不和谐的因素，犯罪行为才得以发生。此外，犯罪不仅危害社会稳定，而且直接侵害的是被害人的人身及财产权益。然而，国家在打击犯罪，追究犯罪人刑事责任的同时，往往忽视了犯罪牺牲者——被害人的权益。国家在保护人权，维护犯罪人诉讼权利的同时，也常常遗忘了被害人受损权益的补偿和恢复。这种忽视和遗忘与犯罪对国家稳定的危害一样是令人担忧的。因此，建立刑事被害人国家补偿制度就是及时给予被害人以物质上的救助和精神上的抚慰，帮助被害人从犯罪侵害的阴影中走出

---

❶ 孙洪坤：“刑事被害人国家补偿制度研究”，载《国家检察官学院学报》2004 年 12 月，第 66 页。

❷ [英] 彼得·斯坦、约翰·香德著：《西方社会的法律价值》，王献平译，中国法制出版社 2004 年版，第 19 页。

❸ [美] 博登海默著：《法理学：法律哲学与法律方法》，邓正来译，中国政法大学出版社 2004 年版，第 280 页。

❹ 胡锡庆主编：《刑事审判方式改革研究》，法律出版社 2001 年版，第 84 页。

来，使被害人的生活步入正轨。这一方面起到了平复被害人怨恨心理，防止其向新的犯罪人转变的作用。另一方面也为减少被害人上访、申诉，保障司法资源的合理分配和机构的有序运转，消除社会不稳定因素起到了重要作用。其二，国家通过制定法律来规范人们的行为，使人们能够准确预见其行为的合法性，并且法律为和平解决矛盾和冲突提供了依据和程序，从而维护社会秩序。刑事被害人权利的保障与充分行使能维护社会的稳定，然而现有法律赋予刑事被害人的权利未能完全保障其受损利益的恢复，反而在无法从犯罪人那里获得赔偿时变得求助无门，生活从此陷入困境。因此，刑事被害人国家补偿制度的出台，可以给绝望中的被害人带来曙光。该项法律制度的确立弥补了刑事被害人补偿权缺失的遗憾，更重要的是对刑事被害人切身利益的关注。法律制度的这种可预见性、稳定性不仅维护了刑事被害人的权益，更为社会的稳定秩序奠定了坚实的基础。

3. 效率价值

效率即效能、功效，在不同的学科领域有着不同的理解。效率，原是一个经济学概念，指经济上的投入与产出、成本与收益之间的比例关系。从哲学意义看，效率是指人类价值活动过程中付出与成果之间的比较。在司法领域，也讲求效率。自 20 世纪 60 年代法律经济学萌生以来，效益便成为评判某一法律制度优劣的基本标准之一。经济分析法学派代表人物芝加哥大学教授波斯纳认为，经济学是对法律进行规律分析的有力工具，在一个资源有限的世界中，效益是一个公认的法律价值，表明一种行动比另一种更有效，当然应该成为制定公共政策的一个重要因素，并进而指出“公正在法律中的第二意义是指效益”。❶ 我国著名学者顾培东亦指出：“当代社会中法律正义或公正内涵的界定，也需要借助于资源使用与配置的效益评价。某些行为的正义或公正性，甚至直接可以用效益作度量”。❷ 具体到刑事诉讼法领域，“刑事诉讼效率的价值实质是通过寻找最佳的方式，即以最少的人力、物力和财力，在最短的时间内来最大限度地满足人们对正义、自由和秩序的需求”。❸ 效益是司法的基本价值之一，它反映的是司法成本与收益、司法投入与产出之间的比例关系。司法效益一般是指通过降低司法成本，获得最大的法律效果和社会效果，使司法资

---

❶ ［美］波斯纳著：《法律之经济分析》，蒋兆康译，中国大百科全书出版社 1997 年版，第 18 页。

❷ 顾培东：“效益：当代法律体系的一个基本价值目标——兼评西方经济学”，载《中国法学》1992 年第 3 期。

❸ 李文健：《刑事诉讼效率论》，中国政法大学出版社 1999 年版，第 34 页。

源的配置达到最优化。司法效益的基本要求是：就司法机关而言，应该以最小的司法投入实现司法公正；就当事人而言，应该以最小的付出维护合法权益。

刑事被害人国家补偿制度的建立正是通过对司法资源的优化配置，以最小的投入实现最大的利益，以达到司法机关和被害人之间的“双赢”效果，表现为以下两方面：其一，对于司法机关而言，及时、准确地审结案件，恢复受损秩序，实现法律正义是刑事司法所追求的目标之一。案件的审理本身是个纷繁复杂的过程，证据的收集和论证是支撑裁判公正的基础。刑事被害人是犯罪的直接受害者，也是直接证据的提供者，因而刑事被害人的证言对于准确认定案件事实，明确刑事责任起着至关重要的作用。然而司法实践中的刑事被害人由于犯罪而使身心受到严重创伤和摧残，甚至生命垂危，面对巨额的医药费用而无法承受，更不用说配合司法机关提供证据了。因此，刑事被害人国家补偿制度的建立正解决了被害人的燃眉之急，使被害人从危难中逐渐恢复过来，能够及时地回到诉讼中，并与司法机关密切配合，使案件及时地审结。这样不仅节省大量的司法资源，而且也增大了自己获赔的可能性。其二，对于刑事被害人而言，司法实践中有些被害人担心一旦犯罪人被判刑入狱，其经济损失将难以挽回，从而承受损失的无限延续所带来的痛苦的煎熬。他们为了能够从加害人处获得可能的赔偿，常常不愿与司法机关合作，甚至为加害人开脱，严重损害了法律的权威性。而且，在其索赔落空后，被害人往往会走向另一个极端，转化成新的犯罪人，这就在无形中大大增加了诉讼成本，造成了司法资源乃至社会资源的更大浪费。

（三）刑事被害人国家补偿制度的功能

法律的功能是基于法律自身的结构规定性而与社会发生关系的状态，是法律对于社会存在和发展的适应性。与法律的价值相比，法律功能的分析是将社会视为一个整体，从社会整体的角度分析某一项法律制度所具有的独特构造。❶ 刑事被害人国家补偿制度的功能即是该项制度所能实现的社会状态，包括平衡利益冲突、恢复受损秩序、控制减少犯罪、有序分配资源四大功能。

1. 平衡利益冲突

任何法律关系的调整和法律行为的实施，都是对各种冲突和利益的综合评价和选择，而这种综合评价和选择的标准则取决于不同的价值取向。犯罪行为必然会引起一系列的利益冲突，其中最主要的三个方面为犯罪人与国家的利益

❶ 徐汉明、蔡虹：《完善民事诉讼法律监督程序的立法建议》，湖北省人民检察院2006年度检察理论研究重点课题研究成果，第37页。

冲突、犯罪人与被害人的利益冲突以及犯罪人与社会的利益冲突。在传统司法模式下，国家强调追究犯罪人对国家利益和社会利益的损害，而忽视了犯罪人与被害人之间利益冲突的解决。随着20世纪60年代被害人学研究的兴起和人们对被害人权利的广泛关注，西方各国纷纷开始加强保护被害人的立法，寻求犯罪人与被害人之间人权保障的平衡已成为世界范围内刑事诉讼人权保障的必然趋势与发展方向。而在我国，既有国家追诉机关与犯罪人之间公权与私权的失衡，也有被害人与犯罪人之间私权与私权的失衡。如果加上国家追诉机关与被害人之间公权与私权的失衡的话，则是一种三重失衡的状态。这其中，被害人与犯罪人之间私权与私权的失衡则是更容易被忽视的。[1] 正如有的学者所指出的："如果说把一度作为客体的犯罪人提升到主体的地位，是贝卡利亚以来的现代刑法理论的重要成就之一，那么，把被害人贬为刑事法律关系的客体，则是它的令人头痛的副产品。"[2] 因而，为了使被害人与犯罪人之间的权利达到均衡，法律应当完善被害人的权利保障。在刑事诉讼中，不仅应当保障被害人的刑事诉讼权利，而且还应当保障其刑事实体权利，使被害人可以在诉讼外获得国家的援助，进而改善生活条件、提高生活水平。"在司法程序上，被害人虽然有义务配合警察或者检察官侦查犯罪，但是被害人的基本需要如果不能得到最起码的满足，其履行作证等法定的义务也必然会受到影响。"[3] 刑事被害人国家补偿制度即是通过赋予被害人补偿请求权而使其尽快从伤痛中恢复，不仅有利于司法机关及时准确查明案件事实，更为社会消除了潜在的不稳定因素。

2. 恢复受损秩序

法律是秩序的象征，又是建立和维护秩序的手段。法律维护秩序的功能主要表现为建立和维护阶级统治秩序、建立和维护社会生活秩序、建立社会生产和交换秩序、建立和维护权力运行秩序等。[4] 刑事被害人国家补偿制度通过对被犯罪侵害的受损秩序的恢复彰显了法律建立和维护阶级统治秩序、建立和维护社会生活秩序的功能。具体表现为两方面：其一，犯罪不仅是对被害人的直接侵害，也是对正常社会秩序的严重挑衅。稳定是秩序的表现，更是维护统治阶级基础。因此，打击和控制犯罪，恢复受损秩序是任何统治阶级在社会发展

---

[1] 孙谦："构建我国刑事被害人国家补偿制度之思考"，载《法学研究》2007年第2期。

[2] 劳东燕："事实与规范之间——从被害人视角对刑事实体法体系的反思"，载《中外法学》2006年第3期。

[3] 杨正万：《刑事被害人问题研究》，中国人民公安大学出版社2002年版，第332页。

[4] 张文显：《法哲学范畴研究》，中国政法大学出版社2001年版，第165～201页。

过程中追求的永恒话题。刑事被害人国家补偿制度的建立在于通过补偿被害人来减轻因被害带来的积怨、恢复正常生活状态，防止被害人因受害后由于没有获得公正待遇而对社会正义失去信心，从而走向犯罪，对社会秩序产生新的损害。其二，被害人因犯罪行为遭受了人身侵害和财产损失，特别是人身侵害直接影响了被害人的生活和生产，可能因此导致其生活无法自理，不能正常地参与工作和生产，从而减少了工资和其他利益收益，使其生活雪上加霜。此外，依赖被害人生活的亲属也会因为被害人正常生活状态的受损而同样陷入困境。因此，犯罪对被害人生活所造成的影响是连锁性的、持续性的。刑事被害人国家补偿制度通过直接给予被害人物质上的救济，帮助被害人解决最为迫切的生活问题，使之恢复正常身体状态和生活秩序。这种对个人的关怀和救助，不仅使得个体利益得以维护，更是对整个社会生活秩序的保障。

3. 控制减少犯罪

德国犯罪学家汉斯·亨梯在其《论犯罪者与被害者的相互作用》一文中提出犯罪者与被害者是互动的观点。此后的犯罪被害人学研究结论已经证实，被害人与犯罪人之间可以发生角色转换，并可以发生逆变。当被害人因受犯罪侵害得不到赔偿并且陷入生活窘迫状态时极易产生不公及怨恨的心理。这种心理易导致被害人的报复行为，而这种报复行为往往是犯罪的一个重要来源。要抑制这种报复行为的发生必须充分发挥社会抑制系统功能。抑制系统行使抑制功能的过程实质上就是对“利欲”的调节过程，它通过法律、道德等各种行为规范和个体的意志、信念等不断对各种刺激引起的失衡心理进行调节，如果抑制系统功能减退，人的趋利本能就会增强，犯罪行为就会增多。[1] 因此，国家要有效地控制、减少犯罪，避免被害人向犯罪人转化，必须强化抑制系统的功能，即通过法律和道德等行为规范来对被害人失衡的心理进行调节。而刑事被害人国家补偿制度作为社会控制系统中的一个重要环节，其主要作用是在其他物质救济方式不能有效发挥作用时对被害人进行救助，满足被害人的物质需求。通过经济救助安抚被害人心理，消解怨气，特别是那些因为遭受犯罪侵害而生活陷入贫困的被害人，使其不致因贫困而心理失衡从而产生对他人及社会的怨恨，防止和避免其向犯罪人转化，达到控制社会犯罪总量的目的。

4. 有序分配资源

刑事被害人国家补偿制度的缺失或是造成国家司法资源和社会资源的浪费，或是刑事被害人获得正常权益保障的机会成本的增加，它是国家司法资

[1] 阴家宝主编：《新中国犯罪学研究综述》，中国民主法制出版社 1997 年版，第 156 页。

源、社会资源与被害人个人资源被滥用的非常态的折射反映。首先，对于刑事被害人而言，国家补偿制度缺失使得刑事被害人无法实现自身权益保障收益的协调平衡，其极端方式可能是“以牙还牙”“以眼还眼”或加倍侵害，其结果导致刑事被害人的权益保障收益为负，其机会成本支出所带来的收益之差距往往更大。这就会造成刑事被害人所有资源消耗殆尽，而与加害人的伤痕“世代相加”。其次，对于国家而言，无论是刑事被害人采取极端加害报复的行动，或采取温和的申诉、上访等，都会导致国家司法机关或其他机关对诸如此类申诉处置的成本支出，并且由于没有统一规范的国家补偿机制，而大多数带有“地方特色”“即兴处置”式，其持续增加的协调处置成本所获得的平衡利益冲突的收益欠佳，有的甚至为零或为负，这种现象被称为制度经济学上的边际效应递减现象，即国家或地方增加一单位对补偿制度缺位条件下的刑事被害人申诉上访的协调处置成本的投入，其所产生的权益保障、利益协调、诉求表达的收益是递减的。这种成本投入显性增加而收益不确定的现象，从根源上看是刑事被害人国家补偿制度缺失的折射反映，亦称得上是“制度缺失”的成本替代现象。最后，对于社会而言，刑事被害人国家补偿制度的缺失必然导致社会成本的显性或隐形增加。它通常表现为一方面“同态复仇”现象的延续；另一方面，社会成员因为恶性案件的增加、社区秩序的混乱等而感到恐惧和不安，不得不加大显性成本的支出，如多交治安费，改装铁窗、铁门，其结果必然导致社会成本支出的上升。

因此，刑事被害人国家补偿制度的构建必须以合理利用有限司法资源、节约社会资源为出发点，发挥其合理配置社会资源，优化国家资源，有效管理社会，充分保障刑事被害人正当权益的作用。对于刑事被害人而言，其作用在于两方面：其一，在刑事诉讼过程中，通过先行支付制度对刑事被害人及时给予补偿，使之能暂时平复怨恨心理，积极参与案件的调查审理，使案件能在最短时间内得以审结，避免因犯罪侵害无法正常参与诉讼而对先期投入案件的司法资源的消耗。其二，在案件审理判决后，通过国家补偿制度的介入减轻了因刑事附带民事诉讼判决执行难或无法执行给司法资源带来的负累，同时弥补了刑事被害人获得合法赔偿的空白。

四、刑事被害人国家补偿制度立法模式考察

他山之石，可以攻玉。随着被害人学研究的不断成熟和刑事被害人人权保障的不断深化，欧美国家在完善刑事被害人权益保障方面已经取得了一定的成就，刑事被害人国家补偿制度的发展和成熟则是标志之一。与此同时，联合国

在总结各国立法及司法实践经验的基础上，出台了关于刑事被害人司法基本原则的宣言。所有这些表明了国际社会对刑事被害人权益救助的广泛关注。站在宏观和微观的角度对不同国家的立法进行比较分析，笔者归纳出刑事被害人国家补偿制度的三种立法模式，以为我国顺应时代需要，制定符合本国国情的立法模式提供借鉴。

（一）刑事被害人国家补偿制度立法模式概述

1. 刑事被害人国家补偿制度立法模式的含义

所谓立法模式，即指一国在立法时所采取的与调整范围有关的法律类型。它取决于立法权、立法主体、立法目的、立法内容、立法程序等诸方面有关立法活动引以为据的内在要素。它应当是立法主体创制法律的惯常路径以及在整个立法过程中以先前惯例为参照进行立法活动所遵循的原则性标准。

依据以上对立法模式含义的探究，笔者认为，所谓刑事被害人国家补偿制度立法模式，是指国际组织或一国立法机关按照一定的职权，依照一定的路径和程序对刑事被害人损害补偿的范围、种类、程序等作出的具有规范性、强制性的一种制度选择安排。考察联合国、英美法系国家、大陆法系国家的制度安排选择的历史路径，都充分地反映出它们之间的相似之处，也表现为若干差异性，并且反映了时代特点，尤其反映了本国的政治、经济、文化的深刻印迹，因而立法模式呈现出多样性。

2. 刑事被害人国家补偿制度立法模式的特点

（1）主体的特定性。这种制度安排都是由具有相应职责权限的国际组织或一国的立法机关就刑事被害人损害的补偿作出一定的制度安排选择。

（2）内容的全面性。这种制度安排通常反映规范调整、保障刑事被害人损害补偿的原则、范围、适用对象、程序及其相关规则，因而具有确定性、可行性及效力性的特点。一旦这种制度安排被公布实施，在成员国或一国范围内具有普遍性、强制性的约束力。

（3）适用对象的可选择性。刑事被害人国家补偿根源于一定历史阶段国际或一国的政治、经济、文化发展状况。因而，无论是国际组织还是一国立法机关在立法模式的适用对象选择方面都是根据其政治、经济、文化的发展状况来确定适用对象宽与窄的。这集中体现在对刑事被害人损失补偿的适用标准及损害程度的认定、被害人的扶养对象在补偿法上地位的确认及其替代补偿，还包括请求权的行使范围、行使方式及代理形式的程序安排等。

（4）程序的规范性。无论是联合国还是一国所作出的刑事被害人国家补偿制度安排，都毫无例外地通过程序的设置、运行和请求权的行使来使刑事被害人补偿制度运行一体化、有序化。同时，保障刑事被害人实体权利的最终实现体现了实体正义和程序正义双向有机协调统一。

（5）制度安排的衔接性。刑事被害人国家补偿制度在一定的制度环境下是同一国的经济、政治、文化以及其他法律制度安排基本相适应、相衔接的，它协同其他法律制度功效的实现，也使自身所具有的功效得以实现。刑事被害人国家补偿制度所表现出来的协调、有序、规范的特性在法律现代化背景下日益彰显其现实意义。

3. 刑事被害人国家补偿制度立法模式的类型

按照当代国际社会、地区国家、地区组织刑事被害人补偿制度的功效划分，刑事被害人国家补偿制度的立法模式可分为规范功效型立法模式、普适功效型立法模式、替代功效型立法模式三种。其功能与作用具有各自鲜明的特征，详细内容在分述如下文。

（二）规范功效型模式考察

1. 规范功效型模式简析

所谓规范功效型模式，是指为了保障刑事被害人补偿权的实现，基于一国国情和司法实践现状而对国家补偿的原则、对象、范围、机构及程序等内容进行专门规定的制度安排模式。

规范功效型模式以权利保障、公平正义、和谐有序为目标，有以下几方面的特点。

（1）逻辑结构严密，形式要素完整。此种模式下的立法规范对国家补偿的适用范围、补偿条件、行使权利的程序、救济途径等都作出了明确而缜密的规定，以收有法可依、有章可循之效。

（2）调整范围规范，可操作性强。采该种模式的国家不仅制定专门的补偿法规，而且还出台一系列的施行规则对条文进行细化，使实践操作更加快捷，易于被害人补偿权益的实现。

规范功效型模式的立法形式是通过单独制定一部刑事被害人补偿法进行专门的规定。现有立法国家大多数都是采用该种模式。然而，该种模式虽然现实地解决了刑事被害人的补偿问题，但是对刑事被害人受损权益的全面恢复并不能发挥较大作用。被害人遭受犯罪侵害后，其身心和财产都遭受了极大的伤害，不仅需要给予物质上的补偿以帮助其减轻经济负担，还要为其提供心理治疗、安全保护、诉讼协助等多方面的配套措施来保证其彻底走出被害阴影，使其重拾生活信心，这是彰显司法的人文关怀，增强被害人对司法制度的信任感的需要。因此，在保障刑事被害人补偿权的基础上，还应加强对刑事被害人援助制度的研究，从而将两者有机结合在一起，使之形成完备的刑事被害人保护体系。

2. 大陆法系国家立法实践

（1）德国。德国 1975 年颁布的刑事被害人赔偿法，联邦议会于 1976 年 5 月 11 日通过的《暴力犯罪被害人补偿法》（同年 5 月 16 日生效），奠定了德国刑事被害人补偿制度基础。具体内容包括：

一是补偿对象与范围。补偿对象仅限于暴力犯罪的被害人及其近亲属，并且必须是德国或欧盟国家的公民，但其他国家如果与德国有互惠规定，其公民也可申请补偿。

补偿以人身伤害为限，不包括财产损失在内。补偿范围包括医疗及康复保健费用、工作补助金、丧葬费用和年金等等。因犯罪人使用汽车或拖车等造成的损害，以及因被害人自身引起的损害或被害人未提供事实解释、未及时告发等，一般拒绝给付补偿。

二是补偿金来源及补偿标准。补偿金的 40％由联邦政府支出，60％由各州政府自行解决。德国补偿法对补偿标准的规定较为详尽。柏林市因暴力犯罪而死亡的被害人的遗属一次可获丧葬费 2 478 马克，每年随物价变动而有所增减，被害人配偶每月可获抚慰金 615 马克和生活补助 680 马克；被害人子女的父母一方健在时每人每月可获抚慰金 173 马克和生活补助 303 马克，其父母双方健在时每人每月可获抚慰金 325 马克和生活补助 424 马克，一般可偿付至其子女 18 周岁，不超过 27 周岁；被害人父母完全没有收入时，可每月获得生活补助 834 马克，如只一方健在，最高可获得 581 马克。

三是补偿机构与程序。德国暴力犯罪被害人补偿法，系由联邦劳工及社会福利部起草并从事解释工作，实际工作则由各邦的地区补偿局负责执行。

补偿程序一般先由申请人填写相关的申请表，向犯罪地的地区补偿局提出申请，然后由地区补偿局就相关情况进行审查，对有争议的申请案件，由劳动社会福利部负责作适用解释与协调。

四是补偿限制。德国对被害人自身引起的损害或被害人在犯罪发生后没有告发或告诉的以及被害人没有与司法机关进行合作的一般不予补偿；另外，补偿的情形还限于故意犯罪引起的损害。

（2）日本。日本继中国香港（1973 年建立犯罪及法执行被害补偿制度）之后，于 1981 年 1 月 1 日起施行《犯罪被害人等补偿金给付法》，在亚洲第二个建立了犯罪被害人补偿制度。日本明治末期，就有近代刑法学派的牧野英一博士等力陈建立刑事被害人国家补偿制度的必要性。20 世纪六七十年代，各国的立法情况被介绍进日本国内，并掀起了有关犯罪被害人的市民运动及立法争论。1974 年发生了日本过激派爆炸三菱重工大楼即所谓“街头魔鬼”事件，它使对刑事被害人的补偿一下子便成了人们所关心的事情。经日本政府、国会审议，1980 年便制定了《犯罪被害人等补偿金给付法》，并于次年 1 月 1 日起实施。[1] 该法经 2001 年修订沿用至今。

一是补偿对象与范围。补偿的对象限于犯罪行为对生命或身体造成危害的死亡者或致伤者，但正当防卫和依法令从事而致人伤害的除外。且必须满足两个条件：第一，要求被害人必须具有日本国籍或在日本有住所，且被害地必须在日本国内及国外的日本船舶或飞行器内，即日本采取的是“国籍被害双重主义”；第二，是遭受故意犯罪的被害人，或者在被害人死亡的情况下是被害人的法定遗嘱继承人。

补偿包括“遗嘱给付金”和“残疾给付金”两种，范围涉及被害人自身治疗、生活补贴等。

二是补偿金来源及补偿标准。补偿犯罪被害人所需经费由政府逐年编制预算，每年约 5 亿日元。日本对死亡者遗属的补偿称为“遗属给付金”，最高额为 1 079 万日元/每人，最低额为 220 万日元/每人；对致伤者的补偿称“残疾给付金”，最高额为 1 273 万日元/每人，最低额为 262.5 万日元/每人。

三是补偿机构与程序。日本决定是否补偿的机关是地方公安委员会。申请人依照国家公安委员会规定的规则向住所地所在的公安委员会申请，地方公安委员会如因有关事实不明而无法按时作出决定时，申请人可在给付金的 1/3 以内申请先行给付。申请期限为犯罪被害之日起 2 年内或犯罪发生之日起 7 年内。申请人不服地方公安委员会决定的，先向国家公安委员会申请复议，如仍不服复审决定，可向法院提起诉讼。

四是补偿限制。日本对补偿金给付的限制为：（1）按一般社会观念认为给付补偿不适当的不予以补偿；（2）按其他法律规定补偿不应给付的不予补偿；（3）申请人已获得其他赔偿的，应减少其给付或不予给付；（4）被害人与加害人之间有亲属关系者；（5）被害人诱发犯罪行为，或其他被害人对于该犯罪被害也有责任者。

德国的刑事被害人补偿法是以“社会福利说”为理论基础构建的，日本则是以“社会保险说”作为其理论基础。两国在立法模式的选择上都是采用的规范功效型模式，对补偿的基本问题都予以明确的规定，但在具体制度的安排上

---

[1] ［日］大谷实：“犯罪被害人及其补偿”，黎宏译，载《中国刑事法杂志》2000 年第 2 期。

还是呈现出些许不同，表现为以下三方面：第一，在补偿对象方面，德国限制为暴力犯罪的被害人，日本则无此限制，只要是遭受故意犯罪严重侵害的被害人或死亡被害人的遗属都有资格申请补偿金。第二，在补偿标准方面，德国相比日本规定较为得详尽，补偿金可以随物价变动而有所增减。日本对补偿金的标准作出了最高额限制。第三，在补偿机构方面，德国是由劳动社会福利部统领下的地区补偿局来负责补偿事宜，这体现了德国补偿法的社会福利性质。日本则是由地方公安委员会负责，没有专设机关。

3. 英美法系国家立法实践

（1）英国。现代刑事被害人国家补偿制度的理念产生于英国。英国于1964年8月1日实施《刑事损害补偿计划》。1995年制定《刑事损害补偿法》，由于该法所确定的补偿程序和计算方式过于复杂，英国国会于同年12月12日通过了修正案，并于1996年4月1日起在英格兰、苏格兰和威尔士生效。❶

一是补偿对象与范围。英国补偿法规定，补偿的对象需具备两个条件：首先是身份条件，主要有两种人：一是1964年8月1日以后受犯罪侵害的被害人；二是前述被害人因犯罪死亡后，他的遗嘱继承人中符合条件的申请人。其次是原因条件，主要指下列三种情况：一是因为暴力犯罪行为（含纵火下毒）受到伤害；二是因为他人非法侵入铁道而受伤者；三是因为逮捕或者企图逮捕犯人或者犯罪嫌疑人，或者因为防止或者企图防止犯罪行为，或者因为帮助警察人员实施上述行为而受到伤害。上述情形下，“不论加害行为是否构成犯罪，在法律上是否得到豁免，犯罪人是否达到负刑事责任的年龄或有其他情况，被害人均可请求补偿”。❷

二是补偿金来源及补偿标准。补偿的经费来源于政府的预算。补偿的数额因伤害程度的不同而不同。伤害程度分25级，相应损害补偿分25级。第1级1 000英镑，第25级25英镑。另外，1972年的《刑事正义法》也有对补偿金的规定，1991年以前，一般规定补偿金额为被害发生当时平均工资的两倍，原则上不超过2 000英镑，至于200英镑以下的轻微伤害则不予补偿。1991年以后，又规定治安法院法官可以判决最高额为5 000英镑的赔偿。如果申请人在接受补偿前已经得到有关的费用，在给予其补偿时，应该从中扣除。这些相关费用是指（1）已经领取了英国社会的福利金；（2）已经领取了其他国家的福利金或者相关的给付；（3）已经获得了保险费的给付。

---

❶ 莫洪宪编：《刑事被害救济理论和实务》，武汉大学出版社2004年版，第202～204页。

❷ 董鑫主编：《刑事被害人学》，重庆大学出版社1993年版，第133页。

三是补偿机构与程序。补偿由一个独立的刑事伤害补偿委员会负责实施。该委员会成员由具有丰富法律经验的律师兼任，首相必须在征求大法官的意见以后才能任命委员会成员。国家负责向该委员会提供必要的运转经费，并且配备相应数量的辅助工作人员。刑事伤害补偿委员会对其在法定职权范围内所作出的决定独立负责，而不受任何行政干预。为了及时有效地对刑事被害人提供意见和法律帮助，英国在全国范围内共建立了5个区域性小组，并建立了全国委员会。

申请补偿费一般应在事故发生3年内以书面形式或填写政府提供的标准格式提出。根据申请和了解的情况，由委员会的一个成员就补偿额作出初步裁定。对裁定部分补偿或不予补偿的，应说明理由。如果申请人对裁定不服，可以在接到初步裁定3个月内直接或者委托律师向作出该初步裁定成员以外的三个委员会成员申诉。委员会根据全部证据及信息材料作出裁定。期间，委员会为了调查案情可以传唤、查问证人，聘请专家进行鉴定。

四是补偿限制。对200英镑以下的轻微伤害不予补偿；另外，有下列情形之一的，部分或全部不予以补偿：（1）未报案的；（2）未协助追诉犯罪的；（3）未提供给刑事损害补偿局有关被害案件的资料或没有进行必要协助的；（4）对被害的发生负一定责任的；（5）因被害人身份、个性等不适合给予补偿的。

（2）美国。1965年加利福尼亚州率先在美国建立起补偿制度，到1993年全美各州都建立了该制度。美国联邦政府建立补偿计划的努力始于1964年，自1965年起，美国国会开始讨论联邦政府鼓励和帮助州的补偿计划问题；1977年全国犯罪被害人补偿协会创立；1984年国会通过的《犯罪被害人法案》(Victims of Crime Act) 最终确立了联邦补偿制度。1988年该法案修正，要求各州把补偿范围扩大到家庭暴力犯罪和酒后驾车肇事犯罪的被害人；1998年再次修改后要求各州提高被害人获得补偿的比率和加快获得补偿的处理速度。

一是补偿对象与范围。大多数州限于下述被害人：（1）暴力犯罪的被害人及死亡被害人的近亲属；（2）见义勇为者，即在企图阻止犯罪发生或者企图抓捕嫌疑犯的过程中受伤或死亡的人；（3）因帮助执法官员而受到伤害的人。

美国各州法律规定的补偿范围大致包括医疗费用、工资、经济来源的损失、受被害人抚养的人的生活费等。所谓医疗费，除一般为诊疗目的而支出的一切费用外，包括配眼镜、视力矫正、牙齿矫正、移植手术等费用。至于因犯罪所致财产上的损害，因恐滋生诈欺情事，则排除在补偿之外。

二是补偿金来源及补偿标准。美国联邦政府的补偿金来源是联邦犯罪案件中判处的罚金收入。各州的补偿费来源包括政府税收、罚金、附加罚金、罪犯假释后的工作收入、保释金等，同时联邦对各州的经费补助40％。

美国各州的补偿标准有所不同。以加州为例，医疗费用、工资及经济来源方面的补偿不得超过1万美元，为恢复工作能力所支出费用的补偿不得超过3 000美元。同时对于同一损害如已获得其他补助的，补偿时应予以扣除。对于被害人因犯罪被害而无收入或其他来源时，可申请最高限额为1 000美元的紧急补偿。

三是补偿机构与程序。受理及发放补偿金的主管机关，在联邦司法部辖下设置刑事被害人署（Office of Victims of Crime），负责主管被害者补偿业务；在州方面，各州规定不一，约有半数州采取类似联邦的做法，设置专门的补偿业务机构，其余各州则分属各级机关。[1]

申请补偿的期限为1年，具体程序以加州为例：申请补偿在犯罪发生后一年内进行，申请人先填写列有犯罪之时情况和本人经济状况以及赔偿或其他补偿情况的申请表，并提供犯罪侵害的损失证明，提交专门机构进行审查，符合规定的申请，该机构将派人调查，并举行听证，然后依据申请资料、调查报告和其他相关证据决定是否补偿以及补偿数额。申请人不服决定者，可在接到决定之日起30日内向原受理机构申请复议。不服复议的，应在接到决定日起30日内向上诉法院请求复查。

四是补偿限制。美国联邦政府将“酒后驾车肇事”及“家庭暴力案件”纳入补偿范围，各州则一般以暴力犯罪为限。各州对于补偿的限制也有种种规定，如加州法律规定“被害人故意参与犯罪的和被害人在追捕犯罪过程中没有与司法机关合作的以及被害人的经济没有发生严重困难的”则不予补偿。

英国作为现代刑事被害人补偿法立法理念的发祥地，对补偿制度有着较为成熟的规定。美国受到英国法律思想的深厚影响，被害人的补偿立法也在不断完善。此外，美国还受其政体的限制，联邦和各州的立法呈现出多样化的特征：第一，在适用对象方面，两国都限制为暴力犯罪。但是英国规定除了暴力犯罪还包括协助逮捕犯罪人或防止犯罪而受到伤害的人。第二，在补偿金来源方面，英国的补偿金主要来源于政府。美国的联邦政府和各州的补偿金来源不尽相同，联邦政府以罚金为主要来源，而各州补偿金的来源多样，除了罚金以外，还包括税收、附加罚金、罪犯假释后的工作收入、保释金等。第三，在补偿标准方面，英国对补偿标准进行了严格的分级，美国则规定了最高额限制。

---

[1] 许永强：《刑事法制视野中的被害人》，中国检察出版社2003年版，第175页。

第四，在补偿机构方面，英国通过专设刑事伤害委员会来进行管理。美国的补偿机构则不统一，有的州设有专门机构，有的州则是分属各级机关进行管理。

（三）普适功效型模式考察

1. 普适功效型模式简析

所谓普适功效型模式，是指联合国或地区组织等主体在总结国际或地区刑事被害人权益保护的各项制度的可行性、效力性、实践经验基础上，根据国际或地区的政治、经济、文化、社会发展状况与水平，为全面恢复刑事被害人的受损权益所制定的原则、对象、范围、机构及程序，并对会员国或地区组织具有一般约束力的制度安排模式，它不仅包括对刑事被害人的补偿，而且还对刑事被害人的援助进行了系统规定，使之成为一部全方位、多层面保障刑事被害人合法权益的法律体系。

普适功效型模式反映了当代国际社会中刑事被害人受损权益恢复的诉求，目的是为了适应世界各国保障人权的现实需要和平抑各成员国社会矛盾冲突而作出的制度安排，具有如下几方面的特点：

一是保护范围的广泛性。普适功效型模式下的被害人保护制度不仅仅只是对被害人进行补偿，而且还注重对被害人进行诉讼参与、补偿申请、安全保护、生理及心理治疗等诸多方面的协助。

二是保护主体的多元性。为保障刑事被害人受损权益的恢复，政府、义工、社区及固有机构都是对被害人实施援助和保护的主体。

三是制度衔接的协调性。该模式的形式要件具有严密性、规范性、一体性的特点，损害赔偿、损害补偿，社会救助之间相互衔接、协调一致，成为一个紧密联系、有机互动的整体。

四是成员国应用的普适性。该模式对于各成员国构建现代刑事被害人国家补偿制度具有最一般的指导作用与约束功能，其之所以在国际社会中具有重大影响与作用，就在于其原则、范围、程序等对各成员国的普遍适用性。

普适功效型模式的立法形式是统一制定一部被害人的保护法，对于国家补偿制度则在其中进行重点规定，使之成为整个法律体系的一部分。这种立法模式需要国家有强大的经济基础作为后盾，以保障整个制度的正常运行。此外，还与一国的法治理念和司法现代化程度紧密联系，一方面要求一国在打击犯罪和保障人权之间找到符合本国利益需要的平衡点。特别是在保障人权方面，要改变传统的“犯罪本位”观念，注重对刑事被害人合法权益的保障；另一方面，也对司法资源的合理配置和司法制度的有效运行提出了更高的要求。因此，作为一种过渡，大多数国家现阶段多采用的是规范功效型模式来解决补偿的具体问题。然而，随着保护人权理念的不断深化和法治文明进程的加快，采用普适功效型模式对刑事被害人在立法上进行全面保护是众心所向、立法所趋。

2. 立法实践

（1）联合国国际准则。联合国大会 1985 年 11 月 29 日第 40 号/34 号决议通过《为罪行和滥用权力行为受害者取得公理的基本原则宣言》，《宣言》关于罪行受害者保障的规定由四部分构成：第一，取得公平和公正待遇；第二，赔偿；第三，补偿；第四，援助。❶ 联合国《宣言》作为一种国际准则对刑事被害人的补偿和援助进行了原则性的规定，为各国制定符合本国实际的刑事被害人保护法提供了基准与指导。

1）被害人补偿

其一，补偿对象——受害人本人及其家属、特别是受养人。《宣言》第 12 条规定："犯罪被害如未能自加害人或其他单位获得完全被偿时，国家应尽力对于下列之人为财物上的补偿：①其身体或健康因重大犯罪行为而受严重伤害之人；②犯罪被害人之家属，特别是其因犯罪行为被害而死亡或身心残废者所扶养之人。"

其二，补偿金的管理——基金形式。《宣言》第 13 条规定："国家犯罪被害人补偿基金应予设立、强化或扩大。必要时其他有关基金亦宜设立。"

其三，补偿义务主体——刑事被害人补偿是国际社会的一种义务。为使符合条件的受害者能够补偿，《宣言》第 13 条提出："在适当情况下，还应为此目的设立其他基金，包括受害者本国无法为受害者所遭受伤害提供补偿的情况。"根据这一原则，补偿受害者，已不单是某个国家的责任，而是成为国际社会的一种义务。

2）被害人援助

其一，援助主体。《宣言》第 14 条规定，犯罪被害人的援助由政府、义工、社区及固有机构提供。

其二，援助范围。《宣言》第 14 条指出，犯罪被害人可以获得物质、医疗、心理及社会援助，援助的范围较广。

（2）我国台湾地区。我国台湾地区"立法院"于 1998 年 5 月 5 日通过"刑事被害人保护法"，该"法"自当年 10 月 1 日起施行。2002 年 7 月 10 日，台湾地区"立法院"通过对该"法"的修正案。

---

❶ 谢佑平主编：《刑事诉讼国际准则研究》，法律出版社 2002 年版，第 301 页。

1）被害人补偿。

其一，补偿对象与范围。根据该“法”第 3 条第 2 款、第 4 条、第 5 条、第 6 条之规定，我国台湾地区的犯罪被害补偿金分为遗属补偿金与重伤补偿金，前者支付对象为因犯罪行为被害而死亡的被害人的遗属，其申请顺序依下列亲属关系而定：父母；配偶及子女；祖父母；孙子女；兄弟姊妹。除父母外，其余人均须符合“以依赖被害人扶养维持生活者为限”的条件。后者重伤补偿金的支付对象为因犯罪行为被害而受重伤的被害人。如果因重伤无法申请时，可以由上述亲属依照上述顺序代为申请。

根据该“法”第 9 条的规定，补偿范围包括：医疗费、丧葬费、应由被害人支付的扶养费用、丧失劳动能力者的生活费、对遗属的补偿金等。

其二，补偿金来源及补偿标准。根据该“法”第 4 条的规定，补偿经费来源由法务部的预算、监所作业者劳动报酬中拨出的一部分以及罚没犯罪所得或变卖犯罪行为人财产所得组成。

根据该“法”第 9 条的规定，补偿标准如下：医疗费不得超过新台币 40 万元，丧葬费不超过新台币 30 万元，抚养费不超过新台币 100 万元，被害人生活费不超过新台币 100 万元。

其三，补偿机构与程序。台湾由“地方法院”及其分院检察署设置的犯罪被害人补偿审议委员会处理有关补偿事务，“高等法院”及其分院检察署设置犯罪被害补偿复审委员会，对审议委员会进行监督及受理复审申请。

具体程序：①申请。由申请人在自知有犯罪被害时起未逾 2 年或自犯罪被害发生时起未逾 5 年的，应以书面形式向犯罪地审议委员会提交补偿申请。②调查。“地方法院”或“分院检察署”受理补偿申请后，得向税捐及其他有关机关、团体就犯罪行为人或依法应负赔偿责任人的财产状况进行调查。③决定。审议委员会参考有关材料后在 3 个月内对申请作出决定。申请人有紧急补偿需要的可以对其作出最高额度为新台币 40 万元的暂时补偿的决定。④复审。申请人不服审议委员会决定，应在决定作出之日起 30 日内，以书面形式向复审委员会申请复议。审议委员会没有在决定期限内作出决定的，申请人应在期限届满后 30 日内，以书面形式向复审委员会申请直接作出决定。对于犯罪地不明，受理委员会有争议或不明而复审困难的，由“中央政府”所在地的复审委员会指定复审。⑤行政诉讼。申请人不服复审委员会的复议决定的，或复审委员会未于 3 个月内作出复审决定的，自收到决定书或期限届满后 30 日内，可以提起行政诉讼。

其四，补偿限制。根据该“法”第 8 条规定，有下列情形之一者，不得申请遗属补偿金：①故意或过失使被害人死亡；②被害人死亡前，故意使因被害人死亡而得申请遗属补偿金的先顺序或同顺序之遗属死亡；③被害人死亡后，故意使得申请遗属补偿金的先顺序或同顺序的遗属死亡。

根据该“法”第10条规定，有下列情形之一者，“得不补偿”其损失之全部或一部：①被害人对其被害有可归责事由；②斟酌被害人或其遗属与犯罪行为人的关系及其他情形，按照一般社会观念，认为支付补偿金有失妥当。至于“可归责之事由”“有失妥当”则由各地审议委员会、复审委员会及行政法院依照不同个案具体审议决定。

根据该“法”第13条规定，有下列情形之一者，已经受领犯罪被害补偿金的，应予返还：①已受有社会保险、损害赔偿给付或因犯罪行为被害依其他法律规定得受之金钱给付，应从犯罪被害补偿金中减除；②经查明不得申请犯罪被害补偿金者；③以虚伪或其他不正当方法受领犯罪被害补偿金者。

2）被害人援助。

一是援助机构：为协助重建被害人或其遗属生活，“法务部”应会同“内政部”成立犯罪被害人保护机构。犯罪被害人保护机构为财团法人，受法务部之指挥监督；登记前应经法务部许可；其组织及监督办法，由法务部定之。（第29条）

二是经费来源：“法务部”“内政部”编列预算；私人或团体捐赠。

三是援助范围：紧急之生理、心理医疗及安置之协助；侦查、审判中及审判后之协助；申请补偿、社会救助及民事求偿之协助；调查犯罪行为人或依法应负赔偿责任人财产之协助；安全保护之协助；生理、心理治疗及生活重建之协助；被害人保护之宣导；其他之协助。

联合国的《宣言》作为一项国际准则，在被害人补偿立法方面，对各国的补偿立法在补偿对象、补偿主体、补偿金的管理形式等方面都作出了原则性的规定，具有规范和指导的意义。我国台湾地区的“补偿法”也是以此为出发点并借鉴采规范功效型模式国家的立法经验进行构建的。值得我们关注的是，采用综合功效型模式对刑事被害人进行保护，不仅是在补偿立法上的完善规定，而且还注重对被害人的援助。联合国《宣言》对援助主体和援助范围作出了原则性的规定，作为对这项国际准则的践行，台湾的“刑事被害人保护法”对此进行了细化的规定并作出了有益的尝试。虽然从法条上看，对于被害人的援助规定得较为抽象，但作为顺应刑事司法潮流的一项立法尝试，采用综合功效型模式对刑事被害人的合法权益进行全面保障是其他各国值得思索论题。

（四）替代功效型模式考察

1. 替代功效型模式简析

在传统刑事司法理念的影响下，认为犯罪是对社会秩序的严重侵害，国家注重对犯罪行为的追究而忽视了被害人的合法权益。因而立法的设置也是以打击犯罪、恢复社会秩序为目标，而不注重被害人受损权益的补偿，即使被害人有需要，也只是通过刑事附带民事诉讼、单独的民事诉讼或调解来救济。随着人权理念的深化和刑事司法的发展，有的国家也逐渐顺应国际潮流，开始探索本国被害人国家补偿制度的构建。然而，由于传统理念的影响犹存，这些国家的立法探索也仅限于在现有法律体系内或是以一定组织为依托进行实践，因而国家补偿制度自身的功效是通过其他法律或一定组织替代其发挥作用。

所谓替代功效型模式，指的是在现存法律体系或组织框架中对刑事被害人国家补偿制度的原则、对象、范围、机构及程序等一系列规范的予以规定，其功效的发挥依存于一定载体的一种制度安排模式。替代功效型模式具有以下特点。

（1）制度存在的依附性。如前文所述，替代功效型模式下的被害人国家补偿制度是规定在现有的法律制度体系之内或是以一定法人组织为载体而存在，这种制度上的安排具有一定的依附性。

（2）法律规定的简约性。该种模式不表现为独立的法律规范，而是散见于其他法律中或是以临时设置的方式依附于法人组织中予以规定。正是由于这种制度安排上的限制而使得补偿制度的具体事项规定得较为简单，只是以有限的篇幅对基本问题予以明确，并没有相应的实施细则对其加以完善。

正是由于该种模式自身特点所存有的缺陷，其局限性也是显而易见的：其一，制度存在的依附性必然受到现有法律或组织框架的限制，使制度本身的功效不能得到独立而全面的发挥，从而直接影响了被害人补偿权益的实现；其二，法律规范的简约性给实际操作带来一定的困难。补偿制度的实施是一项系统化的工作，既包括实体权利的确立，又包括程序规范的保障，这些都必须依赖于法律的明确规定而使得整个制度体系得以有序运转，功效得以有效发挥。因此，该种模式的局限性制约了补偿制度的发展和运行，大多数国家不倾向于采纳该种模式。

2. 立法实践

（1）法国。法国即是采用替代功效型模式的典型国家之一。法国于 1977 年 1 月 3 日制定有关犯罪被害人补偿法律制度，是作为刑事诉讼法典第 706 条直接表达的。换句话说，法国至今尚未建立独立规范的刑事被害人国家补偿制度，而是作为刑事诉讼法的一个有机组成部分，通过带有刑事诉讼性质与特色的功效来表达独立刑事被害人补偿制度的功效，具有功能效用的鲜明替代性。其具体内容如下：

其一，补偿对象与范围。申请补偿的对象必须是具有法国国籍或欧盟国家国籍的遭受犯罪侵害的人。补偿的范围限于因犯罪造成的“现时的、个人的和直接的”损失，即适用补偿的损害限于三个条件：第一，损害在裁判决定作出之日具有肯定性；第二，损害属于被害人本人身体、财产、情感、名誉等方面；第三，被害人受到的损害与犯罪之间存在紧密的因果关系。[1]

其二，补偿金来源及补偿标准。补偿金的来源是损害保险契约的特别捐，每一损害保险契约缴纳 4 法郎的特别捐，每年约有 2 亿法郎的特别捐收入。

补偿的标准因情况不同而不同。因犯罪行为而死亡或重伤的，不管经济上是否困难，均给予补偿，且补偿金额无限制；轻伤或犯罪行为侵害其财产的，只能是月收入在 5 240 法郎以下且经济非常困难的才能给予补偿，且数额不得高于基准月收入的 3 倍。

其三，补偿机构与程序。支付补偿金的机关是“恐怖活动及其他犯罪被害人补偿基金管理委员会”。申请人如果想申请补偿金，应该在犯罪发生之日起 3 年内先以该基金管理委员会为被告，向设立在法院的“补偿委员会”提出申请。该委员会在传唤当事人、检察官或者其他有关单位到场，采用开庭形式对补偿事件调查后，作出裁判。基金会应该在收到该裁判书后的 1 个月内给予支付。如果被害人有紧急需要，补偿委员会为满足被害人的急需，应该作出预付补偿金的决定。

其四，补偿限制。法国补偿制度把“因经济犯罪”造成的损失排除于补偿之外，且对轻微伤害的补偿条件十分严格，只能是经济非常困难而且没有获得其他损害赔偿的，才能申请补偿。

（2）荷兰。荷兰于 1975 年 6 月 26 日公布、1976 年 1 月 1 日实施的《暴力犯罪补偿基金会临时设置法》，不是作为刑事被害人国家补偿制度的立法体例，而是将补偿事宜托管给带有非金融机构性质的基金会组织来发挥其功效。其具体内容如下：

其一，补偿对象和范围。根据该法第 3 条规定，其补偿对象为：（1）暴力犯罪（包括既遂与未遂）被害而受重伤的；（2）在荷兰船舰或航空器因暴力犯

---

[1] ［法］卡斯东·斯特法尼等著：《法国刑事诉讼法精义》，罗结珍译，中国政法大学出版社 1998 年版，第 176 页。

罪被害而受重伤的；（3）前一、二款的死亡被害人的近亲属，包括其扶养之配偶、子女或父母。

根据该法第 4 条规定，其补偿范围为不得超过伤害或死亡所生损害程度。

其二，补偿金来源及补偿标准。根据该法第 2 条规定，补偿暴力犯罪被害基金会的基金及有关经费，如无其他规定，由法务部预算支出。

根据该法第 4 条第 2 款规定，补偿上限，以命令定之，依被害性质而异，被害人因犯罪所受的损害低于命令所规定的最低限额时，不予补偿。命令规定的最低限额不得高于三百基尔德（荷兰钱币单位）。

其三，补偿机构与程序。根据该法第 2 条规定，补偿机构为补偿暴力犯罪被害之基金会。基金会为法人，设于海牙。委员会的委员长或其代理人，无论对内或对外，在法律上、程序上均代表基金会。

该法第 7～9 条、第 12～18 条对补偿程序作出了明确规定：（1）申请。申请补偿应于犯罪发生之日起 6 个月内提出，近亲属申请期间自被害人死亡之日起算。但犯罪发生后经过 2 年的，均不得申请。（2）调查。委员会必要时向有关机关、人员搜集资料；传唤证人及鉴定人，并要求被告人在场；要求被害人或其代理人到场，被害人得聘请律师协助。（3）裁定。补偿申请案，由委员会负责裁定并下达裁定命令。裁定前，委员会可以先行支付补偿金。（4）送达。裁定书制作完毕后，以挂号信送达被害人，不得迟延。（5）救济。被害人收到裁定书 30 日内，有下列情形之一的，可以声明异议：①请求补偿被驳回者；②认为补偿金额不合理的。

其四，补偿限制。根据该法第 6 条规定，有下列情形之一者，不予补偿：（1）被害人已依民法规定获得损害赔偿的；（2）被害人依其他方法获得补偿的。

其五，基金会监督。为加强对基金会的管理、营运及监督，该法明确规定：（1）负责补偿申请案裁定的委员会由法务部任用的五位委员组成，其中一人由部长任命，担任委员长。部长听取委员会意见任用书记，配属于委员会。（2）基金会的账册由会计检查院负责监督。（3）委员会每年向法务部长报告工作。部长加具意见，将报告转存国会备查。

通过以上对法国与荷兰的补偿法规的分析，不难看出，受替代功效型立法模式的制约，两国的补偿立法与采用其他模式的国家相比，在具体制度的安排上对被害人的补偿规定得较为严格，体现为以下几方面：第一，补偿对象和范围限定较窄，即限于因犯罪造成的“现时的、个人的和直接的”损失或是限于暴力犯罪的重伤害者；第二，补偿金的来源单一，仅限定为损害保险契约的特别捐或为法务部的预算，且金额有限；第三，补偿标准不统一，轻重有别。以上这些限制条件无不体现出替代功效型模式对于被害人受损权益补偿上的局限性，更不用说对被害人合法权益的全面保障，因此，该种模式必然会被其他先进的立法模式所取代。

五、我国刑事被害人国家补偿制度现状之检讨

随着犯罪本位理念的转变和人权保障运动的高涨，我国理论界和实务界逐渐把关注的目光投向了刑事司法视野内不可忽视的刑事被害人。正是在这种背景下，刑事被害人国家补偿制度的研究和探索才得以开展。其中，理论界进行了大量卓有成效的理论研究，实务界进行了有益的尝试与实践。所有这些都为我国刑事被害人国家补偿制度的建立提供了坚实的理论支撑与经验借鉴。由于各种因素的影响和制约，我国刑事被害人国家补偿制度的理论研究与实践探索同“普适功效型”的立法模式不相适应的矛盾仍然突出，笔者试图通过对我国刑事被害人国家补偿制度的现状及其缺陷进行探讨和分析，并为弥补其缺陷提供积极的佐证。

（一）我国刑事被害人国家补偿制度的现状

1. 理论研究现状

当前，我国刑事理论界的学者们正在努力研究与探索适合国情的刑事被害人国家补偿制度。许多学者已经对刑事被害人国家补偿制度的理论依据及模式构建在理论研究的基础上，提出了许多建议。其中就刑事被害人国家补偿制度构建问题，存在较大争鸣，概括起来有以下几方面。

（1）补偿对象。理论界关于补偿对象的观点主要有这样几种：其一，认为我国未来补偿立法所确定的补偿对象不应问加害人的犯罪行为是故意还是过失，也不应问被害人是身体损害还是财产损害，而只要是被害人或依靠被害人生活的人陷入生活困境即应列为补偿对象。❶ 其二，认为应以暴力犯罪所引起的对人的生命、健康及精神损害的被害人为补偿对象。❷ 其三，认为补偿对象应是被害人本人及其抚养人，且必须具备几个条件，即无法得到其他补偿，受严重暴力犯罪侵害，被害人不承担责任，与公检法机关合作等。❸ 其四，认为补偿对象应是具备中国国籍的受害者及其遗属和轻伤以上程度的伤害两个条件。

❶ 樊学勇：“关于被害人建立国家补偿制度的构想”，载《中国人民大学学报》1997 年第 6 期。

❷ 田思源：“构建犯罪被害人补偿制度框架的基本设想”，载《法学杂志》2001 年第 6 期。

❸ 李玉华：“论被害人国家补偿制度”，载《政法论坛》2000 年第 1 期。

(2) 补偿范围。我国学者在补偿范围上的观点，大体上有三种：其一，认为应限于身体与精神上的损害。[1] 其二，主张无论是身体、精神还是财产上损失都应予以补偿。[2] 其三，主张补偿范围应以人身伤害为主，适当地考虑财产损失。[3]

(3) 补偿金的来源。理论界关于补偿金的来源意见主要有三种：其一是主张由国库负担；其二是主张除国家预算外，另以罚金、服刑者劳动收入、罪犯财产罚没收入、诉讼费的一部分、捐助款等组成补偿基金；其三是主张以被告人罚金、税收的一部分组成补偿基金，并可接受社会捐助。

(4) 补偿形式与补偿标准。多数学者认为，除生活补助费可以分期支付以外，其他费用应采取以现金一次性支付方式进行；医疗费补偿金可以直接支付给医院；丧葬费等其他费用可以直接给付于申请人。至于具体的补偿标准，主张以《道路交通事故处理办法》规定的补偿费标准为参考者居多，也有学者认为补偿标准应参考《国家赔偿法》的规定执行。

(5) 补偿机构及程序。理论界关于补偿机构的选择主要有四种观点：其一是主张设在民政机构；[4] 其二是主张设在法院；[5] 其三是主张效仿日本新设一个专门的补偿机构；[6] 其四是主张在司法行政系统成立专门的机构负责管理。[7] 至于程序，一般认为应具备三个步骤：首先，由被害人向人民法院提交申请；其次，由人民法院进行补偿调查；然后，由人民法院判决并执行，同时实行检察院监督的两审终审制。

(6) 补偿限制。国内的学者参考国外的立法经验，认为我国对于是否应给予补偿以及补偿数额的多少，应考虑这样一些条件：依一般社会观念补偿是否适当；被害人是否有过错；被害人与犯罪人是否有亲属关系；是否报案；是否给予追诉机关必要的协助等。

2. 司法实践现状

司法机关作为刑事案件的主办机关，在与被害人密切联系的过程中最能直

---

[1] 周欣、袁荣林："刑事被害人国家补偿制度初探"，载《中国人民公安大学学报》2005 年第 2 期。

[2] 孙洪坤："刑事被害人国家补偿制度研究"，载《国家检察官学院学报》2004 年第 6 期。

[3] 孙谦："构建我国刑事被害人国家补偿制度之思考"，载《法学研究》2007 年第 2 期。

[4] 邓晓霞："刑事被害人之补偿制度研究"，载 http：//lsg. cnki. net/grid20/detail. aspx? QueryID=2&Cur-Rec=1.

[5] 刘行："试论建立我国刑事被害人国家补偿制度"，载《行政法学研究》2007 年第 3 期。

[6] 孙谦："构建我国刑事被害人国家补偿制度之思考"，载《法学研究》2007 年第 2 期。

[7] 郭建安："论刑事被害人国家补偿制度"，载《河南政法管理干部学报》2007 年第 1 期。

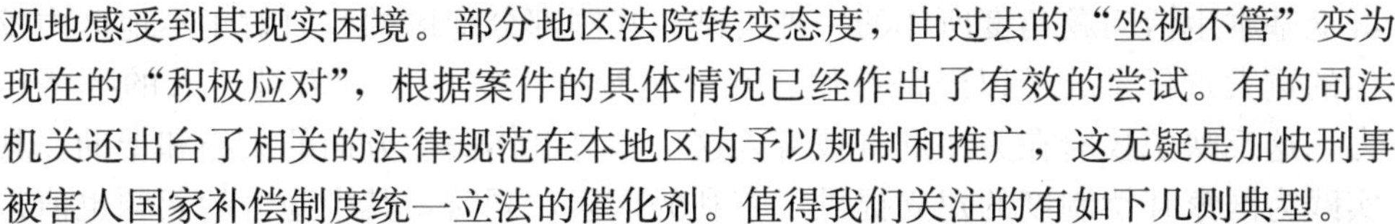

观地感受到其现实困境。部分地区法院转变态度，由过去的“坐视不管”变为现在的“积极应对”，根据案件的具体情况已经作出了有效的尝试。有的司法机关还出台了相关的法律规范在本地区内予以规制和推广，这无疑是加快刑事被害人国家补偿制度统一立法的催化剂。值得我们关注的有如下几则典型。

（1）法院主导型或联合主导型。2005 年，山东省淄博市中级人民法院开展了关于刑事被害人国家补偿制度的课题研究，发表了《关于建立和实行刑事被害人国家补偿制度的调研报告》，对刑事被害人国家补偿制度的现实背景做了翔实的考察，提出了现实中存在的一系列问题，分析了建立和实行该项制度的可行性并提出了相关的建议，为构建刑事被害人国家补偿制度提供了宝贵的实务参照。此外，淄博市政法委还联合市中级人民法院出台了《关于建立刑事被害人经济困难救助制度的实施意见》，设立了刑事被害人经济困难救助资金，由市财政拨款 30 万元，法院从罚没款中拨出 20 万元以及社会捐赠资金共同组成，三年来先后有 9 人获得了共计 26 万元的国家救助资金，在我国首创了刑事被害人救济制度。

（2）司法援助型。2006 年，浙江省台州市建立了司法救助工作委员会，首创以“经济救助、法律援助、人身安全保障”为主要内容的司法救助工作新机制。到 2007 年 3 月，救助刑事被害人共 56 件 181 万元。为了规范这一举措，浙江省人民检察院还专门制定了《司法救助专项资金使用办法（试行）》，并从省委政法委设立的总额为每年 100 万元的司法救助专项资金中，申请到了总额为每年 25 万元的省检察院司法救助专项资金，并于 3 月份对一名刑事被害人给予了 5 万元的司法救助。

除此以外，四川省绵竹市、山东省青岛市、胶南市、临沂市等地区都相继开展刑事被害人司法救助并建立了专项基金。另据最高人民法院院长肖扬在十届全国人大五次会议上所作的工作报告介绍，全国已经有 10 个高级法院开展了刑事被害人救助试点工作，2006 年共为 378 名刑事被害人及其亲属发放补助金 780 余万元。[1]

3. 社会救助现状

近年来，我国一些地区在刑事被害人救助方面进行了积极的探索，使不少生活无助的被害人获得了物质上的帮助，在一定程度上解决其生活上的困难。主要方式为对刑事被害人的行政救济和社会捐助。

（1）行政救济。这是地方政府基于社会管理责任，从关注民生、解决弱势

[1] 汪健萍：“我国刑事被害人国家补偿制度探析”，载《江苏警官学院学报》2007 年第 4 期。

群众基本生活问题角度所作的一种尝试。我国部分地区的政府对于本地区内发生的重大责任事故予以经济补偿，在一定程度上缓解了刑事被害人的经济压力，这反映了政府在关注刑事被害人这一弱势群体民生方面的关心和帮助。其实践为国家补偿制度的建立提供了有利的探索，同时，其中隐含的问题也值得我们深思。具有代表性的案例有 1999 年乌鲁木齐市政府曾对乌市爆炸案的受害人或其近亲属予以经济救助；2000 年石家庄市政府对该市第二棉纺厂爆炸案的受害人及其遇难家属发放补助；2001 年柳州市政府对公交车翻车案的遇难者家属进行了经济补偿；石家庄市政府对靳如超爆炸案的每位遇难者救助 5 万元，受伤者的医疗费用由政府全部负担，每位生存者救助 1 万元生活费等，共支出费用 2 000 多万元；2005 年山西沁源特大交通事故共造成 20 名学生和 1 名教师遇难。11·14 特大交通事故遇难者家属获得 432 万元赔偿及抚慰金，由沁源县民政部门先行垫付。

（2）社会捐助。这是社会组织基于特定条件下被害人的生活困境，按照人道主义原则和力尽所能原则开展捐助的一种尝试，如 2004 年“马加爵案”，云南大学从学校基金中抽出一笔资金来抚慰 4 位被害人的家属；2006 年“邱兴华案”，邱兴华无赖之语：“我愿意赔，但我没钱”，至今发人深省，事后社会对该案的无辜受害者伸出了援助之手，当地民政部门先后为 3 户家庭 5 名受害人家属办理农村低保，使 2 户家庭 2 人享受到了农村“五保”救助，另有 3 名受害人子女获得了社会的资助。

（二）我国刑事被害人国家补偿制度现状之问题

现阶段我国刑事被害人国家补偿制度的理论探索与实践试验，折射出社会多层面对刑事被害人悲惨境况的关注程度。虽然，我国至今尚未出台关于刑事被害人国家补偿制度的法律，但是理论和实践都在不断发展和完善，这为构建符合我国国情的刑事被害人补偿制度提供了前提和基础。随着理论研究的深化与实践进程的加快，随之遇到的问题凸显与增多。这不仅不会成为建立国家补偿制度的阻碍，反而是推进刑事被害人国家补偿制度最终建立的催化剂，也彰显出在我国建立刑事被害人国家补偿制度的紧迫性和重要性。

1. 理论研究现状之问题

关于刑事被害人国家补偿制度的具体构建问题，学者们提出了多种解决方案，可谓是仁者见仁，智者见智。但是，这种“百花齐放、百家争鸣”的学术探讨带来了以下两方面的问题值得引起我们的深思。

（1）学者们对补偿制度的设计主要是通过对国外现有立法规定进行参考移植，其在我国生存的合理性还有待于进一步研究。苏力先生指出：“当代的许多实证研究都表明，不考虑社会背景，不关注人们的物质生活方式，而仅仅从需要或抽象的‘正义’出发的法律移植都失败了。如果仅仅为了‘法制现代化’而按照一种所谓通行的模式立法和司法，我们就会发现这种通行的法律难以通行。”❶ 一方面，刑事被害人国家补偿制度参考和借鉴国外立法经验是完全合理和十分必要的。另一方面，法律移植必须避免盲目性和急于求成，而应当以本国国情为出发点，对制度的可行性进行充分论证，从而构建出具有中国特色的刑事被害人国家补偿制度。因此，理论研究应当在对国外立法的社会背景、经济制度、法治环境、司法理念等诸多因素进行综合分析的基础上，与我国的国情实际相比较来决定其适用问题，而不是单纯地采用“拿来主义”或生吞活剥地移植。

（2）对现有的刑事被害人补偿立法国家的分析，我们不难发现，这些国家都在一定程度上立足于本国对补偿理论基础的选择与司法实践的现状。一方面，补偿理论基础的选择涉及补偿制度的根本出发点及目标，同时对具体制度的设计将产生根本性的影响，如补偿对象的选择、补偿范围的确定、补偿金额的确定等等方面都与此紧密关联。另一方面，司法实践的现状能对制度的设计起到参考作用，从而直接为立法者完善法律提供有利佐证。此外，司法实践是社会各种因素的共同作用体，法律制度的不断完善将会平衡各利益体间的冲突，使法律的调节功能得以充分发挥。因此，理论界在研究的过程中不能偏离这两大核心，而应在统一理论基础的认识上结合司法实践效果来进行合理的论证和构建。

2. 司法实践现状之问题

通过以上列举的司法界关于刑事被害人国家补偿所做的探索和尝试，我们欣喜地发现该项制度对被害人的救助和保护是显而易见且效果明显的。然而，实践中存在的不少问题仍然值得我们关注。目前司法实践对于刑事被害人的补偿有两种方式：其一是将对刑事被害人的补偿纳入司法救助的范围内予以考虑，对原有司法救助的内涵和外延都进行了拓展，扩大了救助主体和救助对象的范围，使之成为司法救助体系的一部分；其二是单独出台关于刑事被害人补偿的法律规范，设立专项救助资金予以保障。然而，这两种方式都面临如下三方面的问题。

（1）现有的规范和政策过于原则化，缺乏实际可操作性。对刑事被害人的补偿是一项系统工作，包括对补偿对象的确定、补偿范围的认定、申请材料的

❶ 苏力：《法治及其本土资源》，中国政法大学出版社1996年版，第34页。

审核、补偿金的管理和发放等以及对这些实体问题给予程序化的保障。因而具有一定的复杂性和多样性，需要有统一的制度予以严格规范。然而现有的规范都是一定地区在一定时期内，根据当地的经济发展状况和刑事司法需求对刑事被害人所进行的临时性的补偿和救助，缺乏常态性、规范性和公平性。

(2) 救助资金没有制度保障。正如台州市委政法委执法监督处处长费敏辉所说的那样："一方面，杯水车薪，无法满足广大群众的司法救助需求；另一方面，这些资金基本上凭面子靠关系争取而来，一旦出钱单位人事发生变化，很可能第二年就没了着落，缺乏制度保障"。

(3) 覆盖面过窄。如山东淄博，2004年开展刑事被害人救助工作以来，只有9人获得救助，而仅2004～2005年11月，淄博市中级法院刑事附带民事判决未能执行的就有703件，获得救济的比例不足2%，而这还不包括犯罪人无法确定的刑事案件被害人。

3. 社会救助现状之问题

社会救助在我国刑事被害人国家补偿制度立法空白的情况下，为缓解被害人的经济压力、平复怨恨心理起到了积极作用。然而其局限性也是显而易见的，表现为以下两方面。

(1) 社会救助缺乏制度保障，在运行中存在随意性与不确定性。社会救助是政府、社会组织与个人基于人道主义对刑事被害人给予的物质帮助，带有一定的社会福利性质，其目的是帮助特定的被害人渡过难关，重拾生活信心。由于其没有制度强制规定权利和义务的归属，因而这种救助是随意的、不确定的，其经费更是有限的。社会救助的产生与一定社会背景、经济状况以及舆论环境相关，其运行功效十分有限，亦无法从根本上解决刑事被害人的补偿救助问题。

(2) 社会救助的对象特定，个案影响力有限。从以上列举的案例来看，社会救助多是以重大、复杂、影响力大的案件中的刑事被害人为救助对象，一般不惠及于普通刑事案件的被害人。这种在救助对象上的"偏心"一方面是由于经费紧张，另一方面是由于社会舆论的影响和压力。因而从本质上来看，对其他绝大多数未能分享这一机制成果的刑事被害人是不公正的。政府通过对舆论焦点的案件进行补偿来表达对刑事被害人切身利益的关怀，呼吁全社会对这一弱势全体的关注，这无疑为刑事被害人国家补偿理念的传播带来福音，但其影响力是极为有限的。我们无法从法律对个案的评判结果来预期所有类似案件的结果，社会对个案中刑事被害人的救助也是同理。因而，全社会要真正加强对刑事被害人的保护力度，解决被害人的实际困难，惟有确立刑事被害人国家补偿的制度。

综上所述，我国理论界及司法界对刑事被害人国家补偿制度进行了充分的论证和有益的尝试，无不体现出该项制度在我国确立的重要性和紧迫性。通过以上对理论研究和实践探索的分析和比较，在充分肯定其成效的同时，对所包含的问题当是立法前瞻必须面对与解决的。不过，人们不难发现，所有问题的根源只有一个，即缺乏统一、规范的制度予以保障。因此，加快制定符合我国国情的刑事被害人国家补偿制度，保障刑事被害人补偿权益的实现，是解决现阶段刑事被害人补偿诸多问题的最佳途径与选择。

六、我国刑事被害人国家补偿制度立法模式的构建

刑事被害人国家补偿制度是一系列原则、规则和程序等的有机整体，它不仅体现公平与正义的理念，还与中国的传统文化、人们的价值观念相符合。必须立足国情，在充分利用我国本土资源的基础上借鉴国外一些立法经验，只有这样，才能构建出一套适合我国现实国情的刑事被害人国家补偿制度。另外，法律对刑事被害人的保护并非仅体现在单一的经济补偿层面，而应为一项多元化、全方位的系统性补偿，包括对刑事被害人各项权益的保障和受损利益的恢复等方面。我国在立法模式的选择上亦应具备长远的眼光，依据国情和现实要求，分步实现对刑事被害人的全面保护。

（一）立法模式的选择——综合功效型模式

所谓综合功效型模式，是指以联合国的普适功效型模式的原则为指南，以中国现阶段实践为基础，以规范功效型模式为借鉴，形成符合中国国情，同刑事赔偿、民事赔偿、行政赔偿三项制度相匹配与衔接，具有逻辑结构严密、形式要素完整特点的刑事被害人国家补偿制度体系。该制度通过对特定法律关系主体的权利和义务的明确规定，能够使法律行为有章可循，具有很强的可操作性。关于“综合功效型模式”的基本结构，笔者建议从以下六个方面予以构建。

1. 基本原则

在法律制度设计时，“原则具有主要矛盾揭示、价值取向定位、法律系统化支撑、漏洞弥补、法律解释标准、规范适用效力等多方面的功能。”[1] 构建我国刑事被害人国家补偿制度应当确立以下几项原则。

（1）补偿法定原则。这是现代法治国家的基本要求，也是刑事被害人国家

[1] 高家伟：《国家赔偿法》，商务印书馆 2004 年版，第 76 页。

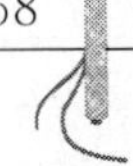

补偿制度的最基本的原则。国家对刑事被害人的补偿必须符合法律的明文规定，补偿对象的标准、补偿范围的界定、补偿条件的限定、补偿程序的规范等必须按照法定方式进行。

（2）补偿从属原则。这是补偿制度最核心的原则，凸显了国家补偿的特性，主要表现为两个方面：其一是被告人赔偿为主，国家补偿为辅。刑事法律中犯罪人赔偿和国家补偿都是对被害人权利保障的救济措施，两者既互相联系又互相补充。但是由于两者基于不同的价值目标，在对刑事被害人的保护上有着次序上的差别。犯罪人赔偿是基于对其犯罪行为的对等惩罚和报应的法理基础，其意义在于发挥了赔偿和惩罚的双重实用功效，有利于对犯罪人的惩罚和教育改造。国家补偿只有在被害人遭受犯罪侵害而又由于犯罪人赔偿不能或基本不能实现的情况下才能提起。[1] 因而两者具有位阶性，当犯罪人赔偿与国家补偿发生冲突时，应按相应的等级和次序予以解决。其二是禁止重复赔偿，即被害人从其他法律途径获得赔偿的应先予扣除。关于应扣除的“其他法律途径获得的赔偿”有着不同理解。如我国台湾地区规定将已受有的社会保险、损害赔偿给付或因犯罪行为被害依其他法律规定得受之金钱给付，自犯罪被害补偿金中减除。德国规定首先要从赔偿金中支付医疗保险公司为被害人治病或进行治疗所预付的医疗费用。笔者认为被害人本人人寿保险之给付是基于保险合同，是以其支付保险费为代价的（从保险法的一般原理来说，人身保险是不存在代位求偿的），而企业支付的抚恤金以及因伤害以致提前退休而支付的退休金是基于劳资关系之给付，他们以及社会捐献都不应从中扣除。[2]

（3）补偿程序公正原则。刑事被害人国家补偿制度虽然带有一定的救济性质，但也不是“阳光普照”式的公共救济，只能在一种受到严格限制的条件下进行，以保证国家补偿的程序公正和实体公正。程序是实现正义的必由之路，体现在程序上通过限制恣意、优化选择以及确定一定的具体目标来谋求正义的实现。[3] 国家补偿程序也必须具有公正性，一方面是保证实体公正的实现；另一方面可以通过严格的程序规范来提升被害人对补偿决定的接受度。

（4）比例原则。比例原则的实质是手段与目的之间的关系，具体要求有适合性、必要性和均衡性。在补偿制度中主要表现为国家对刑事被害人补偿的力

---

[1] 汤啸天等：《犯罪被害人》，甘肃人民出版社 1998 年版，第 275 页。

[2] 尤秀明：“我国犯罪被害人国家补偿制度立法框架构想”，载 http：//www.dfgzlaw.com/newsn.asp? id=110&clas sid=5.

[3] 杨一平：《司法正义论》，法律出版社 1999 年版，第 118 页。

度应当与刑事被害人遭受的实际损害程度相适应。如在人身伤害犯罪中，有致人重伤、轻伤、轻微伤、死亡等差别，一般只对故意致人重伤、死亡的被害人及其抚养或依靠其抚养的人进行补偿。各种类型均有不同的标准。还要考虑到被害人在犯罪的发生及发展中所起的作用及责任的大小来确定是否给予补偿及补偿的标准。这样既体现了法律的公平、合理，也避免了“同等情况不同对待，不同情况同等对待”。

2. 具体构想

(1) 补偿对象。关于补偿对象，联合国、地区国家与我国台湾地区的立法都不尽相同，其立法大多从三方面予以界定：其一是刑事被害人的范围；其二是刑事被害人的国籍；其三是案件的性质。以下分别从这三方面来进行分析。

一是刑事被害人的范围。绝大多数国家立法规定的补偿对象主要是暴力犯罪的被害人，例如新西兰、英国、美国和德国的立法就是如此。有的国家将所有犯罪的被害人作为补偿对象，如加拿大的立法规定，凡是刑法上有规定的犯罪的被害人受到侵害无法从被告人那里得到赔偿的都可以向国家申请补偿。还有的国家把精神病患者及未达到刑事责任年龄的少儿行为的被害人也作为补偿的对象。[1] 联合国《犯罪被害人及权力滥用被害人司法基本原则宣言》对刑事被害人的界定则较为宽泛。笔者认为，根据我国现阶段的经济基础和法治环境，补偿的对象应当包括两种：其一是因遭受犯罪侵害而导致严重人身损害的被害人本人。这类被害人在所有的刑事被害人中受害程度最严重，最为迫切需要得到补偿，因此应当列为补偿的对象。其二是死亡被害人的遗属和抚养人。受到补偿的遗属申请的顺序可以参照继承法的规定，即第一顺位为配偶、子女、父母，第二顺位为兄弟姐妹、外祖父母、孙子女，但兄弟姐妹、外祖父母、孙子女中申请扶养费用补偿金的，应当以依赖被害人扶养维持生活者为限。此外，同一顺序的补偿对象为数人时，按比例分配，不得代位受偿。

二是刑事被害人的国籍。关于被害人的国籍，国外立法主要采用的有三种模式：其一是“被害地主义”，即被害人补偿法案适用于任何在被害地国领域内包括在境外的被害地国船舶和航空器内遭受犯罪侵害的人，而不问被害人的国籍。英国即是采用的该种模式，其二是“国籍主义”，美国即是典型。早期美国许多州的补偿法仅适用于在本州内受伤或死亡的本州公民，非本州公民或在本州领域外的被害人排除在外。1984 年制定的《联邦被害人权利法案》则要求各州对在本州内有住所而被害的非本州公民提供补偿，现在除内华达州外

---

[1] 康树华主编：《犯罪学通论》，北京大学出版社 1996 年版，第 566 页。

各州都实行了该规定。1988 年的《联邦被害人法案》更进一步要求各州对本州公民在本州之外为设立补偿制度的地方受到侵害也要给予补偿。❶ 其三是"国籍被害双重主义"，代表国家为日本，其补偿法要求被害人必须具有日本国籍或者在日本有住所且被害地必须是在日本国内及在国外的日本船舶或飞行器内。❷ 我国刑事被害人国籍模式的选择，笔者认为应采取"国籍主义"，即被害人必须具有中国国籍。而对于那些在中国境内被害的不具有中国国籍的人，应当按照互惠原则处理。

三是刑事案件的性质。关于案件的性质，从新西兰、英国和美国加州最早的补偿立法开始，几乎所有国家补偿的对象都被限于人身的暴力犯罪的被害人，而将侵犯财产的犯罪排除在外。即如果犯罪仅仅造成财产损失而未对被害人人身造成损害，国家则不予补偿。虽然，就理论上而言，不论被害人所受之灾害为身体的死伤，抑或财产的损失，均应得为补偿之对象。❸ 有的国家也对财产上的被害给予补偿，但把这视为一种特殊情况，是适用于在刑事设施、精神病院内收容的财产犯罪所引起的被害。对除此以外的其他一切财产犯罪所引起的被害，不予补偿。❹ 我国刑事被害人国家补偿法对案件性质的界定，笔者认为，从我国目前的现实出发，补偿立法的起步阶段也必须优先考虑人身犯罪的被害人，尤其是暴力犯罪受到严重侵害的被害人。原因有二：其一，从犯罪危害程度来看，人身犯罪直接侵害的是被害人的身体甚至生命，不仅是生理上的极度痛苦，而且还要承受经济上的巨大压力。财产犯罪对被害人所造成的伤害较轻，一般影响不到被害人通过自己的劳动维持今后的生活；其二，从国家承受力来看，各类财产犯罪，其财物的损失总额甚为庞大，若将之归入被害补偿的范围，恐非国库可以承担。这与被害人因人身伤害所带来的丧葬费、医药费、生活费等费用相比是不可同日而语的。

（2）补偿条件。根据补偿的性质，结合我国国情现状，刑事被害人国家补偿制度的补偿对象应该具备如下补偿条件。

①积极条件。其一，被害人及其抚养的人因遭受犯罪严重侵害确实陷入了生活困境，没有收入来源或现有的经济收入无法维持基本的生活需要。如"因

---

❶ Desmond S. Greer. A Transatlantic Perspective on Compensation of Crime Victims In The United States, *The Journal of Criminal Law & Criminology*, 1994.

❷ 孙彩虹："日本犯罪被害人保护法制度及其对我们的启示"，载《河南社会科学》2004 年第 5 期。

❸ 张甘妹：《犯罪学原论》，汉林出版社 1985 年版，第 346 页。

❹ 张智辉、徐名涓编著：《犯罪被害人学》，群众出版社 1989 年版，第 198 页。

犯罪的侵害导致财产损失很大而被害人很富裕，生活并不困难，这样国家则不必启动补偿机制。”[1] 至于何种情况属于相当生活困境可根据当地生活标准来判断。其二，无法从罪犯处或其他途径得到充分的赔偿或补偿。刑事被害人获得补偿的途径主要包括加害人的赔偿、社会保险和社会捐助等，如果被害人通过上述途径可以维持基本生活时，则不得申请国家补偿。其三，刑事被害人对被害不承担责任或责任很小。但如果被害人是未成年人、老人、基本或完全丧失劳动能力者，国家应当根据其生活来源情况予以补偿，而不应考虑其责任大小。[2] 如法国刑事法院在受理交通事故造成的过失杀人或过失伤害案件时，如果受害人的年龄不满 15 周岁或者已经超过 60 周岁，或者不论受害人的年龄如何，如果在受到伤害时持有承认其至少 80%的永久性无能力或残疾证书，无论他们是否有过错，都可以得到赔偿。其四，刑事被害人应及时报案，积极配合公安、司法机关的相关工作，并提供自己受损情况的证明。如果被害人死亡或丧失行为能力时，应由其近亲属代为报案。如果被害人不及时报案，不提供证据，不与公安、司法机关充分合作，则可不予补偿或减少补偿。

②消极条件。其一，刑事被害人对犯罪行为的发生承担主要责任的，不得申请国家补偿。被害人对犯罪有较大责任，包括被害人积极制造冲突或对后果之发生持完全放任之态度，亦应视为构成消极条件，补偿机关在认定时应作不予补偿处理。其二，加害人是刑事被害人的受养人或为争夺财产故意造成其他遗属死亡的，不得申请国家给予遗属补偿金。如台湾地区的“犯罪被害人保护法”第 8 条规定有下列各项情形之一者，不得申请遗属补偿金：①故意或过失使被害人死亡的；②被害人死亡前，故意使因被害人而得申请遗属补偿金之先顺序或同顺序之遗属死亡者；③被害人死亡后，故意使得申请遗属补偿金之先顺序或同顺序之遗属死亡者。其三，刑事被害人或其遗属与加害人具有亲属关系或其他关系（如姘居），根据一般社会观念补偿存在不妥的，国家可以不予补偿。

（3）补偿范围与标准。

一是补偿范围。综观国外补偿立法，大多数国家的补偿法均未规定对被害人精神损害的补偿。然而人身伤害、精神损害及财产损失均是导致被害人生活困苦的因素，在对被害人进行补偿时，不宜有所偏废。笔者认为，精神损害补

---

[1] 孙谦：“建立刑事被害人国家补偿制度的实践意义及其理论基础”，载《人民检察》2006 年 9 月（上）。

[2] 曲涛：“创建刑事被害人国家补偿制度的新思考”，载《中国矿业大学学报》2006 年第 3 期。

偿一般应只限于严重的暴力型犯罪，如故意杀人、重伤害、强奸、抢劫致人重伤或死亡、绑架等严重犯罪行为引起的较为严重的精神损害。特别是强奸案件中由于被强奸而导致被害人精神恍惚从而自杀、自残致重伤而丧失劳动能力，使其以后无法正常工作、生活。对精神损害补偿的数额也应适宜，过高不切实际，过低则达不到抚慰被害人的目的。

二是补偿标准。关于补偿标准的认定，我国学者提出多种方案：有的学者认为可参照《道路交通事故处理办法》规定的来进行。[1] 有的主张参考航空保险数额执行的。[2] 还有的主张参照国家赔偿法执行的。[3] 笔者认为，相比《道路交通事故处理办法》，《国家赔偿法》更为统一和规范，而参照航空保险标准进行补偿，显然与我国具体国情不符。因此，参照《国家赔偿法》最为合适。具体说来（1）造成被害人部分丧失劳动能力或全部丧失劳动能力的，支付医疗费、残疾补助费以及其抚养的人的必要生活费；部分丧失劳动能力的最高限额不超过国家上年度职工年平均工资的 10 倍；全部丧失劳动能力的最高限额不超过国家上年度职工年平均工资的 20 倍。（2）造成被害人死亡的，支付丧葬费、受其抚养的人的必要生活费，最高限额不超过国家上年度职工年平均工资的 20 倍。

（4）补偿金的来源与管理。这是支撑被害人国家补偿制度的柢柱。早在 1891 年的佛罗化斯会议，加罗法洛就倡议建立一个特别公共基金——基金来源于法庭适用的罚款——以便在那些不能从罪犯身上得到确实补偿的被害人中间予以分配。同时他还认为强制赔偿比短期监禁具有更强大的犯罪预防作用，应允许罪犯（累犯和惯犯除外）通过支付一定数额金钱免除其监禁刑；"有条件的自由"的罪犯应向被害人支付相当比例的积蓄（在监狱或教养所的劳动所得）。[4] 联合国《为犯罪和滥用权利受害者取得公理的基本原则宣言》第 13 条作了原则规定："应鼓励设立、加强和扩大向受害者提供补偿的国家基金的做法。在适当情况下，还应为此目的设立其他基金，受害者本国无法为受害者所遭伤害提供补偿的情况。"现代国家也大多以基金形式来管理补偿金，如瑞典的"支持被害人基金"、荷兰的"补偿基金会"。笔者认为，我国也应该设立被害人专项基金，由基金管理部门统一管理，并且在基金的管理上实行基金管理

[1] 李玉华："论被害人国家补偿制度"，载《政法论坛》2000 年第 1 期。

[2] 许永强："刑事法制视野中的被害人"，中国检察出版社 2003 年版，第 195 页。

[3] 田思源："构建犯罪被害人补偿制度框架的基本构想"，载《法学杂志》2001 年第 6 期。

[4] ［意］加罗法洛著：《犯罪学》，耿伟等译，中国大百科全书出版社 1996 年版，第 422 页。

部门与补偿决定机构相分离的原则，基金采取专款专用、单独核算、账务公开的管理办法并接受补偿决定机构的监督。基于补偿基金的补偿安抚功能，可以考虑由民政部门作为基金的专门管理机关，但补偿基金应该与其他类型的救助金相分离。

补偿基金的来源渠道可以多样化，除国家财政拨款外，还可以考虑如下来源：（1）依法裁判对犯罪人收取一定比例的罚金及财产；（2）犯罪人的犯罪所得或其财产依法没收后的变卖所得；（3）依法提取的监狱中罪犯一定比例的劳动利润；（4）法院诉讼费的一部分；（5）上交国库的无主财产的一部分；（6）社会捐助。

（5）补偿金额与补偿方式。

一是补偿金额。在外国立法中，对于国家补偿金额的确定，主要有三种方式：其一是未作明确数额规定，仅规定了一个计算的原则。如日本的补偿法规定，刑事被害的给付金额，为按照政令所确定的基础额乘以行政命令所确定的倍数所得的数额。如果申请人作为被害人的遗属有数人时，该数额为再除以其人数所得之数额。其二是在法律中明文规定补偿数额，如英国采取定额制。其三是限定补偿的最高数额，如我国台湾地区则是采取这种方式。

根据我国目前的经济发展水平，笔者建议借鉴国外的通行做法对国家补偿明确规定最高限额，且该限额应在不同发展水平的地区之间有所区别，但区别应当仅限于收入水平计算上有所区别，在其他各项计算上应当不作区别。同时，随着国家财力的增强以及社会物质生活水平的提高，补偿的最高限额也应当通过法定程序适时进行调整。[1] 补偿金额的确定还应当以被害调查为依据，参照国家赔偿法的相关规定，并借鉴外国所采取的一般标准，从被害性质、状况、程度、损害大小、被害人的过错程度以及犯罪人的实际赔偿能力和被害人的生活状况加以综合考虑。

二是补偿方式。各国补偿金的支付方式归结起来主要有三种，即一次性支付、定期支付、部分支付。有些国家为防止被害人逃避付账，补偿机构直接把补偿金付给救助被害人的主体（比如医生和医院）。具体到我国，笔者认为采取一次性支付的金钱补偿是最佳补偿方式，金钱补偿能够帮助被害人迅速摆脱生活窘境，也便于补偿机关具体实施。虽然补偿金原则上应当一次性支付，但有三种情形可以分期支付：（1）被害人或其供养人申请分期划拨并支付利息的；（2）生活补助费可以依据具体情形分期划拨；（3）对于未成年的申请人的

---

[1] 郭琼："论刑事被害人国家补偿制度的构建"，载《法制与社会》2007 年第 10 期。

补偿款项如果没有专门的人或机构代为管理的，应在其成年之前分期支付。

(6) 补偿机构。国外补偿法对补偿机构的设置，概括起来可划分为三种模式：独立设置模式、行政机关内设模式和司法机关内设模式。我国学者也提出了法院、检察院、民政部门、司法行政机关、专门机关等多种解决方案。笔者认为，建立一个能协调各个司法环节的被害人国家补偿委员会，由该委员会行使刑事被害人国家补偿的裁定权，而该补偿委员会可设在各级检察机关内。这种方案的可行性有如下几点：第一，符合检察机关法律监督的地位；第二，补偿金数额的确定并非法律争议，不是必须由法院裁决；第三，检察机关的上下级领导关系可以为申请人申请复议提供有效救济途径。此外，为了进一步增强公正性和透明度，补偿委员会还可以由人民监督员和其他社会人士参与。

(7) 补偿程序。补偿程序是指刑事被害人取得犯罪损害补偿应当履行的手续及补偿机关作出补偿决定应该遵循的方式、方法和步骤。联合国《基本原则宣言》第5条规定："必要时应加强司法和行政机关，使受害者能够通过迅速、公平、省钱、方便的正规或非正规程序获得补救，应告知受害者他们通过这些机构寻求救济的权利。"同时，为了防止被害人通过申请国家补偿谋取不法利益，国家补偿也应坚持严格审查、合法规范的原则。因此，为了保障刑事被害人补偿权益的实现，国家应当建立规范、便利的补偿程序，使符合条件的刑事被害人能够及时、迅速地得到公平合理的补偿。补偿程序一般包括申请、调查、听证、裁决、执行、救济等几个阶段。

①申请。这是补偿程序启动的标志，为了保障刑事被害人申请补偿金的顺利进行，包括以下两方面的内容。

一是补偿权的告知。法律应当规定公安司法机关的告知义务，即负责案件侦查、起诉、审判的公安机关、人民检察院、人民法院在办案过程中应当及时告知被害人或者其近亲属有申请国家补偿的权利。负有告知义务的机关没有依法履行告知义务的，被害人的申请期限可以适当延长。另外，对被害人进行援助的服务机构也应当负有一定的告知义务。告知的内容应当包括补偿的条件、申请期限、申请应当提供的材料、申请提交的机构、补偿的救济等。在告知时，告知义务机关应该重点告知申请应该符合的前提条件。

二是申请期限。申请期限可以分两种情况设定：一是被害人及其家属知道或应当知道犯罪侵害之日起2年内提出，但最长不超过5年，逾期则不予受理；但超过申请期限的申请人确有正当理由的，有关机关可以受理。二是对被告人单独或附带提起过民事诉讼的，自执行终结裁定生效之日起1年。

②调查。补偿委员会接到申请后需指派一名或数名委员会成员单独或组成

合议庭进行调查，调查的内容包括程序性事实和实体性事实两方面：

一是程序性事实。包括：申请人是否具有申请资格；申请是否符合申请时效的规定；案件性质是否属于补偿的范围，申请是否属于受理的补偿委员会管辖；申请手续是否完备，申请表的内容和所附材料是否明确具体。

二是实体性事实。包括：被害人的性别、年龄、职业及收入、受养人的有无及基本情况；加害者的性别、年龄、职业及收入、受养人的有无及基本情况；被害情况：包括原有的健康状况、被害的程度、已造成的物质损失及远期影响、后遗症的有无及种类、治疗费的数额、被害者与加害者的关系、被害者责任的有无及程度，被害人同司法机关的合作情况等；被害后的影响：包括由该犯罪被害引起的被害者职业变化、收入变化、家庭成员生活变化等；损害赔偿的状况：被害人是否受领过损害赔偿金和紧急补偿金，损害赔偿金和紧急补偿金的受领额及方式，是否参加保险，是否接受过社会捐助等；犯罪的性质；补偿委员会认为需要查明的其他事实。

③听证。法谚云："正义不仅要得到实现，而且还必须以人们看得见的方式得到实现。"为了确保国家补偿的客观公正，在符合一定条件的情况下引入公开听证程序。笔者建议，5 000 元以上的补偿在作出决定之前，应当告知补偿申请人享有要求听证的权利。补偿申请人在被告知听证权利之日起 5 日内提出听证申请的，补偿委员会应当在 20 日内组织听证。补偿委员会应当于举行听证的 7 日前将举行听证的时间、地点通知补偿申请人。听证一般应公开举行。补偿委员会应当指定调查该申请的工作人员以外的人员为听证主持人。主持人应组织各方进行辩论与反驳，听取各方的陈述意见，审查各方提出的事实、证据并组织质证。在此基础上查明事实，以作出公平合理的处理决定。

④裁决。补偿案件由补偿委员会成员三名组成合议庭进行书面审理。自受理申请之日起 30 日内，根据被害人的伤害程度、被害人及其扶养人的生活状况等情形，作出是否予以补偿以及补偿的数额，裁决书应当送达申请人和同级人民检察院。裁决书一经送达即发生法律效力。申请人取得的受领补偿金权利的时效期限可定为 2 年，并且不得转让，不得用于提供担保和质押。

⑤执行。

一是补偿金的支付。补偿委员会作出补偿决定书后应该在 10 日内抄送基金管理部门和送达补偿申请人，补偿申请人接到补偿决定书后应当在法定期间内持该决定书和其他相关材料请求基金管理部门支付补偿金，无正当理由逾期不提出申请的则不予补偿；基金管理部门接到补偿委员会抄送的补偿决定书和补偿申请人要求补偿的申请后应当在 7 日内进行审核并予以支付。被害人取得的补偿金，免征个人所得税。

二是先行支付。补偿委员会受理申请后，当因案件未能审结或其他情形而无法确知与刑事案件有关的情况，而不能迅速作出是否支付补偿金及其具体金额时，如果被害人之生活状况已因其受害而极度恶化时，补偿委员会有权在审查核实后作出先行支付一定金额的决定。此后，如果补偿委员会作出正式补偿决定，则在先行支付的金额以内，国家不再有支付义务；最终决定的给付金额少于先行支付的金额时，领受人必须返还其差额；如果最终决定不予补偿，领受人则必须返还相当于先行支付的金额。

⑥救济。申请人对驳回申请的决定或者对决定的补偿数额不服的，可以在接到补偿决定书后 15 日内向上一级补偿委员会申请复议，上一级补偿委员会应当在接到复议申请后 20 日内作出维持原决定的决定或变更决定。复议期间应停止原决定的执行。

⑦司法审查。刑事被害人及其遗属不服复审决定的，可在 15 日内向所在地人民法院申请裁决。人民法院一、二审作出裁决的期限与行政诉讼一、二审作出裁决的期限相同。人民检察院有权对人民法院的裁判活动是否合法实行监督。

⑧补偿金的返还和国家的追偿。被害人得到补偿金后，又从犯罪人或其他途径得到赔偿或救助的，应主动返还补偿金。被害人不主动返还的，补偿资金管理机构有权要求返还。国家在被害人得到补偿金后，如果其他负有赔偿责任的人或者单位有赔偿能力而没有赔偿的，有权在赔偿金的范围内进行追偿。国家对犯罪分子的追偿权无时效限制，补偿资金管理机构有权随时向负有赔偿责任的人或者单位追还为其承担的补偿款项。

国家补偿制度的出台通过对生活陷入困境的刑事被害人的及时救助，帮助他们摆脱犯罪侵害的阴影，重拾生活的信心，从而消除了社会不稳定因素，是维护社会秩序，彰显法律公平正义的重要体现。然而，对刑事被害人的救助是一个全方位、多层面的系统工程，与司法运行体系紧密联系，形成联动。因此，我国在国家补偿制度日益完善、司法实践日益成熟的情况下，应当从长远考虑出发，研究制定符合我国现实需要的刑事被害人保护法。

普适功效型的立法模式正是全面保护刑事被害人的典范。联合国《犯罪被害人及权力滥用被害人司法基本原则宣言》对被害人的保护进行了原则性的规定：犯罪被害人应得由政府、义工、社区及固有机构获得必要之物质、医疗、心理及社会援助；犯罪被害人应被告知其可获得卫生及社会服务以及其他相关之援助，并可迅速获得各该援助；警察、司法、卫生、社会服务及其他有关人员应接受训练，以了解犯罪被害人之需要并知晓为妥适援助之方法与途径。台湾地区的“犯罪被害人保护法”也明文规定了为协助重建被害人或其遗属生活，“法务部”应会同“内政部”成立犯罪被害人保护机构。这些“立法”尝试都为构建我国内地的被害人保护法提供了可供参考和借鉴的先例。

（二）综合功效型模式下的配套保障措施

探寻部分国家及地区补偿立法的经验和教训，可以得出这样一个结论，即国家补偿制度的确立与一国的经济、政治、文化等因素密不可分，国家补偿制度功效的发挥也是多种因素共同作用的结果，因此，我国刑事被害人国家补偿制度必须与其他相关制度相适应，这需要一系列的配套措施来保障，否则，补偿制度的运行便失去了存在的基础。笔者建议，可以从以下几方面来予以保障。

1. 完善刑事附带民事诉讼程序

依据我国的刑事诉讼法，刑事被害人取得犯罪人赔偿是通过刑事附带民事诉讼程序来实现的。然而，现行的刑事附带民事诉讼程序在司法实践中存在多方面的制度设计缺陷而导致被害人的赔偿成为“水中月，雾中花”，这不仅严重损害了被害人的权益，更无视了司法判决的权威性。因此，在构建刑事被害人国家补偿制度的同时，完善刑事附带民事诉讼程序，使被害人的赔偿问题在法定程序中予以解决，这不仅是司法效益的要求，更是司法公正的体现。笔者认为，可以从以下几方面进行完善：

（1）确立精神损害赔偿，实现赔偿内容的多元化。现行法律明确规定刑事被害人在附带民事诉讼程序中只能请求物质损害赔偿，而将精神损害赔偿排除在外。现实案例中被害人或其家属的精神损害巨大，如强奸案件、诽谤案件、侮辱案件等，此类案件几乎没有任何物质损失，因此就不能提出任何物质损失赔偿的请求。即使在有物质损害的案件中，被害人或其家属所获得的赔偿因为被告人的赔偿能力限制而显得微乎其微。因此，在附带民事诉讼中确立精神损害赔偿不仅为刑事被害人受损利益的恢复增加筹码，更是犯罪人对其犯罪行为承担全部法律责任的必然要求。

（2）加强监督，实现赔偿的确定性。赔偿的确定性是安定的一个方向，如果缺乏一定的确定性，安定将随之受到相应损害。[1] 我国刑事诉讼法对赔偿义务的主体做出了完整、明确的规定，然而在实践中却未彻底贯彻，导致被害人

---

[1] ［英］吉米·边沁著：《立法理论》，李贵方等译，中国人民公安大学出版社 2004 年版，第 335 页。

索赔无门。在我国审判实践中，法官往往对涉及犯罪人以外的应当承担民事责任的其他单位或共同侵害人的民事侵权事实并不关注，因为与刑事案件关系不大，即使受害人对其提出请求，法院也不接受。❶ 如果犯罪嫌疑人在逃，即使犯罪证据确凿，受害人或其近亲属也不能提起附带民事诉讼，在刑事案件审结后，也不能对该在逃的犯罪嫌疑人独立提起民事诉讼。这些问题的存在都严重地阻碍了刑事被害人赔偿请求权行使，因此，必须加强刑事附带民事诉讼过程中的检察监督，检察人员不仅要关注犯罪人，更应当关注被害人的合法权益，及时纠正法官的错误行为；同时被害人作为当事人，也要积极地行使诉权，使得自己的合法利益能够得以完全实现。

（3）适用财产保全措施，实现赔偿的保障性。我国新修正的《刑事诉讼法》第77条第2款规定："人民法院在必要的时候，可以查封或者扣押被告人的财产。"这是新修正的《刑事诉讼法》对附带民事诉讼制度的进一步完善。财产保全是追赃和实现刑事被害赔偿极为有效的措施，可以在一定程度上保障赔偿的到位。但是法律并没有赋予公安机关、检察院查封、扣押权，这显然不易于侦查、起诉阶段对被告人财产的限制，并将对诉讼终结后被害人赔偿权益的实现造成影响。因此，笔者建议，可以考虑借鉴其他国家的做法，由公安、检察机关向法院申请扣押（查封、冻结）令予以执行，以保障三机关工作的协调一致，防止重复查封、扣押、冻结现象的发生。

2. 设立易服劳役执行措施

易服劳役执行措施是指对不能在生效法律文书指定期限内履行赔偿义务但有提供劳务条件的赔偿义务人，人民法院应刑事被害人申请责令其到国家提供的劳动单位或国家可以监督控制其劳动成果的劳务单位进行强制劳动，扣除其必需生活开支后剩余劳动所得由劳务单位直接扣留并转交人民法院用于偿还刑事被害人物质损失的一种执行方法。易服劳役执行措施的适用对象通常仅限于处刑较轻的案件中无充分财产但有劳动能力的被执行人。❷ 易服劳役执行措施实质上是执行措施的一种变通形式，即以劳务产生的收入来抵偿债务，有利于被害人合法权益的实现，同时也给加害人以改过的机会，达到定纷止争的目的。因此，人民法院在一定情形下可以适用易服劳役执行措施。具体来说，有以下几方面的要求。

（1）为了防止赔偿义务人逃避易服劳役执行措施，有必要对其人身自由采

❶ 肖建华："刑事附带民事诉讼制度的内在冲突与协调"，载《法学研究》2001年第6期。

❷ 吴四江："我国刑事被害人求偿问题探讨"，载《南华大学学报》2001年第9期。

取一定限制措施或者由第三人担保以保证易服劳役执行措施能够得到有效实施。在赔偿义务人不能按期执行刑事赔偿裁判又不能提供延期执行担保的情形下，不对其人身自由采取一定限制措施，极有可能直接导致赔偿义务人为躲避赔偿而逃匿。

（2）为了保证易服劳役执行措施的效果，国家在有大量用工需求的情况下，可以吸纳赔偿义务人参与重大工程的施工与建设，如大型的沙漠改造工程、荒山荒地开发等。必要时，还可以选择附近的劳改场作为其劳动场所。

（3）为了弥补易服劳役执行措施的局限性，国家补偿制度应予以及时补救。易服劳役执行措施具有不确定性，表现为被执行人在刑事诉讼中或在刑事赔偿裁判的执行过程中永久性丧失劳动能力又无足够财产，或死亡后又无遗产来充分赔偿刑事被害人物质损失的。在这种情况下，国家补偿制度应及时启动，以保障被害人受偿的持续性、完整性。

3. 健全社会保险制度

随着我国市场经济体制的不断发展和健全，保险理念也日益深入人心。社会保险具有转移风险、均摊损失、实施补偿的功能，为复杂多变的社会环境提供重要的保障。社会保险也是使被害人获得赔偿的一种有效方式，在公民投保的情况下，当公民或者单位因犯罪而遭受损害时，被害人可以向保险公司索赔，保险公司在赔偿后，有权向犯罪人追偿。这种保险制度的建立，是在犯罪人与被害人之间建立了一个补偿的回旋余地。损害发生后，被害人即刻便能获得财力上的补救而无需等到抓获侵害人对案件作出判决之时。加入社会保险的被害人在遭受侵害后，无论最终是否查获犯罪人，也无论犯罪人有无实际偿付能力，都不影响被害人获得赔偿。损失的风险由被害人转移至保险公司。保险公司最后可能向犯罪人追回损失，也可能因犯罪人无偿付能力而得不到赔偿，但无论如何，保险公司因有社会投保的资金作保而不会出现整体上的亏损。这对于减轻被害人的痛苦，保护被害人的合法权益具有重要意义。

因此，在刑事被害人补偿权日益受到关注的背景下，保险业可以进一步健全和完善保险制度，通过调研和分析，开发犯罪被害保险品种，这对于保护被害人的合法权益、缓解补偿制度的压力无疑具有重要意义。

七、余　论

西方有句古老的法律谚语：有犯罪必有被害，有被害必有救济。在现代文明社会，国家垄断了追究犯罪、惩罚加害人的权力，也必然要对失去该项权力的被害人予以救济。然而犯罪的凶残以及有限的赔偿，难以弥补被害人所受的痛苦和损失，现行立法的不足，使被害人有限的权利更难以充分行使。这不仅是对每个真实案例背后受害者的遗忘，更是对一个社会群体的遗忘。这不仅是对个人权益的无视，更是对整个社会安宁秩序的威胁。因此，国家对刑事被害人受损权益的恢复以及合法权益的保障，一方面反映了一国法律的人权保护现状，另一方面也是一个社会文明、民主、进步的重要标志。刑事被害人国家补偿制度的建立正是顺应法制与社会发展的要求，让刑事被害人转变角色，重返舞台。

令人值得欣慰的是，世界上的多数国家都积极响应，纷纷出台了刑事被害人补偿法，更有立法前瞻者将刑事被害人纳入全面保护的范畴，这无疑都体现出对刑事被害人缺失利益的重视，也带动了被害人法治发展的时代潮流。然而，令人担忧的是，我国的刑事被害人国家补偿法却迟迟没有出台。受到经济基础的制约和司法理念的影响，刑事被害人所面临的困苦境况在我国显得尤为突出。因而，对刑事被害人国家补偿制度予以立法完善是解决当前所有问题的关键所在。

不过，笔者的担忧终会消失殆尽，听闻国家立法机关正将此议案提上日程，中国的刑事被害人国家补偿法有望出台。这不仅仅是饱受犯罪蹂躏的被害人的希望，更是整个社会的福音。写到这里，笔者在深受鼓舞的同时，还想表达更为强烈的呼声，那就是，以刑事被害人国家补偿法为起点，待到时机成熟之际，构建符合我国国情的刑事被害人保护法，真正保障刑事被害人合法权益的全面实现！

44. 反腐败背景下独立民事没收制度的构建*

腐败作为一种跨国性犯罪，严重影响到国际社会的稳定与安全、减损政府公信、危害可持续发展和法治，已成为许多国家共同关注的一种国际公害。加强反腐败国际合作，建立追究腐败犯罪人的刑事责任以及腐败犯罪资产的追回和返还的工作机制，成为世界各国打击腐败犯罪的共同愿望。在这样的背景下，联合国历史上第一部指导国际反腐败斗争的法律文件《联合国反腐败公约》应运而生。《联合国反腐败公约》在总结各国反腐败斗争经验的基础上，建立了反腐败五大法律机制——预防机制、刑事定罪与执法机制、国际司法合作与执法合作机制、资产追回与返还机制以及履约监督机制。其中，资产追回与返还机制是五大机制中最具强制性和创新意义，它拓展了各缔约国就如何追回腐败犯罪资产而开展国际合作的渠道，促进了反腐败国际合作的新途径，对于剥夺腐败犯罪分子的生存条件，挽回腐败犯罪损失具有积极意义。

一、资产追回与返还机制的内涵及其对我国反腐工作的启示

资产追回和返还机制，是一缔约国在其资产因《联合国反腐败公约》确立的腐败犯罪被转移到另一缔约国的情况下，通过一定的途径向被移转的资产所在国直接主张对该资产的合法所有权，或者由另一缔约国对被转移到本国境内的腐败犯罪所得进行没收后，依据一定规则将其返还给资产请求国的司法协作机制。[1] 根据《联合国反腐败公约》规定，反腐败犯罪所得资产的追回法律机

---

* 本文在赵慧同志的协作下完成，收录于《中国刑法学年会文集（2008年度·上卷）——改革开放30年刑事法治研究》，中国人民公安大学出版社2008年版。

[1] 徐汉明、闫利国：“《联合国反腐败公约》资产追回和返还机制与完善我国诉讼制度之探讨”，载《武汉大学学报（哲学社会科学版）》2007年第3期，第350页。

制分为直接追回机制和间接追回机制。直接追回机制，是指请求国的资产因腐败犯罪被转移到被请求国，在被请求国没有采取没收等处置措施的情况下，请求国通过一定的途径主张对该资产的合法所有权而予以追回的方式。《联合国反腐败公约》第53条规定，直接在追回腐败资产的措施主要有三种：(1) 允许另一缔约国在本国法院提起民事诉讼，以确立对通过实施根据本公约确立的犯罪而获得的财产的产权或者所有权；(2) 允许本国法院命令实施了根据本公约确立的犯罪的人向受到这种犯罪损害的另一缔约国支付补偿或者损害赔偿；(3) 允许本国法院或者主管机关在必须就没收作出决定时，承认另一缔约国对通过实施根据本公约确立的犯罪而获得的财产所主张的合法所有权。间接追回机制，又称为通过没收事宜的国际合作追回资产的机制，是指当一缔约国依据本国法律或者执行另一缔约国法院发出的没收令，没收被转移到本国境内的腐败犯罪所得资产后，再将其返还给另一缔约国的资产追回方式。《联合国反腐败公约》第54条第1款规定：为依照本公约第55条就通过或者涉及实施根据本公约确立的犯罪所获得的财产提供司法协助，各缔约国均应当根据起本国法律 (1) 采取必要的措施，使其主管机关能够执行另一缔约国法院发出的没收令；(2) 采取必要的措施，使拥有管辖权的主管机关能够通过对洗钱犯罪或者对可能发生在其管辖范围内的其他犯罪作出判决，或者通过本国法律授权的其他程序，下令没收这类外国来源的财产；(3) 考虑采取必要的措施，以便在因为犯罪人死亡、潜逃或者缺席而无法对其起诉的情形或者其他有关情形下，能够不经过刑事定罪而没收这类财产。特别是《联合国反腐败公约》第54条第1款第 (3) 项确立的非经刑事定罪而没收的机制，对于犯罪嫌疑人死亡、潜逃或者缺席情形下追回腐败犯罪资产具有重要意义。

根据《联合国反腐败公约》第55条的规定，要想通过没收事宜的国际合作追回腐败犯罪资产，没收请求必须符合以下条件：(1) 没收的对象应当明确。没收对象限于腐败犯罪所得、财产、设备或者其他工具，同时应当有没收财产的说明、包括财产的所在地和相关情况的财产估计价值，所依据的事实的充分陈述。(2) 没收令本身已经生效并具有事实和法律依据。请求缔约国发出的没收令必须存在据以提出请求的法律上的可以采信的没收令副本、关于事实和对没收令所请求执行的范围的说明、关于请为向善意第三人提供充分通知并确保正当程序而采取的措施的具体陈述，以及关于该没收令为已经生效的没收令的陈述。(3) 必须提供充分、及时的证据，且没收财产必须数额较大。如果被请求缔约国未收到没收令充分和及时的证据，或者如果财产的价值极其轻微，可以拒绝合作或者解除临时措施。(4) 没收令经过司法审查，具有法律效力。

就我国而言，腐败犯罪携巨额赃款逃亡国外的事件屡屡发生并呈现逐年增加的趋势，“携款潜逃”已成为腐败犯罪分子逃避司法追击的一种惯用伎俩。据统计，我国外逃经济犯罪嫌疑人有800人左右，涉案金额近700亿元人民币。由于我国腐败犯罪所涉及的资产的流入国家往往是发达国家，诉讼费用较昂贵，故采取直接追回的机制成本较高；而间接追回机制相比直接追回机制更为灵活，成本上也相对较低。但由于我国没有建立缺席审判制度，对在逃或失踪的犯罪嫌疑人不可能提起公诉，法院也不可能作出没收裁决，导致国际合作的无法进行。[1] 因此，在我国尚未建立起缺席审判制度的情况下，通过改造刑法中的没收制度，使之成为非经刑事定罪而独立存在的没收制度，对于我国利用《联合国反腐败公约》设立的资产追回和返还机制追缴腐败犯罪分子携带出境的资产具有重要意义。

二、我国现行没收处分制度的理性考察

我国刑法中的没收分为刑罚性质的没收刑与非刑罚性质的没收处分两种形式。前者由《刑法》第59条加以规定，后者则是由《刑法》第64条所规定。没收财产刑与没收处分的区别主要在于：没收财产刑作为一种刑罚，其目的主要在于报应已然犯罪，仅仅适用于刑法分则明文规定可以并处或者单处没收财产的那些犯罪。没收处分则是基于保安、预防犯罪的需要而采取的非刑罚处置措施，是刑事诉讼中的一种强制性措施，它可以适用于一切犯罪，不论犯罪分子犯什么罪，判什么刑，只要犯罪分子违法所得的一切财物和供犯罪使用的本人财物，都要追缴或者没收。[2]

从《刑法》第64条关于没收处分制度的规定来看，我国关于没收处分的法律定位及其程序规定存在一定的不足，不利于我国积极参与腐败犯罪资产追回与返还机制的国际合作。

（一）关于没收的对象

根据《刑法》第64条的规定，没收对象限于违禁品和供犯罪本人使用的本人财物。尽管有学者指出，对犯罪违法所得的一切财物适用的追缴措施，是将犯罪所得的财物由司法机关强制追回并上缴国库，其性质类似于“没收”。[3]

---

[1] 黄丽君、黄振：“洗钱犯罪收益没收机制比较研究”，载《法制与社会》2008年第2期（上），第166页。

[2] 谢望原、肖怡：“中国刑法中的‘没收’及其缺憾与完善”，载《法学论坛》2006年第4期，第6页。

[3] 阮方民：《洗钱罪比较研究》，中国人民公安大学出版社2002年版，第247页。

但显然追缴和没收存在一定差异，将两者加以混同不符合刑法立法精神。追缴包含了对违法所得财产采取的具体行动，如追查、冻结等一些对财产采取的暂时性措施，但不是财产的终极处理，追缴回来的违法所得可能返还给被害人，也可能上缴国库。在某种程度上而言，追缴只是没收的前提，没收则指控制犯罪财产或收益的最终结果，即将财产所属的权利移交给主管当局的法律程序。[1] 从国际范围来看，没收对象包括犯罪工具、违禁品、违法所得、犯罪对象、犯罪行为所产生的物品等。如根据日本刑法规定，成为没收对象的物，包括组成物，供用物，产出物、取得物、报酬物和对价物等四种类型。[2] 因此，将没收对象限定在违禁品和供犯罪人本人使用的财物内显然不够科学，应当将犯罪非法所得的一切财物都纳入没收处分的对象范围。同时，我国并没有建立起价值没收、替代没收、混合物没收以及利益没收制度，使得《刑法》第 64 条规定的没收制度在截断腐败分子重新犯罪的经济基础上面作用甚微。

（二）关于没收的主体

《刑法》第 64 条并没有明确没收的主体。在司法实践中，没收处分的决定可以由人民法院和有关行政机关作出。《海关法》第 92 条规定：人民法院判决没收或者海关决定没收的走私货物、物品、违法所得、走私运输工具、特制设备，由海关依法统一处理，所得价款和海关决定处以的罚款，全部上缴国库。《人民检察院扣押、冻结款物工作规定》第 26 条规定：人民检察院撤销案件时，应当在撤销案件决定书中对扣押、冻结款物的处理作出说明。扣押的违法所得需要没收的，应当移送有关主管机关处理；……主管机关，是指对犯罪嫌疑人违反法律、法规的行为具有管理、处罚权限的机关或者其他单位。同时，《行政处罚法》第 8 条规定：没收违法所得和没收非法财物是法定行政处罚种类之一，行政机关对行政违法相对人通过违法手段取得的财物或者非法占有的财物、违法工具、违禁品等，有权予以没收。也就是说，对于违禁品和供犯罪分子本人使用的财物，既可以由行政机关作出没收处罚决定，也可以由人民法院作出没收裁决。在人民法院作出没收裁决的情况下，我国可以利用《联合国反腐败公约》规定的间接追回机制挽回腐败犯罪资产。在行政机关作出没收决定的场合，由于该没收决定没有经过司法审查，那么，在反腐败国际合作中，被请求国可能因为该没收决定不具有终局性而拒绝我国的没收请求，从而使我

[1] 陈晖："《联合国禁毒公约》与我国洗钱收益之没收"，载《环球法律评论》2006 年第 6 期，第 756 页。

[2] ［日］大谷实著：《刑法总论》，黎宏译，法律出版社 2003 年版，第 380～381 页。

国在追缴腐败犯罪资产的国际合作中处于被动地位，不利于腐败犯罪资产的追缴工作。

（三）我国的没收处分制度直接服务于犯罪人定罪量刑，其独立性价值尚未得到充分发挥

在司法实践中，违禁品和供犯罪使用的本人财物并不是直接被没收，而是作为认定犯罪事实的重要证据使用。《海关法》第 92 条规定：海关依法扣留的货物、物品、运输工具，在人民法院判决或者海关处罚决定作出之前，不得处理。最高人民法院、最高人民检察院、海关总署《关于办理走私刑事案件适用法律若干问题的意见》第 23 条规定：人民法院在判决走私案件时，应当对随案清单、证明文件中载明的款、物审查确认并依法予以追缴、没收；海关根据人民法院的判决和海关法的有关规定予以处理，上缴中央国库。同时，根据《刑事诉讼法》第 198 条、最高人民法院《关于执行〈中华人民共和国刑事诉讼法〉若干问题的解释》关于扣押、冻结在案财物的处理、最高人民法院、最高人民检察院、公安部、国家安全部、司法部、全国人大常委会法制工作委员会《关于刑事诉讼法实施中若干问题的规定》第 48 条规定，赃款赃物首先作为证据被查封、冻结、扣押，在法院作出生效判决后，除依法返还被害人的财物以及依法销毁的违禁品外，一律上缴国库。这就充分说明，我国的没收处分制度侧重于追诉犯罪人的刑事责任、保障刑事诉讼顺利进行的目的，没收处分制度不能脱离刑事定罪程序而独立存在，从而影响到没收处分制度的独立价值实现。

尽管我国《刑法》第 64 条规定的没收处分制度存在上述不足，但考虑到没收处分制度存在于我国的刑罚制度之外，有独立发展的制度空间，因此我们主张借鉴美国和澳大利亚等国的独立民事没收制度，对我国《刑法》第 64 条规定的没收处分制度加以改造，使之成为我国利用《联合国反腐败公约》追回腐败犯罪分子携带出境的财产的有力武器，促进我国反腐败斗争的深入有效开展。

三、独立民事没收制度的构建

独立民事没收制度来源于美国，并在英国《2002 年犯罪收益（追缴）法》澳大利亚《2002 年犯罪所得法》和新加坡《没收贪污所得法》中得到应用，充分显示了其顽强的生命力。美国的民事没收制度最初适用于追缴毒品犯罪收益，后来被扩展适用于洗钱犯罪以及与洗钱有关的其他上游犯罪。“9·11”事件后，独立民事没收制度的适用范围进一步扩大。独立民事没收制度作为一种

以追缴犯罪所得为目的的刑事措施，它的实施独立于对有关人员的刑事追诉程序和追诉结果，只要证明有关财物的构成、起源或者来自于直接或间接通过犯罪取得收益，即可对其实行扣押、冻结和没收。这一制度可以基于在外国实施的并且正由外国司法机关调查、起诉或审判的犯罪而适用，即使美国司法机关对于有关的犯罪案件并不享有或者并未行使对犯罪人的司法管辖权。英国《2002年犯罪收益（追缴）法》创设了刑事没收制度，与英国其他刑事法律中规定的没收制度不同，刑事没收制度不是一种刑罚，而是一种与刑事诉讼进展无必然联系的、针对财物的制裁措施，它并非是在被告人有罪判决的基础上附加的，只要被没收物品是与犯罪相关联的物品，即使被告人潜逃，也可对其作为犯罪收益加以没收。[1] 由于独立民事没收制度最大限度地实现了人与物在处理上的分离，使得对犯罪所得的追缴不受对犯罪人司法管辖和审判的影响，特别对于被追诉者死亡、潜逃和失踪等情况下追缴犯罪分子的违法所得具有积极意义。

长期以来，由于受重刑轻民、重实体轻程序等传统司法理念的影响，我国重视对犯罪分子刑事责任的追究而忽视对涉案财物的处理，涉案财物的处理往往以刑事责任的解决为前提和基础。“我国从立法到司法实践都重视对犯罪嫌疑人、被告人及其行为的法律定性与处罚，忽视了对涉案财产的法律定性，更多是将其作为认定犯罪嫌疑人、被告人行为性质的证据而已”。[2] 事实上，对犯罪行为的法律定性与对涉案财物的处理是一个问题的两个方面，应当同样加以重视。在对犯罪行为人的罪责进行法律认定的同时，也应对涉案财物是否属于赃款赃物进行识别，并提出处理意见。尽管犯罪嫌疑人、被告人可能因为已经死亡、潜逃或者失踪而无法追究其刑事责任，在涉案财物仍然存在时，司法机关应当根据已经确认的证据材料对涉案财物是否属于赃款赃物作出法律认定，并以此对犯罪嫌疑人、被告人的财物进行处理。《联合国反腐败公约》创设的间接追回机制为独立民事没收制度的发展提供了机遇，在反腐败斗争的背景下，构建独立的民事没收制度以追缴腐败犯罪携带出境的资产势在必行。

事实上，我国现有法律规定对独立民事没收制度进行了一定的探索。根据最高人民法院、最高人民检察院、公安部、国家安全部、司法部、全国人大常委会法制工作委员会《关于刑事诉讼法实施中若干问题的规定》第19条规定：

---

[1] 黄风、梁文均：“英国《2002年犯罪收益（追缴）法》中的刑事没收制度”，载《中国司法》2007年第6期，第102页。

[2] 吴高庆：“论缺席审判与财产没收制度”，载《湖北社会科学》2005年第7期，第127页。

对于在侦查、审查起诉中犯罪嫌疑人死亡，对犯罪嫌疑人的存款、汇款应当依法予以没收或者返还被害人的，可以申请人民法院裁定通知冻结犯罪嫌疑人存款、汇款的金融机构上缴国库或者返还给被害人。最高人民法院《关于执行〈中华人民共和国刑事诉讼法〉若干问题的解释》第 294 条第 2 款规定：对于人民检察院、公安机关因犯罪嫌疑人死亡、申请人民法院裁定通知犯罪嫌疑人存款、汇款等上缴国库或者返还被害人的案件，人民法院应当通过阅卷、审查有关证据材料后作出裁定。根据上述法律规定，在被告人死亡的情况下，人民法院可以根据有关证据材料对涉案款物依法作出处理，或者依法没收，或者返还被害人。尽管该法律规定仅针对被告人死亡情况下涉案款物的处理，但却为我国独立民事没收制度的发展提供了制度空间。

尽管建立独立民事没收制度对于追回腐败犯罪资产具有积极作用在我国理论与实务界形成了广泛共识，但就如何构建我国独立的民事没收制度，学者们还存在不同看法。有观点认为，我国建立独立财产没收程序的条件还不成熟，可以先对先行民事附带民事诉讼程序进行改革，在犯罪嫌疑人已潜逃、失踪的情况下，只要查明存在作为犯罪所得的财物，就可由人民检察院就有关财物的返还或没收先行提起附带民事诉讼程序，若当事人或利害关系人拒不出庭或者继续潜逃，人民法院可以根据已获取的证据材料进行缺席审判，确定财产权利的归属。❶ 还有观点认为，建立独立的民事没收可以分两步进行，先对附带民事诉讼制度进行改造，在条件成熟后，再建立起类似美国的独立民事没收制度。❷ 对此，我们认为，独立民事没收制度的核心在于是否应当建立相对独立的针对犯罪所得的追缴或者没收程序。如果对犯罪所得的没收独立于刑事定罪程序，只要能证明有关财物来源于犯罪或者非法行为，即使对被告人并未提起刑事诉讼，或者被告人已经潜逃、失踪或者死亡，都可以依法对犯罪所得予以没收。❸ 之所以使用“民事”没收制度，并不是意味着该没收制度只是作为一种民事制裁措施的意义使用，而是指该没收制度仅仅针对物而涉及，不依附于刑事定罪程序而独立存在。如果将没收制度纳入附带民事诉讼程序中，由于附带民事诉讼程序本身要依附于刑事定罪程序，更不要说存在独立民事没收制度了。如果肯定检察机关可以就有关财物的返还或没收先行提起附带民事诉讼程序，那么这种程序本身就独立于刑事定罪程序，属于相对独立的没收制度。

---

❶ 何帆：“‘民事没收’与反腐败”，载《法制与生活》2005 年第 5 期，第 42 页。

❷ 吴高庆：“论缺席审判与财产没收制度”，载《湖北社会科学》2005 年第 7 期，第 129 页。

❸ 贾鸾：“简述中澳两国没收法律制度”，载《中国监察》2007 年第 9 期，第 63 页。

，我们主张建立相对独立的不具有刑罚性质的民事没收制度。具体而言，对犯罪所得的没收处分一般依赖于人民法院的裁决，只有在人民法院作出裁决后，有关单位才能对刑事诉讼中涉案财物进行处理。但在被告人潜逃、失踪、死亡、缺席导致刑事诉讼无法进行的情况下，或者由于其他原因，人民法院无法在法定期间内作出裁决时，只要存在犯罪所得的财物，可以赋予被害人或者人民检察院向人民法院提起独立的没收处分请求，人民法院可以根据现有证据，直接对犯罪所得或者收益予以没收。人民法院独立作出的没收裁决可以发生在刑事诉讼的各个阶段，没收程序相对独立于刑事诉讼的结果。为了保障没收令的顺利执行，法院可以在作出没收令之前对涉案财物进行扣押、冻结或者采取其他保全措施。当然，法律应当赋予刑事被告人对没收令申请法律救济的权利。如果被告人对没收金额存在不同意见的，可以在一定的期间申请对没收令进行变更；被告人失踪或者潜逃的，也可以在重新出现后的一定期间内申请对没收令进行变更；被告人被宣告无罪的，可以依法向人民法院申请撤销没收令。没收令的变更或者撤销，由人民法院决定。在对《刑法》第 64 条规定的没收制度加以改造后，不仅有效地解决了刑事定罪前腐败犯罪分子违法所得的法律地位不确定问题，而且实现了我国没收制度国内法与《联合国反腐败公约》之间的有效衔接，使得我国在反腐败国际合作中处于更加主动的地位，有力地促进了腐败犯罪的惩处以及腐败犯罪资产的追缴工作。

45. 比较法视野下的洗钱内涵界定*

一、洗钱的概念与特征

所谓洗钱，是指明知是某些特定犯罪的非法所得及其产生的收益，为掩饰或隐瞒非法来源而转换、转移或转让财产，以及明知财产为非法所得而获取、占有、使用的行为。从该概念出发，洗钱具有如下特征。

第一，主体的广泛性。构成洗钱的主体是一般主体，既可以是自然人，也可以是单位。对于自然人而言，只要行为人达到刑事责任年龄，具备相应的刑事责任能力，就可以成为洗钱主体。与此同时，不仅自然人可以成为洗钱主体，单位也可以为洗钱主体。这里的单位，其范围包括公司、企业、事业单位、机关、团体。在我国，根据立法所作的解释，包括国有、集体所有的公司、企业、事业单位，依法设立的合资经营、合作经营企业和具有法人资格的独资、私营等公司、企业、事业单位；机关则包括国家各级权力机关、行政机关、司法机关、军事机关；团体包括人民团体和社会团体。❶ 单位洗钱行为是一个十分普遍的现象，危害甚烈。从国际反洗钱实践来看，肯定单位可以成为洗钱主体已经形成一种共识。《联合国禁止洗钱法律范本》第一部分第 1 条、《联合国禁毒署反洗钱示范法》第 24 条、《美洲反洗钱示范法》第 1 条第 6 款、《打击跨国有组织犯罪公约》第 10 条等都对单位洗钱作了明文规定。值得注意的是，国际、地区立法规定单位可以成为洗钱主体的模式存在差异。例如《美洲反洗钱示范法》通过把单位解释为人，从而取得与自然人同样的犯罪主体地

---

* 本文收录于《中国金融安全的刑法保护论文集——湖北省法学会刑法研究会 2008 年年会》，湖北省法学会刑法研究会 2008 年版。

❶ 高铭暄、马克昌主编：《刑法学》，北京大学出版社、高等教育出版社 2000 年版，第 103～104 页。

位；而其他几个公约则专门就单位主体问题进行了特别的规定，例如《打击跨国有组织犯罪公约》第10条明文规定：各缔约国均应采取符合其法律原则的必要措施，确定法人参与涉及有组织犯罪集团的严重犯罪和实施根据本公约第5条、第6条、第8条和第23条确立的犯罪时应承担的责任。在反洗钱立法发展阶段上，由于肯定单位可以成为洗钱主体的公约在时间上处于后期，故可以认为，肯定单位具有相应的洗钱能力应是一种世界性的趋势。

第二，行为方式的多样性。一个完整的洗钱行为一般包括放置（处置）、培植（离析）和融合（归并）三个阶段。（1）放置阶段（placement stage）。在这一阶段，洗钱者将黑钱放入清洗系统，主要是将来自犯罪活动所得的现金改变成便于携带或者控制，例如大批现金的处理、走私大批现金、将非法收益与合法存款混在一起、以少量金额大批存款和细分银行或商业交易等。（2）培植阶段（layering stage）。在这一阶段，犯罪人通过在复杂、多层次错综的交易，给犯罪收益创造一幅虚假的画面，模糊犯罪收益的真实来源、性质以及犯罪收益与犯罪者的联系，从而使得合法资金与非法收益真假难辨。在该阶段中，行为人主要通过多种多样的转移和交易来隐藏非法存款的来源和性质等。（3）融合阶段（integration stage）。在该阶段，犯罪收益经过充分的培植后，已经和合法资金混同融入合法的金融和经济的运行中，犯罪收益已经披上合法的外衣。由于犯罪收益已经具备了合法形式，因此，犯罪人就可以自由地使用该犯罪收益，如购买“干净、合法”资产、股权、知识产权、期货、债券、不动产和商业资产等。在以往的立法中，对于洗钱行为的再投资行为没有给予足够的关注，有的国家甚至不将再投资行为规定为犯罪，而将再投资行为加以犯罪化不仅有利于切断洗钱行为的犯罪资金来源，而且对于增加国家财政收入具有积极意义。从打击洗钱行为目的出发，将再投资行为予以犯罪化，有利于对洗钱行为的惩处。

第三，犯罪化的主观构成类型的差异性。从纯正的洗钱犯罪而言，洗钱行为就是以掩饰或隐瞒非法所得为目的的犯罪，因此，将洗钱犯罪设置为目的犯具有合理性，由此形成洗钱犯罪构成主观要件的“目的犯构成”理论。其理论基础在于，洗钱行为的本质就是改变非法所得面目的行为，即通过一定的方式将特定非法所得转化为貌似合法财产，行为人之所以实施洗钱行为，其目的就在于通过一定的方式将“赃钱”合法化，如果行为人不具有这一目的，就不成其为洗钱行为。但一些出于其他目的或仅仅知情而实施洗钱的行为在洗钱犯罪中大量存在，如果对于这些行为也要求行为人具有特定的目的，就无法对这些犯罪行为予以打击。因此，对于非法所得的财产予以获取、持有和使用的行为，并不要求行为人具有掩饰或隐瞒的非法目的，只有行为人具有上述行为，就可以构成本罪。这就为“知情犯构成”理论的形成和发展提供了前提。从这可以看出，对于洗钱行为的三阶段行为，其犯罪化的标准并不一样，对于放置和培植阶段的行为，法律设定为目的犯的构成，即行为人实施该行为必须具有掩饰或隐瞒的目的才能作为洗钱犯罪加以处罚，而对于融合阶段的行为，仅仅设定为知情犯的构成，并不以具备特定的目的为犯罪构成要件，从而体现了对不同洗钱行为差异化的立法思路。

第四，上游犯罪的特定性。对于洗钱犯罪而言，并不是任何犯罪的非法所得都可以成为洗钱犯罪的对象，而仅仅限于特定犯罪的非法所得。从世界反洗钱立法来看，把洗钱上游犯罪界定在一定范围内是一种普遍性的共识。从反洗钱的发展历程来看，洗钱上游犯罪从单纯的毒品犯罪向其他犯罪扩张是一种趋势，但从国际立法来看，仅仅俄罗斯、瑞士等少数国家将一切犯罪的非法所得作为洗钱上游犯罪加以打击，大多数国家都将洗钱上游犯罪限制在一定范围即特定犯罪内。即使是主张将洗钱上游犯罪扩大到一切犯罪非法所得的国际或区域性公约而言，也没有将此作为成员国的义务予以规定，而是采用授权性规范的方式允许各成员国自行进行选择。

二、洗钱概念的发展

洗钱概念在国际层面上有一个逐步发展的过程。具体而言，分为三个阶段。

第一阶段：定型阶段（1988～1990 年）。最早规定洗钱概念的当属 1988 年联合国《禁止贩运麻醉药品和精神药物公约》，该公约第 3 条第 1 款规定：各缔约国应采取可能必要的措施将下列故意行为确定为其国内法中的刑事犯罪：明知财产得自按本款（a）项确定的任何犯罪或参与此种犯罪的行为，为了隐瞒或掩饰该财产的非法来源，或为了协助任何涉及此种犯罪的人逃避其行为的法律后果而转换或转让该财产；明知财产得自按本款（a）项确定的犯罪或参与此种犯罪的行为，隐瞒或掩饰该财产的真实性质、来源、所在地、处置、转移、相关权利或所有权；在不违背其宪法原则及其法律制度基本概念的前提下，（1）在收取财产时期明知财产得自按本款（a）项确定的犯罪或参与此种犯罪的行为而获取、占有或使用该财产。（2）明知其被用于或将用于非法种植、生产或制造麻醉品或精神药物而占有设备、材料或表一和表二所列物质。该公约开创了洗钱概念的先河，以后其他公约和各国关于洗钱概念都是在该公约规定的基础上加以展开的。由于该公约主要关切麻醉药品和精神药物的非法生产、需求及贩运的巨大规模和上升趋势对于人类健康构成的严重威胁，以及对国际社会、经济和政治的不利影响，其对洗钱概念的规定仅仅限于毒品犯罪的场合，也没有将单位作为洗钱主体加以规定。之所以出现这样的结果，主要在于当时毒品犯罪的猖獗以及单位犯罪还没有成为一种普遍性的犯罪现象，故公约关于洗钱概念的规定不得不带有当时时代的特色。

第二阶段：完善阶段（1990～2001 年）。1990 年欧盟《关于清洗、搜查、扣押和没收犯罪收益的公约》在 1988 维也纳公约基础上通过，并对 1988 年维也纳公约进行了一定的修改。该公约第 6 条第 1 款规定："各缔约国应当采取必要立法和其他措施，在其国内法中将下列故意行为确立为犯罪：a. 明知财产是犯罪所得，为了消除或掩盖该财产的非法来源或帮助任何参与该上游犯罪的人逃避其行为的法律后果，而转移或转让该财产的；b. 明知这些财产是犯罪收益，隐瞒或掩饰其真实性质、来源、所在地、处置、转移、相关权利或所有权的；而且在不违背其宪法原则和法律制度基本概念的前提下；c. 在接受财产时明知其是收益而获取、占有或使用该财产的；d. 参与、合伙或共谋实施，企图实施和帮助、教唆、帮助和指导实施本条规定的任何犯罪行为。"从该公约规定看，一方面，基本上继承了 1988 年维也纳公约关于洗钱概念的规定，另一方面，也根据反洗钱实践作了相应的修改，主要表现为，将洗钱上游犯罪扩大到一切刑事犯罪的任何经济利益。之所以出现这样的修改，主要在于：洗钱行为是一种改变非法所得面目的行为，只要存在非法收益，就存在洗钱犯罪的可能。并且随着洗钱行为的跨区域性发展，洗钱行为早已突破了毒品犯罪非法所得而与其他犯罪的收益日益结合。在这种情况下，欧盟在制定反洗钱统一行动中，就将一切犯罪收益作为洗钱的上游犯罪，借以严厉打击洗钱行为。这种将一切犯罪收益作为洗钱上游的做法当然有利于对洗钱行为的打击，但从刑法资源的有限性而言，将一切犯罪收益作为洗钱行为的上游犯罪加以规定，将导致从事反洗钱工作机关负担过重，反洗钱效率难以提高，从而难以集中优势兵力打击严重洗钱行为。由于该公约试图扩大洗钱上游犯罪范围的做法契合了洗钱犯罪发展趋势，后来国际公约和各国反洗钱立法给予了积极支持。

另外，随着组织性犯罪的发展，单位事实上已经成为犯罪主体，正如金融行动特别工作组秘书处《关于金融特别工作组 40 条建议的审查意见》第 2 章第 4 条所指出的那样："FATF 成员国和其他一些国家已经注意到日益复杂的洗钱技术组合，以及更多的利用法人实体和其他公司载体从事洗钱活动。FATF 的研究显示，公司、信托机构和其他类型的商业主体经常被用于洗钱过程，或被用于掩盖非法获得财产的实际所有权与控制权。"在这种背景下，单位是否可以成为洗钱犯罪主体在国际立法中已经历了一个重大转变。由于大陆法系国家坚持以个人责任原则为依据，坚持罗马法的“社团不能犯罪”的原则，否认法人可以成为犯罪主体，并坚信“刑事责任乃个人之责任”。[1] 而对于英美法系而言，这些国家都在立法上确认法人与自然人一样，具有犯罪能力。能够成为除只能由自然人构成犯罪的犯罪外，所有其他犯罪法人都可以构成。为了协调两大法系之间的矛盾，使公约能够在两大法系间都得到承认，1988维也纳公约、欧洲反洗钱公约和欧盟反洗钱指令之所以没有明文规定单位可以成为洗钱犯罪的主体。但基于单位在洗钱犯罪中存在的现实，即使是坚守传统单位不能成为犯罪主体的大陆法系的法国和荷兰也逐步肯定了单位可以成为犯罪主体。在这样的背景下，《联合国禁止洗钱法律范本》第一部分第1条、《联合国禁毒署反洗钱示范法》第24条、《美洲反洗钱示范法》第1条第6款、《打击跨国有组织犯罪公约》第10条等都对单位犯罪问题作了明文规定。如《打击跨国有组织犯罪公约》第10条就明文规定：“1. 各缔约国均应采取符合其法律原则的必要措施，确定法人参与涉及有组织犯罪集团的严重犯罪和实施根据本公约第5条、第6条、第8条和第23条确立的犯罪时应承担的责任；2. 在不违反缔约国法律原则的情况下，法人责任可包括刑事、民事或行政责任；3. 法人责任不应影响实施此种犯罪的自然人的刑事责任；4. 各缔约国均应特别确保根据本条负有责任的法人受到有效、适度和劝阻性的刑事或非刑事制裁，包括金钱制裁。”

再者，1988年维也纳公约并没有将上游犯罪实施者作为洗钱罪的主体加以规定，其目的在于为了衔接两大法系之间的差异。其原因主要是两大法系的刑法理论有关本罪和赃物罪的刑法理论的差异所致。英美法系国家原来坚持收受赃物罪只能由本人以外的他人才能构成，因为职业收赃者助长可盗窃犯罪，实际上他们是狼狈为奸。随着历史的变迁，英美法系国家也在一定的范围内肯定本人可以成为赃物罪的主体，例如美国模范刑法典就把收受赃物罪与偷盗罪、盗用罪和诈骗罪合并，统一成立一个大罪即盗窃罪。[2] 基于上述刑法理论的影响，英美法系国家在洗钱犯罪主体的设计上也贯彻了上述思想，把上游犯罪主体纳入了洗钱犯罪主体范围内，以便更好地打击洗钱犯罪行为。而对于大陆法系国家而言，起先由于犯罪共同说的影响，大陆法系国家都把赃物罪作为上游犯罪的延伸，承认事后共犯的理论，并将上游犯罪者实施的处分赃物的行

---

[1] 马克昌主编：《犯罪通论》，武汉大学出版社1999年版，第298页。

[2] 储槐植：《美国刑法》，北京大学出版社1996年版，第246页。

为作为事后不可罚的行为予以处理，认为行为人处置赃物的行为不具有期待可能性，不应该进行单独的刑法评价。反映在刑事立法上，就是坚持了赃物罪与本罪的共生，两者的区别就在于犯罪主体的差异。这种刑法思想反映在洗钱犯罪中，就是坚持本人掩饰或者隐瞒犯罪所得的性质、来源以及处分行为不作为犯罪进行处理。通过本罪与洗钱犯罪的相互作用，共同打击洗钱犯罪的上游犯罪和下游犯罪。由于洗钱行为是一种严重的跨国性犯罪行为，如果把洗钱行为限制在上游犯罪主体以外的人，实际上有可能放纵犯罪，这种放纵表现在两个方面：一是洗钱犯罪是根据国际公约行使普遍管辖权的，如果上游犯罪不是普遍管辖的犯罪，当上游犯罪人实施了洗钱行为时，国际社会就无法依据公约对犯罪分子进行处理，从而使犯罪分子可能逃避法律的制裁。二是在国际社会日益扩大洗钱犯罪上游犯罪的情况下，洗钱上游犯罪也不再限于严重犯罪的事实，如果上游分子实施了洗钱行为不受处罚，就可能使犯罪人承担的罪责刑并不相适应，不利于洗钱行为的遏制与防治。在这样的背景下，欧盟《关于清洗、搜查、扣押和没收犯罪收益的公约》首先提出了该问题，该公约在第 6 条第 2 款 b 项中明确指出："缔约国可以规定第 1 款确定的犯罪不适用于犯了上游犯罪的人。"与此类似的还有联合国《打击跨国有组织犯罪公约》第 6 条第 2 款 e 项的规定："如果缔约国本国法律基本原则要求，则可以规定本条第 1 款所列犯罪不适用于实施上游犯罪的人。"这说明，上述两公约实际上都主张上游犯罪主体应该成为洗钱犯罪的主体，但考虑到各国刑法理论的差异以及公约的广泛认同性，对上游犯罪主体是否犯罪化做了立法技术方面的处理，把其赋予各成员国自行决定权。而《美洲反洗钱公约》则创立了一个新的模式，其在第 2 条第 6 款规定："本条规定的犯罪应当作为与非法贩运或者其他严重犯罪不同的犯罪，由法院或者其他主管机关调查、审理、判决与量刑。"由此确立了将上游犯罪主体与洗钱罪作为不同犯罪处理的国际范例。

第三阶段：发展阶段（2001 年至今）。2001 年 9 月 11 日美国发生了令人震惊的恐怖主义袭击事件，使得恐怖主义开始浮出水面，受到国际社会的关注。各国在强烈谴责恐怖主义的同时，纷纷通过立法将恐怖主义予以打击，并将恐怖主义与洗钱犯罪加以结合，借以严厉控制恐怖主义的蔓延。如反洗钱金融行动特别工作组《反恐融资八条建议》第 2 条规定：各国应当将恐怖主义融资、恐怖行为和恐怖组织定为犯罪。各个国家应当确保指明这些犯罪为洗钱延伸犯罪。第 4 条规定：如果适用于反洗钱规定的金融结构或其他商业机构或实体，怀疑或者有理由怀疑资金与恐怖主义、恐怖行动相联系或被恐怖组织所使用，他们应当被要求迅速向主管部门报告他们的怀疑。另外，反洗钱金融行动特别工作组还制定了《金融机构侦查恐怖主义融资指南》，就防止金融机构成为恐怖主义融资工具以及打击恐怖主义提供了依据。美国在2001年10月24日由国会通过了《消除国际洗钱与打击恐怖主义融资法案》，对恐怖主义和洗钱行为一体化加以惩处。而联合国1999年制定的《制止向恐怖主义提供资助的国际公约》则在“9·11”事件后迅速在国际社会得到认同，并在2002年正式生效。因此，可以说，“9·11”事件后，对于洗钱行为与恐怖主义间的联系，国际社会达成了广泛共识，并协调一致采取了有力的行动来打击恐怖主义。

从洗钱概念发展来看，可以得出如下结论：洗钱概念不是一成不变的，而是随着国际反洗钱斗争的发展而不断丰富发展与完善，随着反洗钱斗争的深入开展，洗钱概念的外延和内涵也经历了一个逐步扩大的过程。由于1988年维也纳公约为洗钱概念奠定的基本框架得到了国际社会的普遍认同，因此，其后洗钱概念的变化始终都是以该公约规定的洗钱概念为基础而作出的补充完善。

三、国际公约关于洗钱概念的规定

就有关反洗钱国际立法而言，1988年《禁止非法贩运麻醉药品和精神药物公约》、2000年《打击跨国有组织犯罪公约》以及2003年《反腐败公约》中关于洗钱的定义基本上是互为基础的，后面的公约使用并修改前面公约的措辞。[1]

从上述联合国三大公约关于洗钱定义的规定来看，可以发现，三大国际公约关于洗钱定义的概括呈现趋同化，其主要表现为以下几点。

第一，洗钱行为方式表述的趋同化。1988年联合国维也纳公约把洗钱行为概括为三点，即（1）为了隐瞒或掩饰犯罪收益而转换或转移财产的行为；（2）明知为犯罪所得而隐瞒或掩饰财产的真实性质、来源、所在地、处置、转移、相关的权利或所有权的行为；（3）明知为犯罪所得而获取、占有或使用财产的行为。随后2000年《打击跨国有组织犯罪公约》以及2003年《联合国反腐败公约》就洗钱行为的规定基本上继承了1988年《维也纳公约》关于洗钱行为的界定。同时，在对洗钱行为规定一致的基础上，三大公约对于洗钱行为方式犯罪化采取了不同的犯罪构成模式，即对于洗钱的第一阶段和第二阶段的行为都规定为目的犯的犯罪构成，只有在行为人具有隐瞒或掩饰犯罪收益目的

---

[1] ［德］欧阳博安：“洗钱的定义以及反洗钱法的义务主体”，载2005年5月桂林《反洗钱法国际研讨会文集》。

情况下，转换或转移财产，以及隐瞒或掩饰犯罪真实性质、来源、所在地、处置、转移、相关的权利或所有权的行为，才能构成犯罪。而在洗钱行为的第三种行为即获取、占有或使用犯罪非法所得的情况下，则规定为知情犯的犯罪构成，即只要行为人明知该财产来源于非法所得而实施了上述行为的，就可以构成犯罪。这样的规定，体现了对洗钱三个阶段进行区别犯罪化的思路，值得我国在制定反洗钱法时借鉴。另外，就上述公约规定来看，即使对于洗钱行为三个阶段进行犯罪化是国际立法的一种趋势，但就公约规定来看，还体现了对于洗钱行为第三阶段与第一、二阶段不同的立法思想。因为三大公约都把洗钱行为的第一、二阶段的犯罪化作为缔约国的一项强制性义务予以规定，而对于洗钱行为的第三阶段而言，公约并没有将其作为一种义务予以规定，而是授权缔约国在不违背国内宪法原则和法律制度的情况下自行选择，各缔约国可以根据本国的基本情形作出不同的处理。

第二，罪过表达方式的趋同化。就三大公约的规定来看，自 1988 年《维也纳公约》把故意洗钱行为犯罪化作为缔约国的强制性义务后，随后的其他国际公约都坚持了这一做法，都强调把故意洗钱行为加以犯罪化，并都规定了对于洗钱罪中的明知、故意或目的可根据客观实际情况推定，这一点体现在 1988 年《维也纳公约》第 3 条第 3 款、2000 年《巴勒莫公约》第 6 条第 2 款第（f）以及 2003 年《反腐败公约》第 28 条中。至于过失洗钱行为是否应该加以犯罪化，三大公约都没有加以明文加以规定，由于过失洗钱行为本身要比故意洗钱行为轻，既然公约规定了故意洗钱行为而没有对过失洗钱行为加以明确规定，实际上就体现了国际社会不倾向将过失洗钱行为加以犯罪化的思想。

值得注意的是，虽然三大公约在洗钱罪的规定上存在趋同性，但也存在一定的差异，表现在以下方面。

第一，洗钱上游犯罪范围的差异性。由于 1988 年《维也纳公约》是专门针对麻醉药品和精神药物所作出的规定，因此，洗钱上游犯罪仅仅限于毒品犯罪即麻醉药品和精神药物的犯罪所得。而根据 2000 年《巴勒莫公约》第 6 条第（2）项（b）的规定，洗钱上游犯罪包括公约第 2 条界定的所有严重犯罪[1]和根据公约第 5 条[2]、第 8 条[3]、第 23 条[4]确立的犯罪，并且公约规定，如果

[1] 严重犯罪是指构成可受到最高刑至少 4 年的剥夺自由刑或更严厉处罚的犯罪的行为。

[2] 第 5 条是关于参加有组织犯罪集团行为的刑事定罪。

[3] 第 8 条是关于腐败行为的刑事定罪。

[4] 第 23 条是关于妨害司法的刑事定罪。

缔约国立法中要明确列出上游犯罪清单，则至少应在这类清单中列出与有组织犯罪集团有关的范围广泛的各种犯罪。同时该公约第 6 条第 2 款（a）规定，各缔约国均应寻求将本条第 1 款使用于范围最为广泛的上游犯罪。2003 年《反腐败公约》第 23 条把洗钱行为的上游犯罪界定为该公约确立的各类犯罪，而根据该公约第 2 条对“上游犯罪”的界定，即指由其产生的所得可能成为本公约第 23 条所定义的犯罪的对象的任何犯罪。同时，该公约还在第 23 条第 2 款第（1）项规定，各缔约国均应将本条第 1 款使用于范围最为广泛的上游犯罪。因此，从上述公约规定来看，扩大洗钱上游犯罪的范围是一种国际立法趋势，这也是国际反洗钱斗争经验的总结，但到底将洗钱行为范围扩大到多大，国际社会并没有达成共识，这也是为什么 2000 年《巴勒莫公约》和 2003 年《反腐败公约》一方面要求缔约国将洗钱犯罪的上游犯罪的范围加以扩大，另一方面又没有将此作为一种强制性义务要求各缔约国履行，而只是积极倡导各缔约国加大此方面努力的原因所在。

第二，洗钱主体的差异性。关于洗钱主体的差异性，主要反映在洗钱主体是否包括上游犯罪主体以及是否承认单位犯罪。就上游犯罪主体是否可以成为洗钱罪主体而言，1988 年《维也纳公约》并没有规定，2000 年把《巴勒莫公约》第 6 条第 2 款（e）则规定：如果缔约国本国法律基本原则要求，则可以规定本条第 1 款所列犯罪不适用于实施上游犯罪的人。因此，从该公约规定来看，公约倾向性将上游犯罪主体作为洗钱犯罪的主体加以处罚，但并没有将此作为一种强制性的义务附加给缔约国，而是授权各缔约国根据本国法律基本原则自行决定。与此类似的立法表述也存在于 2003 年《反腐败公约》第 23 条第 2 款第（5）项中。这种国际立法趋势表明，处罚上游犯罪主体得到了国际社会的普遍共识，但处罚上游犯罪主体并不意味着一定要把其作为洗钱罪的主体看待。是否将上游犯罪主体作为洗钱罪主体加以制裁，关键在于一国的法律是否足以达到打击上游犯罪主体的目的，如果一国法律通过其他犯罪也可以达到惩治上游犯罪主体的目的，则不将其作为洗钱罪主体加以惩处也不影响刑罚目的的实现。另外，洗钱罪主体是否要包括单位，1988 年《维也纳公约》没有规定，从该公约第 3 条第 4 项关于罪犯所受刑罚的种类来看，都是以自然人犯罪主体进行制度设计的，因此，可以认为该公约并不承认单位可以成为洗钱罪的主体。2000 年《巴勒莫公约》第 10 条专门就法人责任进行了规定：各缔约国均应采取符合其法律原则的必要措施，确定法人参与涉及有组织犯罪集团的严重犯罪和实施根据本公约第 5 条、第 6 条、第 8 条和第 23 条确立的犯罪时应承担的责任；在不违反缔约国法律原则的情况下，法人责任可包括刑事、民事或行政责任；法人责任不应影响实施此种犯罪的自然人的刑事责任；各缔约国均应特别确保使根据本条负有责任的法人受到有效、适度和劝阻性的刑事或非刑事制裁，包括金钱制裁。2003 年《反腐败公约》第 26 条就法人责任的规定完全借鉴了《巴勒莫公约》关于法人责任的规定。因此，可以看出，在单位犯罪客观存在的情况下，肯定单位的犯罪能力在国际社会中已达成共识，只不过在规定单位责任时，各国可以根据本国国情选取合理的法律措施予以处理。

四、我国洗钱概念的发展与完善

我国学者对洗钱概念的研究大都以《刑法》第 191 条之规定为基础，以解释学的立场对该法律条文进行理论描述与说明，由此形成洗钱概念。在某种意义上，这种洗钱概念是对法律条文的注释，尚无理论突破与创新。《刑法》第 191 条对于洗钱犯罪规定的先天不足，决定了我国学术界定义洗钱概念时存在缺陷的不可避免。为此，有学者认为，洗钱是知道或应当知道某项财产是违法犯罪所得或产生的收益，为掩饰或隐瞒该项财产真实来源的性质、来源、权利归属及转让、处置情况，而实施、参与实施、合谋以及协助、教唆他人实施的各种行为。❶ 就该定义而言，其不足也是客观明显的：（1）该定义仅仅把掩饰或隐瞒财产真实来源等行为作为犯罪进行处理，否定了将获取、占有、使用等行为的犯罪化，显然与国际公约以及其他国家立法不符。（2）该定义把合谋、教唆、协助等洗钱的共同犯罪行为也纳入洗钱罪的定义并不科学。事实上，即使合谋、教唆等共同犯罪行为不在洗钱罪定义中加以出现，也可以通过共同犯罪的一般原理使行为人承担洗钱罪的刑事责任，根本就没有必要在洗钱定义中加以表述。（3）该定义否定了单位可以成立洗钱犯罪的可能性，也是与国际一般立法相对立的。洗钱行为的界定是反洗钱的前提和基础，故洗钱概念的界定直接关系到反洗钱的范围与成效。

《反洗钱法》起草过程中，曾对洗钱行为进行了界定，并针对洗钱定义了反洗钱。但出台的《反洗钱法》仅仅界定了反洗钱，并未对洗钱进行界定，原因在于洗钱对象涉及上游犯罪，规定洗钱就会涉及上游犯罪以及刑法的修改，全国人大法工委为了不修改刑法，特意在《反洗钱法》中不予界定洗钱。2006 年 6 月 29 日，全国人大常委会第 22 次会议通过了《中华人民共和国刑法修正案六》，与反洗钱有关的条文修改涉及两处：一是对《刑法》第 191 条的修改，将贪污贿赂犯罪、破坏金融管理秩序犯罪、金融诈骗犯罪增列为洗钱上游犯

❶ 杨德骅："洗钱的基本概念"，载 2005 年 5 月桂林《反洗钱法国际研讨会文集》。

罪，同时对洗钱的行为进行了一定的变革；二是对《刑法》第312条进行了修改，将掩饰、隐瞒犯罪所得、犯罪所得收益罪的对象进行扩大，对于明知是任何犯罪所得及其产生的收益而予以掩饰、隐瞒的，都要追究刑事责任。《反洗钱法》第2条对反洗钱行为作如下界定：本法所称反洗钱，是指为了预防、监控通过各种方式掩饰、隐瞒毒品犯罪、黑社会性质的组织犯罪、恐怖活动犯罪、走私犯罪、贪污贿赂犯罪、破坏金融管理秩序犯罪、金融诈骗犯罪等犯罪的违法所得及其收益的来源和性质的活动，依照本法规定采取相关措施的行为。从上述规定可以看出，反洗钱定义是在《刑法》关于洗钱犯罪规定的基础上发展起来的，只不过其侧重点在于对洗钱行为的预防和监控，与《刑法》第191条强调对洗钱犯罪的惩处存在一定的差异。但结合两者的规定来看，两者在洗钱上游犯罪以及洗钱行为的表述上存在一致性，反映了两者之间的继承性。《刑法》和《反洗钱法》对洗钱上游犯罪作上述规定并没有片面强调与国际公约和国际反洗钱与反恐融资金融特别行动组《四十条建议》规定的20类洗钱犯罪一一对应，而是从我国承担的国际义务，特别是考虑到我国打击洗钱的实际需要以及有利于加强反洗钱国际合作的角度，对一些特别严重可能产生巨大犯罪所得的而为的洗钱行为，通过法律手段加以处理。这样的变通，既符合国际公约要求各国对明知是严重犯罪的所得，协助进行转移、转换或者以其他方式掩饰、隐瞒其性质和来源的行为都规定为犯罪的要求，也将我国洗钱犯罪的打击重点集中于一些最突出、最严重的犯罪所得的洗钱活动上，基本上实现了我国洗钱上游犯罪的规定与国际公约规定相一致的目标，同时也有利于我国反洗钱工作的开展和国际交往。

尽管我国洗钱概念的核心内容如洗钱上游犯罪以及洗钱的主要行为方式基本上符合国际公约以及反洗钱斗争的需要，但从进一步预防和打击洗钱行为的角度出发，我国的洗钱概念还存在以下方面的不足需要加以完善：一是尽管第312条对掩饰、隐瞒犯罪所得、犯罪所得收益罪的犯罪对象从赃物扩大到犯罪所得及其产生的收益，试图弥补我国关于洗钱上游犯罪仅仅限于7类特定犯罪的不足，但由于第312条的刑罚配置只有一个档次的法定刑，且最高刑期只有3年，这显然难以实现达到打击形形色色洗钱行为的目的。同时，《反洗钱法》并没有对应将掩饰、隐瞒其他犯罪的非法所得及其收益的行为作为预防和监控的对象，使得《刑法》与《反洗钱法》关于洗钱行为的控制范围不相协调，影响到洗钱行为的惩处。因此，应协调《刑法》与《反洗钱法》关于洗钱内涵的界定，将其他严重犯罪纳入到预防和监控的范围。同时，将其他严重犯罪所得从《刑法》第312条剥离出来，作为洗钱上游犯罪的兜底条款，以使反洗钱法律规范符合未来反洗钱斗争的需要。二是将增设获取、占有、使用非法收益的行为纳入到反洗钱斗争中。洗钱行为包括三个阶段，我国对于洗钱行为的预防与惩处仅限于第一阶段和第二阶段的行为，而对于获取、占用和使用非法收益的行为并未给予充分重视。事实上，洗钱的第一阶段、第二阶段对于反洗钱斗争具有重要意义，但并不能完全抑制洗钱行为的蔓延，获取、占有、使用非法收益的行为亦应引起反洗钱斗争的充分重视。尽管国际社会关于洗钱行为的第三阶段是否应犯罪化存在争议，但为了实现反洗钱斗争标本兼治的目标，我国有必要将洗钱行为的第三阶段加以犯罪化并设置知情犯的犯罪构成，以此促进反洗钱斗争的有效开展。

46. 死刑司法控制的路径选择*

——兼论检察机关在死刑控制中的作用

"保留死刑，严格控制死刑"是我国对死刑的基本政策。从应然视角分析，死刑的控制包括立法控制和司法控制两个层面。从立法控制层面，笔者曾尝试提出限制死刑"三步走"的战略思考与路径设计，即：第一阶段为现在至2020年，先行取消对经济犯罪适用死刑；第二阶段为2021～2030年，保留战争罪、颠覆国家政权罪、分裂国家罪、黑社会性质组织犯罪、侵犯公民生命权利的暴力犯罪、恶性犯罪（杀人、放火、抢劫、投放危险物质等），其余罪名一律废除死刑；第三阶段为2031～2050年，即在新中国成立100周年前中国达到中等发达国家水平时，大幅度削减死刑，仅保留战争罪、分裂国家罪、颠覆国家政权罪、杀人罪、爆炸罪、投放危险物质罪，并控制在10个罪名以下，从而为全面废除死刑创造条件。[1] 目前，在刑事立法中大幅削减死刑还需待以时日。因此，从构建和谐社会的战略目标、推进刑事法制现代化出发，立足中国国情，通过刑事司法严格控制死刑的适用，对于我国控制死刑更加具有现实意义。笔者拟在现行法律框架内，就如何发挥检察机关在死刑控制中的作用进行初步探讨，以求教于各位同仁。

一、死刑司法控制的现状分析

随着社会的发展和历史的进步，死刑的适用范围正在日益缩小。在现代国际社会，已有许多国家废除死刑，即使是保留死刑的国家，死刑的适用在其刑

---

* 本文在杨剑波同志的协作下完成，发表于《人民检察》2007年第21期；收录于《新刑法典颁行十周年纪念文集：和谐社会与中国现代刑法建设》，北京大学出版社2007年版；收录于《中国刑法学年会文集（2007年度）和谐社会的刑法现实问题·中卷：死刑的司法限制适用问题研究》，中国人民公安大学出版社2007年版；收录于《中美死刑替代措施座谈会论文集》，北京师范大学刑事法律科学研究院、北京师范大学促进死刑改革中心、美国纽约大学法学院、美国律师协会2007年版。

[1] 徐汉明："论死刑兴衰演进的动因"，载《中国刑事法杂志》2004年第5期，第14页。

事司法中也都得到了大幅度削减和有效控制。

（一）国际社会的严格控制现状

在保留死刑的国家，其死刑司法适用受到了严格控制，大致呈现出两种路径选择：其一是备而慎用，即这些国家在立法中虽然保留死刑，但对其严格控制，慎重适用。比如，印度死刑的司法适用就受到严格的限制，并呈现出下降之趋势。据有关资料显示，1982～1985年，其执行死刑人数共计35人，平均每年不到12例；而1996～2000年，5年间判处死刑共计49人，而最终被执行死刑的仅5人。❶ 再如，“二战”之后，日本法院对死刑的适用持特别慎重的态度，判处死刑的案件呈现明显下降趋势。据统计，1945～1997年的50多年间，日本仅对718名罪犯宣告死刑，实际被执行死刑的罪犯只有609人。特别是20世纪70年代以来，除1988年以外，每年被判处死刑的罪犯人数都在10人以下，年平均不到4.2人。❷ 其二是备而不用，即这些国家立法中虽然保留死刑，但司法中已有一定年限没有适用死刑。据统计，截至2005年2月，世界上已有86个国家与地区在法律上明确废除了所有罪行的死刑；有10个国家和地区废除了普通犯罪的死刑（军事犯罪或战时犯罪除外）；即使在保留死刑制度的国家中，仍有38个国家和地区在实践中事实上废除了死刑，即他们在过去10年内没有执行过死刑，并且确信其不执行死刑的政策将继续下去，或者已向国际社会作出承诺不再使用死刑。换言之，当今在法律上或事实上废除死刑或者废除普通犯罪死刑的国家和地区已达134个，而相应地只剩下相对少数的61个国家和地区依然在法律上保留并实际适用死刑。❸ 上述38个国家都有10年以上没有适用死刑，从理论上讲他们可以随时恢复适用死刑，应该属于一种典型的备而不用状态。

（二）我国控制宽松的现状

与国际社会严格控制的现状与趋势相比较，我国对死刑的司法控制较为宽松。我国长期以来对死刑数字实行不予公开的政策，但中国每年判决和执行死刑的人数居世界之冠已是一个人所共知的公开秘密。大赦国际指出，2001年中国执行死刑的人数比其他国家在过去3年里执行死刑人数的总和还要多。大

---

❶ ［英］罗吉尔·胡德著：《死刑的全球考察》，刘仁文、周振杰译，中国人民公安大学出版社2005年版，第86页。

❷ 刘明祥：“日本死刑制度的现状与我国死刑制度的展望”，载《江海学刊》2004年第5期，第104页。

❸ 赵秉志：“关于分阶段逐步废止中国死刑的构想”，载《郑州大学学报（哲学社会科学版）》2005年第5期。

赦国际秘书长洛赫彼勒也曾明确指出："2005 年度中国的死刑是世界上最多的。仅大赦国际就记录了 3 400 起死刑。"[1]造成死刑控制宽松的根源在于中国的社会物质生活条件。源远流长的"恶有恶报""杀人偿命"的惩办、同态复仇的传统文化与观念，作为一种历史文化现象的承载深刻影响着立法与司法；"治乱世用重典"的司法习惯在中国面临体制转轨、经济转型、刑事犯罪高发、人民内部矛盾凸显的状况下作为"社会矛盾凸显期"一种不得已的选择；作为与"终身监禁"成本的比较替代方式，对严重刑事犯罪分子适用死刑，比适用"终身监禁"的成本大大节约，更易使司法人员选择判处死刑，以提高司法效率；以一方当事人私情私利或己见的愤怒作为一种"民愤"，并且作为一种"潜规则"，或"不杀不足以平民愤"的标准，成为死刑控制不严的源头之一，等等。

在既定死刑控制宽松的条件、环境等诸多情况下，司法机关依照国家的刑事制度和程序对犯罪人处以死刑，这通常被认为是等价报偿，也可以认为是实体正义和程序正义的有机结合。但从法制度经济学层面分析，在现代市场社会里，这种实体正义和程序正义实现的前提或物质基础都是以社会总福利一定程度的支出为代价的，其表现在以下几个方面：(1) 国家为侦查、审判、执行死刑所花费的成本。国家创制的死刑制度以及为保障死刑制度有序运行的一系列制度安排所支付的成本；为此所建立的司法机构，并以一定持续增长的国民收入再分配转化而来的公共财政预算与转移支付的投入，以保证其正常运行所花费的司法成本。(2) 死刑犯的智力、体力和时间"三项成本"一次性依法被强制性、剥夺性地支付。对此，国家及司法机关通常是忽略不计的，并且被认为是犯罪人对自己犯罪行为所应有的成本代价支出。但是，人力资源是第一资源。死刑犯"三项成本"同其他资源有机组合而创造新的社会财富、增加社会福利的机会或可能性因执行死刑被国家强制地剥夺或预期征收了。(3) 受害人作为犯罪行为的加害对象，无缘无故地从犯罪行为之中分摊应由国家为维护公共秩序所支付的成本。被害人往往以其生命终结，肢体器官的损伤，智力、体力、时间的支付以及人格损害等作为国家成本替代；有时还表现为专利权、著作权和商业秘密等权利收益遭受侵害而带来的显性或隐性损失。同时，犯罪行为所造成被害人心理上的伤害、情绪的破坏、肢体器官功能的丧失、财产关系及婚姻家庭的破坏等隐性成本支出则无法计量，国家不承担或不补偿由此带来

[1] http://www.dw-world.de/dw/article/0159588400.html? maca=chi-chinese-newsnet-big5-527-xml.

的损失，犯罪人因被执行死刑往往无力承担，这通常形成被害人及其近亲属权利保障的“尴尬”现象。这种因犯罪行为所产生的社会成员的成本支出无控制增长与国家所追求的公平、正义和秩序的收益形成非常不协调的状况，就构成了死刑控制宽松状况下的公平收益不高（有时不确定性）与社会福利损失显性增长的“陷阱”现象。综上所述，死刑控制宽松产生的社会显性成本与隐性成本无控制的增长、司法收益目标有限之间的冲突或“悖论”现象，正是经济学上所称的“边际效应递减”现象在现实司法领域的折射反映。从法制度经济学的角度来看，现代国家的理性选择应当是严格控制死刑适用。刑事法制的刑罚模式及其价值模式的相对滞后，同刑罚制度的体系、结构的现代化与科学化形成冲突等，这要求中国建立现代死刑司法制度的总体思路，必须同经济、政治、文化、社会建设相适应，其路径依赖在于考量中国当今社会物质生活条件，坚持从中国国情、构建和谐社会出发，注重渐进性、把握阶段性、选择科学性，坚定走严格控制之路，防止急躁情绪成为必然与必需。

二、死刑司法控制的模式分析

死刑司法控制在于适应构建和谐社会新形势，落实推进中国特色刑事法制现代化新任务，符合我国刑事司法阶段性特征与未来发展目标相衔接的新特点。从宏观方面来看，死刑司法控制主要存在审执分离控制和审判直接控制两种模式。笔者拟在比较反思上述两种模式功能缺陷的基础上，立足中国国情，构建我国符合刑事司法现代化要求的一种检察介入控制模式。

（一）审执分离控制模式

所谓审执分离控制模式，是指死刑的审判、执行分别由不同的机关进行控制的一种模式，一般是法院控制死刑的审判，行政机关控制死刑的执行。比如，日本就分别将死刑审判权赋予裁判所（法院），死刑执行权赋予法务部长（司法行政首长），从而使死刑宣判和死刑执行成为两个分立、独立的步骤、程序与环节。日本现在的死囚牢里大概关有100个虽然已经被判处死刑但仍然没有被执行死刑的人。[1]美国各州的情况虽然存在差异，但一般也将死刑审判与死刑执行分开，行政机关在控制死刑适用上发挥了重大作用。比如，2000年1月31日，美国伊利诺伊州州长乔治·瑞安宣布暂时停止执行死刑；2003年1月11日，他又宣布鉴于该州的死刑系统存在严重缺陷，决定将所有的死刑判

[1] 刘仁文：“死刑执行与宣判要不要主体分离”，载《检察日报》2007年6月19日。

决减为无期或有期徒刑。2003 年北卡罗来纳州暂停对该州所有死刑犯执行死刑。❶ 从理论上讲，刑罚判决和刑罚执行在本质上是存在区别的，前者属司法权，后者属行政权，我国的有期徒刑、无期徒刑都是法院宣判，司法行政部门执行，而死刑却是法院自己审判自己执行，这种体制及运行机制实际上是将司法权与行政权混为共用，也引发学者对法院作为司法机关属性的诸多质疑。笔者认为，建立死刑审执分离模式对严格控制死刑具有特别的意义，我国理论界对此还缺乏研究，值得进一步关注。

（二）审判直接控制模式

所谓审判直接控制模式，是指由审判机关直接控制死刑的审判、执行的一种模式。目前，我国死刑案件不仅一审、二审、复核等审判程序全部由人民法院负责，而且执行程序也由人民法院负责。最高人民法院判处和核准的死刑立即执行的判决，应当由最高人民法院院长签发执行死刑的命令；被判处死刑缓期 2 年执行的罪犯，在死刑缓期执行期间，如果故意犯罪，查证属实，应当执行死刑，由高级人民法院报请最高人民法院核准；下级人民法院接到最高人民法院执行死刑的命令后，应当在 7 日以内交付执行。易言之，我国实行的就是非常典型的死刑由审判机关直接控制模式。一审、二审、复核、执行程序全部由人民法院负责，最高人民法院可以通过司法解释、案件指导等方式，在全国范围内统一掌握死刑的司法适用标准，可以避免不同机构之间的认识差异和由此产生的讼累，最大限度地提高效率。这在一定历史条件下是可行的，也发挥了十分重要的作用。随着构建社会主义和谐社会战略目标的提出与实施，与中国特色刑事法制现代化所面临的新形势、新任务、新要求比，这一制度安排在审判、执行环节上反映出的弊端与不足，是十分显见的。

（三）检察介入控制模式

检验刑事司法制度运行的公正与效率，不仅在于追求实体公正与程序公正的有机统一，还在于其制度运行的社会总成本的持续有控制地适度支出或节省，并且在于比较这些司法模式的成本支出须观察机会成本是否增量增加，或是否有效节省。只有实现这三者的有机统一，其制度安排及运行才是有“效用”的，也可以说是有效率的。否则，刑事司法制度运行就会陷入“边际效用递减”的情景之中。审执分离控制模式虽然是一种较为理想的模式，但在目前的宪政体制下，我国并不具备实施的现实环境。从制度供给与制度需求均衡的角度来看，审判直接控制模式的制度设计虽然是严密的，但也相对机械，缺乏

❶ 刘志伟、刘科：“美国近年死刑的适用与改革”，载《江海学刊》2006 年第 2 期，第 119 页。

弹性和可控性，适用的直接后果可能会带来死刑控制宽松，因此这一模式是缺乏科学性、有效性的，并不是一种理性的制度设计。这一模式功效方面的不足，给检察介入控制模式的构建提供了现实必要性、生存条件和制度运行环境。我国检察机关作为国家法律监督机关，已经通过审查起诉、提起公诉、提出抗诉等多种形式，在死刑司法控制中发挥了不可替代的积极作用。笔者认为，在坚持中国特色社会主义法律框架内，应当构建一种可以预测、能够控制、平衡冲突、有序运行的检察介入控制模式，通过推行死刑量刑建议制度、死刑二审开庭制度和参与死刑复核制度，进一步发挥检察机关在死刑司法控制中的法律监督作用。

1. 死刑量刑建议制度

量刑建议是指检察机关在提起公诉或出庭支持公诉时，依据相关法律规定，就被告人应当适用的具体刑罚包括刑种、刑期、执行方式等向法院提出意见的一种请求权性质的诉讼活动。量刑建议权是检察机关公诉权的应有之义，是与定罪请求权相关联的权力。因此，理论上量刑建议适用的案件范围理应是检察机关向法院提起公诉的所有案件，凡是提请法院对被告人定罪的，均可向法院提出对被告人的量刑建议。[1] 对于死刑案件，检察机关也应推行量刑建议制度，主要在以下两个方面发挥作用：一方面是对适用死刑的“积极”量刑建议，就是对于罪行极其严重的犯罪分子，检察机关应建议人民法院适用死刑；另一方面是对适用死刑的“消极”量刑建议，就是对于罪行还没有达到极其严重程度的犯罪分子，检察机关应建议人民法院不适用死刑，或者建议运用死刑缓期两年执行，即运用“死缓”。

2. 死刑二审开庭制度

最高人民法院《关于进一步做好死刑第二审案件开庭审理工作的通知》规定，各高级法院在2006年下半年对所有死刑第二审案件实行开庭审理。目前，各高级法院开庭审理死刑第二审案件，同级人民检察院应当派员出庭。这一举措实施以来，我国死刑案件办案质量明显提高。笔者认为，检察机关要围绕死刑二审开庭着力落实三项制度，以控制死刑的适用：一是落实讯问原审被告人制度。出席第二审法庭的检察人员在审查第一审案卷材料时，应当讯问原审被告人，为正确发表是否适用死刑的意见或其他量刑建议奠定良好基础。二是落实依法出席法庭制度。无论是当事人提起上诉的死刑案件，还是检察机关提出

[1] 徐汉明、胡光阳：“关于量刑建议制度的研究报告”，载《刑事司法指南》2006年第4期，第78页。

抗诉的死刑案件，检察机关在二审过程中都应坚持对第一审判决认定事实和适用法律进行全面审查，并依法派员出席法庭，对死刑的适用提出正确意见。三是落实列席审判委员会制度。认真落实人民检察院派员列席审判委员会会议的法律制度，检察长、受检察长委托的副检察长，均可列席审判委员会讨论死刑案件的会议。通过列席会议并发表意见，发挥监督审判机关、有效控制死刑司法适用的作用。

3. 参与死刑复核制度

长期以来，我国的死刑复核程序采取一种类似行政审批程序的方式进行，复核基本上是以法院阅卷为主，控辩双方都不介入，长期游离于检察机关的监督之外。据有关资料统计，自2003年以来，最高人民法院在核准死刑案件时依法改判死缓或无期徒刑的占报请核准案件的22.03%；而各高级人民法院在复核死刑案件时依法改判死缓或无期徒刑的占38.14%；发回重审的为4.44%。[1] 这充分说明检察机关介入死刑复核程序也是现实的迫切需要。我国理论界一致认为，死刑复核活动是审判活动的一种形式，是法院行使审判权的表现。应当通过当事人、诉讼参与人及检察机关的参与，使得死刑复核程序从封闭式走向开放式，从“幕后”走向“前台”。[2] 关于检察机关参与死刑复核程序的方法、范围、时间、程序等还缺乏立法规定，需要进行深入研究，但笔者认为，检察机关应充分介入死刑复核程序，发挥对死刑适用的控制作用，可以采取以下三种方式对死刑复核进行监督：出席死刑复核法庭或发表书面意见，阐明公诉主张及其理由；列席最高人民法院审判委员会关于死刑复核案件的讨论；对死刑复核活动是否合法实行法律监督。对于事实认定、法律适用和诉讼程序存在争议的案件，检察机关应当作为监督重点，多措并举控制死刑的适用。

三、死刑司法控制的切入路径

我国刑法理论界对死刑司法控制的微观层面探讨较多，而从宏观层面关注不够。对此，笔者在借鉴、汲取学界现有研究成果的基础上，试从死刑司法控制微观层面提出几个切入路径。

（一）从司法解释上控制

一般而言，司法解释是最高人民院院、最高人民检察院根据法律赋予的职

[1] 季美君：“论死刑复核法律监督制度的立法完善”，载《人民检察》2006年第24期。

[2] 李汉昌、章青山：“关于我国死刑复核程序的检讨”，载《法商研究》2000年第2期。

权，对如何具体应用法律问题作出的具有普遍效力的解释。司法解释作为司法权的组成部分，不能违背“保留死刑，严格控制死刑”的刑事政策，而同样应该严格解释。1987 年 7 月最高人民法院《关于依法严惩猎杀大熊猫，倒卖、走私大熊猫皮的犯罪分子的通知》指出，倒卖、走私一张大熊猫皮的，可以判处 10 年以上有期徒刑、无期徒刑或者死刑，可以并处没收财产。这种滥用“扩张解释权”，将一张兽皮等同于一条人命的司法解释，受到了学界的一致批评，也给司法带来诸多个案的争端。[1] 1997 年刑法颁布之后，这种通过解释扩大司法适用范围的情形总体得到了有效控制，但仍有一些解释值得商榷。2000 年 4 月最高人民法院《关于审理伪造货币等案件具体应用法律若干问题的解释》指出：“伪造货币的总面额在 3 万元以上的，属于伪造货币数额特别巨大”，而根据刑法第 170 条的规定，伪造货币数额特别巨大的，可处 10 年以上有期徒刑、无期徒刑或死刑。这一司法解释将伪造货币罪死刑适用的起点确定为 3 万元，明显具有扩大死刑适用范围的嫌疑。因此，对于这种通过司法解释扩张死刑适用罪名、降低死刑标准及其适用条件、扩大死刑适用范围的情况，应引起高度重视，并从应然与实然两个层面予以校正与回应。

（二）从标准适用上控制

我国 1979 年《刑法》死刑适用标准是“罪大恶极”，1997 年《刑法》则规定为“罪行极其严重”。关于这一标准的修改与理解，我国刑法理论界出现了不同认识，主要有“客观标准说”与“规范标准说”。持“客观标准说”的学者认为，罪行极其严重应当以犯罪行为的严重程度作为标准，犯罪行为所造成的严重后果的严重程度，即只有当犯罪分子实施了刑法中规定有死刑条款的罪，且犯罪行为造成了极其严重的危害后果，才可以适用死刑。[2] 持“规范标准说”的学者认为，立法者为了便于司法操作、力求概念明确化，出于此初衷的用语修改却导致了不应有的概念异化。[3] 笔者认为，应当建立“综合标准说”，即从立法用语的角度来看，1997 年《刑法》明显反映出向客观主义倾斜的态度，[4] “罪行极其严重”与“罪大恶极”相比，客观色彩显然浓厚得多。从司法适用的角度来看，立法向客观主义的倾斜并不代表对主客观相统一原则的否定。对“罪行极其严重”的理解，必须从主客观相统一的角度来掌握。一

[1] 李云龙、沈德咏：《死刑专论》，中国政法大学出版社 1997 年版，第 227 页。

[2] 王作富主编：《中国刑法的修改与补充》，中国检察出版社 1997 年版，第 31～32 页。

[3] 肖中华：“我国死缓制度的司法适用及相关立法评析”，载《法律科学》1999 年第 6 期。

[4] 张明楷：《刑法的基本立场》，中国法制出版社 2002 年版，第 66 页。

般而言，只有犯罪的性质极其严重、情节极其严重、主观恶性和人身危险性极其严重，才能认定为“罪行极其严重”，只有坚持“客观标准说”与“规范标准说”的结合，坚持“罪刑法定”“罪刑相适应”“主客观相统一”的刑法原则，才能正确有效地适用死刑。

（三）从情节裁量上控制

我国刑法分则规定了68个可以适用死刑的罪名。根据学者的统计，这些罪名关于适用死刑的标准有犯罪主体标准、后果标准、数量标准、手段标准、地点标准等17种不同类型。❶ 刑法虽然对可以判处死刑的犯罪及其情节规定得较为具体，并非决不意味着触犯了死刑条款的行为都必须判处死刑。比如，《刑法》第264条规定，只有对“盗窃金融机构，数额特别巨大的”或者“盗窃珍贵文物，情节严重的”，才能判处死刑，但这并不意味着司法机关对任何数额特别巨大、情节特别严重的盗窃罪都判处死刑。正如有学者指出的一样，死刑总是与极其严重犯罪的最严重情节相联系，故即使是极其严重的犯罪也不意味着一定要判处死刑。❷ 同时，死刑一般与无期徒刑、10年以上有期徒刑等刑罚方法共同构成一个量刑幅度，即使是极其严重犯罪的最严重情节，也并非必须绝对判处死刑。司法机关在适用过程中，就应综合考虑总则情节与分则情节、法定情节与酌定情节、案中情节与案外情节、从重情节与从轻情节等多种因素，只有在罪行极其严重，从罪刑均衡以及一般预防的观点看，认为处以死刑是不得已的场合，才能选择适用死刑。

（四）从适用对象上控制

我国刑法规定，对未满18周岁的人和审判时怀孕的妇女不适用死刑。近年来，我国不断有学者提出要进一步限制死刑的适用对象。如有人主张，对审判时怀孕的妇女、犯罪时不满18岁的未成年人、政治犯和指控犯罪时已满70岁的人不适用死刑。❸ 有人主张，因为主体的特殊性，如少年犯、老年犯，需要体现人道主义精神，或者是少数民族、宗教人士、华侨、归侨、侨眷，需要体现特殊保护政策，或是外国人犯罪，需要参照国际一般刑事准则，或出于政治外交的考虑，不宜判处死刑立即执行。❹ 笔者认为，上述建议具有一定的合理性。立法机关与司法机关都应当根据联合国《公民权利及政治权利公约》

---

❶ 马松建：《死刑司法控制研究》，法律出版社2006年版，第157～161页。

❷ 张明楷：《刑法学》，法律出版社2003年版，第422页。

❸ 陈兴良：《死刑备忘录》，武汉大学出版社2005年版，第80页。

❹ 陈华杰：《论死刑适用的标准》，人民法院出版社2005年版，第299页。

《关于保护死刑犯权利的保障措施》的精神和我国的宪政原则，一方面，对刑事法律作适度调整与修改；另一方面，从适用对象上进一步限制死刑的适用，对犯罪时未满18岁的人、孕妇或新生婴儿的母亲、已患精神病者、超过70岁的人等犯罪对象，不再适用死刑。

（五）从实际执行上控制

死缓制度是我国刑法的一个创举，虽然不是一个独立的刑种，但对于减少死刑的实际执行起到了极其重要的作用。日本就有学者主张借鉴我国刑法规定，建立死缓制度，即从犯罪的情节及犯人改恶从善的可能性大小来看，适用死刑缓期执行，在5年期限内暂缓执行死刑，实行矫正处置，5年期限过后再来审查，除了仍有必要执行死刑的外，改为无期惩役或无期监禁；其判决确定后，20年内不得假释。[1] 我国也有学者主张，将死缓作为死刑执行的必经程序。[2] 我国司法机关对于适用死缓的实质条件“不是必须立即执行”理解不一，影响了死缓适用的实际效果。笔者认为，一方面要扩大死缓的适用范围，对于犯罪后有立功、自首情节，被害人有过错等情形，尽可能地适用死缓，发挥其在控制死刑实际执行中的缓冲和筛滤作用；另一方面要防止滥用“死缓”，即以“死缓”作借口，对一些事实不清、证据不足的案件，不坚持“疑罪从无”原则，而对依法不能认定的犯罪嫌疑人适用死缓。因此，要严防一些应当判处无期徒刑、有期徒刑的犯罪人，甚至于应当宣告无罪的人，被以“案件应当慎重”这样一些类似的冠冕堂皇的理由判处了死缓，实际扩大死刑的适用范围，这是严格控制死刑适用的现实需要。

---

[1] ［日］齐藤信治著：《刑法总论》，有斐阁1998年版，第43页。

[2] 张文、米传勇：“构建和谐社会与死刑政策调整”，载赵秉志主编：《和谐社会的刑事法治》，中国人民公安大学出版社2006年版，第734页。

47.《联合国反腐败公约》资产追回和返还机制与完善我国诉讼制度之探讨*

2005年10月27日，十届全国人大常委会正式批准我国加入《联合国反腐败公约》（以下简称《公约》）（第66条第2款除外）。这充分表明了我国通过国际合作，加大惩治和预防腐败力度的决心。在《公约》的五大法律机制中，❶“资产的追回与返还机制”是最重要、最核心的机制。该机制在追缴犯罪所得方面首次确立了被转移的腐败犯罪所得必须返还的原则，体现了国际社会反腐败的协调一致性。就我国而言，该制度更具重要意义。❷如何利用该《公约》中的资产追回与返还机制，有效剥夺携款潜逃海外的腐败分子的非法资产，是当前我国刑事诉讼制度研究的一个重点。本文就履行《公约》义务、完善相关诉讼制度作一探讨，以期抛砖引玉，求教于大家。

一、资产追回与返还机制的产生背景及其功效

资产追回和返还机制，是一缔约国在其资产因本公约确立的腐败犯罪被转

---

* 本文在阎利国同志的协作下完成，发表于《武汉大学学报（哲学社会科学版）》2007年第3期；收录于《反腐败法治建设的国际视野（联合国反腐败公约）与中国刑事法治之协调完善研究》，法律出版社2008年版。

❶ 《公约》作为第一项全球性的反腐败法律文件，首次在国际一级建立了反腐败五大法律机制——预防机制、刑事定罪与执法机制、国际司法合作与执法合作机制、资产追回与返还机制以及履约监督机制，确定了反腐败国际合作的法律基础。

❷ 贪官携款外逃问题在我国已经成为一个较严重的问题。据有关数字显示，中国至少有4000多名贪官逃往他国，有超过50亿美元的资金被卷走。参见孙亚菲、刘鉴强：“中国外逃贪官的绞索”，载《南方周末》2003年9月25日。

移到另一缔约国的情况下，通过一定的途径向被移转的资产所在国直接主张对该资产的合法所有权，或者由另一缔约国对被转移到本国境内的腐败犯罪所得进行没收后，依据一定规则将其返还给资产请求国的司法协作机制。其具有以下法律特征。(1) 合作主体的平等性。资产追回和返还机制一般涉及两个以上国家，但其性质可分为请求国与被请求国两种。提出资产追回请求的国家，通常是腐败资产的来源国（流出国）；被请求国则往往是腐败资产的所在国（流入国）。双方国际地位平等，合作基于尊重国家主权与对等互惠原则。(2) 适用手段的二元性。资产追回机制分为直接追回机制（《公约》第 53 条）和间接追回机制（《公约》第 54 条）。在直接追回机制中，相关措施的采取是基于诉讼程序，通过判决或其他形式的命令，直接确认腐败资产的所有权属。在间接追回机制中，则是基于没收令的方式来行使，最终使腐败资产得以追回。(3) 适用措施的强制性。在资产追回过程中，无论是被请求国的法律裁判，还是司法协助中的冻结、扣押、没收措施，都具有司法属性，对犯罪分子及其资产具有强制执行力。(4) 没收范围的广泛性。按照公约规定，没收范围包括“犯罪所得或者价值与这种所得相当的财产”“用于或者拟用于犯罪的财产、设备或者其他工具”、“部分或者全部转变或者转化的财产”、混合财产、混合利益等（《公约》第 31 条第 1、4、5、6 款），其范围是在坚持以往国际反腐合作条约成果基础上的突破与发展。(5) 法律效力的内外一致性。在资产追回和返还机制中，各项措施的采取都必须符合被请求国的法律，接受相应司法审查。为了“能够提供最广泛的合作与协助”，《公约》要求各缔约国“采取必要的措施，包括立法、行政措施”（《公约》第 65 条），实现公约法律效力的国内化，公约效力与国内法的效力应该具有一致性。

作为一项具有创新性的国际司法与协作机制，资产追回和返还机制的产生是国际社会应对腐败犯罪跨国性挑战的必然选择。据世界银行初步估算，全世界每年约有 2 万亿美元涉及腐败的资金进行跨国流动，相当于全球 33 万亿美元生产总值的 6%。[1] 腐败犯罪的跨国性，威胁着国际社会的稳定与安全、破坏民主体制和价值观、减损政府公信、危害可持续发展和法治[2]，引起了国际社会的普遍关注。20 世纪 90 年代以来，一些区域性的反腐败法律文件开始出现并逐渐增多，如美洲国家组织 1996 年 3 月 29 日通过的《美洲国家反腐败公约》，八国政治集团 1996 年 6 月 29 日在法国里昂通过的跨国有组织犯罪问题

[1] 张业遂：“让腐败分子无处藏身——解读《联合国反腐败公约》”，载《求是》2004 年第 8 期。
[2] 《公约》序言第 2 段、第 7 段。

高级专家组的建议，欧洲委员会部长委员会于1997年11月6日通过的《反贪污二十项指导原则》及分别于1999年5月1日、1998年11月4日和1999年9月9日通过的《建立反贪污国际集团协定》《贪污问题刑法公约》和《反贪污民法公约》，援助非洲全球联盟通过的《非洲国家打击腐败行为原则》及经济合作与发展组织1997年11月21日通过的《禁止在国际商业交易中贿赂外国公职人员公约》等等。然而，上述反腐败法律文件对腐败资产追回与返还问题没有明确规定，或者语焉不详，不能满足在国际层面合作打击和惩罚腐败犯罪的需要。在联合国的主持下，2000年和2001年通过了两份关于防止和打击腐败行径及资金的非法转移并将这些资金返还给来源国的决议。❶ 2002年6月，反腐败公约特设委员会举行资产追回问题技术讲习班，开始就资产追回与返还问题展开讨论。经过多个回合的争论和妥协，各成员国最终就资产追回与返还问题达成了一致意见。

作为一项全新的联合国反腐败司法合作与行动的制度安排，资产追回与返还机制的功效主要表现为以下几个方面：(1) 对各国法律制度及立场起到协调作用。在不同法系的国家之间，由于政治、文化、价值观的不同，法律在腐败犯罪的认定及资产处理、举证程序等方面存在较大差异。如在实体法方面，由于公职人员的概念、贿赂的范围、犯罪所得的定义等方面各国规定不一，可能出现国际合作时请求国属于腐败性质的行为可能并不违反被请求国的法律，而不能给予协助的情况。在程序法方面，由于举证程序和证明标准的不同，一国通过合法的搜查和扣押手段适当获取的证据，在另一国法院却可能很难获得法律认可。此外，对公民隐私权的保护、对腐败资产的费用补偿和利益分享等方面，各国都有不同的价值权衡。针对这些制约因素，《公约》兼顾了各成员国立场，争取了最大程度的协调一致性。(2) 对国际司法合作具有开拓作用。如在资产的没收方面，除规定了一般合作事项外，还首次提出了特殊合作概念。即无须请求国（资产流出国）的事先请求，被请求国（资产流入国）不影响本国法律的情况下，在认为可能有助于接收资料的缔约国启动或者实行侦查、起诉或者审判程序时，在不影响本国侦查、起诉或者审判程序的情况下，主动转发相关资料，实现资源共享。❷ 又如特别没收问题。在对犯罪人追究其法律责任的过程中，有时会出现犯罪嫌疑人死亡、潜逃或缺席的情形。基于资产追回

❶ 分别是《关于防止和打击贪污行径及非法转移资金并将这些资金返还给来源国的决议》和《关于防止和打击腐败行径及转移非法来源资金的活动的并将这些资金返还给来源国的决议》。

❷ 《公约》第56条。

的效率性、及时性考虑，《公约》要求各缔约国根据本国法律“考虑采取必要措施”，建立适用于“不经过刑事定罪而没收这类财产”的程序或制度。❶ 上述开拓性规定，有效解决了国际合作中的一些难题。（3）对腐败犯罪具有预防、威慑、惩治作用。腐败资产的顺利追回，不仅剥夺了犯罪分子经济基础，使其无利可图，而且腐败资产作为重要证据，有利于请求国启动或者实行侦查、起诉或者审判程序，追究腐败分子的刑事责任，客观上起到了预防、威慑、惩治作用。

二、我国诉讼制度的缺陷与不足

要发挥资产追回与返还机制的作用，有效预防和遏制腐败犯罪，需要将公约规定实行公约法律效力的国内化。反思我国诉讼制度，尚有以下缺陷与不足，需要修改完善，以达到与《公约》接轨的目的。

第一，缺乏对外国法院刑事判决和裁定的承认与执行制度。在资产追回与返还机制中，很多条款需要各缔约国相互承认与执行对方法院判决或裁决，且这些判决或裁决多是涉及刑事诉讼中财产的处分问题。如没收令、扣押令、冻结令，等等。在我国批准公约之前，承认与执行外国法院的判决与裁决仅仅出现在国际民商事领域的司法合作中。因此，就此项公约义务的法律依据而言，可以说尚未完全得以建立起来，有待于包括通过完善国内立法或者建立双边、多边国际合作来支持。

第二，缺乏刑事缺席判决制度。在资产返还与处分机制的三种情形中，有两种情形要求将请求国的“生效判决”作为返还和处分资产的请求依据。但现实情况是，之所以需要启动资产返还与处分机制，其前提大多是因为腐败分子在被追究其刑事责任之前就已经携款潜逃他国。在犯罪人逃脱的情况下，如何取得对“贪污公共资金或者对所贪污公共资金的洗钱行为”、对“公约所涵盖的其他任何犯罪的所得”❷ 的生效判决，是对我国传统刑事诉讼制度的一大挑战。根据我国现行刑事诉讼法的规定，在刑事诉讼过程中，如果犯罪嫌疑人或者被告人死亡的，不追究刑事责任。已经追究的，应当撤销案件，或者不起诉，或者终止审理。《人民检察院刑事诉讼规则》第 241 条规定，“在侦查过程中，犯罪嫌疑人长期潜逃，采取有效追捕措施仍不能缉拿归案的，或者犯罪嫌疑人患有精神病及其他严重疾病不能接受讯问，丧失诉讼行为能力的，经检察

❶ 《公约》第 54 条第 1 款第（3）项。

❷ 《公约》第 57 条第 3 款。

长决定，中止侦查。”因此，在我国，当出现犯罪嫌疑人、被告人因潜逃等原因不在案的情形时，刑事诉讼一般只能处于中止状态，在犯罪分子被引渡回国前，难以作出公约所要求的“生效判决”，所以这样一种状态将“可能构成我国根据公约要求返还被转移到其他国家的腐败资产的最大障碍”。❶

第三，冻结令、扣押令、没收令的行使范围、程序等规定粗疏。在资产间接追回机制中，资产追回很大程度上依赖冻结令、扣押令、没收令来实现。在我国刑事诉讼中，法律对冻结、扣押、没收的规定比较粗疏。如《刑事诉讼法》第 114 条规定：“在勘验、搜查中发现的可用以证明犯罪嫌疑人有罪或者无罪的各种物品和文件，应当扣押；与案件无关的物品、文件，不得扣押。”第 117 条规定：“人民检察院、公安机关根据侦查犯罪的需要，可以依照规定查询、冻结犯罪嫌疑人的存款、汇款。犯罪嫌疑人的存款、汇款已被冻结的，不得重复冻结。”《刑法》第 64 条规定：“犯罪分子违法所得的一切财物，应当予以追缴或者责令退赔；对被害人的合法财产，应当及时返还；违禁品和供犯罪所用的本人财物，应当予以没收。没收的财物和罚金，一律上缴国库，不得挪用和自行处理。”这种法律规定的不完善具体表现为以下几个方面：（1）适用条件的不明确性。何为“与案件无关”，何为“侦查犯罪的需要”，缺乏具体标准，司法实践中一般取决于办案人员的主观判断，随意性大。相比之下，国外立法例对于合理依据规定得比较具体。❷ 如《美国联邦刑事诉讼规则》中规定，搜查扣押的对象包括：①构成证明实施了犯罪的证据的物品；②违禁品、犯罪的成果或者通过犯罪的方法占有的物品；③旨在用做犯罪工具或者已经用做犯罪工具的物品。在英国，警察只有在评估犯罪证据有被隐匿、丢失、损坏、改变、销毁之可能，扣押实有必要时，方采取扣押行动。我国冻结、扣押、没收适用条件的不明确性必然会导致在国际司法协助中无法提供“合理的依据”，无法使被请求国“相信有充足理由”采取协助行动。（2）适用范围的狭窄性。我国刑事诉讼中的扣押对象是“可用以证明犯罪嫌疑人有罪或者无罪的各种物品和文件”，冻结的对象是“犯罪嫌疑人的存款、汇款”，没收的对象是“供犯罪所用的本人财物”，与公约的规定相比，存在表述不规范，适用范围狭窄的问题。（3）举证责任的含糊性。对于实施冻结、扣押、没收时是否应听取犯罪人辩解、申诉，是否由其承担部分证明责任，我国法律没有作明确规定。立法的空白，一方面使司法机关难以及时发现和查证腐败资产，难以及时

---

❶ 田立晓：“《联合国反腐败公约》与中国刑事法治”，载《河北法学》2006 年第 4 期。

❷ 孙长永：《侦查程序与人权》，中国方正出版社 2000 年版，第 121 页。

实施冻结、扣押、没收；另一方面，救济机制的缺失一定程度上剥夺了当事人和善意第三人的抗辩权，有侵犯人权之嫌。冻结、扣押、没收制度的不完善，一方面使我国在向他国申请进行资产追回时无法提供“合理的根据”；另一方面，也不利于我国协助其他缔约国履行冻结、扣押、没收义务。因此，冻结、扣押、没收的行使范围、程序等，都需要分别作出规定。

第四，保护善意第三人制度有待完善。对腐败资产实行冻结、扣押和没收等强制措施时，涉及财产处理，很多情况下关系到其他人的合法权益，所以公约设立了保护善意第三人权利的制度。所谓善意第三人，是指与犯罪没有任何牵连的对被没收的财产同样享有所有权的第三人。❶ 在我国刑事诉讼中，对赃款赃物一般实行简便程序。我国《刑事诉讼法》第 198 条规定：“对被害人的合法财产，应当及时返还。”司法实践中，除需要作为证据使用而随案移送审判机关处理外，对于已经查明属于被害人所有的财物，通常由公安机关或者人民检察院予以发还，无须特别的审查和裁决程序。应当说，这种简易处理的方式对于及时恢复财产的原有秩序，保护被害人的合法权益，起到了非常好的作用，但对善意第三人权利的保护作用有限。同时，在国际司法合作中，由于相关财产在国与国之间流转的复杂性，这种简便程序可能造成对善意第三人权利的损害。因此，我国应当完善善意第三人权利保护制度。

第五，请求国的法律地位问题尚待解决。在直接追回机制中，相关措施的采取从根本上都是基于诉讼程序，通过判决或其他形式的命令，直接确认腐败资产的所有权属。基于直接追回方式的诉讼属性，请求国的法律地位问题如何确定，成为实施这一机制的难题。因为在采用民事诉讼来寻求调查、追踪、冻结和返还等补救方法以追回资产的案件中，请求方可能是一国政府，也可能是该国的自然人或者法人。当一个外国政府作为诉请人时，往往面临国际法上的难题，即如何确定其在被请求国法院面前的法律地位问题。作为提起民事诉讼的一方，请求国政府在诉讼中居于原告的地位，依据被请求国的法律享有原告的诉讼权利，而同时也承担着相应的诉讼义务。例如，在民事诉讼中，诉讼费用通常由败诉方承担，但这种判决或命令往往对一个国家强制执行。这类诉讼如果处理不好，极有可能影响双方的外交关系和对今后类似事情的处理。❷ 在我国诉讼制度中，尚无有效规则应对。

第六，“费用补偿”和“利益分享”制度有待建立完善。在国际司法协助

---

❶ 梁慧星主编：《民商法论丛（第 13 卷）》，法律出版社 2000 年版，第 33 页。

❷ 吴高庆：“论直接追回腐败资产的国际合作机制”，载《河北法学》2005 年第 11 期。

中，被请求国根据请求国的请求对有关财物进行调查、扣押、冻结、没收等活动时，往往支出了一定费用。对该笔费用如何处置，通行做法是请求国对此给予必要的补偿。我国的司法协助实践采用了两种做法。一种做法是在我国与外国缔结的双边司法协助条约（协定）中规定，双方应相互免费提供司法协助，约定“不得要求偿还因提供司法协助所支出的有关费用”。[1] 另外一种做法是双方在互惠对等的基础上，被请求国负担执行所产生的费用，请求国支付特定的费用。[2] 在“没收所得资产的分享”问题上，发达国家均趋向于在与请求国进行合作前，先签订赃款分割协议以确保它们能分享部分追缴的赃款。我国通常做法是主张对国有资产要求全额返还，但实践成效并不理想。鉴于利益“分享”问题是公约起草过程中讨论最多和争议最大的问题，公约采用由缔约国自己协商处理等灵活方式。反思我国在“费用补偿”和“利益分享”的立场与做法，如何应对公约规定同国内法协调一致，是值得研究的。

三、对我国诉讼制度的建言

（一）承认和执行外国生效刑事判决和令状（扣押令、冻结令、没收令），建立相应司法审查机制

我国刑法理论通说认为，因刑法的阶级性、国家性和刑事管辖的主权属性，应对外国刑事判决采取消极承认态度。[3] 但笔者认为，尽管全球化时代下国家主权仍然是国际社会的主旋律，但随着国际交流的日益频繁，涉及人类共同利益的问题日渐增多，国家之间的连带性、共存性加强。为处理涉及共同利益问题时获得双赢的局面，客观上需要各国部分让渡主权权利，实现协助和合作。在国际社会层面，对国家主权权利的部分让渡和限制，成为当代国际法发展趋势之一。[4] 1966 年《公民权利与政治权利公约》、1988 年《禁止非法贩运麻醉品和精神药物公约》、1998 年《国际刑事法院规约》等都要求缔约国积极承认外国刑事判决的效力。在我国，开展国际司法协助的主要依据是与有关国

---

[1] 见《中埃民商刑事司法协助条约》第 5 条。

[2] 如 2005 年 1 月 27 日签署的《中华人民共和国和秘鲁共和国关于刑事司法协助的条约》第 20 条第 1 款规定，被请求方应当负担执行请求所产生的费用，但是请求方应当负担下列费用：（1）有关人员按照第八条第四款的规定，前往、停留和离开被请求方的费用；（2）有关人员按照第十条或者第十一条的规定，前往、停留和离开请求方的费用和津贴，这些费用和津贴应当根据费用发生地的标准和规定支付；（3）鉴定人的费用和报酬；（4）笔译和口译的费用和报酬。

[3] 高铭暄主编：《中国刑法学》，中国人民大学出版社 1989 年版，第 53～54 页。

[4] 苏彩霞：《中国刑法国际化研究》，北京大学出版社 2006 年版，第 150 页。

家缔结或共同加入的双边或多边条约。我国与波兰、蒙古、罗马尼亚、俄罗斯、希腊等国家签订了刑事司法协助条约，与泰国、俄罗斯、白俄罗斯、罗马尼亚等国家签订了引渡条约，在这些条约中规定了关于追缴犯罪收益的内容。2001 年我国与乌克兰缔结的《中乌移管被判刑人条约》，开创了与外国开展相互承认与执行刑事裁决的立法先例。2002 年我国与俄罗斯也缔结了《中俄移管被判刑人条约》，相互承认与执行对方刑事裁决。目前，与我国缔结类似条约的国家还不多。这种模式存在严重的局限性。一方面，它只能对与我国有司法协助条约的国家才能进行，范围有限；另一方面，容易受国与国政治气候的影响，使法律问题政治化，无法进行有效国际合作。为履行公约义务，加强与他国在追缴犯罪所得领域的国际司法合作，我国应承认和执行外国生效刑事判决和令状，并建立相应的司法审查机制。司法审查机制应注意以下几点：

其一，司法审查以程序性审查为主，实质性审查为辅。借鉴我国《引渡法》和有关条约的规定，应审查是否具备以下条件：(1) 承认与执行有关裁决不损害我国的主权、安全或者社会公共利益，并且不违反我国的基本原则；(2) 请求国的有关司法审判活动充分尊重并保障了当事人的各项诉讼权利；(3) 请求国的罚没裁决已经发生法律效力；(4) 请求国的罚没裁决不与我国司法机关已经作出的任何财产性裁决相冲突，也不与任何已获得我国司法机关承认的外国司法裁决相冲突；(5) 请求国的罚没裁决不损害我国境内的任何对被罚没的财物享有正当权利的善意第三人的利益；(6) 罚没裁决所针对的人在我国境内尚无未清偿的债务或者尚未终结的诉讼。

其二，司法审查的主体。考虑到司法审查的严肃性和权威性，建议将司法审查权由最高人民法院行使，必要时可由最高人民法院授权各省、自治区、直辖市高级人民法院行使。

其三，请求途径。缔约国关于承认与执行刑事判决和令状的请求，应当以国际条约规定的途径提出，在无国际条约可循的情况下则应当通过外交途径提出。

(二) 建立我国的刑事缺席审判制度

为充分利用公约所确立的资产追回与返还机制，在我国刑事诉讼制度中规定有条件的缺席审判程序实属必要。是否设置缺席审判制度，涉及刑事诉讼基本理念的贯彻问题，也因此在理论界存有争议。《世界人权宣言》第 10 条规定："人人完全平等地有权由一个独立而无偏倚的法庭进行公正的和公开的审讯，以确定他的权利和义务并判定对他提出的任何刑事指控。"在没有被告人的情形下，对其是否犯罪以及是否应追究刑事责任问题进行审判，显然有剥夺其基本的诉讼权利和侵犯人权之嫌。但笔者认为，刑事诉讼的价值目标应是自由、秩序、公正和效率的统一体。❶ 在腐败犯罪案件中，建立被告人死亡、潜逃或缺席的情况下的缺席审判制度具有合理性。(1) 有利于提高诉讼效率。效率是衡量一个国家法律制度文明和科学的指标。❷ 法律高效化，容易使法律权威得到社会的认同，法律低效化则影响公众信心。腐败案件高发频发的严峻形势，迫使刑事诉讼程序的运作必须具备一定的经济合理性。(2) 有利于均衡诉讼各方对诉讼的期望。由于着眼点不同，诉讼各方对诉讼的期望值存在差异。❸ 国家希望准确而及时地惩治犯罪，维护国家的安全、稳定、秩序；被害人希望对个人利益的尽快恢复，对侵害者的惩罚；被告人希望自己的防御权利健全并得到切实可行的保障。刑事诉讼应找准平衡点，兼顾各方利益。为及时、严厉打击腐败犯罪，有条件的缺席审判制度不失为最佳方案之一。(3) 相应的救济程序可以弥补缺席审判制度的缺陷。一旦被告人能够应诉，或者有相反证据证明缺席判决确有错误，可以通过救济程序撤销该判决。(4) 国外的缺席判决制度证明了其生命力。如德国刑事诉讼法确定的特别程序中规定了缺席审判程序，当被告人在所在地不明或者被告人滞留国外，以及管辖法院不能使被告人到庭或具有其他被告人不能到庭的情形时，就适用缺席审判程序。❹

在缺席审判制度的构造上，可以设计为三种程序：(1) 公告程序。对于被告人潜逃或缺席的情况下，由人民法院发出公告，敦促其投案自首或出庭参加诉讼。(2) 审判程序。由于被告人的特殊性，庭审中不设辩论与被告人最后陈述两个环节。(3) 撤销程序。在特定条件下，被告人要求回国接受审判的，原判决当然撤销，审判程序可以重新开启；当有其他证据表明缺席判决确有错误的，也应撤销原判决，重新审理。

(三) 完善我国冻结、扣押和没收制度

如前所述，由于我国冻结、扣押、没收制度规定粗疏，应从以下几方面重点完善：

其一，制定冻结、扣押的具体适用条件。笔者建议：(1) 合理界定冻结、扣押的对象范围，将其限定为能够证明犯罪嫌疑人实施了犯罪的证据、犯罪所获赃物以及犯罪工具三种。对能够证明犯罪嫌疑人无罪的证据，在所有人同意

❶ 李文健："转型时期的刑诉法学及其价值目标"，载《法学研究》1997 年第 4 期。

❷ 甑贞主编：《刑事诉讼法学研究综述》，法律出版社 2002 年版。

❸ 同上。

❹ 卞建林、刘玫：《外国刑事诉讼法》，人民法院出版社 2002 年版。

的情况下，可由侦查机关代为保管。(2) 规定适用冻结、扣押措施的前提。即扣押、冻结必须是出于预防犯罪证据被隐匿、丢失、损坏、改变、销毁之目的，且扣押、冻结措施有现实之必要。

其二，扩大没收措施的适用范围。在没收措施的适用上，世界各国立法采取了价值没收和替代没收的混合形式。如在《美洲示范法》中，规定了犯罪所得没收、犯罪工具没收和犯罪价值没收等三种形式。在《联合国禁毒署反洗钱示范法》中，规定了犯罪工具没收、犯罪对象没收、犯罪所得没收（包括混合物没收与犯罪价值没收）以及对犯罪组织具有支配权财产的"推定没收"形式。1988年《联合国禁毒公约》关于没收的规定最为全面，不仅规定了直接没收和间接没收措施，而且进一步规定了6种具体的没收措施形式：(1) 直接没收。直接没收措施规定在该条第1款中："(a) 从按第3条第1款确定的犯罪中得来的收益或价值相当于此种收益的财产；(b) 已经或意图以任何方式用于按照第3条第1款确定的犯罪的麻醉品和精神药物、材料和设备或其他工具。"从这一款规定来看，规定了3种形式的没收，即，第一，犯罪所得没收，即没收犯罪中得来的收益；第二，犯罪价值没收，即没收价值相当于此种收益的财产；第三，犯罪对象和工具的没收，即没收已经或意图以任何方式用于按照第3条第1款确定的犯罪的麻醉品和精神药物、材料和设备或其他工具。(2) 间接没收。间接没收规定在该条第6款中："(a) 如果收益已转化或变换成其他财产，则应将此种财产视为收益的替代，对其采取本条所述的措施。(b) 如果收益已与得自合法来源的财产相混合，则在不损害任何扣押权或冻结权的情况下，应没收此混合财产，但以不超过所混合的该项收益的估计价值为限。(c) 对从下述来源取得的收入或其他利益，即收益、由收益转化或变成的财产、已与收益相混合的财产，也应采取本条所述措施，在方式和程度上如同对待收益一样。从该款的规定来看，规定了间接没收的3种形式，即替代物没收、混合物没收和利益没收等。国际立法之所以扩大没收范围，主要基于打击有组织犯罪、毒品犯罪、洗钱犯罪的考虑。笔者认为，就腐败犯罪的组织性、跨国性、严重性来说，其打击必要性和难度丝毫不亚于上述犯罪。正因为如此，《公约》第31条将没收的范围作了扩张，将其界定为"犯罪所得或者价值与这种所得相当的财产"、"用于或者拟用于犯罪的财产、设备或者其他工具"。考虑到我国现行没收制度的实际，笔者建议在原有基础上，将替代物、混合物和相关利益纳入适用范围。具体为：(1) 如果犯罪所得已经转化或者变换成其他财产，则可以将该种财产视为犯罪所得的替代予以没收；(2) 如果犯罪所得已经与来自合法来源的财产混合，则应在不损害善意第三人的基础上，以不超过所混合的该项收益的估计价值为限，对其予以没收；（3）如果犯罪所得已经转化为财产性利益，也应对其予以没收。

其三，设立冻结、扣押或没收制度的救济措施，给予犯罪嫌疑人反驳的机会。在冻结、扣押或没收过程中，司法机关虽然对腐败资产采取了必要的措施予以辨别和追查，但是仍然不能排除个别特殊情况存在的可能性。因此，为了保护当事人的合法权益，应当设立冻结、扣押或没收制度的救济措施，尽量给予因冻结、扣押或没收而遭受不利后果的犯罪嫌疑人以反驳的机会。同时，对腐败资产认定上实行一定程度的举证责任倒置，降低公诉机关的举证难度。

（四）建立保护善意第三人权利制度

笔者认为，为了保护善意第三人的合法权利，应向犯罪所得、财产、设备或者其他工具的利害关系人提供充分通知，确保正当程序并采取具体措施，以便善意第三人有渠道和条件主张自己的合法权利。至于第三人是否有善意，应由法院或其他主管机关根据客观情况进行全面权衡和判断。在善意的判断标准上，笔者建议参考 1999 年《泛美反洗钱示范规则》的规定，在下述事实已经证明属实时应将财产、收益或工具归还给请求人：（1）请求人对所主张的财产、收益或工具享有法定的合法利益。（2）请求人没有参与、共谋诈欺、卷入非法贩运或其他严重犯罪而使之陷入该法律程序中。（3）请求人对财产、收益或工具的非法使用不知情且不具有故意忽视，或者他虽然知道但并非自愿同意上述财物的非法使用。（4）请求人没有从被追诉人获得任何权利，以使得在该情形下为避免财产、收益或工具最终被没收而进行转移财产、收益或工具。（5）请求人采取了能够合理预防的防止非法使用财产、收益或工具的一切行动。❶

此外，为了保护善意第三人的权利在国际司法协助中不受侵害，笔者建议设立特别程序：（1）建立冻结令、扣押令或没收令的特别审查制度。当一国向我国提出协作冻结、扣押或没收请求时除必须符合司法协作文书的规定以外，还应包括❷：①应有关于拟于冻结、扣押或没收的财产的说明以及关于请求国所依据的事实的充分陈述，以便我国能够根据本国法律取得（承认）冻结令、扣押令或没收令；②应有请求国据以签发请求的、法律上可接受的冻结令、扣押令或没收令副本、事实陈述和关于请求执行该令状的范围的资料；③应有请

---

❶ 杨宇冠、吴高庆主编：《〈联合国反腐败公约〉解读》，中国人民公安大学出版社 2004 年版，第 484 页。

❷ 徐汉明等：《中国反洗钱立法研究》，法律出版社 2005 年版，第 300 页。

求国所依据的事实陈述以及对请求采取的行动的说明。（2）建立冻结令、扣押令或没收令的公告制度。国际司法协助中，请求国的冻结令、扣押令或没收令被我国认可后，协助执行机关可在先与执行后，向社会发出公告。公告期间，如善意第三人提出异议，则由善意第三人向拥有管辖权的法院申请解除冻结、扣押或没收。如请求国继续申请冻结、扣押或没收，可由其提供担保。公告期间届满，无权利人提出异议的，冻结令、扣押令或没收令正式生效。

（五）建立海外资产追讨基金

在腐败犯罪中，有相当一部分是无具体受害人的犯罪（如贿赂犯罪），所侵犯的是国家法益。当国家以被害人名义在他国提起民事诉讼时，面临着国际法上的困境。为解决这一难题，有学者建议创立一种“法人手段”[1]，由它在资产追回程序中代理国家进行诉讼。这种“法人手段”可以是一个独立的私人基金会或由国际赞助的某种形式的实体。它在民事诉讼中可以是诉请人或者原告，有责任向被请求国法院提供证据证明自己的主张，同时也是判决的接受人和司法命令的主体，可以向其转让或转移权利要求。[2] 笔者认为，“法人手段”的思路是可行的，但在现实中还有一些问题需要解决：（1）“法人手段”的诉权问题，亦即其诉权来源的合法性问题。按照现代国家理论，国家权力的行使，必须有明确授权。国家利益的处置和放弃，同样也必须有明确授权。一个“独立的私人基金会或由国际赞助的某种形式的实体”在没有请求国授权的情况下，如何取得被请求国的民事诉权，值得研究。（2）腐败犯罪证据的收集、举证问题。随着腐败犯罪国际化，查证腐败犯罪的证据难度越来越大，不仅需要全社会的努力，也需要国际社会的通力合作。由民间团体去收集腐败犯罪的证据，不符合诉讼经济性原则。

“要对一项立法或法律制度作出正确评价，必须把它置身于一个国家乃至整个世界的经济、政治、文化的大背景之下，才能全面认识其在我国法治进程中的地位；反过来，任何法律的有效运作也都离不开孕育、生成和供养它的政治、经济背景”。[3] 笔者认为，我国应建立的是国有资产管理委员会主导的海外资产追讨基金制度。其理由是：（1）可以有效解决诉权问题。国有资产管理委员会作为我国管理国家财产的专门机关，具有国家属性，代表国家法益进行

[1] “法人手段”是联合国《防止和打击腐败行径及非法转移资金的活动：秘书长的报告》（A/56/403）中使用的一个概念，参见该文第136段。

[2] 吴高庆：“论直接追回腐败资产的国际合作机制”，《河北法学》2005年第11期。

[3] 樊崇义：《刑事诉讼法实施问题与对策研究》，中国人民公安大学出版社2001年版。

民事诉讼是应有之义。(2) 所建立腐败资产海外追逃基金，能够有效解决被请求国民事裁判拘束力困境。我国应借鉴刑事案件国家赔偿的经验，建立腐败资产海外追讨基金。国有资产管理委员会在他国提出民事公益诉讼时，可用腐败资产海外追逃基金缴纳诉讼费用，承担败诉后果。同时，所追回的资金应充实到基金库中。腐败资产海外追逃基金的设立将能够根本解决一国对另一国民事裁判拘束力无法落到实处的问题。(3) 可以解决腐败犯罪证据举证难的问题。作为专门机关，国有资产管理委员会拥有专业的辨认、核实、追查国有资产的能力，有着其他部门无法比拟的优势，在司法机关的配合下，有能力解决好腐败犯罪民事举证方面的问题。

（六）制定“费用补偿”与“利益分享”制度

鉴于国际司法协助的现状，笔者认为，尽管“费用补偿”，尤其是“利益分享”制度存在不合理性，但它的确有助于调动被请求国的积极性，增大追回赃款的可能性和数额，相比坚持“全部追回”的原有政策，“费用补偿”和“利益分享”制度的确立不失为一个更务实和更易使目标实现的选择。因此，我国应在以后缔结的双边、多边条约中明确提出“费用补偿”与“利益分享”问题，并在对等互惠基础上就“费用补偿”的范围和“利益分享”的比例问题上达成一致，以更好地维护我国利益。

48. 试论和谐社会建设与刑事检察政策调适*

构建社会主义和谐社会是我国新时期的重大战略任务，各项工作都要服从和服务于这一目标。刑事检察政策决定着刑事检察工作的基本价值取向，为其提供宏观性、指导性的方针、原则和策略，必须适应和谐社会建设。因此，研究新时期刑事检察政策调适问题，对于促进检察职能作用发挥，服务和谐社会建设具有十分重要的意义。

一、和谐社会建设与刑事检察政策的关系

刑事政策是国家基于预防犯罪、控制犯罪以保障自由、维持秩序、实现正义之目的而制定和实施的准则、策略、方针、计划及具体措施的总称，❶ 是有效地与犯罪作斗争的方略。❷ 在我国，刑事政策是由党和国家制定的，或者政法机关制定并经党和国家肯定、推行的，❸ 是刑事立法和刑事司法的重要指针。刑事检察政策是刑事政策中与检察工作直接相关的内容，是刑事政策的重要组成部分和司法实践形态，❹ 也是社会治理的重要手段。

当前，构建和谐社会成为我们党和国家的重大战略任务和重要政治目标。刑事检察政策作为社会控制犯罪、促进和谐的重要工具，与构建和谐社会密切

---

* 本文发表于《武汉大学学报》2008 年第 4 期；收录于《和谐湖北的刑事法治建设——湖北省法学会刑法研究会 2007 年年会》，湖北省法学会刑法研究会 2007 年版；收录于《湖北省刑法研究会文集·和谐社会的刑事法治建设》，武汉大学出版社 2008 年版。

❶ 曲新久：《刑事政策的权力分析》，中国政法大学出版社 2002 年版，第 68 页。

❷ 储槐植："刑事政策：犯罪学的重点研究对象和司法实践的基本指导思想"，载《福建公安高等专科学校学报（社会公共安全研究）》1999 年第 5 期。

❸ 肖扬主编：《中国刑事政策和策略问题》，法律出版社 1996 年版，第 4 页。

❹ 本文旨在研究刑事政策、刑事检察、和谐社会三者的协调关系，故仅从刑事政策的角度对刑事检察政策的内容范围作一粗略界定，无意提出其规范概念。

相关。(1) 构建和谐社会决定了刑事检察政策的根本内容。李斯特认为，最好的社会政策即最好的刑事政策，❶ 因此，刑事政策根植于一定的社会现实并由一定阶段的社会政策所决定，是社会一般公平、正义观念的反映。构建和谐社会作为我国当前及今后一个时期的重大社会政策，决定着刑事政策的根本内容，也是刑事检察政策制定实施、发展变化的动力源泉和决定力量。(2) 构建和谐社会明确了刑事检察政策发展的根本要求。从广义论立场分析，"刑事政策就是一个国家的社会总政策中专门处理犯罪问题的那部分，是社会政策的组成部分，应该与自由、平等、安全、团结等社会发展目标联系起来"。❷ 刑事检察政策作为社会政策的重要组成部分，必须反映和谐社会要求，与和谐社会建设目标相适应，这是刑事检察政策发展的内在规律。(3) 构建和谐社会规定了刑事检察政策的目的。和谐社会不是一个没有矛盾纠纷和违法犯罪的社会，而是一个矛盾纠纷能够得到及时化解、违法犯罪能够得到有效控制的社会，要求通过各种方法包括法律手段，加强社会管理与控制。在控制犯罪、处理纠纷的各种手段中，刑事政策作为"社会整体据以组织对犯罪现象的反应的方法的总和"，❸ 必须服从社会控制系统的整体性目标。因此，构建和谐社会规定着刑事检察政策的基本方向，使之更好地契合和谐社会建设目标。(4) 刑事检察政策调适是对和谐社会建设的主动反应。"政策科学具有'发展建构'的概念，它以社会的变迁为研究重点，强调对变化、创新和革命的研究"，❹ 所以，刑事检察政策不是消极被动地适应社会现实，而必须随着社会状况的变化进行自觉调整，发挥对和谐社会建设的能动作用。(5) 刑事检察政策运行与和谐社会建设是相互作用的动态过程。一方面，和谐社会建设不仅提供刑事检察政策运行的外部环境，而且规定着刑事检察政策的基本内容和发展趋势；另一方面，"刑事政策首要的长期的使命是通过满足人身和财产安全需要以保障社会整体

---

❶ [德] 弗兰茨·冯·李斯特著:《德国刑法教科书》，徐久生译，法律出版社 2000 年版，第 13 页。

❷ 卢建平："刑事政策学的基本问题"，载《中国刑法学精萃 (2005 年卷)》，高等教育出版社 2005 年版，第 192 页。

❸ [法] 米海依尔·戴尔玛斯一马蒂著:《刑事政策的主要体系》，卢建平译，法律出版社 2000 年版，译序第 2 页。

❹ Daniel Lerner and Harold D. Laswell: *Policy Science*, Standford University Press, 1951, pp. 3～15，转引自卢建平："刑事政策学的基本问题"，载《中国刑法学精萃 (2005 年卷)》，高等教育出版社 2005 年版，第 197 页。

的和谐和延续”，❶ 刑事检察政策在保障人权、维护公正、保障秩序、促进和谐等方面具有独特的功能，二者相互促进，协调发展。

现行刑事检察政策科学与否、适用与否，直接关系到和谐社会的构建能否顺利推进。在和谐社会建设——刑事检察政策双向互动结构关系中，和谐社会是刑事检察政策的根基，刑事检察政策应当顺应社会整体系统的演进和变化进行适时调整，从而充分发挥其功能。构建和谐社会是重大的社会转型，“基于和谐社会的基本要求，我国刑事政策必须进行必要的改革”，❷ 刑事检察政策应当进行合理的调适。刑事检察政策调适，就是要根据社会发展阶段、社会基本政策以及社会建设任务，综合考量当前社会形势、犯罪态势、法治趋势和司法状况，对刑事检察基本原则、方针、策略、方法、手段等进行调整和完善，使之适应和谐社会。

二、和谐社会建设对刑事检察政策的调适要求

构建和谐社会对我国的法治理论和实践提出新的目标，也对刑事检察政策提出新的任务。我们必须着眼于构建和谐社会，从新的视角去审视刑事检察政策调适的必要性和重要性。

（一）适应社会和谐的新理念

刑事检察政策作为一种政治活动，必然以追求一定的价值观念为目标。理想的刑事检察政策应顺应和谐社会要求，以和谐社会的理念为其终极价值，❸ 而和谐社会理念也对刑事检察政策提出了时代要求。（1）和谐社会强调以人为本理念，尊重人的基本权益，关怀人的生存状态，谋求人的解放和幸福生活；“当把和谐社会作为整个社会构建的基本价值取向时，刑事政策的理念也必须重新定位，而定位的基点就是以人为本”，❹ 要以人的尊严、价值、自由为追求，限制国家权力、保障公民权利，注重人文关怀。（2）和谐社会强调民主法治理念，尊重公民自由和权利，推进社会依法治理，维护法制统一和法律权威，这就要求刑事检察政策必须坚持党的领导、人民当家作主和依法治国的有机统一，全面贯彻民主法治精神，有效促进法治实施，不能以政策代替法律，又不能脱离政策、机械执法。（3）和谐社会强调公平正义理念，保障社会成员

---

❶ ［法］米海依尔·戴尔玛斯－马蒂著：《刑事政策的主要体系》，卢建平译，法律出版社 2000 年版，第 26 页。

❷ 严励：“刑事政策与和谐社会”，载《中国刑法学年会文集（2006 年度）》，第 175 页。

❸ 陈劲阳：“和谐社会视野下的刑事政策”，载《中国刑法学年会文集（2006 年度）》，第 192 页。

❹ 严励：“刑事政策与和谐社会”，载《中国刑法学年会文集（2006 年度）》，第 175 页。

权利公平、机会公平、规则公平、分配公平和共享改革发展成果，这就要求刑事检察政策必须以“强化法律监督、维护公平正义”为主题，注重为各类社会成员包括犯罪嫌疑人、受害人等提供平等法律保护，妥善处理各种利益关系，营造公平的社会环境。(4) 和谐社会强调安定和谐理念，化解社会矛盾、维护社会秩序、保持社会稳定是和谐社会的重要内涵，[1] 而充满活力也是和谐社会的重要特征；因此，刑事检察政策应注重秩序与自由的协调、控制犯罪与保障人权的平衡，既加强对犯罪的治理，又注重化解矛盾纠纷，促进各方面关系和谐，实现法律效果与社会效果的统一。(5) 和谐社会强调宽容友爱理念，“现代社会和谐的前提是充分的宽容，只有制度安排可以容纳和保护个人的宽容，才能逐步建立社会和谐状态”，[2] 因此，在构建和谐社会中要采取适度宽容犯罪的相对主义刑事政策立场，注重刑事检察的轻缓化、人道化。

(二) 适应刑事犯罪的新态势

犯罪不仅是一种法律现象，而且是一种社会现象，与社会结构形态紧密相连，一定的犯罪态势取决于一定的社会生活条件[3]。我国当前处于社会转型时期，经济体制深刻变革，社会结构深刻变化，利益格局深刻调整，思想观念深刻变化，在这种空前的社会变革中，犯罪呈现出高发的态势。如从我省检察机关去年办案情况看，犯罪有如下特点：(1) 刑事犯罪总量居高不下，共提起公诉 27 047 人，比上一年上升 5.4%；(2) 严重犯罪比较突出，起诉黑恶势力犯罪 658 人，故意杀人、绑架、爆炸等严重暴力犯罪 5 027 人，合占 24%；(3) 多发性侵财犯罪和经济犯罪增多，起诉抢劫、盗窃、诈骗等多发性侵财犯罪 13 279 人，占 49.1%，破坏社会主义市场经济秩序犯罪 830 人，比上一年上升 19.8%；(4) 再犯罪突出，起诉累犯 1 861 人、再犯 3 184 人，占 18.7%；(5) 职务犯罪在一些领域仍然比较严重，共立案侦查贪污贿赂、渎职侵权等职务犯罪 1 708 人，比上一年上升 1.5%，其中大要案 967 人，占 56.6%。这表明犯罪产生的社会根源仍然没有得到解决，有效控制犯罪的任务还很艰巨。但同时要看到，我国目前的犯罪现象已经不同于几十年前的状况，“犯罪的政治色彩逐渐淡化，更多的犯罪都是由于对财产的过度追求与社会不能提供更多获得财产的合法途径之间矛盾所引发的”，[4] 如去年我省检察机关起诉的被告人

---

[1] 强卫：“做好维护稳定工作促进和谐社会建设”，载《人民日报》2004 年 12 月 23 日。

[2] 叶传星：“和谐社会构建中的法理念转换”，载《法治与社会发展》2006 年第 1 期。

[3] 陈兴良：“宽严相济：构建和谐社会的刑事法律回应”，载《检察日报》2007 年 4 月 25 日，第 3 版。

[4] 同上。

中，社会无业人员占63.6%；还有些犯罪是由于邻里纠纷、干群矛盾等各种社会因素所导致的，对这些犯罪不能简单地以“严打”方式处理。因此，刑事检察政策要根据当前犯罪态势进行合理调整。

（三）适应刑事法治的新趋势

刑事检察既要执行法律，又要贯彻政策。法律和政策都是社会治理的有效手段，刑事政策和刑事法律在基本追求、基本价值和基本原则上是一致的，刑事检察政策必须适应刑事法治的发展趋势。从和谐社会构建的视角看，刑事法治呈现以下趋势：（1）人道化。随着法律文明进步，刑事法律价值观念日益发展，重点在对个人权利的尊重和保障方面，❶ 就我国当前的实际情况而言，正转变为“以保护人的利益、尊重人的尊严、提高人的价值为目标，以合理地组织对犯罪的反应”为基本内容的人本主义的刑事法理念。❷（2）轻缓化。随着对社会犯罪现象研究的深入，人们认识到犯罪是一种正常的社会现象，❸ 对待犯罪的态度从苛责、非难、惩罚向宽容、理性、预防转变，非犯罪化、非刑罚化、非监禁化和恢复性司法理念日益兴盛，刑罚趋轻成为不可抗拒的客观规律。❹ 而且，“刑罚的效益之高低既取决于刑罚运行机制，也取决于社会控制能力”，一个发展程度较高的社会“会降低对刑罚的依赖，尤其是降低对重刑的依赖，其刑罚轻缓也就是必然趋势”。❺ 因此，把惩罚减到最低限度，这是人道的命令，也是策略的考虑。❻（3）理性化。人们对刑事法治功能的认识更趋科学、理性，从社会治理的角度看，刑法是抗制犯罪的最后手段，存在社会成本问题，存在边际效应递减规律，存在效力贬值问题。❼ 因此，在面对犯罪时刑罚常常首当其冲，然而在面对和解决社会冲突问题时，始终应当抱着“慎刑”的思想，理性运用刑罚。（4）个别化。现代刑事法治不仅需要我们有比较

---

❶ 高铭暄：“新中国刑法学研究50年之回顾与前瞻”，载《刑法论坛（第4卷）》，法律出版社2000年版，第38页。

❷ 熊永明：“和谐社会构建的刑事启示解读”，载《中国刑法学年会文集（2006年度）》，第41页。

❸ ［法］迪尔凯姆著：《社会学方法的准则》，狄玉明译，商务印书馆1999年版，第83页。

❹ 储槐植：《刑事一体化与关系刑法论》，北京大学出版社1997年版，第219页。

❺ 陈兴良主编：《宽严相济刑事政策研究》，中国人民大学出版社2007年版，第25页。

❻ ［法］米歇尔·福柯著：《规训与惩罚：监狱的诞生》，刘北成译，三联书店1999年版，第102页。

❼ 陈兴良：“宽严相济：构建和谐社会的刑事法律回应”，载《检察日报》2007年4月25日，第3版。

完备的刑法并熟练加以适用，更需要高度关注真实而又丰富复杂的个案，❶ 要求以具体的人为中心，实行刑罚个别化，逐步实现从对犯罪的事的治理转向对犯罪的人的治理，❷ 不仅处置当前的犯罪的事件，还要对犯罪人的人格进行分析与矫正，同时对被害人、波及的社会公众进行危机干预。犯罪和犯罪人具有多样性、复杂性，我们“对危害程度不同的犯罪和人身危险程度不同的犯罪人，就不能不区别对待，分清不同情况给予轻重不同的处理”，❸ 实现普遍正义向个案正义、抽象正义向具体正义转变。（5）柔韧化。宪政的发展使得刑事法治观念上的报复和威吓思想逐步被社会保护思想、感化教育和保安刑法思想所取代，在坚持罪刑法定、罪刑均衡等原则的前提下，自首、立功和辩诉交易、污点证人、起诉便宜、简易程序等“闪现着现代法的和解精神”的制度日益受到重视，❹ 人们逐渐把对犯罪的国家刚性控制转向社会柔性治理，允许乃至于支持以合作、协商的方式处理刑事案件，❺ 充分调动社会各方力量综合治理犯罪，恢复社会秩序。（6）效益化。贝卡利亚指出，一种正确的刑罚，它的强度只要足以阻止人们犯罪就够了。❻ 在构建和谐社会中，刑法的谦抑性得到重视和倡扬。从经济学角度分析，刑法的谦抑性就是要求刑法效益化，“以最小的支出——少用甚至不用刑罚（而用其他刑罚替代措施），获取最大的社会收益——有效地预防和控制犯罪”，❼ 因此，必须确立讲究刑罚效益的刑事检察政策，不使刑罚的运用（如逮捕、起诉的过多适用）成为不经济。❽

（四）适应刑事检察的新形势

随着依法治国的深入推进，法治观念进一步深入人心，社会各界和人民群众对公平正义的需求越来越强烈，要求加强法律监督的呼声越来越高，检察机关在维护社会和谐稳定、保障社会公平正义中的作用越来越受到广泛关注和高度重视。在构建和谐社会中，检察机关必须“充分履行宪法和法律赋予的职责，努力维护社会和谐稳定和公平正义，为经济社会发展提供有力的司法保

---

❶ 王文华：“和谐社会的刑事法治”，载《人民检察》2006 年第 23 期，第 7 页。

❷ 严励、卫磊：“对抗治理到和谐治理——和谐社会的刑事政策选择”，载赵秉志主编：《和谐社会刑事法治》（中篇），中国人民公安大学出版社 2006 年版，第 208 页。

❸ 马克昌：“宽严相济刑事政策刍议”，载《人民检察》2006 年第 19 期，第 16 页。

❹ 苏惠渔、孙万怀：“刑事法治和谐精神的缘起”，载《人民检察》2006 年第 23 期，第 5 页。

❺ 陈兴良主编：《宽严相济刑事政策研究》，中国人民大学出版社 2007 年版，第 388 页。

❻ ［意］贝卡利亚著：《犯罪与刑罚》，黄风译，中国大百科全书出版社 1993 年版，第 37 页。

❼ 陈兴良：《刑法的价值构造》，中国人民大学出版社 1998 年版，第 353 页。

❽ 梁根林：“合理地组织对犯罪的反应”，载《金陵法律评论》2001 年第 5 期，第 16 页。

障”。❶ 就刑事检察而言，主要面临如下新形势新任务：（1）随着对我国检察机关宪法定位和基本性质的厘清，人们对刑事检察的功能价值有了更深入全面的认识，不仅要增强惩治犯罪、维护秩序的功能，还从检察机关法律监督属性出发，要求强化对刑事诉讼的监督，以保障司法公正和人权。（2）我国检察机关与国外检察机关不同，它不是单纯的公诉机构，而是维护法制统一和社会公正的司法机关，“检察官与法官都是客观法律准则和实现真实正义的忠实公仆”，不仅勿纵，还应勿枉，“检察官并非也不该是片面追求攻击被告的狂热分子”，❷ 而必须承担客观性义务，努力做到客观公正、平和文明。（3）正如《中共中央关于进一步加强人民法院、人民检察院工作的决定》所指出的，新形势下检察机关“在促进经济建设和社会发展，保障社会公平和正义，构建社会主义和谐社会中的作用越来越重要”，服务社会的功能越来越突出，检察机关要通过履行刑事检察职责，“依法规范社会行为，调整社会关系，维护社会的安定有序，保障社会的公平正义”。❸（4）随着刑事案件增多，司法资源的投入和需求之间的矛盾日益突出，单一依靠刑罚手段对付犯罪捉襟见肘，必须采取刑罚替代性措施和多元化案件处理机制，畅通刑事案件出口，合理配置司法资源，提高执法办案效率。（5）人权保障需求增强，刑事申诉案件不断上升，刑事检察必须注重犯罪人的社会回归、受害人的权利救济和社会秩序的恢复，努力化解社会矛盾。（6）随着社会的发展、民主法治观念的增强，必须“从根本上实现由‘粗放式’刑事司法模式向‘精细式’刑事司法模式转变”，❹ 这对刑事检察的执法规范性和办案质量提出了更高的要求。

三、和谐社会建设中刑事检察政策的合理调适

一般认为，刑事政策由原则思路和行动方案两部分构成，原则思路也就是政策思想，是刑事政策的灵魂。❺ 因此，刑事检察政策调适首先是一个价值选择的问题，政策调适的过程就是适应社会形势发展，实现价值观念转变的过程。面对和谐社会构建，从价值层面看，刑事检察政策应逐步实现以下 6 个转变。

---

❶ 参见最高人民检察院贾春旺检察长 2006 年 6 月 28 日在第十二次全国检察工作会议上的讲话。

❷ 孙谦：“维护司法的公平和正义是检察官的基本追求”，载《人民检察》2004 年第 2 期。

❸ 参见最高人民检察院贾春旺检察长 2006 年 12 月 19 日在全国检察长会议上的讲话。

❹ 康均心：“和谐社会与刑法的价值追求”，载《中国刑法学年会文集（2006 年度）》，第 18 页。

❺ 储槐植：“刑事政策：犯罪学的重点研究对象和司法实践的基本指导思想”，载《福建公安高等专科学校学报（社会公共安全研究）》1999 年第 5 期。

（一）刑事检察政策定位由“国家本位”向“二元本位”转变

根据刑事政策是以国家关系为主导还是以社会关系为主导，理论划分了三种政策模式：“社会本位型”刑事政策，以社会为出发点，强调在没有任何国家干预的情况下，保持社会共同体的内部凝聚力和自主发展，这是人们向往的理想类型；“国家本位型”刑事政策，以国家为出发点，以国民为对象，国家把自身利益作为第一目标，可以随心所欲地指向犯罪人，不受外部标准的干预和限制；“国家社会双本位型”刑事政策，基于“社会先于国家”的理念，以保护公民的自由权利为首要价值，强调由国家和社会共同防控犯罪，限制国家随意发动刑罚权。[1] 我国刑事政策模式受传统的影响，对犯罪的反应仍然以国家权力特别是刑罚权的运作为核心，一般被认为是“国家本位型”的。在这种模式下，刑法是“打击犯罪、保护人民”的，犯罪分子是刑法专政的对象；司法机关被定位为国家专政的工具，“刑事司法实践在很大程度上仍然是由‘惯习’所驱使，依然未摆脱打击犯罪的工具面相”。[2] 工具主义的司法价值观是“权力本位”观念在司法领域里的表现形式，实际上造成了司法机关及司法人员的“治民”心态与行为取向。[3] 显然，这种刑事政策定位由于不能突出人权保障机能，对于和谐社会建设的作用差强人意。“最有效的刑事政策是人道的刑事政策”，[4] 国家和社会双本位的犯罪控制模式已逐渐成为当今世界的共识，[5] 而且它契合了和谐社会理念，顺应了我国的社会形势。因此，刑事检察政策的价值观应从对公共秩序的单纯强调向社会保护与权利保障并重转变，坚持国家与社会“二元本位”。

“二元本位”的刑事检察政策，强调检察机关既是国家利益的代表，又是社会公众利益的代表。在目标上，以保障人权和保护社会为出发点，把人权保障作为首要价值，既从维护社会秩序出发，依法运用刑罚惩治犯罪，维护大多数人的自由；又从保障公民个人权利出发，严格限制刑罚权的随意发动，少用慎用刑罚措施，注重利用非刑罚手段来教育改造犯罪人。在方法上，强调国家和社会共同行使防控犯罪的权力，共同解决社会问题，注重改变“司法权的行

---

[1] ［法］米海依尔·戴尔玛斯一马蒂著：《刑事政策的主要体系》，卢建平译，法律出版社2000年版，第23页。

[2] 左卫民：《在权利话语与权力技术之间：中国司法的新思考》，法律出版社2002年版，第79页。

[3] 孙谦：“维护司法的公平和正义是检察官的基本追求”，载《人民检察》2004年第2期。

[4] ［德］汉斯·施耐德著：“日本与联邦德国的犯罪及其控制”，载《中国法学》1989年第6期。

[5] 储槐植：《刑事一体化与关系刑法学》，北京大学出版社1997年版，第465～466页。

使以对国家刑罚权的追求为主要目的”的“司法惯性”,❶ 既运用国家权力控制犯罪，又尊重和依靠社会力量治理犯罪，实现国家控制与社会权利（如受害人的不起诉权）的协调平衡。在功效上，追求法律效果与社会效果的有机统一，既运用国家法律强迫犯罪人承担责任，依法保障受害人权利，达到定纷止争、伸张正义的目的，又尊重公民（包括犯罪人和受害人）的社会主体地位，鼓励当事人积极主动地解决刑事冲突，而不是把犯罪人仅仅当作消极被动的惩罚对象；同时，把公众利益放在十分重要的位置，关注社会民生，追求社会效果。

（二）刑事检察政策功能由“维护稳定”向“促进和谐”转变

在社会转型时期，面对高发的犯罪态势和严峻的社会治安形势，我国把维护稳定作为政法机关的首要任务和刑事政策的功能目标。根据这一功能要求，刑事检察政策强调对犯罪的“严打”，以保持对犯罪的高压态势。“严打”政策是为了追求社会的稳定，但结果往往与初衷相悖。偏重于强调打击、控制犯罪以保护社会和维护稳定，一方面，“司法在社会中的表征意义就是统治、暴力、镇压，这既与我国司法结构的实际社会功能不符，也有悖于中国社会进步的方向”,❷ 某种程度上妨碍了社会正义和秩序的实现；另一方面，过量的刑罚投入非但达不到遏制犯罪的效果，因为忽视了对人权与自由的保障，反而在某种程度上窒息社会发展活力。单纯以稳定的社会秩序为目标，将会“由于秩序的稳定甚至超稳定而放弃生成和发展社会秩序的基本动力——个人自由，结果将一无所获”。❸ 和谐社会的核心是和谐，社会稳定是一种外在的表现形式，而和谐是一种内在的要求。通过严厉打击或增加刑罚威慑功能来获得社会的暂时稳定或者使犯罪得到暂时的控制，并不意味着社会的和谐，因为社会矛盾只暂时受到控制而未得到妥善解决，这种受到压抑积累的矛盾一旦爆发将会造成更大的威胁。因此，构建和谐社会必须树立正确的稳定观，以“促进和谐”作为刑事检察政策的功能目标和价值尺度。

“和谐论”是对传统稳定观的扬弃，目的不仅在于保持社会治安稳定，还要保持社会的良性运行和协调发展。把“促进和谐”作为价值目标，是要注重刑事检察的建设作用和养成功能，而不是强调刑事法律的镇压、摧毁的作用和

---

❶ 徐鹤喃、郭云忠：“刑事司法中的犹豫”，载《法学家》2006 年第 6 期，第 83 页。

❷ 孙谦：“维护司法的公平和正义是检察官的基本追求”，载《人民检察》2004 年第 2 期。

❸ 曲新久：“个人自由与社会秩序的对立统一以及刑法的有限选择”，载《法学研究》2000 年第 3 期。

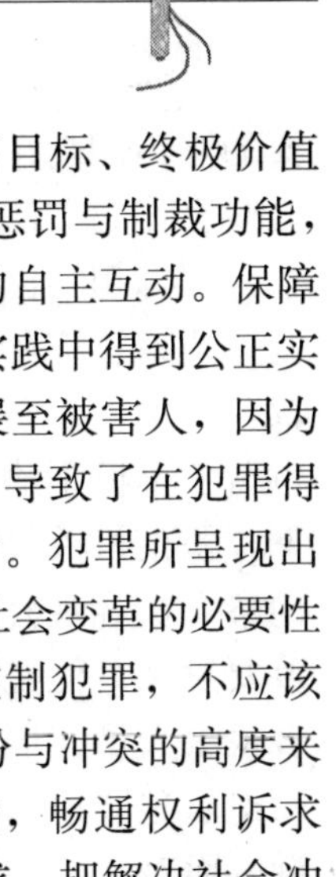

威慑效果。(1)注重保障人权。“人权保障应当是秩序的最高目标、终极价值与当然内容”,❶ 刑事司法对和谐社会秩序的维系并非源于其惩罚与制裁功能,而是与法治保障自由与人权的价值取向相适应,形成与社会的自主互动。保障人权包括尊重犯罪人的人格和权利,也包括保证刑事法律在实践中得到公正实施,确保无罪的人不受刑事追究;还要将人权保障的范围扩展至被害人,因为“实践证明,往往是因为被害人的权利没有得到充分的保护,导致了在犯罪得到控制的同时,却又产生了新的矛盾”。❷ (2)注重化解矛盾。犯罪所呈现出的信息在一定程度上传递着社会的某种矛盾和冲突,预示着社会变革的必要性和紧迫性,❸ 也指明了所要解决的现实问题。因此,“对于控制犯罪,不应该仅仅将其定位于一种单纯地打击犯罪,而应该从有效化解纠纷与冲突的高度来认识犯罪控制,实现最佳社会效果”。❹ 应该顺民意、平民愤,畅通权利诉求渠道,引导公众正确运用法律手段表达和实现自己的利益诉求,把解决社会冲突和矛盾纳入法制化轨道,实现社会动态安全和优良秩序。(3)注重综合治理。一方面,对犯罪不能一打了事,而应研究消除个人与社会之间不协调一致的根源,加强犯罪预防,避免社会冲突,减少犯罪的发生。另一方面,在治理犯罪的方法上,适应社会利益的多元性、犯罪原因的多变性和犯罪人格的多重性,对犯罪的反应手段也应多样化,以发动所有相关社会力量来治理犯罪问题。(4)注重教育感化。再犯罪增多现象表明,对犯罪人专以刑罚治罪已无能为力,应转向行刑教育的导向,通过程序公正和保障合法权利等措施,达到教育感化挽救的目的,使之真正认罪伏法、不再重新犯罪;对受害人也应加强法制宣传教育,让其参与诉讼和纠纷解决,使各方当事人心悦诚服,努力化消极因素为积极因素。(5)注重司法保障。司法是社会和谐的保障,只有司法公正才能实现社会和谐。刑事检察要强化法律监督,维护刑事司法公正,保障社会成员依法平等享有权利,实现社会的公平和正义;加强对社会弱势群体的保护,严厉惩治侵犯社会弱势群体利益的犯罪行为;加大查办腐败犯罪力度,促使国家机关和公共组织依法履行职责、行使权力;注重严厉惩治破坏环境资源的犯罪,促进人与自然和谐。

(三)刑事检察政策立场由“追诉犯罪”向“公正监督”转变

现代检察制度的诞生,是权力制衡和监督的产物,创设检察制度“一个重

---

❶ 蔡道通:“犯罪与秩序”,载《法学研究》2001年第5期。

❷ 左卫民:“和谐社会背景下的刑事诉讼制度改革”,载《人民检察》2007年第9期。

❸ 蔡道通:“犯罪与秩序”,载《法学研究》2001年第5期。

❹ 左卫民:“和谐社会背景下的刑事诉讼制度改革”,载《人民检察》2007年第9期。

要的法治国功能是：守护法律，使客观的法意旨贯通整个刑事诉讼程序”。❶检察官作为“法律守护人”，既要追诉犯罪，更须保护被告免于法官恣意和警察滥权，担当国家权力双重控制的任务。联合国《关于检察官作用的准则》规定“检察官应始终一贯迅速而公平地依法行事，尊重和保护人的尊严，维护人权，确保诉讼程序和刑事司法顺利地运行”，要求检察官“按照客观标准行事”，“不偏不倚地履行其职能，并避免任何形式的歧视”。❷ 在我国宪政体制下，检察机关是国家法律监督机关，“检察权在性质上是一种法律监督权”，❸检察人员客观公正地履行法律监督职责对于维护公平正义、构建和谐社会具有重要意义。但是，由于诸多因素特别是英美法系控辩对抗观念的影响，我国许多检察人员在刑事检察中往往把自己仅仅视为承担控诉职能的一方当事人，片面追求犯罪逮捕率、起诉率和定罪率，重视对有罪判无罪或重罪轻判提出抗诉，而对无罪判有罪或轻罪重判提出抗诉的很少，从而异化为打击犯罪的急先锋。这种做法严重背离了我国法律所规定的检察官作为司法者所应履行的法律监督职责，违反了检察官作为公诉人而非自诉人所应承担的客观义务。❹ 因此，适应构建和谐社会的要求，刑事检察政策必须由“追诉犯罪”立场扭转和恢复为“公正监督”的本来定位。

“公正监督”，就是要求刑事检察工作以“强化法律监督、维护公平正义”为主题，坚持客观中正的立场，不偏不倚地执法。（1）坚持公允中立的角色定位。在刑事诉讼中，检察官作为“立席司法官”，必须“站在法律监督者的立场而不是当事人的立场”，“以追求事实真相和公正审判为基本目标，而不是以追求胜诉为基本目标”，❺ 客观公正地履行各项检察职能，防止将检察机关当事人化的倾向。（2）坚持法律监督的根本属性。我国检察机关在刑事诉讼中负有侦查、批准逮捕、提起公诉等重要职权，并且还负有“依法对刑事诉讼实行法律监督”的特殊权力，“公诉活动以正确适用法律为目的，其监督职能和监督活动更具有明显的‘法制守护’的性质”。❻ 因此，“检察机关在履行刑事追

❶ 孙谦：“维护司法的公平和正义是检察官的基本追求”，载《人民检察》2004 年第 2 期。

❷ 程味秋等主编：《联合国人权公约和刑事司法文献汇篇》，中国法制出版社 2000 年版，第 264 页。

❸ 孙谦主编：《中国检察制度论纲》，人民出版社 2004 年版，第 55 页。

❹ 陈永生：“论检察官的客观义务”，载《人民检察》2001 年第 9 期。

❺ 孙谦主编：《中国检察制度论纲》，人民出版社 2004 年版，第 209 页。

❻ 龙宗智：“论检察权的性质与检察机关的改革”，载《法学》1999 年第 10 期。

诉职能的同时，必须注意尊重事实真相和维护法律尊严”，❶ 承担起维护法律的正确实施，维护犯罪嫌疑人、被告人合法权益，保障无罪的人不受刑事追究和有罪的人受到公正追究的法律义务，依法监督和纠正法律实施过程中的严重违法情况。应从法律监督属性出发，将“保障人权作为逮捕的首要价值”，“在政策引导上，明确禁止错捕，但应允许漏捕”，❷ 以发挥其司法审查和监督功能。（3）坚持客观公正的法定义务。“代表国家追诉的检察官在现代刑事诉讼中除承担控诉义务外，还承担着另外一项重要的诉讼义务：客观公正义务”，正是“后一项义务则使检察官具有了司法官或准司法官的地位”。❸ 因此，刑事检察要实事求是地查明案件真相，客观全面地收集证据，包括不利于被告人的和有利于被告人的证据；贯彻法律面前人人平等原则，公平地执行法律，不偏不倚地履行职能，避免歧视和不公正待遇；要承担保护被追诉人的责任，尊重和保障被告人、受害人的人权，为辩护权行使提供便利，为公正裁判提供充分条件，并通过诉讼监督职能保障人权。（4）坚持平和理性的执法心态。“如果把刑事案件的追诉权委予各个被害人和一般市民，因为个人的私人感情和地域特殊情况，就可能出现有失公平的诉讼；如果由作为国家机关的检察官追诉，就可以期待在全国贯彻统一的标准，行使公平的追诉权”。❹ 因此，检察官要保持在刑事诉讼中地位超脱，与案件本身和诉讼结果利益无涉，理性宽容地对待犯罪人，消除对立情绪，避免先入为主，防止重刑倾向，始终做到有罪追究、无罪保护，严格依法、客观公正，平和执法、文明办案。

（四）刑事检察政策旨趣由“严格执法”向“衡平执法”转变

长期以来，面对我国社会法治意识不强、法治基础薄弱的状况，党和国家政策都强调“严格执法”，这对于促进由传统“人治”向现代“法治”社会的转变、推进依法治国具有重要意义。但是，法律作为调整社会关系或人们行为的规范，“非从天下，非从地生，发于人间，合乎人心而已”；❺ 如果政策仅仅以“严格执法”为目标，不考虑“法”之外的“人心”“人情”，则会限制和削弱政策应有的功能。因为“刑事政策奠基于刑事法的科学的法理，受刑事法原

❶ 陈瑞华：《问题与主义之间：刑事诉讼基本问题研究》，中国人民大学出版社 2003 年版，第 30 页。

❷ 冯英菊：“论逮捕的价值回归”，载《云南大学学报》2006 年第 6 期。

❸ 谢佑平、万毅：“检察官当事人化与客观公正义务”，载《人民检察》2002 年第 5 期。

❹ ［日］田口守一著：《刑事诉讼法》，刘迪等译，法律出版社 2000 年版，第 102 页。

❺ 《慎子·佚文》。

则的制约；但是又超越刑事法范畴的特殊性，对刑事法提供指导与制约”，❶在刑事法律与社会形势之间起到调节中介作用；如果将“严格执法”作为惟一的功能目标，则政策的灵活性无以体现，其调节指导作用难以发挥。构建和谐社会需要通过多种手段实现各方面利益关系的协调，但法律只指明了调整关系的规范、原则和框架，却不能提供具体的方式、方法和策略，不能保证法律效果与社会形势之间的契合。“衡平司法联结着法律条文与社会的现实生活”，❷强调以法律价值为主要追求，并考虑其他价值的实现；以法律规则为主要依据，并考虑其他影响因素，追求法律结果最大限度的均衡和谐，从而有效缓解了法律与社会现实之间相脱节而造成的突出矛盾。因此，构建和谐社会，必须把刑事检察政策的旨趣由“严格执法”转向“衡平执法”，不仅强调政策对严格执法的指导作用，还应充分发挥政策在执法与社会形势间的“调节器”“润滑剂”作用，引导和指导法律对利益冲突进行合理有效的调节，统一司法理念，规范自由裁量，增强执法弹性，促进刑事检察与和谐社会建设紧密契合。

“衡平执法”，要求刑事检察全面考量案件的具体情况，综合考虑执法中诸多价值的平衡，在法律规定的范围内公正合理地处理案件，促进刑事检察与社会形势协调发展，实现法律效果与社会效果有机统一。“衡平执法”对刑事检察的要求，体现在以下几个方面：(1) 以公平正义为出发点。“衡平理念是基于公平正义价值而形成的指导司法思维的系统观念”，❸ 为实现公平正义价值目标服务。“法不外乎人情”，刑事检察应当依照法律精神和社会的公平正义理念来处理案件，加强释法说理工作，追求整个刑事检察活动的“合法、合理、合情”，使案件处理结果容易为社会所理解，提高刑事检察的公众认同度。(2) 以利益协调为根本点。罗尔斯曾指出，“当规范使得各种社会生活利益的冲突要求有一恰当的平衡时，这些制度就是正义的”。❹ 因此，追求正义的过程就是平衡利益的过程。司法“不能为追求一个法律价值而不顾其他的社会价值”，而“必须统筹考虑，权衡利弊得失，在原则性与灵活性之间寻求有机的平衡”。❺ 衡平执法要求刑事检察必须兼顾各种法律价值，特别是扭转“重打击

---

❶ 梁根林：“解读刑事政策”，载《刑事法评论（第 12 集）》，中国政法大学出版社 2002 年版，第 23 页。

❷ 顾元：《衡平司法与中国传统法律秩序——兼与英国衡平法相比较》，中国政法大学出版社 2006 年版，第 59 页。

❸ 刘华：“论刑事司法衡平理念”，载《中国刑法学年会文集（2006 年度）》，第 126 页。

❹ ［美］约翰·罗尔斯著：《正义论》，何怀宏等译，中国社会科学出版社 1988 年版，第 3 页。

❺ 肖扬：“中国司法：挑战与改革”，载《人民司法》2005 年第 1 期，第 6 页。

轻保护”“重实体轻程序”“重公正轻效率”等观念，坚持惩罚犯罪与保障人权并重、实体正义和程序正义兼顾、司法公正与司法效率协调。(3) 以自由裁量为关键点。衡平执法注重以法律规则以外的良知、自然正义、天理、人情作为衡量标准，“具有兼容、灵活、均衡和务实的特点”。❶ 自由裁量权是一种以更大的灵活性为特征的执法方式，是衡平执法的重要载体和关键环节。在犯罪高发、矛盾凸显的社会转型时期，既要依法惩治犯罪，又要运用自由裁量权，妥善处理纠纷。因此，加强刑事检察自由裁量权的行使，努力改变“我国与其他国家不起诉的比例相比非常低”❷ 等执法“刚性”状况，对于提高司法效率、促进社会和谐具有重要意义。当然，运用检察自由裁量权必须有正当程序的保障，确保司法决定符合政策要求和法律规定。(4) 以人文关怀为契合点。“严格执法”强调国家职权的依法规范运行，没有充分体现司法的人文关怀；而“衡平执法”强调法律原则性与灵活性的平衡把握，关注社会与个人，更好地体现了司法的人文精神。刑事检察应倡扬司法人道主义、人本精神和人文关怀，在实体处理上，既以犯罪人的行为危害性为基础，又充分考虑犯罪人的人格危险性，❸ 注重听取社情民意，对“犯罪人情况”和“犯罪行为情况”进行社会调查并形成量刑报告，❹ 努力实现个案正义；在程序运作上，因为“过分注重职权的程序运作方式并不利于刑事纠纷的彻底化解”，“应倡导在一定程序场景与特殊诉讼案件中采用柔和化的程序运作方式，体现出刑事程序的人文关怀”。❺ 同时，科学地建立程序分流机制，发展司法犹豫制度，从根本上改善刑事司法权的刚性。❻ (5) 以法治原则为基本点。“衡平遵循法律”。刑事检察要始终坚持以法治为原则、以情理为补充，既防止执法僵化机械，又防止主观擅断，决不能以情代法、曲法伸情。

(五) 刑事检察政策目标由“报应正义”向“恢复正义”转变

正义是刑事法治的终极目标，但对刑事正义的理解却有不同。传统的刑事正义观认为，正义“在国家中所具有的形式即刑罚”，❼ 刑罚是犯罪的报应，即“报应正义”；现代恢复性司法理论则认为，“犯罪引起伤害，伤害带来义

---

❶ 刘华：“论刑事司法衡平理念”，载《中国刑法学年会文集（2006年度）》，第126页。
❷ 顾永忠：“检察官在刑事诉讼中的客观义务”，载《人民检察》2005年第10期。
❸ [日] 大冢仁：“人格刑法学的构想”，张凌译，载《政法论坛》2004年第2、3期。
❹ 高一飞：“一个鞋匠发起的司法改革”，载《检察日报》2007年5月21日，第3版。
❺ 左卫民：“和谐社会背景下的刑事诉讼制度改革”，载《人民检察》2007年第9期。
❻ 徐鹤喃、郭云忠：“刑事司法中的犹豫”，载《法学家》2006年第6期。
❼ [德] 黑格尔著：《法哲学原理》，范扬等译，商务印书馆1982年版，第103页。

务，正义即意味着一切都恢复正常”，[1] 即“恢复正义”。近代以来，“报应正义”价值目标一直主宰着各国的刑事政策，但是，报应主义“在根本上与犯罪防控、相对公正、人权保障、社会发展等现代刑事政策价值理念相违背”，“对刑罚人道化、刑事政策科学化进程制造了观念上的障碍”，[2] 因而“恢复正义”逐渐成为新的刑事正义目标。如2000年联合国预防犯罪与罪犯待遇大会通过《维也纳宣言》，“鼓励制订各种尊重被害人、犯罪者、社区以及其他各当事方的权利、需要和利益的恢复性司法政策、程序和方案”，并将恢复性司法作为一种有效的刑事政策予以推广。“恢复正义”认为犯罪破坏了加害人、受害人与社会之间的正常利益关系，其任务就是在三者之间重建这种平衡，全面恢复社会关系与秩序。因此，“恢复正义”所蕴涵的“采取建设性措施恢复和平”的理念，契合了和谐社会理念，必然取代传统“为惩罚而惩罚”的“报应正义”观念，成为和谐社会建设中刑事检察政策的价值目标。

刑事检察政策目标由“报应正义”向“恢复正义”转变，就是要求采取一种“强调犯罪人对其造成的损害承担责任，重建社区和平的犯罪反应方式”，[3] 从注重对犯罪的惩罚报复转向注重对罪犯的教育、改造，注重对受害人的抚慰、赔偿，注重对社会关系的平衡、恢复，从而减少社会冲突、促进社会和谐，实现社会正义。“恢复正义”目标开阔了刑事检察政策的视野，也对刑事检察提供了新的思考进路。（1）应加强被害人权益保障。传统的刑事司法理念一般认为犯罪侵害的是“国家利益”，进而将“国家”作为犯罪的受害人，由国家机关对其进行惩罚，而真正的被害人几乎成了“被遗忘的人”，这种“罪犯本位的刑事诉讼使被害人背上了社会、精神和经济损失的额外负担（再度被害）”。[4] 而“恢复正义”认为犯罪首先是对被害人权益的侵害，强调为被害人提供补偿、增强安全感和解决刑事冲突。根据“恢复正义”的要求，刑事检察应尊重被害人的诉讼主体地位，注重其权利保障和利益需求，健全其司法参与、利益表达和沟通协调机制，修复物质损害，治疗心理创伤，从而减轻焦虑与仇恨，使其财产利益和精神状态恢复旧有的平衡。同时，保护被害人“还应

---

[1] Zehr. Howand: *Changing Lenses A New Focus for Crime and justice*, Harvey Hera Press, 1990, p. 180.

[2] 魏东：“论和谐社会的刑事法治理性”，载《中国刑法学年会文集（2006年度）》，第24页。

[3] 梁根林：“刑事政策：立场与范畴”，法律出版社2005年版，第33页。

[4] ［德］汉斯·约阿希姆著：《国际范围内的被害人》，许章润等译，中国人民公安大学出版社1992年版，第417页。

当试图在具体的社会情境下解决被害人和犯罪人之间的冲突”,❶ 有效化解双方的仇恨。(2) 应促进犯罪人回归社会。“恢复正义”不以惩罚犯罪人为目标,更重要的是通过刑罚来教育改造罪犯,促使他们回归社会,重新成为社会的善良公民。因此,刑事检察应注重对犯罪人的教育感化挽救,通过督促其向被害人和社会承认过错并承担责任,促使其内心转化、人格恢复,获得社会谅解帮助,降低再犯率;应尽可能给予犯罪人特别是未成年犯罪人重返社会的机会和在社会中继续发展的条件,多适用非羁押性措施,努力减少因追诉产生的后遗症,尽快使其作为社会成员回归社会。(3) 应探索社会化检察方式。“恢复正义”着眼于现实冲突的解决而不是空洞地指望刑罚的制裁、威慑与警示,它倡导犯罪人与被害人之间和解、赔偿,鼓励所有受到犯罪影响的人都参与到刑事冲突的解决过程中来,以开放、包容、面对面的方式化解矛盾、缓和冲突,使社会关系恢复到和谐状态。“国家在刑事司法中所扮演的角色决不应是矛盾的激化者和悲剧的制造者,如果能用调解解决就不要用暴力解决,能息事宁人就不要去挑开伤疤,能皆大欢喜就不要两败俱伤”。❷ 刑事检察应探索符合中国实际的公开听证、诉讼和解、辩诉交易等社会化检察方式,从社会的实际需要出发,尽可能采取司法克制、诉讼妥协、诉讼宽容等制度和程序来解决刑事冲突,❸ 努力通过协调社会关系来达到预防和控制犯罪的最佳效果。

（六）刑事检察政策取向由“重刑主义”向“宽严相济”转变

在我国社会转型进程中,面对犯罪率居高不下,社会治安形势严峻的特点,政府和社会大众传统的反应方式就是“重拳出击、严厉打击”,自 20 世纪 80 年代初以来,“严打”一直是我国对付刑事犯罪的基本手段和政策,先后三次在全国范围内开展了大规模的“严打”斗争。在这种社会背景下,刑事检察对犯罪的基本态度就是“不断加大打击力度”,强调“快捕快诉、严厉打击、从重惩治”,忽视了依法从宽和轻缓策略。因此,这一时期我国刑事检察政策,过度看重刑罚的威慑效应,过度依靠严厉刑罚控制犯罪,呈现出明显的“重刑主义”倾向。“严打”在打击刑事犯罪、维护社会稳定方面发挥了重要作用,但是并没有取得人们预期的遏制犯罪的良好效果。从当今世界刑事政策发展看,在社会防卫思想的影响下,正向着宽松与严厉的两维方向发展,❹ 到 20

---

❶ 吕清:“刑事调解在欧洲的复兴与发展”,载《中国人民公安大学学报（社科版）》2006 年第 5 期。

❷ 刘仁文:“恢复性司法面对面化解矛盾”,载《检察日报》2003 年 7 月 23 日。

❸ 徐鹤喃、郭云忠:“刑事司法中的犹豫”,载《法学家》2006 年第 6 期。

❹ 杨春洗主编:《刑事政策论》,北京大学出版社 1994 年版,第 397 页。

世纪中期，西方国家刑事政策普遍向“轻轻重重”的复合型政策调整。在这一潮流的影响下，我国刑事法理论界对“严打”政策进行反思，对于我国刑事政策的选择出现了“重刑化”和“轻刑化”两种不同的取向。近年来，随着科学发展观和构建和谐社会战略目标的提出，我国刑事政策逐步向着科学理性的方向调整和完善。2006 年，党的十六届六中全会明确提出要“实施宽严相济的刑事司法政策”。“宽严相济”是功利性与人道性双重考虑的结果，“体现了以人为本、公平正义的理念和罪刑法定原则、罪刑相适应原则的精神，对于有效地打击犯罪和保障人权具有重要意义”，❶“是刑事法律对构建和谐社会这一政治目标的回应”。❷ 2007 年 2 月 1 日，最高人民检察院发布了《关于在检察工作中贯彻宽严相济刑事司法政策的若干意见》，强调要在各项检察工作中认真贯彻这一政策，这表明当前我国刑事检察政策正从“重刑主义”倾向向“宽严相济”的理性态度和策略转变。

“宽严相济”，就是“对刑事犯罪区别对待，做到既要有力打击和震慑犯罪，维护法制的严肃性，又要尽可能减少社会对抗，化消极因素为积极因素，实现法律效果和社会效果的统一”，❸ 强调一方面坚持“严打”方针不动摇，对严重刑事犯罪依法严厉打击；另一方面，要充分重视依法从宽的一面，对轻微违法犯罪人员、失足青少年，坚持教育感化挽救方针。刑事检察坚持“宽严相济”，就是要根据社会治安形势和犯罪分子的不同情况，在依法履行法律监督职能中实行区别对待，注重宽与严的有机统一，坚持对严重犯罪依法从严打击，对轻微犯罪依法从宽处理，对严重犯罪中的从宽情节和轻微犯罪中的从严情节也依法分别予以宽严体现，对犯罪的实体处理和诉讼程序适用都要体现宽严相济的精神。(1) 必须坚持从严的一面。“宽严相济”刑事司法政策不是对“严打”的取代，更不是对“严打”的否定，“严打”是包含在宽严相济刑事政策之中体现严厉性的内容。❹ 刑事检察必须坚定不移地贯彻“严打”方针，既要反对重刑主义，又要防止单纯的轻刑化思想，对严重刑事犯罪坚持依法从重从快惩治，以遏制犯罪高发的势头。(2) 要严厉惩治腐败犯罪。腐败犯罪的社

❶ 马克昌：“宽严相济刑事政策刍议”，载《人民检察》2006 年第 19 期，第 17 页。

❷ 陈兴良：“宽严相济：构建和谐社会的刑事法律回应”，载《检察日报》2007 年 4 月 25 日，第 3 版。

❸ 参见罗干同志 2005 年 12 月 5 日在全国政法工作会议上的讲话。

❹ 陈兴良：“宽严相济：构建和谐社会的刑事法律回应”，载《检察日报》2007 年 4 月 25 日，第 3 版。

会危害具有综合性，中央历来要求“严厉惩治腐败”。但据有关方面调查，2005年职务犯罪判处免于刑事处分、适用缓刑的比率高达66.5%，❶ 这从一个方面反映了执行政策出现的偏差。“当腐败成为妨害和谐社会之构建的关键因素和主要矛盾时，严打贪官也应当成为刑事政策的重心”。❷ 马克思指出，对于犯罪现象重要的不在于如何严厉地惩罚犯罪分子，而在于对所有的犯罪行为予以彻底地揭露。因此，当前对腐败犯罪从严惩处，首要问题在于应采取特别程序和证据规则，以保证犯罪被揭露、被惩罚，有效遏制和震慑犯罪。(3) 应当重视从轻的一面。在坚持“严打”方针同时，对于不需要矫治或者有矫治可能的犯罪，应当采取宽松的刑事政策，重视依法从宽处理，加强社会综合治理，尽可能将犯罪控制在社会所能容忍的限度之内。应当慎重适用逮捕措施，可捕可不捕的不捕；适当扩大不起诉的适用，可诉可不诉的不诉，提高审查逮捕、起诉案件的质量。在刑事程序方面，充分保障当事人诉讼权利，对刑事案件实行繁简分流，依法快速办理轻微刑事案件，青少年犯罪案件适用特别处理程序，减少司法程序对当事人的不良影响。(4) 准确把握宽严的“度”。“宽严相济”既是政策，又是策略。必须坚持“该严则严，当宽则宽，宽严互补，宽严有度”，既不能只强调“严打”而忽视宽缓政策的适用，也不能只强调宽缓政策而忽视对严重犯罪的严惩，“在进行严打时要注意宽缓政策的适用”，“对较轻犯罪适用宽缓政策时要注意有无从重情节，作出恰如其分的处理”。❸ 同时，宽不能法外施恩，严不能无限加重，必须在法律范围之内权衡。

四、结束语

在和谐社会建设进程中，刑事检察政策调适关系着检察事业的发展，关系着刑事法治的进步，也关系着社会秩序和公众生活，既是一项现实紧迫任务，又是一项战略系统工程。面对社会变迁，刑事检察政策的调适是一个价值选择的过程，检察人员应当根据形势的发展正确领会政策的变化，及时更新执法指导思想。但是，仅有原则思路不是现代意义上的“政策”，还应当包含按一定思路设计出来的可操作的行动方案，作为其骨架和依托。❹ 因此，我们还必须

---

❶ 参见《检察日报》2006年7月25日。

❷ 夏勇：“构建和谐社会与严打刑事政策的调整”，载《人民检察》2006年第23期，第10页。

❸ 马克昌：“宽严相济刑事政策刍议”，载《人民检察》2006年第19期，第17页。

❹ 储槐植：“刑事政策：犯罪学的重点研究对象和司法实践的基本指导思想”，载《福建公安高等专科学校学报（社会公共安全研究）》1999年第5期。

从体制改革、制度设计、机制创新、行为改进乃至保障完善等方面促进价值取向的转变，使刑事检察政策更好地契合和谐社会理念，使刑事检察更好地服务和谐社会建设。

49. 恢复性司法应用研究*

——以刑事诉讼与法律监督为视角

一、恢复性司法的概述

恢复性司法作为20世纪70年代初期国际范围内逐渐兴起的一项新刑事司法制度，是在传统报应惩罚性刑事司法理念与制度模式辩证扬弃基础上，建立由调解人主持，旨在通过犯罪人与被害人当面接触，由犯罪人道歉、赔偿、社会服务等，使被害人因犯罪所造成的物质损失与精神损失得到合理补偿，并且由加害人所造成的工作秩序、社会秩序与生活状况的紊乱及时得到恢复，犯罪人因此赢得被害人与社区的谅解，并重新融入社区，从而形成与既定刑事司法制度相衔接、配套与补充的新型刑事司法制度。其理论模式呈多样性的特点。考察各国有关恢复性司法的研究成果及其动态，准确界定恢复性司法的定义，对于构建与完善恢复性司法的理论模型与实践模式具有重要的意义。

（一）恢复性司法定义争鸣

有关恢复性司法的界定，由于各国政治、经济发展的不平衡性，历史文化传统的差异性及刑事司法制度的特异性，呈现多样化的特点，出现了比如理性司法（rational justice）❶、积极司法（positive justice）、重整司法（reintegrative justice）、社区司法（community justice）、平衡司法（balanced justice）❷等。恢复性司法作为对于传统报应惩罚性刑事司法制度的一种改革与创新或功能补充与替代，其可以被追溯到1972年美国明尼苏达州创建的赔偿中心，包

---

* 本文在张亚同志的协作下完成，系作者担任华中科技大学硕士生导师期间的授课讲义。

❶ Tony F. Marshall. Restorative Justice: An Overview, 1998, from http: //ssw. che. umn. edu/rjp.

❷ Eugene Mclaughlin, Ross Fergusson, Gordon Hughes and Louise Westmarland. *Restorative Justice: Critical Issues*. London: Sage Publications, 2003, p. 69.

括1974年加拿大安大略省的基陈纳市的被害人——犯罪人调解项目。❶ 但恢复性司法这一术语的出现则晚于体制性程序的运用，其被作为广为引用的是1977年 Albert Eglash 的文章。❷ 随着改革的零星进行，到20世纪80年代，人们将社区包括进这些计划中。直到1990年 Howard Zehr 提议这种做法可以成为现行刑事司法的全功能替代模式，是认识犯罪的新"镜头"，才使得恢复性司法制度创新与实践成为一场真正的国际化运动。但截至目前，国际上对恢复性司法的定义并未达成共识，但形成了一些代表性流派观点，概括起来有以下几种。

（1）利害关系人说。20世纪90年代，英国司法理论界出现了以 Tonny Marshall 为代表的"利害关系人说"，其代表作品为《恢复性司法概要》（Restorative Justice：An Overview）。Tonny Marshall 认为恢复性司法是这样一种程序，即受某一犯罪行为影响的所有利害关系人（stakeholders）共同聚集在一起处理此犯罪的认定及其将来措施的过程，这里的利害关系人包括被害人、犯罪人和社区。❸ 这种理论强调其程序中有两个因素是至关重要的：一是期望犯罪嫌疑人讲述他的犯罪行为；二是鼓励被害人对犯罪行为进行阐述，包括给他带来的影响。

（2）重整羞辱说。20世纪80年代，澳大利亚学者 John Braithwaite 提出了"重整羞辱说"，其代表作为《重整犯罪羞辱》（Crime，Shame，and Reintegration）。John Braithwaite 以其"重整羞辱"（re－integrative shame）理论为基础，指出在恢复性司法程序中让犯罪人能够真正地感受到自己犯罪行为的羞辱，强调恢复性司法对被害人的恢复、社区的恢复，同时恢复犯罪人。此程序的目的包括三个方面：第一，恢复被害人所受到的物质损失、身体伤害以及人格尊严；第二，实现人们对司法的真正控制；第三，旨在赢得社会支持和认同，在正义得以真正实现的心理基础上恢复社会的和谐。❹

（3）对象融合说。美国东门诺大学（Eastern Mennonite University）的

---

❶ John Braithwaite. A Future Where Punishment is Marginalized：Realistic or Utopian? See in 46 *UCLA Law. Review*，1999，p. 1764.

❷ Douglas J. Sylvester. Myth in Restorative Justice History，see in *Uath. Law. Review.* 2003，p. 495.

❸ Tony F. Marshall. The Evaluation of Restorative Conference Justice in Britain，*European Journal on Criminal Policy and Research*，1996（4），p. 43.

❹ John Braithwaite. Restorative Justice and A Better Future，see in Eugene Mclaughl Ross Fergusson，Gordon Hughes and Louise Westmarland：Restorative Justice：Critical Issues，London：Sage Publications，2003，p. 57.

Howard Zehr 被看成是第一位创立了综合性恢复性司法模式（comprehensive model of restorative justice）的学者，成为“对象融合说”的代表，其代表作为《正义与犯罪的新视角》（Changing Lenses：A New Focus for Crime and Justice）。Howard Zehr 从观察罪犯的角度并用不同的方式描述了恢复性司法模式，他认为犯罪是对人格的背叛和对人与人之间关系的违背，并招致处事公正的责任；（恢复性）司法强调融合受害人、犯罪人和社区，并以寻求能够促进恢复伤害、达成调解以及恢复信心的解决途径为目标。❶

四是规范程序说。这种理论产生的现实根源在于恢复性司法在国际范围内的深刻变化与实践中显而易见的成效的概括与总结。随着恢复性司法在国际范围内的兴起和发展，其引起了联合国的高度重视。在总结发达国家实践的基础上，联合国预防犯罪和刑事司法委员会于 2002 年 4 月第 11 届会议通过了《关于在刑事事项中采用恢复性司法方案的基本原则》（以下简称《基本原则》）。《基本原则》指出：恢复性司法是指一般在调解人帮助下，受害人和罪犯及酌情包括受犯罪影响的任何其他家人或社区成员，共同积极参与解决由犯罪造成的问题的程序。其促使采取现有的刑事司法制度及与这些制度互相补充的一系列措施，为受害人提供了获得补偿、增强安全感和寻求将事情了结的机会，使罪犯最能够深刻地认识其行为的原因和影响并切实承担责任，同时使社区能够理解犯罪的根本原因，促进社区福利并预防犯罪。

（二）恢复性司法四种定义的比较

考察各国对恢复性司法的基础理论研究，其之所以没有形成统一的恢复性司法的定义，不仅是由于各国恢复性司法的实践模式不同，而且在于其内在理论依据的不同。就四种典型的恢复性司法定义而言，其相似性与差异性也是显而易见的。相对“规范程序说”而言，“利害关系人说”更多地强调案件当事人（加害人与被害人）双方的权利责任，主张案件双方都应为案件的解决作出努力，突出案件主要当事人的主动性和重要地位；但其忽略了调解人的地位和作用，从而使恢复性司法运作少了“联络人”。“重整羞辱说”则更多强调罪犯的责任，要求其自省以博得社会的认可，明确了犯罪人的补偿义务和受害人受补偿的权利。但其同样没有表明调解人的能动作用，同时忽视了受害人的积极作用。“对象融合说”则是以社会、犯罪等为视角，强调社会关系整体恢复，没有停留在追求对具体案件所造成的具体法益受损的恢复与平衡上，而追求整

❶ Howard Zehr. *Changing Lenses*：*A New Focus for Crime and Justice*，Scottdale，PA：Herald Press，1995，preface.

个社会和谐发展。但该学说尚停留在理论层面，对现实司法实践虽有旗帜导向与牵引作用，但尚未涉及恢复性司法的具体操作程序，其应用的现实可能性尚缺实证模型作支撑，这就使得其理论的逻辑力量在作用于刑事司法实践的一定阶段与情景时显现不足。相比之下，联合国关于恢复性司法的定义，不仅理论建构严密，而且可行性与可操作性凸显，正因为如此，许多国家以联合国《基本原则》的定义为理论源头，并作为指导本国恢复性司法理论大厦的基石。

从上述典型定义中，我们可发现恢复性司法的“三要素”——恢复性（司法）程序、恢复性（司法）关系和恢复性（司法）结果。[1] 恢复程序意在建立或创设一个特定的程序，并依赖这种程序路径进行调和、协商，以此为基础由恢复性司法参与者共同讨论确定最后结果。通过对各国实践的考察，主要有被害人——犯罪人调解程序、家庭小组会议、量刑小组等模式。恢复性关系则是指在恢复性程序中形成的特有法律关系，即变以国家司法机关为主导的刑事司法模式为以案件利害关系人为主导的刑事司法模式。国家司法机关或社区等由原处于为案件利害关系人服务的主导地位，退居到协调、服务的次要地位，这在传统报应惩罚性刑事司法模式下是难以想像的。恢复性结果是指通过恢复性程序而由被害人与犯罪人之间达成的具有约束力的一种或若干种协议，旨在满足当事人各自的和共同的需要，以实现对受害人的补偿、提升犯罪人重新融入社会的机会为目的的对策、方案与社区服务。一个完整的恢复性司法系统，应当包括恢复性司法程序、恢复性关系与恢复性结果。这构成了其制度结构的“三要素”，成为检验该制度体系与运行规范完备与否的基本标准。而其“三要素”理论在于为这种制度的创设寻找到或提供必要的合理性解释与逻辑支持。

恢复性司法的核心思想是“恢复”，即改传统刑事司法的单一“惩罚”为“惩罚”与“恢复”并重，即“恢复”是对“惩罚”的一种补充与替代。改传统刑事司法模式中“国家一被告人”的主体地位为“受害人一犯罪者”与其并驾齐驱的平行主体地位。其质的规定性在于揭示一个显而易见却又深刻的在权益发生冲突或秩序遭受破坏时所采取的新的原则立场。加害人与被害人共同作出平衡权益冲突与修复秩序的最佳选择，从而实现刑罚的根本目的，收到平衡权益、恢复秩序、实现和谐之效。恢复性司法强调，犯罪不仅仅触犯了国家的刑事法律规定，更为重要的侵害了被害人的合法权益及社区的安宁。这种由传统报应惩罚型刑事司法所强调的“国家与社会利益保障论”，向“被害人权益

---

[1] Daniel W. Vanness and Pat Nolan. Legislating for Restorative Justice, see in *Regent University Law Review*, 1998 (10): p. 55.

与社区利益保障说”与“国家与社会利益保障论”一致协调的转变，必然使犯罪人的责任承担结构更趋向于合理。也就是说，恢复性司法的刑事司法制度安排强调的是犯罪人应就自己的犯罪行为向被害人承担相应的责任，恢复被自己所破坏的社区关系，承担相应的刑事责任，进而修复被破坏的社会关系。与此同时，社会（区）要帮助犯罪人重新融入社区、回归社会，以确保社区及全社会的长久安宁。为此，笔者把恢复性司法的本质内容归纳为“3R”——责任（responsibility）、恢复（restoration）和回归（reintegration）。所谓“责任”（responsibility），是指犯罪者要承担因自己的犯罪行为所产生的责任；“恢复”（restoration），是指犯罪者要向受其侵害的个人或社区道歉、赔偿，修复业已破坏的社区关系及社会关系；而“回归”（reintegration）则是让犯罪者再度回归社区，并为社会所认可。

（三）恢复性司法的特征

从恢复性司法质的规定性透视，其所表达的外部特征可以概括为四个方面。

1. 主体的合意性

在传统司法制度下，警察与司法机关依据司法原则和程序对案件进行立案侦查、起诉和审判，其作为国家职权的行使人，代表国家对犯罪人的罪行进行追诉，从而取代受害人成为刑事案件的“原告”；受害人作为旁观者除了作为刑事附带民事诉讼的原告以及自诉人参与刑事诉讼外，并没有获得维护自身权益显要的法律地位，而只能被动地接受审判结果；对于犯罪人，只是被动地承受着国家对其行为的谴责与惩罚，不存在“讨价还价”的余地，除了出现符合既定的自首和立功制度的法定情形可被从轻或减轻处罚外，犯罪人悔罪的内在动力与外在表现诸多情形则只能作为量刑情节考虑，这在很大程度上遏制或阻隔了犯罪人悔罪与补救的机会与可能。相比较而言，恢复性司法制度安排下的警察与检察机关、审判机关以及社区等则作为调解人员；依据制度运行规则，权利回归于受害人；案件调解人员则按照中立的理念及遵循其运行机制，对被害人与加害方及其他参与者进行积极的调解、引导，积极促使双方达成谅解，促进案件和解，恢复社会和谐。在恢复性司法机制及其运行中，由于受害人获得了处理案件的权利，取得维护自身利益的法律主体地位，能够在互动博弈的条件下向加害人直接提出补偿要求，最大限度地实现对自身权益的保护。对于犯罪人，只要积极作出补偿，真心悔过，努力改正已经犯下的罪过，就可以获得原谅，重新融入社会，这是犯罪中止以外的又一座“悔过的桥梁”。在这种情况下，遭受犯罪行为侵害的各方人员，包括被害人以及他们的家庭成员、社区成员、调解人员（社区调解员、警察、检察官、法官等）面对面地听取犯罪人与被害人双方的陈述，了解情况，以讨论的方式围绕犯罪者的犯罪类型、危害后果与原因，对被害人造成的严重影响，犯罪者为弥补罪过应承担的责任，以及就如何弥补与赔偿等问题进行会商、调解等。在双方同意下，犯罪人则可以通过道歉、赔偿或其他方式向被害人以及社会关系受损的社会（区）承担责任，使得被害人和社会（区）受损的利益得到修复，心灵得到慰藉，从而融洽相互之间的关系，修复被破坏的社会关系。其价值目标就是以被害人和犯罪人为中心，追求被害人、社会（区）利益的赔偿和社会关系的修复，兼顾犯罪人合法权益。被害人与犯罪人可以决定是否接受中立第三方的调解，是否同意就犯罪人的承担的修复责任达成协议，当事方没有达成协议，或达成协议后反悔的，不得将未达成协议本身加以利用，也不得将未执行协议作为以后诉讼程序中从重或加重处罚的理由。

2. 成本的可选择性

成本的可选择性是指在犯罪活动发生后，被害人及其家庭成员依据一定的规则和条件，对犯罪人所犯罪过是否采用和解补偿、刑事追究及附带民事补偿等不同成本支出与收益的比较选择，以保护自己被损害的利益，弥补自己的损失，实现自身利益最大化的一种参与恢复性司法的行为。这种选择既可以是对程序的选择，也可以是对纠纷解决结果的处分。归根结底，恢复性司法机制实质上赋予了当事人之一的被害人以“不作为式”的权益保障选择与“作为式”的权益保障选择。也就是说，当事人选择“不作为”即意味着其放弃了恢复性司法的机制，而选择了传统报应惩罚性机制。这样，由检察机关对罪犯的指控、追诉与审判机关的裁判则成为必然，被害人获得补偿的机会与可能由此大大降低，特殊情况下甚至机会为零。而当事人一旦选择“作为式”权益保障的方式，恢复性司法机制便得以确认并有序运行，于是非诉讼方式成为主导，被害人与加害人的主体地位凸显，当事人获得补偿的机会大大增强。从经济学视角看，恢复性司法机制所蕴含的价值在于实现社会资源的最优再分配。

在传统司法体制下，通常发生经济学上的“边际效用递减”现象。所谓效用，是指消费者从消费一单位商品或服务中所获得的主观上的满足程度。[1] 按照这种逻辑思维方法，经济学视野下的传统报应惩罚性刑事司法所产生的边际效用递减现象则是显而易见的。这通常是指，随着个人消费某种物品量的不断

[1] ［美］保罗·萨缪尔森、威廉·诺德豪斯著：《微观经济学》，肖深译，华夏出版社 1999 年版，第 61 页。

增加，他从中得到的新增的或边际效用量是下降的。❶ 用这一视角透视传统报应惩罚性刑事司法，就不难发现，国家增加一单位的司法投入所产生的司法收益呈递减的趋势这一奇特现象。这表现在：在既定的传统刑事司法制度安排及其运行机制的条件下，司法机关依照国家的刑事制度和程序对刑事犯罪嫌疑人、被告人的犯罪行为进行立案、侦查、起诉、审判和执行，其目的是在对犯罪行为进行刑事法律评价的基础上，使犯罪人受到应有的刑罚处罚。这通常被认为是等价报偿，也可以认为是实体正义和程序正义的有机结合。但在现代社会，这种实体正义和程序正义目标的实现是以社会福利一定程度的损失为代价的。其表现在以下几个方面。

（1）国家为进行刑事司法活动所花费的成本。包括国家创制的一系列刑事法律制度与保障这些刑事法律制度有序运行的司法制度；为此所建立的司法机构及保证其正常运行所花费的司法成本。

（2）犯罪人的智力、体力和时间“三项成本”依照刑法规则和刑事诉讼程序规则被强制性、剥夺性地支付，对此国家及司法机关通常是忽略不计的，并且被认为是犯罪人对自己犯罪行为所应有的成本代价支出。进一步分析不难发现，犯罪人的这“三项成本”同其他资源有机组合而创造新的社会财富、增加社会福利的机会或可能性则被国家强制地剥夺或预期征收了。这就构成一个传统报应惩罚性刑事司法成本投入的“机会成本”的持续增量增长。经济学上的所谓“机会成本”，是指一项资源以其在其他用途中最优用途上的价值所衡量的成本。❷ 在现代市场社会里，犯罪人的社会角色是具有多重性的。他一般表达为自然人、经济人、政治人、社会人的多重角色。作为自然人，他具有吃、穿、住、行等生理、心理的需求；作为政治人，他依法享有政治民主文化权利与自由；作为经济人，他凭借自己的智力、体力与依据一定的时间与空间所形成的智力成本、体力成本与时空条件，同其他社会资本与资源等要素资源结合，使可能以一定的成本投入而规避或化解一定的交易（生产、投资）风险，创造出新的增量财富收益，形成新的社会财富或社会福利；作为社会人，其与其他的社会成员结成一定的社会关系，享有一定社会权利，承担相应的社会责任与义务。而作为刑罚视野下的犯罪人，其受到刑事程序的追诉与刑事实体的惩罚，则是依照一定的刑罚规则与刑事司法规则，以自身的一定自然权利、政

❶ ［美］保罗·萨缪尔森、威廉·诺德豪斯著：《微观经济学》，肖深译，华夏出版社 1999 年版，第 63 页。

❷ ［美］斯蒂格利茨著：《经济学（下）》，中国人民大学出版社 1997 年版，第 423 页。

治权利与经济权利以及其他社会权利的被强制剥夺、限制为前提的。这对于维系公共利益与国家利益虽然是必需的，而其同司法成本直接投入不属于一个层面。但从社会总成本投入分析，则构成一个与刑事司法制度运行成本相伴的隐形成本的持续增量增长。同恢复性司法的成本相比较而言，则构成一个司法成本运行的机会成本支出的增量增长。因此，检验刑事司法制度运行的公正与效率，不仅在于追求实体公正与程序公正的有机统一，还在于其制度运行的社会成本的持续有控制的适度支出或节省，并且在于比较这两种司法模式的成本支出须观察机会成本是否增量增加，是否有效节省。只有实现这三者的有机统一，其制度安排及运行才是有“效用”的，也可以说是有效率的。否则，刑事司法制度运行就会陷入“边际效用递减”的情景之中。同时，它还常常导致一定条件下犯罪人创造的财富机会丧失，无力承担损害赔偿责任，其最终往往导致受害人与社区损害补偿机会的丧失。这种传统惩罚报应性司法的增量运行所产生的受害人与加害人之间利益协调的非均衡性，就是经济学上“边际递减效应”的反映之一。

（3）受害人作为犯罪行为的加害对象，无缘无故地从犯罪行为之中分摊应由国家为维护公共秩序所支付的成本。在这里，被害人往往以其生命终结，肢体器官的损伤，智力、体力、时间的支付以及人格损害等作为国家成本的替代。这有时还表达为专利权、著作权和商业秘密等权利收益遭受侵害而带来的显性或隐性损失。一般对被加害人及其近亲属而言，其因犯罪行为所承担的显性成本是可估量的，即生命损害、肢体损伤和财产损失的折现价等。作为成本代价，加害人的补偿是极其有限的，而全面补偿的实例几乎为零。因而它构成“被害人损害国家义务补偿”理论的实证基础与法理基础。另外，犯罪行为所造成受害人心理上的伤害、情绪的破坏、肢体器官功能的丧失、财产关系及婚姻家庭的破坏等隐性成本支出则无法计量，国家不承担或不补偿由此带来的损失，加害人往往无力承担，这通常形成被害人及其近亲属权利保障的尴尬现象。

（4）就社区而言，有加害行为发生所引发的社区成员恐惧、居民情绪躁动、无安全感、群体观念下降、见死不救现象滋生等，单个社会成员重复投入的自身训练与防范（如炼身、安置铁门、铁窗、夜闭门户等）又绩效不佳，这些由犯罪行为所引发的额外增加的显形或隐性成本支出，国家又无力进行补偿。这种因犯罪行为所产生的社会成员成本支出的无控制增长与国家所追求的公平、正义和秩序的收益不相协调，构成了传统司法状况下的公平收益不高（有时不确定性）与社会福利损失显性增长的“陷阱”现象。要消除这种现象，传统司法模式显然是难以奏效的。因此，在现代法治社会，恢复性司法不仅保留了刑事司法的一般功效，又摒弃了其中的诸多弊端；其不仅凸显了程序功能、人权保障功能、法治功能、社会功能，而且其经济效用也是可圈可点的。在恢复性司法条件下，一个恢复性司法案件的成功运行处理，可节省国家为此支付的司法成本，对于犯罪人而言，其被司法机关所强制剥夺的智力、体力和时间成本就被节省下来，其同其他资源的有机结合，就获得了创造社会财富，增加社会总福利的机会与可能，并可以通过认罪赔偿、重新做人、取得原谅、回归社会。这样，传统刑事司法所追求的正义与秩序不仅可以实现，而且节省了为此所消耗的诸多成本，为节省国家成本、创造社会福利、增加了机会和可能。

综上所述，传统刑事司法机制运行条件下，以矫正犯罪行为为目的所支付的一单位的司法成本而产生的社会显性成本、隐性成本无控制的增长与司法收益有限之间的冲突或“悖论”现象，正是经济学上所称的“边际效应递减”现象在现实司法领域的反映。在这种状况下，可选择性成本的特性是从法制度经济学的角度回答如何把国家的刑事司法追诉权与裁判权所达到的目标交由加害人、被害人及案件其他利害关系人来选择。也就是说，现代市场社会的司法同样面临着是选择成本高、收益目标单一的传统司法机制，还是选择成本低、收益目标全面的恢复性司法机制的难题，这也是恢复性司法的生命力所在。

3. 执行的非刑罚性

这主要以加害人从事一定的社会服务与赔偿，在取得被害人及利害关系人的谅解的前提下作为刑罚报应的替代与实现。而作为社区服务，是指要求犯罪人在社区从事一定时数的工作或服务，以对被害人和社区作出一定的具体补偿。其工作范围包括收集垃圾、清理街道、维护草本、养护公共设施、照顾幼儿和老人、协助医务人员等。对于那些经济状况不佳，无力赔偿的犯罪人来说，则主要是让他们通过社区服务等形式来挣钱赔偿。为了帮助犯罪人完成对被害人的赔偿，有些案件中，恢复性司法则表现为直接通过犯罪人为被害人提供私人服务的形式，来实现对被害人或社区的赔偿与修复关系。这则同一些大陆法系国家，如法国对违警罪或轻罪通常经犯罪判处一定期限（60 小时至半年）社会服务的特殊刑罚方式相似。而值得注意的是，对于多数无独立经济能力的未成年犯罪人，由其父母来代为赔偿，往往违背了刑法“罪责自负”的个人责任原则，极不利于赔偿的惩罚和教育功能的实现。而让犯罪人通过社区劳动，接受教训，培养犯罪人的社会责任感与工作技能及兴趣，使其在不被监禁并割断与家庭及社会联系的情况下来悔过和发展自己，则会收到较高的司法比较收益。

4. 功效的双赢性

在恢复性司法机制运行中，一方面犯罪人通过赔偿、道歉、社区服务等满足被害人和社区的需要，同时给犯罪人赢得赎罪的机会，犯罪者在社区有效监管下继续从事其所承担的职业活动与社会责任，就有可能帮助犯罪者重新适应社会，并避免其遭受到经济困难，从而防止因此造成家庭的不稳定或破裂，或影响对子女的正常抚养，从根本上防范和减少其子女从事违法犯罪行为的机会，增加社会家庭细胞的稳定，进而实现社会和谐。这就实现了将有限的司法资源集中在更严重的犯罪防范、控制与惩治上，从而有助于控制并减少监狱监禁人数、改善监狱管理秩序从而达到预期的监禁效果。正是恢复性司法强调受害者、犯罪者与社区之间冲突的最优利益平衡机制，侧重于满足需要和恢复正常，通过刑事司法系统范围内以及范围之外的补偿和调解，才以较低的国家司法成本、社会成本、当事人私人成本三者的有机结合，避免了经济学上“挤出效应”❶ 的产生，修补加害人与被害人之间的伤痕关系，实现了两者关系的和解，恢复了被犯罪行为破坏的社会秩序。事实上，前述因犯罪行为发生所产生的群体自助与互救行为持续下降。其经济根源在于，国家对传统惩罚性司法的投入增加，在获得国家与社会利益增量收益增长的同时，由于社区利益与被害人的直接损害未能及时得到补偿与修复，其后果之一是促使社区、被害人不愿再增加支付对司法维护整体利益的额外成本，从而形成政府投入成本的增长而带来私人（包括社区成员）投入成本的减少这一奇特的现象，这正是经济学上所描绘的“挤出效应”在现实司法领域与社区自治中的一种典型表现形态。这就表明，在有序配置国家资源与社会资源的条件下，一方面，国家对于某种危害社会的行为，只有在运用民事的、行政的法律手段和措施不足以解决“权益保障、利益协调、矛盾调处、诉求表达”等冲突时，才不得不运用刑罚的方法，亦即通过刑事立法将其规定为犯罪，处以一定的刑罚，并通过相应的刑事司法活动加以解决，力求以最小的成本支出——少用甚至不用刑罚（而用其他刑罚替代措施），获取最大的社会效益——有效地预防和扼制犯罪进行，维护国家与社会的整体利益，在全社会实现公平正义。另一方面，国家司法成本投入必须计入社区恢复秩序，被害人补偿的成本费用，以平抑“挤出效应”现象。再一方面，从健全司法制度安排入手，有计划、有步骤地建立恢复性司法

❶ 所谓“挤出效应”，是指政府支出增加而导致的私人投资的减少。参见［美］斯蒂格利茨著：《经济学（下）》，中国人民大学出版社 1997 年版，第 417 页。

制度，从根本上解决或治理“挤出效应”，营造“和谐效应”。

总之，恢复性司法作为传统司法的补充、协调机制，其应用既可节约司法成本，又有助于减轻繁重的办案负担，确保刑事侦查机关、检察机关、审判机关仅处理那些需要由刑事司法系统进行正规干预的严重犯罪案件，从而收到既节省国家成本、降低司法成本，社区与当事人分摊司法成本，又提高司法公正与效率，调动社会成员维护正义的积极性，实现社区和谐、社会安定的双赢效果。

二、恢复性司法的历史演进

（一）恢复性司法的起源与发展

恢复性司法作为一项刑事司法革新运动，发端于20世纪六七十年代北美地区的国家，最早的努力可以溯源于20世纪70年代司法系统内被害人和加害者调解程序。

世界上第一个恢复性司法案例发生于1974年加拿大安大略省Kichener市。当时有两个年轻人连续实施打破他人窗户、损坏教堂、商店等破坏行为，共有22人的财产受到他们的不法侵害。这两个年轻人承认法庭所指控的罪行，却拒绝履行对被害人进行赔偿的判决。后来，在当地缓刑机关和宗教组织的努力下，这两名犯罪人与被害人分别会见后认识到自己的罪过，对自己的行为道歉并交清了赔偿金。此案的处理方法引起了社会各方高度关注。由此在北美地区的国家掀起了所谓的“被告人与被害人的和解运动”。

恢复性司法的萌芽在人类社会的早期就已经出现。在以国家为控制主体的刑事司法产生以前，对侵犯个人权利的杀人、盗窃等现在被认为是犯罪的行为，当时的人们仅采取诉诸“同态复仇”、赔偿等方式平衡各种纷争与冲突。即使在国家和法律产生以后，这种非法律的处理方式仍在一段时间内占据统治地位，人们在传统上都不乐意请求国家解决犯罪问题。这一争讼的平衡与化解时期通常被称为“私诉时期”。但在泽尔看来，公诉时代以前的刑事司法，被称为“社区司法”较为妥贴。在那个时期，“司法的运作以调解和协商为基本过程，而不是适用规则和强作结论。”“社区司法承认犯罪是对个人的伤害，因此被害人理应在犯罪的处理过程中占据中心地位，并且补偿犯罪带来的损害应该是当务之急，社区司法特别倚重维护关系与和解。”“司法的目标是通过补偿损害使事情好转，不管损害是物质的、金钱的还是人际关系方面的。”这种“社区司法”同今天的“恢复性司法”尽管在性质、内容、方式上有许多不同，但在功能与本质上并没有多大的区别。例如克利尔（Todd R. Clear）就认为，

“社区司法”是近年来在刑事司法中盛行的两种类似概念——平衡司法和恢复性司法的一种扩张。❶

现代意义上的“恢复性司法”实践正是伴随着20世纪70年代“国家惩罚性司法”模式在理论上面临困惑与在实践中遭受失败，并率先从北美洲发端的，即当时被用来描述北美出现的“被害人——犯罪人和解程序”（victim offender reconciliation programs）。此后，在北美其他地区、欧洲和世界其他的地区，恢复性司法实践逐渐流行起来，作为一种替代性处理犯罪的刑事司法方式，成为对传统的、正式的“刑事司法”的一个重要补充。20世纪90年代，恢复性司法成为西方刑法学界的一大“显学”。在西欧诸国、北美的美国和加拿大，拉美的巴西、智利、阿根廷，亚洲的新加坡，大洋洲的澳大利亚和新西兰等几十个国家，旨在替代正规刑事司法系统的恢复性司法计划获得了飞速的发展。在加拿大，恢复性司法实践有了很大发展。❷ 就在加拿大1992年10月12日召开会议期间，有人认为，政府应当发起一项恢复性司法计划，帮助被害人克服犯罪创伤，向非暴力性犯罪人提供机会，使他们能够补救犯罪行为所造成的损害。1999年，加拿大矫正局所属的全国恢复性司法与争议解决指导委员会决定并资助了14项示范性计划，旨在帮助人们进一步理解恢复性司法原则对矫正工作和生活环境的效果。2002年2月，加拿大矫正局的一个安全专门小组发表了一项报告，论述了恢复性司法实践的价值。新西兰1989年以立法的形式肯定了当地土著人——毛利人采用的明显带有恢复性特征的犯罪处理方式，并要求司法机关对青少年犯罪只能在以恢复性司法方式不能适当处理时，才可以动用正规刑事司法程序。恢复性司法不仅被大量采用，而且新西兰司法部为促使其发展完善做了诸多工作。1995年，新西兰司法部发表了《恢复性司法：讨论论文》，对恢复性司法的许多重大问题进行了深刻的阐述。在美国，恢复性司法已经被大众和立法机关所接受，其已在刑事司法的规划和改革中占据一席之地。矫正政策的制定者认识到了恢复性司法的矫正作用，并将其作为影响未来矫正改革的一个重要因素。越来越多的缓刑部门和其他公共组织参与到恢复性司法运动中来。恢复性司法组织和机构在美国为数较多，如美国缓刑与假释协会、平等——恢复性司法运动、恢复性司法倡议组织、恢复性司法研究所、调解与冲突研究中心、经济与恢复性司法研究所等。随着恢复性司法观念的深入，实践的广泛开展，为了规范恢复性司法的发展，美国政府制

❶ 吴宗宪：“恢复性司法述评”，载《江苏公安专科学校学报》2002年第1期。

❷ Kay Pranis. Restorative Justice—Reflections on National and International Development.

定了发展恢复性司法方案的指导原则，美国司法部还在1998年制定了《实施平衡性恢复性司法方案行动指南》。

恢复性司法实践也引起了有关国际组织的极度关注。2000年4月在维也纳召开的第十届联合国预防犯罪与罪犯待遇大会上，与会代表对恢复性司法方案进行了高度的评价，认为恢复性司法作为一种克服现行刑事法治模式弊端的有效方式，适合未来社会的发展趋势。大会通过的《关于犯罪与司法：迎接二十一世纪挑战的维也纳宣言》第28条宣告："我们鼓励制订各种尊重被害人、犯罪者、社区以及其他各当事方的权利、需要和利益的恢复性司法政策、程序和方案。"在大会决议中，联合国将恢复性司法作为一种有效的刑事政策向各成员国推广。加拿大、澳大利亚、意大利、法国、西班牙、德国、南非等40个国家政府向联合国经社理事会提交了《关于在刑事事项中采用恢复性司法方案的基本原则》的决议草案。这项决议全面评述了在刑事司法领域使用恢复性司法计划的共同准则，该草案后来被联合国经社理事会采纳。2001年9月，在比利时的鲁汶举行了第五届国际恢复性司法会议，来自20多个国家的代表参加了会议，与会代表对推进恢复性司法的体系措施与行动计划达成了广泛的一致。

（二）恢复性司法产生与发展的原因

一项制度的产生同一定历史阶段的经济、政治、文化和社会根源密切相关，恢复性司法也不例外。从恢复性司法的历史演进来看，其根源可以概括为以下几个方面。

1. 经济根源

在司法成本被人们日益重视的当代社会，人们越来越追求司法效益，即在保证司法公正和秩序的同时，尽可能地降低司法成本。恢复性司法的出现极大地节约了司法成本，满足了人们对司法效益的追求。而如何减少司法成本、有效地遏制再犯罪已经成为许多发达国家协调发展所面临的难题之一。比如：美国在押犯人数和囚犯比例居全球第一，据美国司法部2006年11月30日公布的报告，到2005年底全美关押的犯人达到220万人，加上缓刑和假释的人，总人数突破700万人，超过全国成人总数的3%，即32个成年人中，就有1人被关在监狱或处在缓刑、假释之中，这使得美国联邦监狱"超员"34%，州监狱有的"超员"14%。❶ 虽然，美国联邦司法部门对在押犯采取了各种各样的矫正措施，但都难以在促使罪犯复归社会的目标上取得成功。有统计显示，

❶ 《人民日报》2007年3月9日，第13版。

美国罪犯监禁释放后的再犯罪比例高达66%～68%。现实的困境迫使诸如美国这样的发达国家不得不寻找有效节省司法资源的途径，恢复性司法由此应运而生。恢复性司法作为一种可选择性司法制度，有其自身的经济效用，对此前文已作详细介绍。在司法资源和社会资源紧张的前提下，人们对这种可选择性社区司法效用的需求更加急迫。在加拿大，随着严重刑事犯罪日益增长，伴随而来的是司法经费的增长，面对财政支出不堪重负的境况，其率先试用恢复性司法来解决现实困境实为必然。经济因素成为恢复性司法制度创设、与该机制持续运行的根本力量。换句话说，恢复性司法在加拿大的创新与发展，不过是记载该制度安排与其本国经济利益需求之间的关系而已。据有关资料表明，迫于司法成本持续攀升的巨大压力，加拿大不得不率先采用释放矫正机制，对一定罪犯适用该机制，使其在社区内服完剩余刑期，从而节省并降低监禁成本。关押一名犯罪人的通常年均花费74 431～150 867加元，而监督假释犯罪人平均每年只需花费19 755加元。在司法资源紧张与刑罚对象增长引发司法效益非均衡性凸显、释放机制虽节省司法监禁成本却运用对象有限的情况下，恢复性司法的应用则成为必然的选择。

2. 社会根源

恢复性司法的产生还有着深刻的社会根源。20世纪六七十年代，西方国家兴起了一股揭示现代司法制度失败、开发新型司法模式的新思潮，并随之伴生了一系列运动。其中，对恢复性司法产生重大影响的思潮及运动有以下几项。

（1）非正式审判理念及其运动。这种理念思潮与实践强调非正式审判，关注非法律化措施的使用，其目的在于增加对法律程序的参与性，努力实现现实事件对犯罪人所造成的羞辱和强迫的最小化。

（2）犯罪赔偿回应理念及其运动。这种理念思潮与实践强调不仅关注被害人的需要，而且关注满足被告人的需要，从而更为普遍地维护社会利益。

（3）被害人权利理念及其运动。这种理念思潮与实践致力于对被害人法律程序参与权的认可。

（4）调解或协商理念及其运动。这包括被害人与加害人协商运动和家庭会议运动的兴起与发展。

（5）社会正义理念及其运动。它强调大量不同的社会团体致力于实现一种与社会福利内在一致的社会正义理想运动。❶ 正如有西方学者所揭示的，“没有任何一个单独的运动导致了恢复性司法理论的诞生，但是所有的这些运动都对恢复性司法理论产生过影响。现在许多关注恢复性司法的人所关注的对象也都是来自这些运动的某一方面”。❷

3. 历史根源

恢复性司法在西方国家的兴起绝不是偶然的，有其深刻的历史根源，它是西方国家对现代刑事司法危机乃至社会危机的反应与改革。在“国家司法中心主义”或者说“公共司法”产生之前，有一个通常被认为是“私人司法”的时代。然而，这一术语（私人司法）也许是一些误解的根源。“私人司法”唤起的是对罪错行为实施报复、无规则的、不受限制的、无节制暴力的一种回应或反映形式。这种“私人司法”规则绝不应是对国家司法中心介入之前的司法运作模式的“和谐”描述，恰恰相反，“它仅仅客观记录和反映出对司法的管理，最初是一个调解和协商的过程，而不是一个运用规则和强加决定的过程”。著名的西方学者泽赫认为：“社区司法”应是对早期司法的更为恰当的描述，因为那时纠纷与社区有关并通过社区来加以解决；社区司法“承认罪错行为已经对人们造成了危害，受其影响的人们因而成为问题解决的中心，对危害的补偿至关重要。社区司法对保持社区关系及各方的和解给予了高度重视”。根据Van Nessand Strong 的研究，他描述并揭示：“社区司法的目标是通过修复罪错行为给各方造成的损害来使一切回复正常，无论这种损害是身体方面的、经济方面的还是人与人之间关系方面的。”霍贝尔则对原始法律的运作与医生的工作进行了比较，认为正如医生的职责在于使人体保持健康一样，法律的职责在于通过将争议各方的关系带回到平衡状态而使社会机体保持健康。这些从历史层面所揭示的恢复性司法的历史路径依赖与功效在于，它是历史上初级形态的“私人司法”在当代法治社会的现实复归与完善的表达形式，其贯彻历史辩证演绎的轨迹特征。在解决法制统一、刑事司法模式的现代化与多样化这些重大问题上，恢复性司法具有不可替代的重要作用。历史还曾记录过在法制不统一、司法不统一的历史时段，人们求助于一种中立的权威来解决司法上的诸多棘手问题。比如，前面提及的在欧洲，为犹太教和基督教所共有的文化中，曾

❶ Jennifer J. Llewellyn, B. A. M. A. and Robert Howse. Restorative Justice: A Conceptual Framwork, Prepared for the Law Commission of Cananda, 1998.

❷ Danil Van Ness, Karen Heetderks Strong. *Restoring Justice*, Cincinnati: Anderson publishing Co., 1997.

有调解解决纠纷的悠久历史传统。在那个历史阶段，教堂一直是因被用作避难所而存在的，并且作为神明裁判的一种理念与行为相统一的载体存在，而教士则经常扮演调解人的角色。不仅在中世纪，人们常常会请求基督教教士对家族与家族之间的纠纷进行调解，即便在现代法治社会，其还在若隐若现地发挥着影响。

当然，这并不是说在古代社会里就不存在其他的纠纷解决方式。虽然宗教的因果报应与正式的司法裁判解决纷争都同时存在于当时社会，但通常这些都只是被作为最后诉求的纠纷解决机制，其只有在“私人（社区）司法”失败之后才成为人们诉诸的对象。诉诸报应与强力解决纠纷被认为是非常态下的令人遗憾的必要选择，而非人们愿意采信并严格遵循的一种常规。正如学者泽赫指出的报应的存在只是“一种以其自身作为结果的一种方式”，而且他进一步解释道：“报应的意义和功能通常反映了一种补偿性的观点，这一体制首先建立在对被害人必要的补偿和修复彼此间关系的基础之上。”这些历史传统与习惯被传承下来，以至恢复性司法成为它在现实社会的最好的表达形式。

4. 法律文化根源

恢复性司法作为一种刑事法律与刑事司法制度安排的补充，同样反映出深刻的法律文化渊源。法律文化是人类文化的重要组成部分，它是社会上层建筑中有关法律、法律思想、法律制度、法律设施等一系列法律活动的观念、形态、艺术或文学形式的总和。它是以往人类法律活动在意识形态领域的凝结物，也是现实法律实践的一种状态和完善程度。❶ 恢复性司法的法律文化并非西方法律文化的主流，它对西方等价报复价值观提出质疑，彰显了法制和谐与人道主义，主张交流、包容和悔罪。西方人曾自信地认为，只要完成了物质的现代化、制度的法治化，就是既有物质文明，又有精神文明，再加上制度文明，他们就可以过上幸福的生活。但现实粉碎了他们的梦呓。他们发现，在现代化完成后，西方人并没有过上自己想像的那种幸福生活，人们仍然很痛苦，同时常面临犯罪迅猛增长，司法成本居高不下，以及被害人与加害人之间仇视心态难以化解等社会问题。更不用说还面临恐怖主义所带来国家安全威胁，其工作与生活秩序更显紊乱了。因此，在现代化逐步完成以后，西方的一些思想家、政治家与法学家对现代化进行了深刻反思，在法治化完成以后其又对法治化进行了反省。恢复性司法正是西方这种后现代主义思潮在刑事司法领域的一

❶ 武树臣：“中国法律文化探索”，见北京大学法律系篇：《法学论文集》，光明日报出版社 1987 年版，第 317 页。

种反映。恢复性司法理论认为，现代刑事司法制度主要还是报应刑传统，只是一味地惩罚和打击犯罪人，没有关注被害人和社区的利益。通过刑事司法活动，被害人、社区、犯罪人都遭受到了不同程度的损失，这是一种“有害的正义”，是“非正义”。因此，恢复性司法试图对现代刑事司法理论和制度进行全面的更新和改造。恢复性司法理论甚至认为，刑事司法的任务主要不是惩罚犯罪人，而是要全面恢复犯罪人、被害人和社区因犯罪而破坏的秩序与造成的损失，以试图达到一种“无害的正义”。“无害的正义”即是恢复性司法追求的核心价值。因此，从客观上来讲，恢复性司法对目前的西方主流文化提出了很大的挑战，对其他国家的各种本土文化开始持一种宽容乃至欣赏的态度。它主张文化多元，反对文化霸权，特别认可非主流文化在预防和控制犯罪方面的独特作用。

三、恢复性司法的价值、功能与模式

（一）恢复性司法的价值

恢复性司法作为传统刑事司法的替代或补充，以正义、秩序、效率为核心价值，彰显了其在现代法治社会的意义与功能，成为刑事司法现代化的标志之一。

1. 正义价值

正义，通常可称公平、公正、正直、合理等。从含义看，正义一词泛指具有公正性、合理性的观点、行为乃至事业、关系、制度等。[1] 从实质看，一定社会的正义是一种观念形态的表达形式，它是一定经济基础之上的思想上层建筑，同政治法律制度等政治上层建筑相协调、相配套，共同反映、保障与规范一定的现实经济基础。正义有最低的、不变的内容，即包括：（1）正义要求分配利益和不分配利益不是任意的，要有一定的规范和标准。……（2）按一定标准的平等，或者是量的均等、或者是按人的贡献的平等、或按身份的平等，这是指正义要求一定的普遍性。（3）起码的中立，即分配利益的人起码保持一定的中立，这主要表现在审判中的不能自断其案，防止感性、个人利益等非理性的干扰。这就是正义要求的起码的“理性”。[2] 即正义的规范性、适当性和正当性。除此之外，正义还应有及时性——“迟来的正义非正义”。

恢复性司法对于通过司法过程实现正义价值亦有追求。但其在价值主体、

---

[1] 沈宗灵主编：《法理学》，北京大学出版社 1994 年版，第 47 页。

[2] 周永坤、范忠信：《法理学》，南京大学出版社 1994 年版，第 63 页。

价值的具体内容和实现途径上与传统司法模式有很多不同。恢复性司法的价值主体是被害人、犯罪人和他们所在的社区，个人本位、社会本位而非国家本位是恢复性司法的价值取向。这一区别导致了恢复性司法正义价值方面具有自身的特点，这些特点构成了其核心价值体系。

在价值层面上，“restorative justice”可以被译为恢复正义，正义是恢复性司法当然追求的价值。同样，正义也是各项刑事政策共同的价值，“正义是社会制度的首要价值，正像真理是思想体系的首要价值一样”。❶ 但正如博登海默所言：“正义有一张普洛秀斯似的脸，变幻无常，随时可呈现不同形状并具有极不相同的面貌。”❷ 不同的立场所制定的政策中，正义的实现形式和具体内容又各不相同。传统的刑事司法政策是以刑罚为主要手段的，刑罚正当化的根据是其正义性和合目的性，“因为有犯罪，并为了没有犯罪而科处刑罚”。❸ 而恢复性司法对于正义有自己的目标——恢复。一方面，它通过支持被害者参与司法过程使其权益主体的本位复归，以便了解他们在物质与精神方面所受到的损害，弥补他们的损失，恢复其尊严与自信。另一方面，它要求和鼓励犯罪人积极悔过、真诚道歉，主动承担责任并作出赔偿以获得宽恕与自尊，以帮助其提高能力并重新融入社区、回归社会。再一方面，它吸纳其他利害关系人的参与，以增强其对犯罪的警觉、对社区的责任心，消除恐惧心理，恢复安全感，增强群体主动互救的心理与自觉性。均衡、公正地处理模式不仅彰显正义，而且实实在在地恢复了正义。同时，正义对于各参与方而言，呈现出具体与可实现状态，而不再仅仅是抽象的、程序意义上的一种司法预期或司法运行轨道，而是司法和谐结果的充分表达与实现。

2. 秩序价值

所谓一定的秩序，在学者哈耶克看来：它在本质上就意味着个人的行动是由成功的预见所指导的，这亦即是说人们不仅可以有效地使用他们的知识，而且还能极有信心地预见到他们能从其他人那里所获得的合作。❹ 法律意义上的“秩序”则是指社会赖以生存的某种程度的一致性、连续性和稳定性。

“历史表明，凡是在人类建立了政治或社会组织单位的地方，他们都力图

---

❶ ［美］约翰·罗尔斯著：《正义论》，何怀宏等译，中国社会科学出版社 1988 年版，第 3 页。

❷ ［美］E. 博登海默著：《法理学——法哲学及其方法》，邓正来、姬敬武译，华夏出版社 1987 年版，第 252 页。

❸ 张明楷：《刑法的基础观念》，中国检察出版社 2003 年版，第 65 页。

❹ ［美］E. 博登海默著：《法理学——法哲学及其方法》，邓正来、姬敬武译，华夏出版社 1987 年版，第 220 页。

防止出现不可控制的混乱，也试图确立某种适于生存的秩序形式”。[1] 国家制定以刑罚为代表的刑事政策，正是为了防止混乱现象的发生。但随着社会的不断进步，单一的刑罚不再是实现有效秩序的惟一途径。为了保障人权，实现社会和谐发展，人们不断寻找多种途径来实现秩序，恢复性司法便是其选择之一。在实践中，通常会遇到所制定法律目标与现实目标相冲突的情形，即法律目标高，而现实目标低。传统的司法秩序功能与恢复性司法功能同样强调，其构建的基础是社会成员内心的和谐、家庭组成人员内部的和谐及社区成员之间的和谐。传统司法体制在秩序的创制、保护和修复方面具有自己的功效，但其忽视了被加害对象的心理平衡、组织成员及社区组织对法律评判是否协调一致这些重大的社会现实问题，由此常常造成国家法律评价、司法评价、社区评价与当事人评价之间的错位与剧烈冲突，并因此引发一定的秩序冲突，有时还表现出异常的混乱。正是现实社会对建立新秩序强烈渴求的动力，成为恢复司法此方面功效建立与形成的必要条件与现实基础。在恢复性司法中，参与各方所要求的则是亲身参与司法程序的权利，参与的重点不是传统司法程式化的出庭控诉、质证和辩论与裁判，而是沟通；参与的主要方式是会谈，即通过对话达到对犯罪事实前因后果的倾诉、确认与理解，由此产生双方或多方对彼此的了解与尊重，以及对社区的归属感和责任心，并尽快消除犯罪的不良影响，防止冲突的再次发生。同时，由于对犯罪的处理决定是双方或多方合意的结果，具有和解契约的性质，有利于各方遭破坏的关系得到及时的恢复。可见，恢复性司法重点不在于通过控制维护整体上的稳定性，而是通过对话恢复、重建秩序。而且，恢复性司法追求秩序不只是安全的要求，更是双方与多方、社区与社会内在和谐一致的要求。

3. 效率价值

效率即效能、功效。从哲学意义看，效率是指人类在实现价值过程中付出与成果之间的比较。经济学意义上的效率则是指经济上的投入与产出、成本与收益之间的比例关系，它是“真正的财富在于用尽量少的价值创造出尽量多的使用价值，换句话说，就是在尽量少的劳动时间里创造出尽量丰富的物质财富”，即社会能从其稀缺资源中获得的最大效用。对于人类来讲则是如何使自身的时间、智慧等取得最大效用。在法学语境下的效率，除了关注经济学领域的效率，还侧重法律运行本身的效率，即立法、司法、执法等过程中投入与产出的关系。因此，笔者认为，所谓“法律效率价值”，就是指所有的法律规范、

[1] ［奥］哈耶克著：《自由秩序原理》，邓正来译，三联书店 1997 年版，第 202 页。

法律制度及其运作活动所支付的成本与其收益之间的比例关系。归根到底，它是保障社会正义、实现社会整体利益的最大化的一种状况，优化社会资源与其他资源配置，即以法律手段促进各类司法资源与其他资源最优化配置，实现社会和谐发展的过程与结果。

在传统司法模式下，常出现司法效率的“挤出效应”，即因为政府“投资”的增加，而导致私人“投资”的减少。这是因为传统司法程序创设与运行，其成本由政府负担，政府对其支出与罪犯数的增长量基本上是等量增加的。相对而言犯罪人对此支付成本太少。而被害人也不愿意为国家“分摊”成本，社会也减少其“投资”，及不增加或不愿分摊支持司法运行所需的成本，最后埋单的就只有政府。这通常表现为司法机关财政供给量的持续稳定增长，而司法公信力、公正效率收益不确定或者无法计量，从而出现司法成本居高不下的尴尬局面。因此，社会按照一定的规则运行，并选择了一种更有效率的司法模式——恢复性司法。恢复性司法以其独特的司法资源配置形式、诉求表达方式、矛盾调解机制和权益保障机制作为对现有司法体制的补充与创制，弥补了现有司法制度安排缺失与制度功能不足的缺陷。这就表明，恢复性司法自身是有效率的。它可以克服传统司法的不足，避免司法风险，节省国家司法成本，增加司法的总收益，或者实现被害人、利害关系人、加害人与社区利益的均等化，达到关系协调的一致性与相向性，而这个层面的总收益一定大于社会对司法运行所投入的总成本。

恢复性司法方案强调的是受害者、犯罪者与社区之间冲突的解决，侧重于满足各方需要和恢复正常秩序，通过刑事司法系统范围内以及范围之外的补偿和调解，实现犯罪者与受害者之间的和解，恢复原来的社会秩序，既节约了社会总成本，又减轻了执法机关的繁重办案负担，确保刑事司法系统仅处理那些需要由其进行正规干预的严重案件。这样，刑事司法系统集中于数目有限的一些案件，将其努力与有限的资源更有效地集中使用在更严重的犯罪上，使嫌疑犯能享受公正审判基本原则所提供的好处，而不是在审前拘捕期间被剥夺自由。尤其是犯罪人在被拘留数月后不经正式听审（审判）而就获得释放，从而有助于减少监狱人数，缓解监狱人满为患的情况，以致节省监狱的维持费用。正如美国法经济学家波斯纳所言：在许多法律诉讼中，最终要决定的问题是何种资源分配会使效益极大化；像市场一样，法律利用与机会成本相等的价格引导人们把效益极大化；在补偿赔偿金等于违反法律义务的补救方法的地方，责任的影响不是去服从法律而是强迫违法者支付与违法的机会成本相等的价格；如果那个价格低于他从非法行为中的得到的价值，那么，如果他违法，效益得以极大化，法律制度就是在鼓励违法；如果价格高于他从非法行为中得到的价值，效益促使他不去违法，赔偿性补救提高了矫正违法行为的刺激。[1] 恢复性司法方式正是通过增强社区解决其成员间的纠纷的功能，促进社区的和平与安宁，收到预防犯罪之效，被害人和犯罪者大多对这种诉讼的结果基本满意。而大量的经验也证明了一个不争的事实，恢复性司法解决方式的成本远远低于正规的刑事司法系统的运行成本。因此，从长远来看，恢复性司法比报应性司法更有利于降低犯罪率，更能节省社会总体的司法成本。

（二）恢复性司法的功能

恢复性司法不仅彰显正义、秩序、效率的价值，而且还凸显平衡利益冲突、恢复受损秩序、创建制度安排、控制并减少犯罪、有序分配资源等诸种功能。

1. 平衡利益冲突的功能

犯罪行为必然会引起一系列的利益冲突，其中最主要的有以下三个方面：犯罪人与国家的利益冲突、犯罪人与被害人的利益冲突以及犯罪人与社会的利益冲突。在传统司法模式下，国家强调追究犯罪人对国家利益与社会利益损害的责任，而忽视了犯罪人与被害人之间利益冲突的解决。这种国家司法制度运行一方面带来整体利益的平衡与协调，另一方面又以被害人的利益损失或无法实现为成本替代，这就构成了经济学上的“负外部性”现象。所谓“外部性”是指一个经济机构对他人福利施加的一种未在市场交易中反映出来的影响。[2] 传统刑事司法制度及其运行机制作为一种“公共品”，被害人在“消费”或使用这种机制时，其不断增加成本，即权益损失而无法获得补偿，这就构成社会成员使用这一“公共品”产生的外部的经济现象。恢复性司法则更加重视这方面利益冲突的解决，它把犯罪视为基本上是对他人与人际关系的侵害，是一种人际关系冲突。这种侵害首先是对被害人的侵害，国家与社会并没有真正受到直接侵害。恢复性司法关注被害人遭受损失的恢复程序、强调犯罪人对其造成的损害承担责任、重视社区和平。在恢复性司法模式下，被害人和犯罪人平等对话和交流，被害人可以充分诉说自身所遭受的侵害和期望得到的补偿；犯罪人通过聆听被害人的遭遇感受，引发内心愧疚，主动承认罪过，积极作出补

---

[1] ［美］波斯纳著：《法律的经济分析》，蒋兆康译，中国大百科全书出版社 1997 年版，第 514 页。

[2] ［美］保罗·萨缪尔森、威廉·诺德豪斯著：《微观经济学》，肖深译，华夏出版社 1999 年版，第 267 页。

偿，从根本上消除利益主体之间的冲突，使受损害的社会关系再度平衡与和谐。这就产生了经济学所描述的“正外部性现象”，即恢复性司法这一“公共品”的产生与运行，对被害人、利害关系人、社区、国家与社会来说都获得了均等化的权益收益或保障权益的均等化。对于社区、国家而言，节省因犯罪所分摊的社区成本与国家司法成本就意味着其获得了正收益，亦即“正外部经济”。

2. 恢复受损秩序的功能

在传统报应惩罚性司法中，国家公权力的强行介入，将犯罪人处以刑罚，这样做使得当事人之间由于缺乏沟通而难以达成谅解，对社会中人与人的关系产生诸多不利的影响，犯罪人与社会之间的关系不仅没有得到弥补，反而造成社会裂痕的进一步扩大，这就不利于社会秩序的恢复，实现协调与稳定。而恢复性司法则符合这样一种理念，即恢复性司法应当为和平解决人与人的纠纷提供新的机制。如果犯罪造成了损害，那么司法就应当促进这种损害及时得到修复，社区关系及时得到调整，从而使得社会更加融洽，这样才有利于社会秩序的稳定。现存的恢复性司法实例与经验也证明了其修复受损秩序的功能是十分可观的。

3. 创建制度安排的功能

传统报应惩罚性刑事司法所具有的实体权益保障功能与程序权益实现功能，其存在的合理性是不容置疑的，其发展完善的渐进性也是具有客观物质性的。作为一项司法运行机制的创新恢复性司法，其同样具有产生的合理性与发展的渐进性。虽然，恢复性司法不能也不可能完全代替传统司法，但它对传统司法程序的创新与完善，却是十分可贵的。一方面，恢复性司法的出现、应用和发展，客观地出现了一系列关于恢复性司法应用的司法程序，起到创制程序的积极作用。例如，加拿大的有条件释放以及我国香港正在实验的“复和公义”，都是在传统司法机制上的改良与创新。另一方面，作为对传统报复性司法的补充，恢复性司法在保护被害人利益与及时化解矛盾纠纷等方面有其独特的功能。它是对传统司法批判的基础上产生的一种权益保障、利益协调、矛盾调处、诉求表达、纠纷解决替代性的长效机制，其产生与发展客观上收到了完善传统司法程序的功效。

4. 控制减少犯罪的功能

犯罪学家指出，改造犯罪的第一步是使罪犯认罪并认识到自己的罪过的危害损失及其法律与社会评价，从而悔罪并最终回归社会。但是在传统报应惩罚性司法中，司法权的归宿就是对犯罪人处以刑罚，其希望通过惩罚来达到减少犯罪的目的。其司法的结果之一是犯罪人很难真正的认罪，并且其在监狱中容易受到“交叉感染”，极不利于犯罪人悔罪自新改造目标的实现。同时，犯罪人难以回归社会，这种以悔罪自新改造控制减少重新犯罪的目标追求与犯罪率的提升的矛盾成为传统报应惩罚性司法面临的一大难题。恢复性司法则通过让犯罪人与受害人开展对话与沟通，让其更直观地认识到自己的罪过，并且最终达到悔罪的目的。此外，让犯罪人的亲属加入其中也有利于犯罪人悔罪，这样既能够达到教育与改造的目的，又避免羁押、监禁带来的交叉感染，从而收到控制与减少犯罪的效果。

5. 有序分配资源的功能

法治原则要求任何犯罪均无例外地都要经过审判程序，只有司法权才能对犯罪行为人施加刑事惩罚。但是如果事无巨细都要检察院指控，并由法院最后裁判解决，那么司法程序将为过多的琐碎案件所累。因此，在法治现代化背景下，司法权允许某些刑事案件的处理绕开正式法庭程序，而用其他替代性方法，这就是所谓的“分流”（diversion）——诸如在刑事诉讼之外的支流——主要包括处理轻微案件，辩诉交易、庭外和解、轻微刑事案件快速处理、普通程序简化审理等就是其典型形式。恢复性司法就是上述分流手段中极为重要的一项，它在审判之外以协商的方式很好地化解了纠纷，从而收到节省司法资源之效。

（三）恢复性司法的模式

考察国际司法实践，恢复性司法模式主要有被害人与加害人调解秩序，家庭小组建议，量刑小组等诸种，其代表与模式运行既有相向性，又是差异性。

1. 被害人——犯罪人调解程序模式（victim－offender mediation）

在恢复性司法领域，被害人——犯罪人调解方案最受注目。从被视为现代恢复性司法起源的加拿大安大略省基陈纳市，其 1974 年实施的第一个被害人——犯罪人调解项目以来，欧洲与北美洲已形成了较多的计划。目前，美国有 300 多个被害人——犯罪人调解计划，欧洲有 500 个被害人——犯罪人调解计划。在这种模式下，调解的首要目的不是要实现和解，而是要满足被害人补偿的需求。这种模式的主要程序及内容包括以下几点。

（1）程序启动的先决条件。此程序是否能得以启动取决于被害人的同意。被害人享有是否进行调解的最终决定权，而且其参与程序的准备和运作过程必须是完全自愿的，此程序对被害人的需要始终保持高度的敏感性。[1] 在任何情况下，都应当赋予被害人自由选择的权利。对于犯罪人而言，其本人的参与也必须是完全自愿的，这也是提高其参与积极性、保证此调解程序能够顺利实现其目的的策略之一。

（2）参与程序的主体及其功能。恢复性司法参与程序的主体包括受过培训的调解人、被害人、犯罪人，这通常被称为标准的参与者，很少有家庭成员和其他相关人员参加的情形。程序的组织者——法官、缓刑官、被害人律师、检察官、被告辩护人和警察，他们都可以为案件提供被害人——犯罪人调解计划。这项计划的启动与实施，不仅要做大量的准备工作，还要组织程序运作，其后继续与双方保持接触，并监督所达成协议的实施。但是，为被害人与犯罪人构建一种安全舒适的环境以促进双方相互理解，为富有成效结果的形成提供合理依据，则需要调解人来实现，这也是其参与程序的目的。值得注意的是，调解人不能强制双方接受其调解。

（3）准备与调解程序。当案件由正式刑事司法系统转入调解人手中时，其应当仔细地审查案件，了解被害人与犯罪人双方的情况，并尽可能地保证被害人免受任何伤害。在正式调解程序开始之前，调解人须面对面地与被害人和犯罪人会谈，并向他们解释此程序的意义，让他们对此程序的意义和目的以及运作情况有清楚的了解。

为了让被害人感受到自己受到尊重，并为防止程序被调解员主导或滥用，调解程序赋予被害人第一个讲述的权利。通过调解员的帮助，被害人在一种安全和有控制的环境中，通过讲述犯罪行为对自己造成的身体损害、情绪波动和经济后果、直接参与制订由犯罪人向自己偿还经济债务的赔偿计划等方式，使被害人对犯罪和犯罪人存有的诸多疑问得到答案，这就给被害人提供了一个心理康复的过程。犯罪人也可以在此程序中陈述，其主要讲述是何种原因致使自己实施了犯罪，其动机和目的何在；而且通过聆听被害人讲述，其会更加深刻地认识到自己对他人所造成损害及严重影响；这样也可以帮助他对所达成的协议有一个真正清晰的认识，使其能够真正地接受并承担自己行为所导致的责任；此外，这还为协议内容的实现增加了一个保险机会，为犯罪人日后重新融入社会提供了一种新途径。

---

[1] Bazemore, Gordon and Curt Griffiths. Conferences, Circles, Boards and Mediations: The New Wave in Community Justice Decisionmaking, Federal Probation, 1997 (2), p. 83.

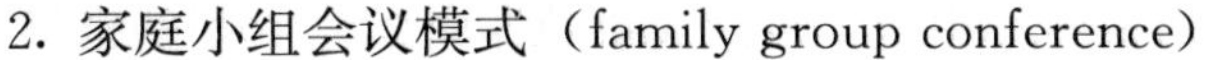

2. 家庭小组会议模式（family group conference）

这种小组会议模式起源于新西兰，部分地反映了新西兰土著居民毛利人（Maori）传统处理争端的方式。起初，这一模式被用来批判传统青少年司法体制的弊端，后来又将毛利人的价值观传统（强调家庭和社区作用）融入进来，从而形成一种恢复性司法模式。[1] 当这一模式被运用于其他国家时，小组会议的具体形式被进一步修正。目前，新西兰、澳大利亚、亚洲、南非、北美和欧洲，小组会议形式有了不同的模式或“版本”。家庭小组会议模式作为刑事案件的转处（diversion）措施，经常与警察警告程序、不起诉程序、起诉之后的法庭审判与量刑程序相连接，即如果一个案件能够在家庭小组会议模式中达成协议的话，就不再针对该案件进行司法程序的处理，这通常表现为不再进行逮捕、起诉、定罪，或者即使裁判也会再对加害人降低量刑或免除刑罚。该模式的主要内容与程序包括以下几点。

（1）程序启动的前提条件。在澳大利亚，此程序所关注的是如何更好地让犯罪人回归社会，或者不脱离生活的社区，让其深刻感受到自己的行为带给他人的严重不利影响，并通过分析导致犯罪发生的原因，扩大犯罪人重新融入社会的可能性，这是程序启动与运作的出发点。所以，从程序的启动来说，首先要求犯罪人必须承认其所实施的行为，要求其自愿参与准备程序与接下来的程序，其他参与人也必须是自愿参加会议的。在新西兰，由于法律的强行规定，对于青少年案件如果采用其他替代方式时，刑事诉讼程序将是最后的方案。这实际上隐含了只能在举行家庭小组会议之后才能通过法庭审判程序，来对儿童和未成年人案件进行审理。

（2）程序的参与主体。这个会议程序的参与主体是遭受犯罪影响的主要人员，包括被害人、犯罪人、他们的家庭成员、朋友以及当事人双方的关键支持者。这些参与人员通过对案件进行集体讨论，最后在案件整个处理结果上——如何对待犯罪行为和犯罪人——达成一致意见。在这一构成中，主持人发挥着重要的作用。在新西兰，他们一般肩负着福利或社会服务部门的角色、而非刑事司法部门聘请的青少年司法工作者，这些人还受过专业的训练。在澳大利亚及美国，主持人则经常由穿着制服的警察或学校官员担任。[2] 这两种主持者身

[1] New Zealand Maori Council, Restorative Justice. A Maori Perspective, see in Helen Bowen and Jim Consedine: Restorative Justice Contemporary Themes and Practice, Ploughshares Publication, 1999, p. 28.

[2] 在澳大利亚，主体还包括作为起诉人角色的警察代表（a representative of police）等。

份不同的原因是，新西兰的家庭小组会议模式是在恢复性司法原则的指导下作为被害人——犯罪人调解方案的扩张形式出现的，其目的是增加双方参与主体的范围，以促进此程序的运作。而澳大利亚则的制度设置是建立在Braithwaite的重整羞愧理论之上的，其目的是更好地为犯罪人提供重新融入社区与社会的机会。双方参与者对犯罪的发生和处理比主持者拥有更多的发言权，这就提升了双方参与程序的积极性，促使他们对各自己的期望或需要合理性地认识，并对犯罪行为有一个更为人性化的评价与理解。

（3）准备程序和审理程序。在新西兰准备程序受到重视，发挥着促进家庭小组会议运作流畅性的作用。主持人与被害人一方事先大多只是电话联系，而与犯罪人及其家人面对面的会见却很普遍。但与被害人——犯罪人调解方案相比较，此程序减弱了参与双方营造和谐与信任的机会。在澳大利亚，实践中准备程序不受特别重视，所以只是用电话与双方被害人和犯罪人联系并向他们解释程序的意义；其原意建立在“初衷是好的”（good faith）理念基础上，而在会议之前听被害人、犯罪人讲述他们的故事往往会削弱故事的影响力。[1] 这与澳大利亚模式的一些支持者们将其重心置于保障事实的准确性、对参与人员的把关、设计会议方案和保证主要参加者及其家庭支持者出席会议，有效协调解决主要问题有着一定的联系。

家庭小组会议模式的运行，一般由受过训练的主持人按照预定的日期，将各方召集在一起。首先，会议开始时，主持人通常让犯罪人描述犯罪事件。这被认为能够提高犯罪人在家人与其他人面前讲述全部事实和反思全部罪错主观与客观状况的可能性。一些学者则提出，这是让犯罪人的发言权在此程序中真正得到实现，让加害人的支持者能够对这种行为有一清醒的认识，并且让被害人对犯罪行为与犯罪人产生不同于自己先前的看法，以减轻犯罪人在程序运作中的不适感。[2] 其次，由主持人宣读犯罪人陈述的记录。再次由被害人陈述，其同样有机会表达自己的感情，有机会询问与犯罪事件有关的问题。最后，由其他参与者描述犯罪行为给他们的生活所产生的不利影响。通过这些描述，犯罪人了解到自己的行为给被害人、与被害人关系密切的人以及给犯罪人自己的家庭、朋友所造成的严重后果，从而使其真正地感受羞耻。

在对犯罪行为造成的后果进行充分讨论之后，可以询问被害人希望从这次

---

[1] Bazemore, Gordon, Curt Griffiths. Conferences, Circles, Boards and Mediations: The New Wave in Community Justice Decisionmaking, Federal Probation, 1997 (2), p. 86.

[2] Ibid, at p. 85.

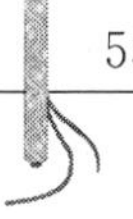

会议中获得的结果，从而帮助确定犯罪人应当履行的义务。所有的与会者都可以对犯罪人如何补偿因犯罪所遭受的侵害，以及就如何解决犯罪事件发表意见。最后，由与会者签署一份协议，协议中表明与会者的期望与义务。

3. 量刑小组模式（sentencing circles）

量刑小组又称“量刑圈”、“圆桌会议”，它来源于北美印第安人解决纠纷的传统。近些年来这一传统受到重视则是出于现实的需求。1996 年，明尼苏达州实施了一个量刑小组的实验计划。其后，这一传统模式才在美国其他地区被广泛应用。[1] 在量刑小组模式下，并非如前述两种程序可适用于刑事诉讼程序的任何阶段，这种模式只是在被告人得到定罪判决之后，用以取代传统的量刑程序，而成为正式司法程序的一部分。并且如果参加量刑小组的犯罪人实现了协议所既定的内容，那么司法机关对他的先行行为不会存有犯罪记录。该模式的主要内容与程序包括以下几点。

（1）程序启动的前提条件。犯罪人向社区司法委员会提出申请，而且其还要邀请一个资格老或受敬仰的社区成员召开一个会议，具体讨论加害人针对被害人的补偿与社区服务，为此还挑选并组成一个自己的支持团。司法委员会决定是否将案件纳入量刑小组程序。这时，犯罪人与社区的联系、犯罪人希望调停的诚意和性质、被害人的意愿、犯罪人支持小组的意见等，都是在决定某一案件能否适合适用量刑小组时所要综合考虑的重要因素。

（2）参与程序的主体及功能。此程序具有特定的组织方式与运作模式。通常会形成被害人支持团、犯罪人支持团、协商量刑计划的内容，并达成一致意见的量刑小组、监控犯罪人进步的后续小组。其成员除了被害人、加害人和家属之外，还包括法官、检察官以及加害人律师。整个程序运行则开放给全社区的成员，并尽可能吸引其参加。因此，参加量刑小组的人数有可能达到15～50人不等，参加者皆享有平等的发言权。社区司法委员会的职责是促使需要在被害人、犯罪人和社区三者之间达到适当平衡，决定接受哪种案件、发展被害人与犯罪人的支持团，帮助量刑小组开展活动，等等。由于在量刑程序中形成了具有高度灵活性的量刑小组，其活动则是由受过培训的社区成员推动的，这些接受过培训的社区成员往往被称为联系人。他们对诸多赔偿义务、处理方案、土著地区传统性恢复方式与社区建构仪式等量刑小组目标的实现起着决定性的

---

[1] Heino Lilles. Circle Sentencing: Part of the Restorative Justice Continum, See in A. Morris, G. Maxwell (eds) Restorative Justice For Juveniles: Conferencing, Mediation & Circles, 2000, pp. 161～162.

作用，并且他们还要监督量刑小组参与人的行为。双方参与量刑小组的人员需要接受量刑小组的活动、调解、进行协商并达成一致意见等方面的培训，掌握这些方面的技能。并且，双方的支持团都要监督犯罪人以确保所达成协议的实现。

（3）准备程序和审理程序。由于量刑小组模式启动的结果之一是赋予了社区一种司法权力，这就需要精心的贮备程序。其功能就是将社区整合资源的功能融入量刑小组运行的整个程序之中。这些程序规则要求，无论是犯罪人支持团，还是案件进入程序把关，社区司法委员会都发挥着重要作用。对被害人而言，为了强化其在程序中不被漠视的作用，量刑小组在被害人支持团方面作出了不懈努力。[1] 但是，准备程序仍被认为是关注犯罪人个人转变的过滤机制或重要指标，当这一程序尚未满足条件时，它就不会被量刑小组取消或延迟。

在量刑小组程序中，被害人或其支持者是在检察官提出控诉之后进行陈述的首要人选。这是为了避免由于对犯罪人关注的不平衡性而可能导致被害人的退出与对犯罪人的强烈反应。[2] 因而，被害人陈述对自己、犯罪人及各自的支持团乃至整个社区而言都十分重要。而后由犯罪人进行陈述，他不仅可以就犯罪内容进行讲述，还可以就自己对犯罪行为的认识发表意见，然后各自的支持团发表意见。通过这样一个程序，旨在允许犯罪人与被害人双方重新与重要的社区支持系统建立联系；向被害人提供机会，使他们能够直接参与讨论犯罪和参与决定对犯罪人的恰当制裁措施；确定犯罪人的支持系统，目的是对犯罪人改过自新、改善未来行为等方面塑造一种集体责任。

最后，由后续小组针对所达成的量刑协议或社区服务协议对犯罪人予以考察，并督促其支持团予以协助，使得协议落到实处。这样，通过整个程序使参与者有权用一种分担后果责任的方式解决冲突，从而建立起了建设性的关系，促进了参加各方之间的尊重与理解，更有助于提出持久性的、创新性的解决方法。

4. 三种模式的比较总结

上述三种恢复性司法模式，可以说各有特点。在被害人——犯罪人调解模式中，参与程序处理的只有被害人、犯罪人和调解人。这一模式的优点在于，

---

[1] Heino Lilles. Circle Sentencing: Part of the Restorative Justice Continum, See in A. Morris, G. Maxwell (eds) Restorative Justice For Juveniles: Conferencing, Mediation & Circles, 2000, pp. 161～162.

[2] Leena Kurki. Restoration and Community Justice in the United States, 27 Crime & Just, 2002, p. 243.

它恰当地保障了当事人的隐私。在该模式的运行中，被害人首先陈述，这从一定程度上减少了被害人参与程序的被动性与恐惧感，使被害人的权利保障不仅在物质层面得到补偿，从精神层面也获得一种同情与支持感，因而被害人从心理上更乐于接受这样一种程序。从犯罪人角度而言，其在此程序中的作用似乎稍显弱势。家庭小组会议模式的程序参与主体呈现多样化，其以犯罪人的重新融入社会为目标，为了减轻加害人的心理压力，首先让其进行讲述，这在澳大利亚、新西兰有关青少年犯罪的案件中适用较为普遍。而量刑小组模式则更多地从社区成员角度出发，要求犯罪人、被害人相临近的人们参与到对犯罪人的处理过程之中。这同公民参与司法的理念有异曲同工之处，因而被称做是社区司法的一个表率。

四、我国刑事诉讼中恢复性司法的应用

（一）将恢复性司法引入中国的必要性

1. 传统司法的弊端

刑事司法的通说认为，传统刑法的理论支撑，来自欧洲早期政治学与法学思想家贝卡利亚、费尔巴哈等创建的近代法治化刑法理论，到 1810 年法国刑法典颁布以后，形成了通常意义上的传统刑法理论与制度。它是现代刑法理论与制度的基本渊源。在中国，“罪有应得”“十恶不赦”“惩罚报应”“治乱世用重典”的重刑思想根植于民意之中，尽管这两者之间有诸多差别，但现代刑法制度都保留了传统刑法中的基本模式与精神。因此，讨论恢复性司法有必要首先反思传统刑事司法的一些特点，它们主要反映在如下几点。

（1）刑罚报应为刑事司法的主要目的追求。这种理论认为，刑罚之所以公正与必要，就是因为社会应当给损害社会的人以损害，刑罚作为报应施加于犯罪人是对“恶有恶报”这一道义要求的论证。由此订立了“有罪必有罚、罚必当其罪”的罪刑逻辑关系，对犯罪报应的主要方法是以剥夺自由和权利为内容的隔离监禁惩罚。

（2）司法运作紧紧围绕着犯罪行为进行。这种制度模式必然导致传统刑法在整体上呈现为一种向后看的特点，即只关注犯罪人已经实施过的犯罪行为。无论是对其定罪或是量刑，均以犯罪行为比照既定的法定条款与要件进行，以保证最终确定的刑罚足以同犯罪人曾经做过的恶行相抵消。

（3）制度模式以国家公诉与裁判为惟一选择，排斥其他任何非正式途径。犯罪不仅被视为是对私人的侵害，更主要是对社会的侵害，国家、社会是犯罪的主要被害对象。基于这种理念认识，刑事责任完全变成了犯罪人对国家侵害

应承担报应补偿的义务，国家取得了向犯罪人“索债”的惟一专利。而犯罪的具体受害者——被害人却对此不能有所作为。正如贝卡利亚所言：“有些人免受刑罚是因为受害者方面对于轻微犯罪表示宽大为怀，这种做法是符合仁慈和人道的，但却是违背公共福利的。受害的公民个人可以宽免侵害者的赔偿，然而他难道也可以通过他的宽恕，同样取消必要的鉴戒吗？使罪犯受到惩罚的权利并不属于某个人，而属于全体公民，或属于君主。”[1] 这种理论成为传统报应惩罚性司法制度安排与运行的坚强智力支持，以至几百年来，人们都不愿对其产生哪怕只是一点点的质疑！

2. 社区矫正的实验

社区是社会的基础，加强社区建设是构建社会主义和谐社会的重要内容。而社区矫正应该是社区建设的一项重要功能。社区矫正，也叫“社区矫治”，是支持将那些不需要、不适宜监禁或继续监禁的罪犯放到社区内，由政府专门的机构在相关社会团体、民间组织以及社会志愿者的协助下，在法定的期限内，矫正这些罪犯的犯罪心理与行为恶习，促进他们顺利回归社会的一种非监禁刑罚执行活动。社区矫正在许多国家刑事领域广为采用，成为刑罚执行的一种替代性方式，即非监禁刑的一种刑罚执行方式。

我国的社区矫正尚处于起步阶段。2002 年 8 月，上海率先在全国开展了社区矫正试点工作，其后，北京、天津、江苏、山东、浙江等省市相继推行了社区矫正试点。2003 年 7 月，最高人民法院、最高人民检察院、公安部、司法部联合下发《关于开展社区矫正试点工作的通知》（以下简称《通知》），正式确立了社区矫正工作的“合法”地位。《通知》明确了社区矫正的性质、地位、任务与作用，指出：“社区矫正是与监禁矫正相对的行刑方式，是指将符合社区矫正条件的罪犯置于社区内，由专门的国家机关在相关社会团体和民间组织以及社会志愿者的协助下，在判决、裁定或决定确定的期限内，矫正其犯罪心理和行为恶习，并促进其顺利回归社会的非监禁刑罚执行活动。”几年来，社区矫正试点工作已经扩大到 18 个省（自治区、直辖市）。其适用对象为被判处管制、被宣告缓刑、被暂予监外执行、被裁定假释、被剥夺政治权利，并在社会上服刑的 5 种罪犯。据有关资料载明，通过社区矫正，试点所接收和管理的 10 000 多名社区服刑人员，绝大部分能服从管理、接受教育，认罪悔过意识和社会责任感有较大的增强，还涌现出许多拾金不昧、救助他人、与违法行为作斗争的典型，其实验受到社会公众的正确评价，而重新违法犯罪的不足

[1] ［意］贝卡里亚著：《论犯罪与刑罚》，黄风译，中国大百科全书出版社 1993 年版，第 59 页。

1%。社区矫正的功效及其现实意义在于，它有利于避免狱内罪犯之间恶习交叉感染，有利于避免罪犯与外界隔绝而产生的不适应社会变化的种种问题，有利于保持罪犯与家庭、亲朋的正常联系，从而最大限度地调动罪犯改造积极性，提高教育改造质量，降低重新违法犯罪率，为维护良好的社会秩序打下基础。可以肯定地说，建立社区矫正制度，是转变执政理念，加强执政能力与司法能力建设，构建社会主义和谐社会的客观要求，是对我国特色刑罚执行制度的有益探索，是推进司法体制改革的需要，也是我国人权保障进步的重要体现，是构建社会主义和社会的必然要求。

理论与试点都证明，社区矫正在改造和预防犯罪方面表现出了明显的优势。但是与恢复性司法相比较，社区矫正的制度设计方面存在不成熟性也是显而易见的。主要表现在以下几点。

(1) 关注被害人，保护其权益的机制缺失。恢复性司法不仅关注矫正加害人的行为，而且关注抚平被害人的创伤，不仅强调协调与梳理犯罪人和社区的关系，而且强调协调与梳理犯罪人与特定被害人的关系。而我国目前试行的社区矫正虽具有恢复性司法的部分功能，但其并没有把应当处于核心地位的被害人保护纳入该体系之中，更缺少被害人与加害人沟通对话的平台及互动机制。实际上社区矫正仅是缓刑、管制、剥夺政治权利以及假释、监外执行等非监禁刑的一种行刑方式，很难寻找到被害人与加害人的沟通，更难搭建被害人与加害人之间利益协调、矛盾调处、诉求表达的桥梁，更不易形成互动协调的长效机制，尤其是被害人的参与性往往被漠视，更得不到可靠的保证。

(2) 化解纠纷、协调利益的机制未建立。恢复性司法不仅具备犯罪改造的功能，而且具有调解纠纷的功能。通过谈判和协商解决纠纷是恢复性司法的有机组成部分，其对后续矫正计划的顺利实施仍有着积极的作用。而我国社区矫正仅单纯从处刑后的矫正阶段着手，忽视了在形成判决前的化解纠纷机制的建立与运行，加害人和被害人的敌对情绪可能难以消除，因而矫正功能是有限的。

(3) 适用范围较狭窄，功能作用有限。与恢复性司法相比，我国社区矫正适用范围狭窄。根据《通知》精神，我国社区矫正只适用“缓刑、管制、剥夺政治权利以及假释、监外执行”5种，其没有把矫正计划作为前置放到量刑阶段乃至更前一些的诉讼阶段来考虑，因而其功能递减是必然的。

(4) 规范化、法制化的水平不高。我国社区矫正的法制化程度不高，管理手段欠缺。现有《刑法》和《刑事诉讼法》等关于适用缓刑、假释的法律条文较为笼统苛刻，涉及社区矫正的相关立法尚属空白。从根本意义上说，我国社区矫正只是停留在实验阶段，其既没有理论化、规范化，更没有被法律真正地认可。与此同时，社区矫正的管理手段运用欠缺，科技含量较低，一些现代化监管改造手段如心理测试、心理矫治、人格分析等在我国尚属起步阶段。

社区矫正的上述不足表明，我国现有的社区矫正无法替代恢复性司法。为了弥补传统刑事司法的不足，我国仍需进行恢复性司法理论研究与创新，摸索建立恢复性司法制度。

（二）将恢复性司法引入中国的可行性

一定社会的深刻历史与文化背景、经济需求与现实需要，是恢复性司法植入一国司法制度的基础与必要选择。考察该制度植入的可行性，对于完善制度，构建符合和谐社会要求的现代司法制度，则是非常必要的。因此，我们有必要从以下方面进行探讨。

1. 法律文化层面

国外学者弗里德曼认为，若不从文化、传统和习俗的角度来看待某一特定国家的法律制度，便不可能真正对这种法律制度进行全面认识和深刻理解。黑格尔对文化传统曾作过精辟的阐述，他指出："我们在现世界所具有的自觉的理性，并不是一下子得来的，也不只是从现在的基础上生长起来的，而是本质原来就具有的一种遗产，确切地说，乃是一种工作成果。……我们必须感谢过去的传统，这种传统有如赫尔德所说的，通过一切变化的因而过去了的东西，结成一条神圣的链子，把前代的创获给我们保存下来，并传给我们。"梁治平先生也曾经说过："文化类型问题之所以特别值得注意，不但因为它是客观存在的，更因为它可以决定文明的发展方向和未来的命运。"文化作为一定历史阶段物质与精神遗产的凝结与传承表达的方式，是某个特定文化体在漫长的文明进程中逐渐积累和发展起来的，文化积累越厚重，它延续下去的可能性就越大。我国传统诉讼文化作为传承几千年传统文化的一部分，具有很强的稳定性、连续性、基础性、社会认同性，以及对于其他诉讼文化与法律制度的排斥与同化的能力。其本源的真谛，为中国古往今来的大师与智者所揭示与阐发，使当今的人们从中能领悟到其中魅力与憾人的不屈力量。正如中国古代先哲老子所云："人法地，地法天，天法道，道法自然。"❶ 即天、地、人，一切有生命的和无生命的事物都是和谐的统一的宇宙的组成部分，决定世界安宁与人的幸福的是和谐。和谐不仅要求人与自然之间的和谐，而且要求人与人之间的关系的和谐。追求无讼的社会秩序，一直是中国人所秉承的重要价值观念。为了

❶ 《老子》第二十五章。

实现这种和谐，圣人们指出其关键在于“使民不争”。儒家认为，要实现“使民不争”，其途径在于“制礼作乐”，“乐至则无怨，礼至则不争。揖让而治天下者，礼乐之谓也。”“听讼，吾犹人也。必也使无讼乎”![1] 没有诉讼、没有纷争的和谐的理想社会，构成儒家的核心价值体系与理想追求。所谓“齐同法令；息遏人讼”，“百姓素朴，狱讼衰息”[2] 等，都是这一思想的表现。“礼之用，和为贵，先王之道斯为美”的“和为贵”和“讼则凶”[3] 的法律观念孕育培养了根深蒂固的独特的“厌讼”法律文化。同时，中国社会是传统型的乡土型的社会，它安土重迁，是“生于斯、长于斯、死于斯”的社会。在这样一个由血缘与地缘关系而结成的“熟人社会”之中，虽然很少使用类似西方“贝壳放逐”的方法。但积毁销骨、众口铄金、“唾沫淹死人”的古训，则足以让一个敢冒天下之大不韪的人在作出决定之前须“三省吾身”。“心要平恕，毋得轻意忿争；事要含忍，毋得辄兴词讼；见善互相劝勉，有恶互相惩戒；务兴礼让之风，以成敦厚之俗。”“欲民无讼，先要教民，使遵行礼义，忍让谦和”。[4] 这些儒家伦理道德学说的渗透与潜移默化，使得“无讼”成为一种大众的传统观念，它把参加诉讼视为一种耻辱之事，“好讼”几乎被看做是道德败坏的同义语。而在官府视角中，“若诉讼”则被称作刁民的代名词。这种源远流长的“无讼”“遵循礼仪”法律文化，为恢复性司法理念的融入提供了温床，其相互融合的文化土壤，为其生存与发展提供了观念形态的支持，从而必然降低或减少恢复性司法制度创设所需预付的理论与舆论支付成本、制度运行因观念形态冲突引发的摩擦成本等。

2. 历史渊源层面

回顾历史演进的路径，人们不难发现，中国是世界上最早建立调解制度的国家之一。早在两千多年前的西周，就设置了主管调解事务的官吏。明代法典中已经明确规定了民间调解制度与运行程序。这种依据封建时代居统治地位的“无讼”思想文化观念支配下调解，则由当事人自行和解或在中间人调解下达成和解，从而成为封建社会协调社会冲突、平衡利益矛盾，调处人际纠纷最自然的选择。因此，人们在冲突争端发生时，不采取直接诉诸官府而在村落、宗族或行会等小范围的团体或集团内部调解解决。家族成员之间的冲突，首先投

---

[1] 《礼记·乐记》。

[2] 《汉书·礼乐志》第22卷。

[3] 《论语·学而》。

[4] 王守仁：《十家牌法》。

告家长、族长，由他们调停，作出仲裁或裁决。家族以外的纠纷，通常由邻里声望高的长者或其他能够获得人们的尊敬的人来调停解决。当然为自身经济利益，为出口气或泄愤，在调解无法达到意见统一时，上衙门打官司求助“父母官”的明断为最后无奈的选择。在中国的近现代乃至现代，调解被承继下来。中华人民共和国成立后，党和国家强调运用说服教育和思想工作的方法正确处理人民内部矛盾、增进人民团结，对民间调解制度加以改造，确立发展人民调解制度。这些，为恢复性司法制度的创设与运行提供了生存与发展的社会空间。在构建社会主义和谐社会新的历史条件下，恢复性司法将会同人民调解、社区帮教、青少年维权、法律援助、见义勇为、治安保卫、社区矫治等，共同发挥着治国安邦的功效，成为服务和谐社会新的实现途径与新型法律制度安排。

3. 经济需求层面

传统报应性司法模式构建以监禁为中心的现代刑罚制度，为预防和惩罚犯罪发挥着不可替代的作用。随着社会的发展，刑事案件呈上升趋势，它带来了另一个国家与人们不得不面对的重大现实问题，即国家不得不扩篇警察队伍，增加警力，同时扩充篇检察官队伍和法官队伍，国家不得不供养一支庞大的警官、检察官、法官和监狱官队伍及其行使司法权所需的高昂费用。但这并未有效解决公安、司法机关的案件负担问题。在刑事司法活动中，犯罪人停止工作，不仅不能有效地创造财富，还需花钱聘请律师，承担着高昂的诉讼费用，备受漫长的诉讼期间的煎熬。从对关押改造罪犯所需要的成本分析，其成本花费或投入也是很大的。许多发达国家在监狱监禁罪犯的成本达到了每年数万美元/人。我国监狱监管罪犯的费用也相当可观。2002 年，全国监狱基本建设项目支出 30 多亿元，监狱系统日常经费支出 165.4 亿元，其中，国家财经拨款 127.3 亿元，生产补充 39.4 亿元。若仅以纯国家财政拨款 127.3 亿元经常性支出和 30 亿元基本建设经费支出来计算，关押改造一个罪犯的年费用也已超过万元。这可能已经高于一个大学生一年的开销。这还不包括从军费渠道支出的武装警察担负值守任务所支付的成本费用。从超押的人员看，国家需要新建监狱，增加监狱设施建设投入，需要增加管理人员和管理费用，等等。这必然增加国家的财政负担，加大对罪犯关押的成本投入。而按照财政部与司法部联合下达的监狱经费支出标准测算，全国监狱系统实际需要高达 210 亿元公共财政经费预备支出才能保障其正常运转。

从节省国家司法成本视角分析，恢复性司法通过刑事司法系统范围内以及范围之外的补偿与调解，实现犯罪者与受害者之间的和解，恢复被破坏的社会秩序，既节约了社会总体的司法成本，又有助于减少繁重的办案负担，确保刑事司法系统仅处理那些严重的案件。从长远来看，恢复性司法比报应性司法更有利于降低犯罪率，从而节约了社会司法成本，提高司法效益。因此，现实的经济需求为恢复性司法制度创设提供了物质条件与可能。

4. 现实考察层面

我国二元社会结构的形成与构建和谐社会的提出，为恢复性司法提供了必要的社会条件和广阔的发展空间。自改革开放以来，我国社会结构发生了并正在发生着巨大的变化。与之相适应的政治属性的刑法、国权主义属性的刑法逐步向兼顾社会属性刑法与兼顾民权主义属性刑法过渡；刑事政策也由国家本位模式逐步向国家——社会本位模式转变。市民社会排斥政治国家的公权力对专属市民社会生活领域的不当干预，通过社会自治的方式对刑事司法领域进行适当干预，从而使国家刑法权运行的触须呈现出在范围方面收缩的趋势。同时，市民社会又不断地将其触须伸展到政治国家公权力甚至刑法权运行的领域，配合政治国家的公权力对犯罪作出社会性的反应。恢复性司法表现为社会自治反应对国家正式反应的一种制度替代与补充，其地位与作用日益显现。❶ 近年来，和谐社会的剔除也可以说从某种意义上表达了人们对成熟二元社会结构的理想预期和追求。和谐社会是一个公平正义、诚信友爱、充满活力、安定有序、人与自然和谐相处的社会，也是一个多元互助、合作互助、人本理性的社会，而这一切美好社会目标的实现都有赖于完善的法律对社会关系的全面有效的调整。完善刑事法律，科学调整刑事政策，应成为建设社会主义和谐社会的重要一环。从实际生活中看，也确实存在一些案件，被害人不愿追究犯罪人的刑事责任，而司法机关依法行使公权后出现法律效果与社会效果不统一甚至相冲突的情况。如某人进入其堂兄家室内行窃，偷窃人民币 600 元，准备逃走时与兄嫂相遇，怕被抓住而用力击打其头部后逃走。事后，行为人将其所盗欠款主动退赔，赔偿了医疗费用，并投案自首。司法机关介入后，行为人最终因抢劫罪被判处有期徒刑 7 年。面对行为人 7 年的牢狱及其妻、子的艰难生活，受害人对审判结果也十分懊恼。审视此案，很难说现行刑法体系真正保护了受害人的权益，维护了被害的社会关系，司法的后果之一是对加害人与被害人双方带来了更为严重的损害。这种严刑酷罚与情理法的脱节，呼唤恢复性司法的引入。

---

❶ 梁根林："刑事政策解读"，见陈兴良主编：《中国刑事政策检讨——以"严打"政策为视角》，中国检察出版社 2004 年版，第 61 页。

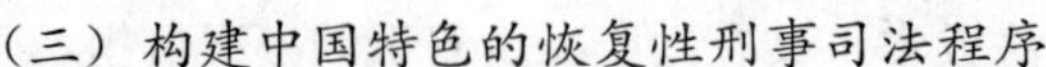

(三) 构建中国特色的恢复性刑事司法程序

恢复性司法程序在中国特色刑事司法制度中处于十分重要的地位。它作为刑事司法制度的补充、衔接与配套，以一定目标模式、适用范围、实施条件及运行方案等成为中国化的恢复性司法制度，并构成中国特色刑事司法制度的一个子系统，必将发挥促进社会主义和谐社会建设的重要作用。

1. 恢复性司法的目标模式

恢复性司法作为对传统司法的补充与配套衔接，其在目标模式上有独特之处，即正义、秩序与效率的多重目标模式。首先，正义与秩序是每一类型的刑事司法都要追求的终极目标，恢复性司法概不例外。其次，恢复性司法将效率作为与正义和秩序并重的目标，是由其自身特点与特殊地位所决定的。恢复性司法的出现除了深远的法律文化渊源、历史背景以外，现实的社会根源和经济需求则是根本的动因，它的出现与发展，与其所带来的司法成本的节省、社会效益的提高息息相关。它独特的解决问题方式是调解，调解的目的之一就是效率。恢复性司法如果放弃效率目标，或失去效率，那么它也就失去存在的现实意义。同时，恢复性司法对效率的追求也正是为了达到法治和谐与文明社会应有的正义与秩序，三者的有机统一，从而恢复社会和谐。

为了实现上述目标，恢复性司法拥有其独特的正当程序规则：

(1) 法律咨询权。

(2) 未成年人获得帮助权。

(3) 充分知情权。

(4) 拒绝参与权。

(5) 参与不可视为有罪证据。

(6) 协议自愿且合理。

(7) 程序进程不公开。

(8) 司法监督。

(9) 未能履行协议不受从重、加重处罚。

2. 恢复性司法程序模式选择

不同的程序模式，不仅表现了参与主体与程序运作方式的差别，而且暗含了此模式与他模式产生的原因与理论基础的差异性。但是，无论何类恢复性司法模式，其都融合了恢复性司法的基本理念与基本价值。我国自古就有“和为贵”“知足忍让”的儒家文化和传统，并且形成了保辜制度、犯罪存留养亲、缓刑、免刑等制度，这为接受恢复性司法的理念奠定了一定的文化传统基础。运用情理道德规范来化解纠纷的民间调解传统，在当代社会生活中发挥着积极

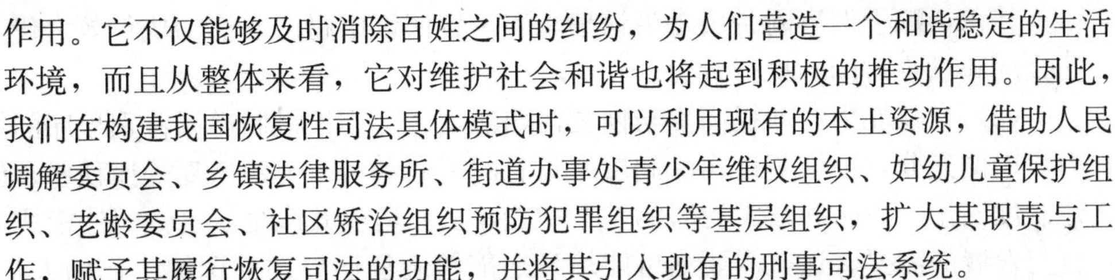

作用。它不仅能够及时消除百姓之间的纠纷，为人们营造一个和谐稳定的生活环境，而且从整体来看，它对维护社会和谐也将起到积极的推动作用。因此，我们在构建我国恢复性司法具体模式时，可以利用现有的本土资源，借助人民调解委员会、乡镇法律服务所、街道办事处青少年维权组织、妇幼儿童保护组织、老龄委员会、社区矫治组织预防犯罪组织等基层组织，扩大其职责与工作，赋予其履行恢复司法的功能，并将其引入现有的刑事司法系统。

（1）完善立法。通过立法或修订相关法律、法规，明确界定并使这些基层组织具有适用恢复性司法程序的主体资格，将社会基层组织引入国家刑事司法专属垄断的领域，实现国家专司刑事司法权与社会基层组织依规则有序参与的有机结合。这就要求我们从推进刑事法制现代化着眼，以引入恢复性司法为切入点，以完善刑事实体法、刑事程序法为着力点，使恢复性司法成为刑事法制度的有机组成部分，成为刑事司法的重要内容，成为刑事诉讼的前置程序，并于审前程序、审裁程序、刑罚执行程序相匹配。其路径依赖可从几个方面渐进推动。

其一，在刑事诉讼程序上，设置前置程序与审前程序、裁判程序及执行程序相衔接、配套。凡符合恢复性司法范围与条件的案件或自诉案件一律先适用前置程序，即只有经过恢复性司法程序、和解协议无法达成，或虽达成而无法履行，且公安机关或人民检察院不予刑事追诉的情况下，方可由自诉人向人民法院启动自诉程序，以实现其自身权益。这不仅仅是作为对公安、检察机关行使职权的一种制衡机制，更重要的是作为实现社会公平正义、促进和谐目标的一项具有长效的法律制度安排。

其二，以立法方式增加刑事实体法中刑罚的种类，扩大非监禁刑的适用，并与现行的调解制度、社区矫正制度相衔接。

其三，把恢复性司法方案与程序、符合刑事和解范围与条件的加害人履行协议及其悔罪改过程度，与刑事处罚相挂钩。

其四，赋予检察机关更为充分的自由裁量权，即对于适用恢复性司法范围、对象及程序，达成且正在履行和解协议的加害人、犯罪嫌疑人及被告人，检察机关可以监督纠正公安机关刑事立案，作出不批准逮捕决定，或作出不诉、撤案、暂缓起诉的决定，建议法院从轻、减轻或者免除处罚，以及对恢复性司法的全程实施法律监督的权力。

其五，赋予法官更大的司法裁量权。对于履行调解协议的，可作为从轻、减轻或免予判处刑罚；对于不履行调解协议的，可作为法定从重或加重处罚的情节。

其六，赋予刑事附带民事诉讼请求和调解协议中财产赔偿的执行效力优于罚金刑和没收财产的执行效力。

（2）增强能力。即提高参与恢复性司法主体运用该机制遵循特别程序的能力，以便充分发挥恢复性司法制度所具有的平衡利益冲突、恢复受损秩序、创建制度安排、预防和减少犯罪的基本功能，从而适应并满足恢复性司法模式运行与发展的需要。这就需要尽可能培训出能够胜任刑事案件调解工作的人员，让他们掌握调解技能以及相应的法律，能为犯罪人与被害人提供真正的恢复性司法的行动计划。

（3）有序参与。需要注意的是，在被害人——犯罪人调解程序中，由于参与人员仅限于被害人、犯罪人和调解人，程序参与主体显得比较单薄；而家庭小组会议，量刑小组等模式参与的人较多，无论从双方当事人支持系统作用的发挥，还是社区作用在恢复性司法中的融入，都具有一定的优越性。所以，在构建我国恢复性司法程序时，可以设计在被害人——犯罪人调解程序的基础上，扩大参与主体的数量，注重有序参与，以保证“恢复”价值的真正实现，功能的全面运行，法律效果与恢复性司法成本支出的协调平衡。与此同时，可以尝试根据不同地域的差别，有选择地适用被害人——犯罪人调解程序之外的其他恢复性司法计划，等等。

（4）有效运行。一项恢复司法行动方案的拟订、实施及其检验，关键在于遵循规范、便捷、有序、协调的恢复性司法程序。这包括以下几个方面。

首先，准备程序。无论选择哪种方案，都要求在恢复性司法程序开始之前进行精心的准备，选择合格的主持人，避免封建宗族势力把持或黑社会人员介入，增强主持的支持度、可信度与调节效果的融合度。作为优秀的主持人，应当告知被害人与加害人双方及他们各自的亲属参与此程序的目的、双方在此程序中应当享有的程序选择权、并且解答对方的疑问。

其次，调解会议。在准备完善的基础上，选择好预定的日期，举行符合一定规则要求且有公信力的调解会议。会议的地点根据双方的便利进行选择，比如可以在学校、村委会、街道办、工厂等地并告知双方可以邀请各自的支持者出席会议。

再次，充分讨论。主持人要平衡把握会议的进程，按照主持人概括性发言、组织被害方与加害方进行讨论，包括实施的犯罪、由此造成对被害人与社区的伤害、物质损失、身体伤害和精神方面的压力等步骤，组织与会人员进行深入讨论，以达成共识。

复次，签署协议。在主持人组织协调下，加害方与被害方在达到谅解与和

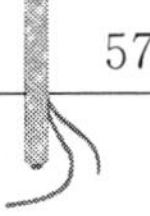

解的基础上，签订一份协议。其内容包括赔偿、修复与服务、履行方式、期限、违反协议的责任等予以记载，并由与会者签署。

最后，采纳监督。由侦查、检察、审判机关对协议进行审查，并作为正式采纳、监督、考核与检验执行效果的依据。同时，此协议的履行要借助基层组织的监督考察，始终与正式刑事司法机关保持联系，接受其指导与协调，接受法律监督机关的监督。

（5）法律效力。恢复性司法行动方案中的和解协议，是在公正调解人主持下，以法律规定、遵守恢复性司法步骤与和解程序，由被害方与加害方按照意思自治原则达成一致的带有规范性与约束力的契约，其法律效力在于引发司法机关的确认；其协议的履行可作为国家司法追诉权、审判权对案件介入运行方式包括不立案、不诉、撤案、从轻减轻或免予判处等的依据；其协议一方或双方不执行协议，即宣告恢复性司法行动方案中和解程序的终止，和解协议的失效；其不履行和解协议与程序终止导致司法追诉权、裁判权的启动与行使。

3. 恢复性司法的适用范围与适用条件

综观恢复性司法的国外实践，恢复性司法适用的范围非常宽泛，几乎没有任何的限制。所有的刑事诉讼阶段与刑事案件都可以不加区别地适用恢复性司法，其严重后果之一是造成诉讼程序的混乱、自由裁量权的滥用与司法腐败的滋生。恢复性司法能否适用于重刑犯罪和公害案件？近年来，西方国家刑事和解实践开始向严重暴力案件拓展，但这种尝试引起了被害人保护运动的普遍抵制，并被刑事司法主流程序所否定。从被害人保护运动的角度看，暴力犯罪的被害人的报应情感远远超出其被害恢复的需要，且严重暴力犯罪人主动认罪的可能性很小，以和解来换取轻缓刑法无疑会损害公共利益。惩戒功能是刑事法律的重要功能，对于严重刑事犯罪分子必须予以刑罚。因此，我国在这一方面推进恢复性司法步伐不宜太快。对于公害案比如危害国家安全、危害公共安全的犯罪以及公职人员的职务犯罪案件，由于侵害的是公众利益和国家利益，且公权具有不可让渡性，这类犯罪不宜适用恢复性司法程序结案。但是这类案件的处理应当体现恢复正义和社会赔偿运动的精神，也就是说今后在查处上述犯罪案件时应注意引入利益调节机制和平衡机制，要让包括国家在内的受害者的合法权益得到及时有力的保护，而不仅仅是让犯罪人得到惩罚。只有这样，才能有效调动社会力量共同参与预防和减少犯罪，才有助于实现建立和谐社会的目标。

基于我国目前深植于民众心中的“重刑观念”在短期内无法祛除以及某些案件仅涉及公共利益而无具体被害人等情况，恢复性司法作为正式刑事司法体制的补充而非替代物的社会功能的定位，其在我国不能适用于重罪案件与公害案件，而仅适用于以下四类。

（1）被害人为自然人且法定刑为3年以下有期徒刑、拘役、管制、罚金的轻罪案件。

（2）被害人为自然人的，可能被判处5年以下有期徒刑的偶犯、过失犯、未成年犯或老年犯。[1]

（3）行政治安处罚案件如现行劳动教养案件也应纳入恢复性司法适用范围。

（4）自诉案件。

必须明确，以上四种类型不包括惯犯和累犯。

恢复性司法的适用条件应当包括：

（1）加害人的有罪答辩。这是恢复性司法程序启动与运行的先决条件。如果加害人不认罪，恢复性司法就无法进行。

（2）双方自愿和解原则。自愿是恢复性司法程序启动的条件之一，包括被害人与加害人双方自愿，即无论是加害人的悔罪、道歉或赔偿，还是被害人放弃对加害人刑事责任的追究，都必须出自真实意愿。只有在自愿参与的恢复性司法中，加害人才会认真反思、真诚悔罪，被害人才可能宽恕加害人，进而双方达成和解，社区关系得到修复。

4. 恢复性司法的逻辑结构

所谓恢复性司法的逻辑结构是指反映其质的规定性、功能与作用的外在表现形式，包括行动方案、和解协议、结案方式、配套措施等等。而检验一项恢复性司法活动成功与否，其关键在于制定并严密实施经被害人与加害人自愿接受的恢复性司法的行动方案、和解协议、履行协议的配套措施等等。这包括：

（1）向被害人赔礼道歉。

（2）加害人立悔过书。

（3）当场或承诺向被害人支付相当数额的财产或非财产上的损害赔偿，并签订协议书。

（4）保护被害人安全的义务。

（5）由加害人向政府或指定的公益机构支付一定的损害赔偿。

（6）由加害人向指定社区提供一定时间长度的义务劳务。

---

[1] 程味秋等编：《联合国人权公约和刑事司法文献汇篇》，中国法制出版社2000年版，第208页。

（7）预防再犯所应承担的义务。

（8）终止对加害人的刑事追究。

（9）履行协议的相关措施，包括违反协议的法律责任。

（10）其他恢复性司法的方式与行动。

对于加害人与被害人及社区一体遵守恢复性司法行动方案的，司法机关即作刑事和解结案处理，主要方式包括：

（1）依执行恢复性司法方案与和解协议或法律规定，对加害人“可不作为犯罪立案调查处理”。

（2）不起诉，包括绝对不起诉和相对不起诉。检察机关案件承办人在审查双方达成的和解协议符合合法性、自愿性原则的前提下，可经法定程序提请检察长或检察委员会对加害人作出不起诉决定。

（3）暂缓起诉。在加害人与被害人履行恢复性司法方案、达成和解的情况下，以暂缓起诉为手段，在暂缓起诉的期限内，根据加害人自觉履行和解协议的情况决定是否起诉。

（4）提出从轻、减轻处罚的量刑建议。对被害人与加害人达成和解协议，但不符合撤案或不起诉条件的案件，检察机关向法院提起公诉的同时可提出对加害人依法从轻、减轻处罚的量刑建议。

（5）暂缓宣判与依法从轻、减轻或免予处罚。对加害于与被害人在审判期间，积极主动履行行动方案与和解协议的，法院可以对加害人作出暂缓宣判的决定，待协议执行与否再决定是否启动裁判程序，或者酌定依法从轻、减轻或免予处罚。

5. 恢复性司法与法律监督体系

（1）社区组织、司法机关的告知义务。在社区直接调解、刑事侦查和起诉阶段，当案件属于恢复性司法适用范围时，社区组织、公安机关和检察机关均有告知案件双方选择调解权的义务，并应告知案件双方调解的性质、目的、效果，尊重案件双方当事人的选择，尤其要保证加害人对此程序的清醒认识，这包括：①让其认识到自己选择恢复性司法方案给其带来的积极后果，即不需进行到正式的法庭程序而遭受到先期刑事羁押使其各项权利被强制限制定罪与交付刑罚机关监禁执行的可能性；②让其认识到周围人对他的宽容和期待，包括被害人一方以及其家属成员和社区其他成员；③让其对自己的行为进行悔悟，并且以自己真实的行动来消除或弥补自己犯罪行为所带来的后果；④对此处理决定的法律效力有清醒的认识，即如果以后再犯的话，将失去再次适用类似程序的机会，等等。

（2）立案前刑事司法体系层面。其一，受害人求助社区组织。当受害人选择社区调解时，为了保证受害人能够及时地得到救助与保护，将犯罪行为所造成的危害降到最低限度，必须设置有效的救助措施：

首先，设置专用24小时免费社区救助电话，电话应以确保大多数人可以知晓的方式向社会公布。其次，配置专业人员随时准备进行调解。再次，在能力范围内对受害人进行救助和保护，比如提供临时避难所，当情况危急时，及时与公安机关取得联系。最后，社区组织依规则进行调解，案件当事人双方的求助是启动社区调解的充足必要条件。防止社区组织以不正当目的进行调解，破坏正常的司法秩序。

其次，调解结果与效果。社区调解必须充分尊重案件当事人双方的意思自治，在不违背公序良俗与既定法律制度（包括实体与程序安排）的前提下，按照案件双方达成的协议制作调解书。调解书必须由案件当事人双方签名、两名以上见证人签名、调解员签名，社区组织加盖专用印章，调解书送达案件当事人双方时即生效。当加害方按时按照调解书约定的要求履行义务并对受害人进行补偿后，调解书即具有与司法裁判同等的效力，并严格受法律保护。此时，受害人若再就同一起案件向司法机关申请起诉或进行自诉，司法机关应不予受理，但是，能证明调解过程中存在胁迫、调解结果非自愿达成的当不在此列。当加害方不按照调解书约定的要求履行义务时，调解组织应提醒其履行，在劝说无果时，应告知受害人向司法机关申请提起诉讼或进行自诉，调解则不发生任何法律效力。

（3）侦查阶段刑事司法层面。因为我国适用恢复性司法的案件不包括涉及国家利益与社会公共利益的公害案件，所以在侦查阶段的刑事司法层面上，笔者将着重从公安机关适用恢复性司法方案进行考察。公安机关除了应履行上文所述告知义务之外，还有以下权力和职责：

其一，在青少年犯罪案件中，赋予侦查机关适用恢复性司法程序的权力。基于对青少年权益保护与实现被害人权益有效补偿，公安机关在处理青少年犯罪案件，应当积极主动提倡适用恢复性司法程序，这既是其权力也是其义务。

其二，除青少年犯罪案件以外，不得主动提出或要求案件当事人双方适用恢复性司法程序。为了保证公安机关的公正与威严，在告知义务履行之后，案件当事人双方没有选择恢复性司法的前提下，公安机关不能强迫其适用恢复性司法程序。

其三，在案件当事人双方要求下，并且案件符合适用恢复性司法程序时，公安机关应公正中立地进行调解。在案件当事人双方要求适用恢复性司法程序，并要求公安机关作调解时，办案人员应立刻向检察机关提出适用恢复性司法程序的申请书，其中必须载明案由、案件基本情况、案件当事人双方的要求等。检察机关在接到申请书后，应进行书面考察，在案件性质符合适用恢复性司法程序时——即在前文所述四种情形之中时，准予适用恢复性司法。如果不属于则驳回申请，并说明理由。公安机关在接到准予通知后，可在办案人员之中推举一名与案件无利害关系的公安人员或由案件当事人双方确定一名与案件无利害关系的公安人员主持调解工作。在申请被驳回时，公安机关应对案件当事人双方说明理由，继续侦查程序。

其四，对调解方案执行情况的监督与处理。在侦查阶段，案件当事人双方选择了恢复性司法程序，并在公安机关主持下自愿公平地达成了和解协议后，公安机关仍应对调解协议的执行情况进行监督和必要的处理。如果和解协议被顺利执行，恢复性司法方案生效，公安机关则应撤销对该案件的立案材料，并将撤销理由和情况通知检察机关；如果和解协议在规定的时间内没有被执行，则公安机关将恢复侦查程序，此时该案件将不再适用恢复性程序，公安机关必须进行侦查程序，不得以任何理由拒绝或拖延办案时间。

（4）起诉阶段法律监督层面。在案件经过侦查程序，进入审查起诉阶段时，且履行告知义务之后，检察机关应该站在法律监督视角，对案件进行认真审查与判断，加强监督。办理案件的检察官还应当做到以下几点：

其一，首先考察是否属于青少年犯罪案件。如果属于青少年犯罪案件，尤其是 16 岁以下的青少年犯罪案件，检察官应当决定适用恢复性司法程序。基于保护青少年权益，保证被害人得到有效补偿以及节省司法成本考虑，赋予检察机关在处理青少年犯罪案件时适用恢复性司法的权力。

其二，除青少年犯罪案件外，不得要求或强迫案件当事人双方选择恢复性司法程序。这是防止检察机关滥用职权，维护司法权威的必然选择。

其三，案件当事人双方要求下，在案件符合适用恢复性司法程序时，办案的检察官应立刻向检察机关的检察长提出报告书，其中必须载明案由、案件基本情况、案件当事人双方的要求等。检察长应审查案件是否属于可适用恢复性司法程序的四种类型，属于则应准予调解，否则驳回申请并说明理由。办案的检察官应在接到准予通知后，可推举或应案件当事人双方要求确定一名与案件无利害关系的检察官作案件的调解员，来主持调解工作。当接到驳回通知时，应向案件当事人双方说明理由，继续审查起诉工作。

其四，对调解方案执行情况的监督与处理。在审查起诉阶段，案件当事人双方选择了恢复性司法程序，并在检察机关主持下自愿公平地达成了和解协议后，检察机关仍应对调解协议的执行情况进行监督和必要的处理。如果和解协议被顺利执行，恢复性司法方案生效，检察机关则应撤销起诉审查，并通知公安机关撤销对该案件的立案材料；如果和解协议在规定的时间内没有被执行，则检察机关将恢复审查起诉程序，此时该案件将不再适用恢复性程序，检察机关必须进行审查起诉程序，不得以任何理由拒绝或拖延办案时间。

其五，对公安机关适用恢复性司法程序的监督。首先，对公安机关应案件当事人双方要求所提请的申请书进行审查，以决定是否准许其启动恢复性司法程序。对案件属于适用恢复性司法程序的四种类型时，应作出准予适用决定。反之，则作出驳回申请决定，并说明理由。其次，对公安机关主持的恢复性司法案件进行的监督，防止公安机关滥用职权，违背公正中立原则，消除调解过程中的胁迫因素，保证调解有序、公正、自愿进行。最后，对公安机关主持调解的案件执行情况进行监督，在调解协议失效时，督促公安机关积极恢复侦查程序，维护被害人权益。

其六，对自身适用恢复性司法程序的监督。首先，实行检察机关负责人批准制度，这在上文已经涉及。其次，引入人民监督员制度，对检察官主持的恢复性司法程序进行监督，保证程序有序、公平、自主进行。最后，人民监督员同时负责对检察机关适用的恢复性司法案件执行情况进行监督。

其七，对法院适用恢复性司法程序的监督。首先，当法院决定适用恢复性司法程序，而检察机关却认为案件不属于恢复性司法适用范围时，可向法院提出抗诉，抗诉被驳回时，可提请上级检察院向上级法院提出抗诉，由上级法院作出最终决定。其次，是对法院主持的恢复性司法案件进行的监督，防止法院滥用职权，违背公正中立原则，消除调解过程中的胁迫因素，保证调解有序、公正、自愿进行。最后，对法院主持调解的案件执行情况进行监督，在调解协议失效时，督促法院积极恢复审判程序，维护被害人权益。

（5）审判阶段刑事司法层面。在法庭审判阶段，在法官履行了告知义务之后，恢复性司法的应用还包括以下几个层面：

其一，法官的批准决定权。如果案件当事人双方要求调解，并且案件属于恢复性司法范围内，法官应当批准，并将适用恢复性司法程序的决定通知检察机关。

其二，对检察机关抗诉的处理。当检察机关对适用恢复性司法程序提出抗诉时，法官应再次审查案件材料，在确定案件属于适用范围时，应驳回检察机关的抗诉，继续进行调解。反之，则应恢复审判程序，及时审判。

其三，确定调解主持人员。如果法院决定调解，应由原审法官主持调解或在案件当事人双方要求下，也可由该案件的人民陪审员、书记员、助理审判员来主持调解，并且主持人必须与案件无任何利害关系。

其四，中立消极的调解员地位。在调解过程中，法官没有调查发言权，只是完全中立地充当公正调解员角色，案件双方有充分地讨论自由。

其五，对调解结果的监督与处理。即对调解方案执行情况的监督与处理。在审判阶段，通过调解，案件当事人双方自愿公平地达成了和解协议。如果和解协议被顺利执行，恢复性司法方案生效，法院将对原审案件驳回起诉，并将协议执行情况通知检察机关，公安机关据此作出撤销案件处理；如果和解协议在规定的时间内没有被执行，则法院应及时恢复审判程序，此时该案件将不再适用恢复性程序，法院必须及时审判，不得以任何理由拒绝或拖延办案时间。

（6）诉讼时效中断。为鼓励受害人选择恢复性司法，打消受害人将会失去法律保护的顾虑，同时防止犯罪人借调解之名拖延时间，逃避法律追究，可以设置诉讼时效中断程序。一旦案件转入恢复性司法程序，正常的刑事诉讼时效就会中断，调解期间不记入诉讼期间。

（7）调解结果与效果。本着注重公平兼顾效率的原则，调解应尽可能在短的时间内完成。笔者认为最长不应该超过一个月，特殊情形可延长半个月。超过一个半月视为调解失败，司法机关应重新对案件进行诉讼，并尽快结案。调解成功，诉讼终止。

6. 创建配套措施，促进社会和谐

（1）建立和谐的社区关系。

其一，着眼于社区建设发展模式。在社会发展理论中，人们对单纯经济增长模式的片面性已有所认识，即：单纯的经济增长并不必然带来社会进步。以人为中心的社会发展理论越来越受到人们的普遍关注。1955 年联合国发表的《通过社区发展促进社会进步》文件，其核心意思就是：在一个地域里，组织和教育群众，从社区的共同利益和共同需要出发，有计划地引导社区内的居民与组织共同参与，以自身的努力与政府联合一致，改善社区的经济、社会与文化状况。由此可见，它所谋求的就是区域性的社会全面发展，因为只有每个地区都协调发展了，整个社会才能得到共同的进步。这样，就要求社区建设与政府的发展目标规划保持一致。

其二，注重社区精神文明建设目标。社区建设不仅仅是精神文明建设的载体，而且良好的社区建设所营造的社会氛围正是精神文明建设追求的目标。在我国，社区建设和精神文明建设活动是分不开的，并且一般意义上认为，社区建设是精神文明建设的载体、依托与物质承担者。通过社区建设，精神文明建设就能落到实处。社区建设和发展所推进的社会进步内在地包含了精神文明建设及其社会全面进步。因此说，社区建设不仅仅是精神文明建设的载体，而且是精神文明建设追求的目标。

其三，不断优化社区环境，提高社区内居民的生活质量。这是社区建设的基础要求所在。社区环境包括两部分，一是自然环境，一是人文环境。社区自然环境是人们从事各种活动的场所即物理空间。对社区自然环境不仅要美化绿化，还要求有完备的设施，这是一个社区所必备的物质要素。人文环境最主要的是营造良好的人际关系。作为人群共同体，没有良好的人际关系氛围，社区成员就不会积极参与社区活动，人的积极性就无从发挥出来。各种文化从深层意义上看都是为人际交往提供机会，而不仅仅是承担社会功能。优化环境实质上是优化人与自然、人与社会、人与他人之间的关系。

其四，以提高人的文明程度为核心，推进社区建设，促进社会进步。人的全面发展是社会发展的根本目的所在。人的素质提高了，则意味着社会进步。人的素质提高有多种表现形式，但最直接的表现就是人的文明程度的提高。社区建设要以提高人的文明程度为核心。人的文明程度的提高，从根本上说还在于其内在文化素养的提高，这样就要求社区建设离不开这种大文化的灌输和熏陶。同时，提高人的文明程度，离不开文明规范的约束，尤其在起步阶段，通过规范的约束，让人们知道什么是文明的，什么是不文明的，增强社区内居民的文明意识。这种文明意识的进一步升华，会使居民的文明行为由他律转变为自律，成就高水平的文明水准。而居民文明程度的提高，必然带来社区建设的不断推进，从而带来社会的不断进步，这也是社区建设的最终目的所在。

（2）树立权威，建立信任。调解机构要发挥作用，关键在于调解人的权威性。国外学者韦伯在论述权威时认为，权威的合法性主要有三个方面的来源，即：建立在理性基础上的法规和章程、神圣的传统以及个人的魅力素质。由此，韦伯区分了三种不同类型的权威，即：法理型权威、传统型权威和魅力型权威。法理权威的合法性来源于以理性为取向（即以目的合乎理性或价值合乎理性为取向）而制定出的、要求组织成员必须遵循的各种法规和章程。科层权威是法理型权威最纯粹的类型。在一个科层组织里，组织的规章规定了处于不同层次上的各个职位的职责和权限，并使处于较高职位的人对于处于较低职位的人拥有了一种由组织规章所赋予的权威。典型的法理权威拥有者是“上级”。传统权威是由传统的神圣性赋予其合法性的。传统是在社会生活中长期存在的获得公众承认的、具有象征力和行为约束力的制度。在由传统所控制的社会里，某些人先赋性地拥有了在社会生活中的支配权。魅力权威的合法性来源于权威者的个人魅力素质。个人的魅力素质是指个人所具有的其他人无法企及的非凡力量和品质。魅力权威的获得有赖于“追随者们”对这种魅力素质的承认，而这种承认往往以它能给众人带来福利为条件。[1] 从韦伯对权威来源性的论断，我们可以推导出一个结论，即：社会生活中权威的获得不外乎两个方面的来源：社会制度与个人素质。

在社区组织中人与人之间是一种平等相处的关系，权威的建立只能来源于个人素质，即通过社区公正调解，积极促进案件和平解决，恢复已受损的社区关系，从而获得受害人、犯罪人和司法机关对社区的信任，并逐步建立其自身的威信。在调解过程中，应本着建立受害人与犯罪人之间的信任，解决利益冲突，重建社区和谐。

（3）建立刑事调解员制度。

其一，培养与选拔。在社区建立刑事调解员制度，由社区推选代表，选出在社区内有威望、有号召力和组织能力的人员，在司法机关组织下进行正式培训，使其具备刑事调解员应有的法律知识和法律素养，其关键在于：①明确刑事调解员的职责及其选任条件；②明了刑事调解员担负的维护社区和谐运转的重要责任，增强其全心全意为人民服务的光荣使命；③激发刑事调解员的内心责任感和自豪感，并树立刑事调解员无私高大的正面形象；④督促刑事调解员内心自省和不断提高调解能力。同时，司法机关要加强对刑事调解员的教育和培训，保证其法律知识和思想道德的先进性，确保刑事调解员是可以为群众相信和依赖的。

其二，专业水平与职业道德。刑事调解员应达到中等以上法律水平，能熟悉刑事司法的相关法律知识，对刑法、刑事诉讼法及社区文化有相当的掌握与了解，在社区取得公认的调解能力认可。刑事调解员的能力只有被社区人认可，才能进一步树立调解员的威信，使人们能够并且愿意相信刑事调解员，这是调解得以顺利进行的前提条件。能力是获取信任的一方面，而职业道德才是获得信任和尊重的最终决定因素。刑事调解员的职业道德是其人格魅力的体现，也是其权威性、号召力的源头。作为一名合格的刑事调解员，除了要拥有一般公民所应有的美德之外，还要有过硬的职业操守。首先，必须为当事人保密，尤其是涉及隐私的案件和青少年案件；其次，公正无私是每个刑事调解员所必备的品格。只有公正无私才能博得当事人的尊重，促进调解顺利进行；最

---

[1] ［德］马克斯·韦伯著：《经济与社会（上卷）》，林荣远译，商务印书馆1997年版，第329页。

后，清廉自律是保证刑事调解员公正无私的前提，只有抵制住各种诱惑，才能公正地履行刑事调查员的职责。

（4）为犯罪人提供补偿机会。

其一，建立福利企业。国家应鼓励兴建福利企业，为这些企业提供免税的优惠政策，并为其提供免费技术指导，帮助福利企业发展壮大。而福利企业则须为犯罪人提供就业机会，并且为犯罪人提供良好的工作环境，融洽的生活空间，以消除犯罪人对社会的反感及再次融入社会的自卑感和恐惧心理，防止犯罪人再次走上犯罪道路。一定充分的就业可解决犯罪人的衣食来源，解决其自身和家庭的经济负担，消除其为了经济负担再次犯罪的可能，使其有能力负担对受害人的赔偿，实现调解协议，使受害人得到补偿，消除受害人对犯罪人的仇恨，重新构建和谐的社区关系。

其二，社区提供就业机会。在福利企业无法安置犯罪人时，社区应尽可能地为犯罪人提供就业机会，例如提供清洁工岗位、社区物业管理岗位、社区保安岗位等犯罪人力所能及的岗位，为犯罪人再次融入社区铺平道路。同时，督促犯罪人自食其力，积极对被害人作出补偿，取得被害人的原谅，恢复被破坏的社区关系，真正实现和谐发展。

50. 我国现代非法证据排除规则设置研究*

非法证据排除规则在英美法系和大陆法系的诉讼法律制度中，都是处于核心的地位。其确立之日起，在不同法系国家的刑事诉讼理论界、立法界和司法界就一直存在广泛争论，成为诉讼证据领域最具有争议的热点问题之一。由于非法证据排除规则所体现的保障人权与惩罚犯罪双重诉讼功能与诉讼价值，尽管其诉讼价值目标同其他价值目标之间存在一定的冲突，但与其他诉讼制度相比，却更能体现保障人权、实现程序正义与实体公正的统一，从而彰显维护法治的诉讼功能。在当今世界诉讼民主、保障人权的诉讼潮流中，非法证据排除规则作为程序正义色彩鲜明的一种诉讼制度在世界范围内逐渐受到大多数国家的重视。非法证据排除规则最早产生于20世纪初的美国，后来为联合国和其他国家所采纳，诉讼法制是现代法治的重要内容和标志之一，也是依法治国的重要保障，非法证据排除规则作为防止和制止侦查人员利用职权违法取证、保障诉讼法制的一种有效手段，其对于保障人权有着无可比拟的作用。随后，英美法系和大陆法系形成了较为成熟的非法证据排除规则。我国对非法证据排除规则的研究较晚，立法上对非法证据采证限制性规定不系统、不完善，在刑事诉讼实务中也难以操作。由于传统诉讼法律文化、价值与诉讼模式的影响与制约，在司法实践不断强化的“实体真实、打击犯罪”的诉讼目标驱使下，司法人员对证据的使用包括排除或采纳常常陷入了某种误区：证据只要有利于定罪与量刑就可以予以采纳，对证据取得的方式和手段既不依职业心理、责任经验予以“合理怀疑”，依程序提出诸多怀疑，更不可能依程序予以排除。这必然导致非法取证、甚至采取刑讯逼供、暴力取证等侵犯公民基本权利现象的屡屡

---

* 本文在王于红同志的协作下完成，发表于《人民检察》2006年第17期；收录于《检察前沿报告——理论与实务》，中国检察出版社2009年版。

发生，造成严重的社会影响。这些都表明我国迫切需要建立操作性强的、适应国情的、平衡保障人权与惩罚犯罪诉讼价值与诉讼功能的非法证据排除规则。以期建立科学严密的证据可采性的目标模式、体系结构与运行规则，形成具有中国特点的刑事诉讼非法证据排除规则体系。而证据能力或者说证据的可采性是非法证据排除规则的重要内容。笔者以其为视角，通过对两大法系美国、英国、德国、日本等国家的非法证据排除规则的剖析，试对如何建构我国非法证据排除规则作一些探讨。

本文的研究方法采用历史分析、借鉴及比较、规范分析与实证分析等方法，对有关概念、制度价值理念进行深入阐述，意在阐明我国构建该项规则时其制度设计的思路是遵循保障人权实现程序公正、惩罚犯罪追求实体真实两方面的有机统一，从而有助于建立中国非法证据排除规则的理论模式，以引导立法与司法渐进地运用，推进诉讼文明与诉讼制度现代化建设。

一、非法证据排除规则概述

（一）非法证据排除规则的概念

1. 非法证据的界定

非法证据界定的是侦控机关所获得的证据材料违反了法律准则，其证据丧失或部分丧失诉讼使用价值的一种证据范畴。随着我国诉讼理论中研究的深入，有关证据范畴的理论争鸣较为热烈，形成了“事实说”“根据说”“材料说”“统一说”等。传统的诉讼证据又有广义、狭义之分。❶ 法学权威著作《牛津法律大词典》对证据一词解释为“事实、从事实中推论出的结果及陈述。”❷ 从该法律词典可以看出，其定义所揭示的本质仍然是事实。从我国立法、刑事证据法理论研究学者持有的“事实说”“材料说”，笔者认为“材料说”“事实说”二者共同之处在于都强调证据的客观实在性，在一定的语境下，两者所表述实质是一致的。因此笔者认为，广义的证据是指在诉讼过程中用来或可能用来认定案件事实真相的一切事实或材料，即有待查证属实的证据之原始素材。❸ 在事实或物质资料这一广义背景下，人们不难概括抽象出狭义的证据的概念，这就是指依法可以作为定案根据的诉讼证据，也就是经过查证属实

---

❶ 何家弘、刘品新：《证据法学》，法律出版社 2004 年版，第 106 页。

❷ ［英］戴惟·M. 沃克篇：《牛津法律大词典》，光明日报出版社 1988 年版，第 316 页。

❸ 陈光中、徐静村主编：《刑事诉讼法学》，中国政法大学出版社 2002 年版，第 129 页。

的诉讼证据。[1] 从这些规定可以看出，广义的证据是狭义证据的前提，是有待发展成为狭义证据并能证明案件真实情况的事实，而狭义的证据是经过依法查证属实可以作为定案根据的事实，是广义证据的发展结果，它有法定的形式与来源。同广义证据相比，狭义的证据是经过查证属实的，对刑事犯罪嫌疑人的定罪量刑具有更直接现实意义的证据，因此，在本论题下笔者讨论非法证据中的证据是从狭义范畴界定的。

对于证据的属性一直是法学界争论的焦点，存有两性说、三性说、四性说、五性说等观点。证据应当具有客观性、关联性、合法性的三性说，是证据属性的主流观点。[2] 从词义层面分析，非法证据、合法证据是相对的概念。因此所谓非法证据相对应的应是证据的合法性，又称证据的法律性、可采性等，它是指证据具有形式确定性、来源的合乎法律规定性而没有不可采取的理由特征。按证据合法性的要求，“严格意义上的合法证据应是证据内容、形式、收集或提供的程序、方法和手段方面均符合法律规定的资料。而其中任何一方面不符合法律规定的条件，即可被视为非法证据。”证据的合法性在大陆法系诉讼法中被称为证据能力。证据能力是指一定的资料能成为证明待证事实是否存在的证据的法律上的资格。在英美法系中，证据的合法性被称为可采性，是指证据必须为法律所允许，可用于证明诉讼中的待定事实的特征。[3]

根据《联合国禁止酷刑公约》相关规定，非法证据中的非法指的是违反公约中禁止酷刑的规定及“载有或可能载有适用范围较广的任何国际文书或国家法律。”也就是说，就酷刑而言，缔约国不得违反公约规定与缔约国所承认的其他国际文书及缔约国本国法律；而对非法取得的物证，由于其侵犯人权程度较低，则未作说明，而是留待各缔约国根据本国具体国情、通过制定国内法予以规定。目前，我国刑事诉讼法律制度安排中尚未建立起非法证据排除规则，有关对非法证据的概念尚无权威性定义，最高人民法院和最高人民检察院的相关司法解释中也未对“非法”二字指违反何种法律作出解释，由于这些司法解释是关于我国刑事诉讼法的解释，从《刑事诉讼法》第43条规定立法精神看，对“非法”二字可以理解为违反了该条的诸种情形，即：刑讯逼供或者威胁、引诱、欺骗等，从更广的层面界定，其应当包括在取证过程中违反宪法有关保障公民权利以及其他法律法规规定的情形。

---

[1] 刘金友主编：《证据法学新篇》，中国政法大学出版社2003年版，第85页。

[2] 洪浩主编：《证据法学》，北京大学出版社2005年版，第52页。

[3] 刘金友主编：《证据法学新篇》，中国政法大学出版社2003年版，第91页。

由于不同法系国家之间法文化传统、价值基础、司法状况的差异，非法证据的含义各不相同。我国诉讼法学界对于非法证据的含义，有广义和狭义两种理解。广义的非法证据是指证据的内容、形式、收集或提供证据的人员与程序、方法及手段等方面不符合法律规定的材料。它包括四种情形证据的内容不合法；证据的表现形式不合法；收集或提供证据的人员身份或资格不合法；收集证据的程序、方法与手段不合法。只要具备这四种情形之一的，就是非法证据。❶ 而狭义的非法证据，是指办案人员违反法律规定的权限、程序或用其他不正当的方法所获取的证据。❷ 有的学者称为"非法取得的证据"，主要包括三种情形，即：①用非法方法取得的实物证据；②用非法方法取得的言词证据；③以非法证据为线索而取得的其他证据，此种证据在美国被称为"毒树之果（fruit of the poisonous tree）"。笔者持狭义非法证据的界定观点，这是因为，这种定义较符合非法证据排除规则中蕴含的保障人权的根本精神。从非法证据排除规则确立的目的看，非法证据排除规则的初衷是为了限制国家权力的滥用，保护个人合法权利。所谓非法证据实际上是"非法取得的证据"的简称。❸ 另外，笔者认为这种界定也比较符合世界大多数国家的通行做法。从英美法系等国家的规定看，非法证据的英文是"illegally obtained evidence"，即非法取得的证据。《布莱克法律词典》对该词条的解释是："侵犯被告人权利取得的证据，原因是警察没有逮捕证或可能的理由而执行逮捕，或者是令状有缺陷且不存在有效理由而进行无证扣押。"❹ 英、德、法、日本等国家也是从取证方式的角度确定非法证据的违法性的，因此，非法证据指非法取得的证据，其取证主体一般应是执法人员。再者，从我国当前保护人权、诉讼民主的现实国情看，侦控人员刑讯逼供、暴力取证案件发生率居高不下，是我国当前司法实践中的顽疾之一，笔者认为非法证据应当界定为"非法取得的证据"更有现实意义。非法证据排除规则中讨论的非法证据应当是特指法律规定的执法人员违反法律规定的权限或者程序取得的证据。

2. 非法证据排除规则的含义

非法证据排除规则（Exclusionary Rule of Illegally Obtained Evidence）是对非法取得的供述与非法搜查和扣押取得的证据依据一定规则予以排除的统

---

❶ 李学宽："论刑事证据中的非法证据"，载《政法论坛》1997 年第 3 期。

❷ 张桂勇："论刑事证据中的非法证据"，载《中国人民大学学报》1996 年第 5 期。

❸ 李心鉴：《刑事诉讼构造论》，中国政法大学出版社 1997 年版，第 84 页。

❹ Henry Campbell Black：*Black' s Law Dictionary*，5 *Edition*，West Publishing Co. 1979.

称。[1] 也就是说，非法证据排除规则是指除非法律另有规定，执法机关不得采纳非法证据，将其作为定案的证据。[2] 非法证据排除规则主要涉及非法证据的证据能力，抑或说“可采性”问题，也就是说，司法机关能否将非法取得的证据材料予以采纳，作为定案的根据。非法取得的证据材料，能否在法庭上提出，能否作为对被告人定罪的根据，是刑事诉讼中最易发生价值冲突的问题。[3]

非法证据排除规则最早起源于美国，自从20世纪问世以来，它在世界各国得以建立，并受到本国高度重视。在美国，非法证据排除规则有狭义和广义之分。狭义的非法证据排除规则仅指审判时不得采纳违反联邦宪法第四修正案禁止非法搜查和扣押之保护性规定获得的证据，其英文表达为“exclusionary rule”。在美国的有关理论书籍、文章以及判例中，“exclusionary rule”多指对违反宪法第四修正案非法取得证据的排除。美国联邦最高法院在审理多个案件适用这一修正案时指出，其目的是为了阻止警察职权，有效地维护公民的人身自由和财产不受侵犯。[4] 广义的非法证据排除规则还包括依据宪法修正案其他条款的规定排除有关证据的规则，通常包括自我归罪排除规则（self－incrimination exclusionary rule）、宪法第六修正案排除规则（sixth amendment exclusionary rule）、宪法第十四修正案正当程序排除规则（due process exclusionary rule），而不是简单地称为“exclusionary rule”。[5] 从世界各国的规定来看，非法证据排除规则主要有三种类型：一是非法实物证据排除规则；二是非法自白证据排除规则；三是“毒树之果”排除规则。而在英国的证据学理论中“exclusionary rule”的含义并不特定，它一般可以直译为“排除规则”。曾经有学者认为，英国证据法的主要原则可以简单表述为“除了一些证据排除规则之外，所有有关联的证据都是可以采纳的”。[6] 所以，在英国“exclusionary rule”是一个泛指的概念，并不特指哪项证据规则，如最佳证据规则、传闻证据规则、品格证据规则、意见证据规则等等，实际上都属于排除规则。只有根据特定的语言环境判定，才能清楚。

在我国的证据法理论中，非法证据排除规则的含义比美国的“exclusion-

---

[1] 刘善春等：《诉讼证据规则研究》，中国法制出版社2000年版，第194页。
[2] 樊崇义主编：《证据法学》，法律出版社2003年版，第312页。
[3] 刘善春等：《诉讼证据规则研究》，中国法制出版社2000年版，第194页。
[4] 李义冠：《美国刑事审判制度》，法律出版社1999年版，第29～30页。
[5] 刘晓丹主编：《美国证据规则》，中国检察出版社2003年版，第158页。
[6] Adrian Kean：*The modern Law of Evidence*，4th Edition，Butter Worths，1996.

ary rule”的含义要广，与英国的也不同，它是一种特定的证据规则，不能泛指各种排除规则。我国大多数学者在论述非法证据排除规则时都认为该规则包括对非法取得的实物证据的排除和非法取得言词证据的排除，笔者也赞同这种观点。非法取得实物证据的情形并不限于非法搜查和扣押，非法取得的言词证据的情形也不局限于非法取得的供述，还包括秘密侦查、诱惑侦查、电子监听等非法获取的言辞证据、非法获取的实物证据。但非法搜查和扣押与非法供述是非法取证的两种主要情形。

非法证据排除规则自产生以来人们对其一直褒贬不一。有人认为过分强调人权就会放纵犯罪；有人认为在实行排除规则过程中某些犯罪可能逃避处罚，但这是一个社会尊重人权所必须付出的代价。非法证据是否具有证据能力以及非法证据排除规则是否应当确立的问题，实际上就是在刑事诉讼惩罚犯罪与保障人权这两个相互冲突的价值目标之间如何进行选择、协调的问题。[1] 由于法文化传统、政治因素等方面的不同以及特定时期控制犯罪与保障人权的需要，不同国家之间以及同一国家的不同时期在有关非法证据排除规则这一问题的诉讼理论和具体对策方面往往存在着许多差异。随着时代发展，在经济全球化、法制现代化、保护人权、程序公正成为司法现代化主题的背景下，两大法系之间对于非法证据排除规则的规定出现相互吸收、借鉴的趋势，各国该规则不断趋向于成熟完善，显示出运行的良好态势。笔者认为，作为现代刑事证据制度重要规则的非法证据排除规则已被当今世界大多数国家所吸收。而一国或不同国家之间非法证据排除规则的变迁，其在司法现代化进程中的地位与作用日益重要，这些都折射出其背后蕴含的价值理念的变化。

（二）非法证据排除规则的价值与功能

价值这个普遍的概念是从人对待满足他们需要的外见物的关系中产生的。[2] 在法学领域中，法的价值就是法律作为一种社会规范对制定它的主体——人的需要的满足。从方向来说，它主要从属性的内在角度来描述其对相关事物的作用。功能主要指事物或方法所发挥的有利作用。在法学领域中，它主要指法律制度运行对周围环境所发生积极作用，主要表现为一种外在的作用。事实上，作为个体意义上的人，由于价值评价主体——人的多元性和多向性、社会需要的多层次性和复杂性以及社会条件的变化性，不同的社会对非法证据排除规则价值认识是不同的。而事物的属性是由其内在属性决定的，从这

---

[1] 谢佑平主编：《刑事诉讼国际准则研究》，法律出版社 2002 年版，第 435 页。

[2] 《马克思全集》，人民出版社 1956 年版，第 56 页。

个意义上来说，尽管不同的社会对非法证据排除规则价值认识不尽相同，但是其功能和价值表现往往具有很大程度上的同一性。因此，基于这种表现的同一性，本节的论述包含非法证据排除规则价值和功能两个方面。

1. 非法证据排除规则价值、功能分析

(1) 切实保障人权。人权，简言之，是指人基于其为人的属性而应享有的权利和待遇，对人权的尊重和保护是现代法治文明的集中体现。马克思指出，人权既是“权利的最一般形式”,❶ 又是“市民社会的成员的权利”,❷ 其主体具有普遍性和世界性，其内容与实现程度表现出民族性和区域性。恩格斯则进一步指出，人权是“一切人或至少是一个国家的一切公民，或一个社会的成员，都应当享有平等的政治地位和社会地位。”❸ 马克思和恩格斯的人权观包括人实际拥有的权利与人应该拥有的权利。前者指实际享受到的权利，亦称实然权利，后者指应该享有但由于种种条件限制实际未享受到、尚须继续努力争取的权利，又称应然权利。❹ 在各领域的人权保障中，应然权利只有通过法律规范的中介才能转化为实然权利。诉讼人权保障更主要地指个人实然权利的保障，具体而言就是指诉讼参与人的权利保障，首要的是犯罪嫌疑人、被告人的人权保障。在刑事诉讼中，犯罪嫌疑人、被告人是被国家专门机关所追诉的对象，同时，也要尊重社会所有成员，这两者是相辅相成的。如果没有对犯罪嫌疑人权利的尊重，则社会所有的成员都有潜在的可能成为犯罪嫌疑人或者被告人，所有人的权利都有被侵犯或剥夺的可能。为了侦查和打击犯罪的需要，人们通过法律的形式确定在一定条件下可以侵犯或剥夺个人的权利，在刑事侦查活动中主要体现为对犯罪嫌疑人进行逮捕、搜查、拘禁，不知道自己的财产和隐私权在什么时候被任意剥夺，整个社会将是一个人人自危的社会。❺ 对所有社会成员尊重，也包括对犯罪嫌疑人、被告人的尊重，因为他们也是社会的成员，在未经依法定罪之前，不能剥夺社会对他们的保护。❻ 然而，惩罚犯罪毕竟是刑事诉讼的重要目的，以非法方法获得的证据在客观上可能是真实的，尤其是对于实物证据，如果将其一概排除，显然不利于控制犯罪；如果不予以排

---

❶ 《马克思、恩格斯全集（第3卷）》，人民出版社1964年版，第228页。

❷ 《马克思、恩格斯全集（第1卷）》，人民出版社1964年版，第437页。

❸ 《马克思、恩格斯全集（第3卷）》，人民出版社1964年版，第143页。

❹ 郑杭生、谷春德主编：《人权史话》，北京出版社1999年版，第98页。

❺ 陈光中、张建伟：“联合国《公民权利和政治权利国际公约》与我国刑事诉讼”，载《中国法学》1998年第6期。

❻ ［意］贝卡利亚著：《论犯罪与刑罚》，黄风译，中国大百科全书出版社1993年版。

除，虽然这种非法证据在一定阶段与范围条件下有助于控制犯罪的价值目标的实现，但却削弱了保障人权的价值追求。可见，控制犯罪与保障人权是刑事诉讼的矛盾对立统一体，而保障人权的价值取向与控制犯罪的终极目标是一致的，我们不能因为两者之间有矛盾而放弃非法证据排除规则，那将无异于因噎废食。积极的态度应当在保护人权和打击犯罪之间寻求价值平衡点，使两者的社会价值都能得到实现。❶

（2）维护法治尊严。亚里士多德曾言，“法治应包含两重含义：已成立的法律获得普遍的服从，而大家服从的法律应该本身又是制定良好的法律。”据此，确立法治，既要制定完善的立法，同时，也要强调对法律的遵守和执行。具体到刑事诉讼领域中，为了保障人权，各国无不在立法中对国家机关的权力进行了程序上的规范和制约。按照法治原则的要求，程序性的规定必须在实践中得到严格的遵守和执行。然而，非法证据的出现恰恰是因为没有遵行相关的法律规定，这给法治带来了难以弥补的危害。而非法证据排除规则的设立将在一定程度上降低或减少这种危害。非法证据排除规则保护的是个人权利，在侦查中对个人权利进行合法的和必要的限制是国家权力的体现，但如果为了将某人定罪，司法机关不遵守法律规定，不惜以违法的手段收集证据，人们将会从根本上对法治丧失信心。因此，在一个法治社会里，遵从既定的法律规则与制度安排，作出守法的选择比定罪更为重要。尽管有时候这种选择也许对被害人是相对而对欠公平的，但对整个社会的法治保障却是必要的。非法证据排除规则并非为了保护某一个特定的被告人，而是保护社会所有的人。因为如果对侦查活动没有限制，每一个人的权利与自由都可能受到侵犯，整个社会就缺乏安全感。非法证据排除规则的设立将在一定程度上降低或减少这种危害。因此，排除非法证据虽然对社会中某些个体造成了不便，但却维护了整个法治社会的价值观念，对加快推进社会法治进程具有重要作用。具体表现为：首先，使宪法和法律的尊严免于非法取证行为的挑战，凸显维护法律的尊严。非法证据源自于非法取证的行为，而非法取证的行为是对宪法、法律公开的漠视、怠慢和侵犯。不加限制地使用非法证据，等于间接地认可了非法取证的行为。在此情形下，宪法与法律的尊严将荡然无存，反之，排除非法取得的证据，否定非法的取证行为，在一定程度上捍卫和保护了法律尊严。其次，使司法尊严免受非法证据的“玷污”。在实践中，非法证据主要是指侦查人员在审前阶段违法收

---

❶ 张志辉、谢鹏程主编：《中国检察——司法体制中的检察改革（第三卷）》，中国检察出版社2003年版，第363页。

集的证据，与司法机关本无关联。然而，非法取得的证据能否被用作证明案件事实的根据，最终则取决于法院。换言之，侦查违法必须借助于司法机关的认可才能达到预期的目的。在此情形下，如果法院不加限制地采纳非法证据，就会沦为违法侦查的“帮凶”。最后，敦促侦查人员依法行事，树立公正执法的形象。国家机关工作人员作为执法者，本身应当自觉守法，并以此带动普通民众共同守法。而某些执法者违法取证，带头违法。在此情形下，使用非法证据排除规则，消除违法取证的动机，杜绝违法取证的现象，有助于树立执法者的良好形象，增进执法机关执法的公信度。

（3）促进实体公正。中外有关非法证据排除规则争鸣中存在“肯定说”与“否定说”之争。“肯定说”主张强调某些非法证据对发现事实真相的功能，实现诉讼追求社会安定之目标，其合理性在于反映了证据实体要件所要求的证明案件真实依据的特点，其不合理性在于忽视了证据获取途径与方法的非法性所产生的证据证明力的不确定性，其要害性在于纵容司法权与执法权的恣意专横所产生的人权保护的弱化等严重后果。“否定说”则采取一刀切方法排除所有的非法证据。❶ 否定说的理论模式与立法实践的缺陷是显而易见的。这导致了一些发达国家非法证据排除理论模型的创立与立法实践的推行，经历了由“非法证据排除完全型”理论与立法实践，向“非法证据排除选择 ＋‘公共安全例外’或最终必然发现例外”❷ 的“限制型”的转变。这是由其国家“非法证据排除规则”功能同公共安全保障冲突所提出的理论修正与立法模式相应适度变化选择的结果。执法活动或诉讼活动的一个根本任务在于通过按照犯罪构成的模式要求运用法定的诉讼方法，尽可能全面、充分地发现某一犯罪的客观真实，以便按照这一犯罪构成要求的形式法律真实，并尽可能消除两者的差别，从而按照法律真实的构成模式进行裁判。但二者有时也存在矛盾，按照法律真实，将非法证据排除反而违背了客观真实，可能将有罪的被告人因非法证据的排除而被宣告无罪，另一方面无罪的被告人可能因为非法证据的采用而被宣判有罪。而在此情形下，仍要按照法律真实排除非法证据，因为一般来说，非法证据虚假可能性要远远大于合法手段获取的证据。历史的教训与经验告诉我们，依靠折磨犯罪嫌疑人、被告人的肉体和精神使之痛苦等不正当手段获取口供，并以此作为定案根据，极易造成错案，甚至铸成冤案。就犯罪嫌疑人、被

❶ 熊志海主编：《刑事诉讼中的非法证据排除——刑事诉讼法第二修正案（学者建议稿）》，法律出版社 2003 年版，第 318 页。

❷ 同上书，第 317 页。

告人的供述而言，如果被讯问的犯罪嫌疑人、被告人是无辜者，在依法讯问的场合，通常会如实陈述；如果采用刑讯或其他非法手段，为了避免继续承受压力和痛苦，被迫按照侦查人员诱导的方向作虚假陈述；而在实践中，往往是严刑之下不得不招供。正如意大利著名刑法学者贝卡利亚所指出的，刑讯"要求一个人既是控告者，同时又是被告人"，[1] 刑讯"保证使强壮的罪犯获得释放，并使软弱的无辜者被定罪和处罚"。[2] 非法证据排除规则将通过违法方法或手段获取的证据依规则将其排除在诉讼之外，这就在一个层面上避免了根据虚假的证据对案件事实作出错误的认定，从而有助于对案件实体真实的发现，为法律真实的形成与确定奠定基础。

（4）凸显程序正义。非法证据排除是指司法主体在刑事诉讼中依法确定法律真实时对非法收集的言词、实物证据进行审查、判断与依程序排斥或剔除而不予采信与适用的制度规则安排，以维护犯罪嫌疑人、被告人合法权益实现秩序正义与实体公正的统一。实体正义主要从立法中的得到实现，程序正义有较强的独立性，它主要在适用法律的过程中得到实现，刑事诉讼追求的正义在于程序正义，它主要体现为程序过程中的公开性、中立性与对等性等。[3] 这从实然层面分析，在实然的情景中，制度结构与体系协调了社会秩序，平衡了社会成员的矛盾，从法律施行层面彰显了公平正义的法治，因此，在制度结构与体系中凸显程序正义是程序正义与实体正义价值冲突的选择。被排除的证据可能是真实的，也可能是对定罪量刑起关键作用的证据，从而可能导致对真正有罪的人无法定罪而使其逃脱惩罚，也可能导致一些案件在实体上不公正，但这些都是凸显程序正义必然付出的代价。而从应然层面分析，法治现代化、司法文明重要标志在于坚持实体公正与程序公正的统一，在法制不健全的中国，更为需要彰显程序正义。因此，实体公正需要程序公正来保证，当二者的诉讼价值发生冲突时，法治社会应更注重程序正义。就个案来说，一个人犯了罪受到的惩罚应当是公正的，但以非法的手段所取得的证据进行定罪，却又是不公平的，以不公正的方法实现公正的结果更不明智。因为被告人违法是个体行为，而以国家的方法来阻止个人的违法显然是不明智的。

2. 诉讼价值的冲突及其选择

从以上分析中我们不难看出非法证据排除规则所体现的刑事诉讼价值是多

---

[1] ［意］贝卡里亚著：《论犯罪与刑罚》，黄风译，中国大百科全书出版社 1993 年版，第 85 页。

[2] 同上书，第 86 页。

[3] 甄贞主编：《刑事诉讼法学研究综述》，法律出版社 2002 年版，第 16 页。

元的。而理性的非法证据排除规则应当是刑事诉讼多元价值的协调统一，其诉讼功能应当在诉讼的各个阶段、各个层面及各个环节得到全面实现。非法证据排除规则的自身的基本价值总的说来就是维护正当程序以保障人权，该价值与刑事诉讼法的另一个基本价值，即追求实体真实以惩罚犯罪，似乎是矛盾和冲突的。从诉讼价值包括了保障人权与惩罚犯罪体系结构质的规定性视角评估，科学规范的诉讼功能结构也包括了保障人权与惩罚犯罪，保障人权与惩罚犯罪两者是相互联系、相互协调、相互制衡的有机统一体，其所体现的诉讼价值必然是实体与程序公正、保障人权与惩罚犯罪这些诉讼价值的有机统一，及在具体的诉讼阶段、诉讼层面、诉讼环节中，保障人权不仅仅是诉讼功能所追求的目标选择，而且是诉讼文明价值所要求摒弃或排斥一切非法或犯罪手段的一种实现形式与具体实现；而在惩罚犯罪的一定阶段、一定层面、一定环节中，也必然遵从保障人权的价值观与规则，寓保障人权于惩罚犯罪的全部诉讼过程。从这个意义上说，各国非法证据排除规则的目标模式选择，都是在对这两个价值进行权衡的基础上作出的综合选择与安排，并通过科学规范的制度规则使之处于有机统一体中。

当然这种目标价值选择要考虑的因素有：一个国家独特的法文化传统、历史习惯、法治进程和社会治安形势、社会心理期待、社会公共政策与刑事政策等，这些社会物质条件的变化，直接或间接地影响到非法证据排除规则的适用。所以，这也是一个动态的平衡过程。当社会治安形势严峻，犯罪率偏高时，人们往往更注重实体真实以打击犯罪；当保护人权思想占据主流，强调法律对公民个人权利的保护时，人们则往往更注重维护程序的正当性。当一个国家的人权保障优于控制犯罪时，通常采用较为严格的排除规则；当控制犯罪处于优于保障人权的地位时，一般对排除规则的要求较为宽松。即便极为推崇正当程序的美国，近年来也随着犯罪率的高升而不断调整其刑事政策，对其刑事程序作技术化调整，以加强打击犯罪的力度，特别是“9·11”事件后，国内、国际恐怖主义形势严峻，更是加大了执法机关的权力，乃至于引起了一些民权组织的高度警惕，认为美国有沦为“警察国家”的危险。而大陆法系的许多国家都扩大了非法取得实物证据的排除范围。随着各国政治民主化进程的加快，对公民基本权利保护的热情越来越高涨，各国都在不同程度地强调对公民正当权利的保护，维护人的尊严，尊重人的基本权利。因此，刑事诉讼中的人权保障价值在世界各国逐渐成为一种优位价值理念，优先维护程序正当性成为一种普遍的选择。

二、两大法系非法证据排除规则的立法与实践

（一）英美法系非法证据排除规则的立法与实践

非法证据排除规则是英美法系证据法中排除规则的重要组成部分。本文所探讨的非法取得的言辞证据的排除和非法获得的实物证据的排除，在英美法系国家则指非任意自白排除规则和非法搜查、扣押的证据的排除规则。前者指违反供述人自由意志所取得的供述和承认，不得作为定案的依据；后者指违反有关法定程序、方式、职权进行搜查、扣押所取得的证据不得作为定案的依据。目前，英美法系和大陆法系非法取得的口供的排除和非法获得的实物证据的排除研究理论最为成熟。而我国在这两方面问题比较突出，刑讯逼供屡禁不止，非法取得口供排除程序缺乏，实物证据的排除尚无规定。在保障人权、刑事司法国际化的世界潮流下，这两方面的问题都亟待解决。非法言辞证据如非法获取的证人证言的排除，通常同证人拒证权的设置有关，有专门设置和论述。对有些通过其他一些手段如秘密侦查、诱惑侦查等手段获得的证据，规定不宜过于详细，因为这些侦查手段对人权侵犯程度较低，且多同科技进步有关或者合法、非法往往界限模糊而难以规定，通常并不能完全由法文化和法学理念决定。

1. 美国的非法证据排除规则立法与实践

英美法系是遵循普通法的国家，虽然美国绝大多数法律规则均能在英国法中找到源头，但非法证据排除规则却是例外。因此，有的学者认为非法证据排除规则不是英国人的传统，而是美国人的独创。美国不仅是非法证据排除规则的发源地，而且对该规则的贯彻执行在世界各国中也是最为坚决、最彻底的。其在美国起源于19世纪末20世纪初《权利法案》的颁布，《权利法案》从宪法的高度确定了禁止侵犯个人利益的行为。

（1）非法取得言辞证据的可采性。美国联邦最高法院关于供述可采性的早期判例依据的是普通法规则，即作为一般原则，与待证事实具有关联性的被告人供述均具有可采性，除非该供述不具有任意性。[1] 在联邦最高法院对米兰达诉亚利桑那州案[2]作出裁决之前，法庭往往根据案件的具体情形，按照“任意性”标准决定供述是否可以采纳。美国非法供述证据的排除规则的宪法依据是

---

[1] 郭志媛：《刑事证据可采性研究》，中国人民公安大学出版社2004年版，第333页。

[2] Miranda v. Arizona，384 U. S. 436（1966）. 转引自郭志媛：《刑事证据可采性研究》，中国人民公安大学出版社2004年版，第346页。

1791年联邦宪法第五修正案，该条规定："任何人……在刑事案件中，都不得被强迫成为不利于己的证人。"这项以"不得强迫自证其罪"为基本内容的宪法原则，是宪法为公民提供的针对追诉机关的追诉而进行防御的重要手段，也是宪法赋予公民的一项基本权利。根据这项原则，证明公民有罪的责任须由控诉方承担，作为控诉方追诉机关不得强迫公民自证其罪，否则，由此所得之供述就无效。

1966年，美国联邦最高法院审理了米兰达诉亚利桑那州案，创建著名的"米兰达规则"，即要求侦查人员在对被羁押（in－custody）人进行讯问之前必须给予米兰达警告。其内容包括：①告知他有权保持沉默；②向他说明他讲的任何话可以并且可能会在法庭上用作对他不利的证据；③告知他有权向律师咨询和要求讯问期间律师在场的权利；④告知他不仅有权向律师咨询，而且如果他没钱聘请律师的话，政府将会为他指定律师。在米兰达案中，最高法院裁定："根据侦探库利提供的证言，而且被上诉人对此亦予以承认，很明显米兰达未被告知其享有的律师帮助权，反对强迫自证其罪的特免权也没有得到其他形式的有效保护。没有上述告知，其供述不可采纳。"米兰达规则的形成标志着非法证据排除规则在美国完全确立，它的影响在于它一方面确认了非法证据排除规则也适用于非法取得的言辞证据，另一方面它进一步明确了什么情况下构成非任意性的供述，为这个不易说清的问题制定了一个形式上的要求。同时，由于现实生活中的情况千差万别，涉案情节千变万化，联邦最高法院同时作出执行"米兰达规则"允许的"两种例外"。其一是"公共安全"（public safety）例外，这是指如果不对被逮捕的犯罪嫌疑人立即进行询问，将对公共安全造成危害。这一例外是最高法院在审判"纽约州诉阔尔斯"（New York v. Quarles，1984）案所作出的。最高法院认为在此种情况下，警察的问话出于对公共安全的考虑，不是为了得到归罪的证据，其不存在强迫被告对自己作证的问题。❶ 其二是"援救例外"（rescue exception）即指对抢劫嫌疑人被捕时，如受害者不在现场，警察可以直接询问嫌疑人以实施营救，其行为不是得到归罪的证据。这一规则由美国许多州的法院确立，而非联邦最高法院。❷ 米兰达规则从制度上将辩护的机制引入侦查阶段，而这是宪法第六修正案有关得到律师帮助权的规定的要求。

（2）非法搜查、扣押取得实物证据的可采性。美国宪法第四修正案规定：

❶ 李义冠：《美国刑事审判制度》，法律出版社1999年版，第58页。

❷ 同上书，第59页。

“人民保护自己的人身、住宅、文件及财产不受任何无理搜查和扣押的权利不容侵犯；除非是由于某种正当理由，并且有宣誓或誓言的支持并明确描述要搜查的地点和要扣押的人或物，否则均不得签发搜查证。”1886 年，美国联邦最高法院审理了博伊德诉美国案。[1] 在该案中，尽管并不涉及非法搜查和扣押，只是强迫被告人出示有关文件，但法庭将其比作非法搜查和扣押。然后法庭对联邦宪法第四修正案与第五修正案作了类比，推出了一项要求排除强迫证据的规则，即“不能认为对将用作反对他的私人书籍和文件证据的扣押与强迫他作为反对自己的证人有本质的区别”。联邦最高法院裁定：强迫被告人出示构成犯罪证据的文件违反了美国联邦宪法第四修正案，所以该文件在指控博伊德的诉讼中不可采纳。通过这个案例，联邦最高法院把宪法第四修正案与证据的可采性联系起来。联邦最高法院的理论是，通过排除侵犯被告人宪法权利而获得的证据，为其提供救济手段，以加强被告人宪法权利的保障。然而博伊德案判决的影响非常有限，并且在 1904 年的亚当斯诉纽约州案[2]中，联邦最高法院再次宣布遵循普通法原则，即法庭在刑事诉讼中不审查取得证据的方式，拒绝适用基于联邦宪法第四修正案的排除规则。但是，10 年之后，普通法的观点受到了否定。

1914 年，联邦最高法院在威克斯诉美国案[3]中裁定：非法搜查和扣押获得的证据不得在联邦法庭上使用。联邦最高法院认为，“如果信件和私人文件能够如此被扣押、保留和用作对被指控犯罪的公民不利的证据的话，宪法第四修正案所提供的保护，即声明免受此类非法搜查和扣押的权利，终将变得毫无价值。就这些规定而言，还不如将其从宪法中删除。法院及其司法人员为使有罪的人得到惩罚所作的努力，虽然值得称赞，但不能以牺牲经过多年的努力和痛苦所确立的、包含在宪法中基本原则为代价。”通过这个案件，美国联邦最高法院确立了一个原则，即从对被告人的审判中排除非法搜查所得到的证据是执行联邦宪法第四修正案所规定的保护条款的适当方式。从威克斯案开始，美国联邦最高法院要求联邦各级法院在审理中排除非法取得的证据，主要指由联邦侦查人员在侦查过程中违反宪法第四修正案的规定而取得的证据。由于威克

---

[1] Bo. v. United States，116 U. S. 616 (1886)．转引自郭志媛：《刑事证据可采性研究》，中国人民公安大学出版社 2004 年版，第 269 页。

[2] Adams v. New York，192 U. S. 585 (1904)．转引自郭志媛：《刑事证据可采性研究》，中国人民公安大学出版社 2004 年版，第 270 页。

[3] Weeks v. United States，232 U. S. 383 (1914)．转引自郭志媛：《刑事证据可采性研究》，中国人民公安大学出版社 2004 年版，第 273 页。

斯案的影响较大，所以人们一般认为美国的非法证据排除规则是从此案开始的。❶

在很长一段时间内，威克斯案确立的非法证据排除规则仅适用于美国联邦法院，而且仅限于联邦侦查人员的行为。但是美国是一个联邦制的国家，联邦和州各有立法和司法体系，联邦所确立的非法证据排除规则并不能自行适用于各州，导致"银盘理论（sliver platter doctrine)"❷ 的出现，联邦的一些侦查人员为了规避非法证据排除规则，通过没有建立排除规则的州的侦查人员收集证据，只要州侦查人员的非法取证行为不是在联邦侦查人员的默许或纵容下实施的，取得的证据便可以在联邦法院采纳。直到1960年，"银盘理论"才被美国联邦最高法院禁止，该年联邦最高法院在对埃尔金斯诉美国案❸的判决中指出："在联邦的刑事诉讼程序中，不论是州警察还是联邦警察的违法行为收集的证据，皆为第四修正案所禁止使用的证据。"一年之后，美国联邦最高法院最终在马普诉俄亥俄州一案❹中裁定："所有违反宪法搜查和扣押获得的证据，州法院均不得采纳。"联邦最高法院的意见写道："既然已经声明，宪法第四修正案的隐私权可以通过宪法第十四修正案的正当程序条款对抗各州，那么它也可以使用与对抗各州政府相同的排除措施适用于州。若非如此，就好比没有威克斯规则，保障不受联邦侦查人员的非法搜查和扣押将只会停留字面上一样，没有任何价值，在无法估量的人类自由的永恒篇章中不值一提。"自马普案开始，非法证据排除规则在全美国联邦和州的法院的刑事审判中都得到了实施。

自非法证据排除规则确立以来，一方面，其适用的范围从联邦法院扩大到联邦和州的各级法院；另一方面，排除的非法证据的范围也在不断扩大，从最初的针对非法搜查和扣押获得的实物证据到既针对非法实物证据，也针对非法言词证据，而且"毒树之果"也要排除。

（3）"毒树之果"的可采性。"毒树之果"是指由非法搜查、扣押等由这些最初的非法获得的证据提供的线索再获得的证据。联邦最高法院在1920年的

---

❶ 杨宇冠：《非法证据排除规则研究》，中国人民公安大学出版社2002年版，第23～24页。

❷ sliver platter doctrine，转引自郭志媛：《刑事证据可采性研究》，中国人民公安大学出版社2004年版，第271页。

❸ Elkins v. United States，364 U. S. 206 (1960)．转引自郭志媛：《刑事证据可采性研究》，中国人民公安大学出版社2004年版，第272页。

❹ Mo PPv. Ohio，367 U. S. 643 (1961)．转引自郭志媛：《刑事证据可采性研究》，中国人民公安大学出版社2004年版，第273页。

西尔弗索恩木材公司诉美国案[1]中，确立了“毒树之果”原则，要求对于毒树的“果实”要予以排除。其最初法律依据是第四修正案，后来又适用于第五、第六等修正案。这些派生证据的可采性判定的依据是，该派生证据是否已被先前的违宪行为或者其他违法行为“污染”。后来随着打击刑事犯罪形势的需要，在一定情况下，通过例外逐步扩大了“毒树之果”证据可采性的范围，这些例外有“独立来源的例外”“必然发现的例外”“稀释的例外”“污染中断的例外”等。

鉴于犯罪率的上升和民众安全感的下降，近年来美国又设立了“最终或必然发现的例外”“善意的例外”“独立来源”“因果关系削弱”“质疑”等作为非法证据排除规则的补充。但无论是理论上还是司法实务中，例外的适用均很少，严格非法证据的基本立场没有松动，可以看出，非法证据排除规则例外的出现也正是保障人权与惩罚犯罪这两个刑事诉讼价值目标冲突与动态平衡的结果。

（4）诱惑侦查取得的证据的可采性。诱惑侦查是刑事诉讼中一种特殊的侦查手段。其目的是为了侦破某些隐蔽性极强的特殊案件。其含义侦查人员或其协助者，特意设计某种诱发犯罪的情境，或者根据犯罪活动的倾向提供其实施的条件和机会，待犯罪嫌疑人进行犯罪或者自我暴露时当场将其拘捕的一种特殊侦查手段。[2] 它可分为机会提供型和犯意诱发型。机会提供型是在被诱惑者本来已有犯罪倾向、犯罪行为的情况下，提供有利于犯罪实施的客观条件和机会，它有明确的诱惑目标，该目标具有重大的犯罪嫌疑。该种诱惑侦查一般是先有案情发生，通过立案启动侦查程序。机会提供型的诱惑侦查在美国及世界上多数国家被认为是一种合法的侦查手段，其所获得的证据可以作为证据使用。犯意诱发型又被称为侦查陷阱，是诱惑者促使被诱惑者产生犯罪意图并实施犯罪，其基本特征是被诱惑者本来并无犯罪意图，而是由于诱惑者采取积极的刺激诱惑行为，在强烈的诱惑下产生犯罪意图，实施犯罪。美国对待诱惑侦查的总体态度是：如果被诱惑者的犯罪是在并无犯罪意图而由于执法人员的引诱造成的，则被告人有权以陷阱为由主张无罪，如果侦查机关完全以起诉有犯罪前科的但无犯罪意图的被告人为目的，诱发犯罪，则获得的证据材料将不被采纳。

---

[1] Silverthorne Lumber Co. v. United States. 251 U. S. 385（1920）. 转引自杨宇冠：《非法证据排除规则研究》，中国人民公安大学出版社 2002 年版，第 41 页。

[2] 沈丹红：“论诱惑侦查”，载《法商研究》2001 年第 4 期。

2. 英国非法证据排除规则的立法与实践

英国虽与美国同属普通法系，但对非法取得的证据的态度却与美国有不大相同。英国早期仅有自白排除规则，第二次世界大战以后，逐步确立了一定程度的非法实物证据排除规则。一般原则是：除自白外，证据取得方法的不适当性与其可采性无关；只要证据与审判中的事项有关，它就是可采的，无论它是以何种方式取得的。这是因为以英国为发源地的普通法曾有一个基本原则，即取得证据的方式并不影响证据的可采性。

（1）非法取得被告人、犯罪嫌疑人供述的可采性。英国证据法上的犯罪嫌疑人被告人供述主要不是指被告人在庭审当中作出的有罪供述，而是指被告人在审前阶段尤其是在警察讯问过程中所作出的有罪供述。[1] 非法供述排除规则来源于英国历史上的“考门罗原则”，即不当诱因的自白或不自由的自白，不具有证据能力，应从证据中排除出去。[2] 在1783年英国沃克沙尔案件中，法院认定“供述被当作证据而被采证，或者由于不能采证而被驳回，考虑的是这些供认是否值得可信。”[3] 此后，排除在胁迫下作出的认罪或供认的理由，被认为是非法取得的供述具有可能是不可靠的危险性。1964年大法官帕克在卡利斯诉冈恩案件[4]中宣告，使用暴力的压迫方式或违背被告人意愿取得的证据，如有任何迹象表明使用虚伪的陈述、诡计、恐吓、贿赂或者任何类似的情况而强迫取得的证据，不具有可采性。但是，同年颁布的《法官规则》（Judges Rule）也规定，被告人部分或全部认罪的供述可被用作指控被告人有罪的证据，只要他是自愿的，即证据不是因为受到不公平的对待、希望得到好处或者被司法官员威胁、压制而获得。从上述规定我们不难看出：从18世纪开始，依照英国普通法的一般原则，将以刑讯、强迫等方式获取的证据予以排除就被英国法官作为保障被告人权利的重要手段，被告人是否自愿是判明其供述能否采用的关键因素。[5] 而基于当事人主义，对于不具有可采性的供述，除非辩方提出，法庭没有自动予以排除的义务。

随着世界各国越来越重视人权的保护，《欧洲人权公约》对欧洲国家的影

---

[1] 刘善春等：《诉讼证据规则研究》，中国法制出版社2000年版，第175页。

[2] 王以真主编：《外国刑事诉讼法学》，北京大学出版社1994年版，第240页。

[3] ［新西兰］J. B. 道森：“英联邦成员国对非法取得的证据采证问题的若干法律规定”，刘庚书译，载《法学译丛》1983年第4期。

[4] 熊秋红：“英国刑事诉讼中对非法获得的证据处理之评析”，载《中央检察官管理学院学报》1997年第6期。

[5] 刘善春等：《诉讼证据规则研究》，中国法制出版社2000年版，第175页。

响与规制，为了加强对被追诉人的权利保障，1984 年英国颁布了《警察与刑事证据法》，这部法律同以往法律规定相比较，最大的突破就在于对被告人自白可采性引入非任意性自白的自动排除原则。该法第 76 条（1）规定："在任何诉讼中，被告人所作的供述都被采纳为对其不利的证据，只要它与该诉讼中的任一待证事实具有关联性，并且没有被法庭根据本条的规定加以排除。"进而在第 76（2）和（3）中规定了有关被告人供述可采性的最重要原则："（2）在控诉一方计划将被告人供述作为本方证据提出的任何诉讼中，如果在法庭上有证据证明供述是或者可能是通过以下方式取得的——（a）由对被告人采取压迫的手段；或者（b）该供述的作出是那些在当时情况下可能使所有供述都不可信的任何语言或行为的结果，——那么，法庭应当不允许将该供述作为对被告人不利的证据，除非控诉一方向法庭证明该供述（尽管它可能是真实可靠的）没有采取上述手段取得，这种证明要达到排除合理怀疑的程度。（3）在控诉一方计划将被告人的供述作为本方证据提出的任何诉讼中，法庭可以自行要求控诉一方证明供述并非采取本条（2）所提及的手段而取得的，并以此作为采纳该供述的条件。"❶ 根据上述规定，可以看出，英国有关被告人口供可采性的基本原则：①排除这种非法取得的被告人供述是法庭的义务，除非控诉一方能够证明他提出的作为指控根据的供述并非采用上述手段所得；②为了确保被告人获得公正的审判，法庭甚至可以在辩护一方没有提出任何有关请求的情况下，自行要求控诉一方证明被告人供述的可采性；③对被告人供述的可采性的检验标准并非它的可靠性，而是获得它的方式，不论供述真实可靠与否，他都必须排除，除非控诉一方能够证明它不是采用上述手段取得的；④如果被告人一方提出异议或者法庭自行提出要求，证明被告人供述的可采性的责任就在控诉一方，而且证明标准要达到排除一切合理怀疑的程度。

对于被告人供述的可采性问题，除了上述自动排除的原则以外，该法第 78 条第 1 款规定了法官享有对上述规定以外的其他违法行为获取的口供自由裁量排除权力，但是这种自由裁量的排除通常是因为警察在进行逮捕、羁押及讯问的过程中，被告人的诉讼权利受到了非法的限制。另据该法第 82 条第 3 款规定，法庭仍享有根据其意志排除那些不利影响超过其证据价值的证据。❷当然，以上提到的排除不是无条件和自动的，法官要根据案件本身以及警察违

---

❶ 何家弘、张卫平主编：《外国证据法选译（上卷）》，人民法院出版社 2000 年版，第 88 页。

❷ 中国政法大学刑事法律研究中心组织编译：《英国刑事诉讼法（选篇）》，中国政法大学出版社 2001 年版，第 323 页。

法的具体情况以及对诉讼公正的影响程度，结合其他各方面的情况作出判定。不过，第 78、82 条的规定较为概括，并没有单独针对某一种类证据，也就是说既包括被告人供述，也包括实物证据，还包括其他证据。由于第 78 条的内容较第 82 条内容相对更为全面、具体，本文将以其为重点在下文进行探讨。

（2）非法实物证据的可采性。非法取得的实物证据是指违反法律的规定，采用非法方法搜查、扣押而取得的各种物证、书证等证据材料。英国早期仅有自白排除法则，第二次世界大战以后，逐步确立了一定程度的非法实物证据排除规则。在 1955 年库鲁马[1]诉英国案件中大法官戈达德代表枢密院所作的阐述："适用于权衡证据是否可以采证的检验标准是，证据是否与争议中的问题有关。如果是有关系的，则可以采证，法院不干预证据是如何取得的……毫无疑问，在刑事案件中，法官通常可以自由裁量对证据不予采证，如果执行采证的严格规则会不公正地不利于被告人的话。"1969 年的"金诉英国"一案和 1979 年"英国诉桑"一案，法官自由裁量排除采取非法搜查和没收而取得的证据的权利得到进一步扩大。[2] 在英国对这些非法取得的实物证据的证据可采性的态度，大致看来，是实物证据取得的方法的非法性本身并不一定导致该证据的不可承认性，法庭关心的是该证据的真实性而非它的来源或产生方式的非法性。

在上述普通法规则的基础上，英国 1984 年颁行的《警察与刑事证据法》第 78 条非法实物证据之证据能力的有关规定成为其主要成文法根据，该法规定："（1）法庭可以拒绝采纳证据，如果采纳这种证据将会对诉讼的公正性造成不利影响。（2）本条的规定不应对任何要求法庭排除证据的法律规则的适用产生不利影响。"[3] 从该条的规定可以看出：①在英国，侦查机关取证时不遵守规则或违反规则并非导致证据的自动排除，法官对是否排除有自由裁量权，这是与美国的绝对排除不同的；②它不限于从被告那里所得来的证据；③对证据的取舍实行的是衡量权衡法，即以公正原则为出发点，授予法官较大自由裁量权，对于非法取得的证据是否维护了公正进行取舍。法官的职责，一方面，"对于在法庭上提出的证据，不应就警察或起诉方获得证据的方式问题，对它

[1] ［新西兰］J. B. 道森："英联邦成员国对非法取得的证据采证问题的若干法律规定"，刘庚书译，载《法学译丛》1983 年第 4 期。

[2] ［美］J. 大卫·希塞尔："我们能向英国法院对非法所得证据的探讨学些什么?"，汪建成、张晓秦译，载《外国法学》1985 年第 4 期。

[3] 中国政法大学刑事法律研究中心组织编译：《英国刑事诉讼法（选篇）》，中国政法大学出版社 2001 年版，第 318～320 页。

们施加惩罚权力。如果证据是非法取得的，可以按照民法实行民事补偿；如果证据是合法取得的，但违反了警察行为准则，这是由警察当局去处理的问题。”❶ 另一方面，“在刑事审判中，如果初审法官认为证据不利作用超过了他提供证明的价值，那么在这种情况下，法官享有不采纳这种证据的自由裁量权”❷。

（3）对“毒树之果”的处理。英国对“毒树之果”的处理与美国不同。对于非法证据，除属于《警察与刑事证据法》中规定的绝对排除事项外，英国的法官有自由裁量权，如果他认为“毒树”即非法证据不该排除，那么对于“毒果”就更不会被排除了。如果“毒树”被排除，传统的英国普通法采取不排除“毒果”的原则。1984 年的《警察与刑事证据法》再次确认这个原则，英国的非法证据排除规则远没有美国的严格，被排除的非法证据是很有限的。

（二）大陆法系非法证据排除规则的立法与实践

1. 德国非法证据排除规则的立法与实践

德国是大陆法系有代表性的国家。德国的法律制度曾对我国与日本产生较大影响。因此，研究德国对于非法证据的处理对于全面认识非法证据排除规则具有重要的意义。德国的非法证据排除规则是根据《基本法》的有关规定逐步确立起来的。德国《基本法》第 1 条规定：“人的尊严不可侵犯，尊重和保护它是国家的义务。”第 2 条规定：“人人均有谋求自由发展其人格的权利。”第 10 条规定：“除了根据法律所签发的命令进行限制之外，通信、邮政和电讯的秘密不可侵犯。”第 13 条规定：“住宅不可侵犯，搜查只能根据法官的命令为之。”❸ 在德国刑事诉讼理论上有一个“证据禁止”的概念，它是指在刑事诉讼中对证据证明活动的限制，包括“禁止作为证据提出”和“禁止作为证据采用”两个范畴。❹“证据禁止”就是有关非法证据的排除问题。总体上，德国对非法证据持部分排除的态度。

（1）非法取得的言词证据的证据能力。德国刑事诉讼法对于非法取得的被指控人供述和非法取得的证人证言是明确予以排除的。1981 颁行的《德国刑事诉讼法典》第 136 条 a 对非法取得的被指控人供述的证据能力做出了明确的规定。该法第 136 条 a 规定：“1. 对被指控人决定和确认自己意志的自由，不

---

❶ ［美］J. 大卫·希塞尔：“对美国和英国处理非法取得的证据的方法的比较”，《法学译丛》1985 年第 3 期。

❷ 同上。

❸ 肖蔚云等主编：《宪法学参考资料》，北京大学出版社 2002 年版，第 1033～1034 页。

❹ 王以真主编：《外国刑事诉讼法学（新篇本）》，北京大学出版社 2004 年版，第 232 页。

允许用虐待、疲劳战术、伤害身体、服用药物、折磨、欺诈或者催眠等方法予以侵犯。只允许在刑事诉讼法准许的范围内实施强制。禁止以刑事诉讼法不准许的措施相威胁，禁止以法律没有规定的利益相许诺。2. 有损被指控人记忆力、理解力的措施，禁止使用。3. 第一、二款的禁止规定，不顾及被指控人的承诺，必须适用。对违反这些禁令所获得的陈述，即使被指控人同意，也不允许使用。"❶ 可以看出，德国对违反禁令取得的被指控人供述是绝对予以排除，即使被指控人同意，也不得采纳。同时，《德国刑事诉讼法典》对获取被指控人陈述时，就禁止使用的手段做出了明确规定，包括：①禁止用虐待、疲劳战术、伤害身体，服用药物、折磨、欺诈或催眠等方法；②禁止以刑事诉讼法不准许的措施相威胁；③禁止以法律没有规定的利益相许诺；④禁止使用有损被指控人记忆力、理解力的措施。只要违反这些规定，非法取得的供述就必须排除，即使被指控人承诺也不得采纳，没有自由裁量的余地。《德国刑事诉讼法典》第 69 条第 3 款规定，"对证人的询问相应地适用第 136 条 a 的规定。"❷ 由此可见，对于采取刑事诉讼法典第 136 条 a 所禁止的方式取得的证人证言适用与第 136 条 a 同样的标准，必须予以绝对排除。此外，《德国刑事诉讼法典》第 52～55 条还规定了证人的拒绝作证权，违反这些规定而取得的非法证据也将导致排除。

（2）非法取得的实物证据的证据能力。在德国，违反宪法规定进行搜查、扣押所取得的证据并不导致自动排除，而是由法官以"权衡原则"决定是否排除。❸ 法院在权衡利弊时，特别会考虑以下因素：被追诉人罪行的严重程度；非法取证违反诉讼程序的严重程度；使用该证据的必要程度；采纳这种证据对个人权利的侵犯程度等。❹

法官进行权衡的原则是：①先考虑采纳非法搜查、扣押所取得的证据是否违反了"法治国家"原则，违反了才会予以排除。❺ 对于侵犯由宪法规定人的尊严和人格权利的证据，一般应当禁用，但当涉及重大的犯罪时可以采纳。❻ ②证据的排除必须与已经违反的刑事诉讼规则所确立的目的相符合，即如果证

---

❶ 《德国刑事诉讼法典》，李昌珂译，中国政法大学出版社 1995 年版，第 62 页。

❷ 同上书，第 21 页。

❸ 刘善春等：《诉讼证据规则研究》，中国法制出版社 2000 年版，第 195 页。

❹ 卞建林、刘枚：《外国刑事诉讼法》，人民法院出版社、中国社会科学出版社 2002 年版，第 49 页。

❺ 郭志媛：《刑事证据可采性研究》，中国人民公安大学出版社 2004 年版，第 314 页。

❻ 刘善春等：《诉讼证据规则研究》，中国法制出版社 2000 年版，第 195 页。

据的排除不能对被违反了的诉讼规则所要达到的目的有任何帮助时，法院就应当采纳这一证据。③依照案件的实际情况，法院可以权衡利益大小，决定是否采纳，即如果某个案件，当发现事实真相的目的超过被告人的利益时，即使符合其他证据排除的条件，该证据也会被采纳。

(3) 关于秘密侦查和诱惑侦查的证据可采信。根据《德国基本法》第10条的规定，“除了根据法律所签发的命令进行限制之外，通信、邮政和电讯的秘密不可侵犯”，因此，监听是被严格禁止的。直到1968年，由于恐怖主义活动猖獗，法律才允许对在法定的条件下使用监听手段。德国的监听法分为两个部分：第一部分称为基本法第10条法，因为它与基本法第10条有关，主要规范针对间谍和危害国家安全的监听。第二部分，也就是《德国刑事诉讼法典》第100条a，对该条规定的反和平罪、叛逆罪、危害民主宪政罪或者叛国罪、危害外部安全罪、危害国防罪、危害公共秩序罪，等等。[❶] 法律对于监听的决定、实施以及证据的利用规定了严格的条件。“德国法院认为，违反有关监听立法的规定取得的证据应当适用严格的排除规则，包括毒树之果也要排除”。[❷] 此外，《德国刑事诉讼法典》第100条c还对其他的秘密侦查手段作出了规定。

德国规定诱惑侦查必须满足：须有足够的事实表明存在重大犯罪行为，只限于毒品、武器交易、伪造货币或者有价证券、有关国家安全的犯罪；只限于采用其他方式侦查将成效渺茫或者十分困难的情形。对不符合合法的诱惑侦查而取得的证据予以排除。

(4) 关于“毒树之果”的处理原则。“毒树之果”是指违法收集的刑事证据，或由其中获得资料进而获得的其他证据。它同非法搜查、扣押取得的证据相比，后者的搜集程序本身是违法的，而前者收集程序本身是合法的，只是在发现该证据之前的程序有违法的情形。[❸]

在德国，“毒树之果”原则被称为“波及效”。关于“波及效”，德国通说及司法实践均持否定态度，一般不予排除。[❹]

2. 法国非法证据排除规则的立法与实践

法国也是大陆法系典型代表性国家，与德国具有相同的法律传统，因此，在对非法证据的证据能力的规定，与德国表现出一定的相似性。法国对于刑讯

---

❶ 详细罪名及实施要求可参见《德国刑事诉讼法典》，李昌珂译，中国政法大学出版社1995年版，第100条a和b之规定。

❷ 郭志媛：《刑事证据可采性研究》，中国人民公安大学出版社2004年版，第317页。

❸ 刘善春等：《诉讼证据规则研究》，中国法制出版社2000年版，第196页。

❹ 卞建林主编：《刑事证明理论》，中国人民公安大学出版社2004年版，第361页。

逼供和其他非法手段取得的言词证据，立法和判例均持否定态度。❶《法国刑事诉讼法典》第116条规定："在第一次讯问时，预审法官应查明被审查人的身份，公开告知他被控而受审查的每一行为，以及这些行为的法律评价。……在其他情况下，预审法官应告知被审查人有权选择一名律师或者要求法院指定一名律师。……预审法官应告知被审查人，未经其本人同意，不得对他进行讯问，此项同意只有当他的律师在场时方可取得。"为了保证被控人诉讼权利的行使，该法第171条又规定："违背本法典的任何规定或者任何其他有关刑事诉讼程序规定的诉讼行为，如果侵害了有利害关系的一方当事人的利益，均使其行为无效。"同时，第174条进一步规定："禁止引用被全部或部分宣布无效的文件或证据之任何情况以反对对方当事人，否则追究律师或者法官的纪律责任。"❷ 上述法律规定清楚地表明，被指控人享有沉默权，如果应告知其诉讼权利而不告知的；被指控人未明示放弃辩护人在场权而预审法官未及时通知辩护人的，行为本身及该行为以后的诉讼程序，不发生法律效力，由此而获得的被指控人的供述证据无证据能力，在庭审中应予以否定。

法国对非法收集的实物证据，从发现实体真实的角度出发，原则上认定其具有证据能力。❸ 不过，对于非法取得的实物证据的证据能力问题，要受到《法国刑事诉讼法典》第171条和第174条的约束，也就是说如果法院认为非法取证的行为"侵害了有利害关系的一方当事人的利益"，则要"使其行为无效"从而排除相关的实物证据，在这方面法院有自由裁量权。总的说来，法国对于非法证据的排除不是十分的严格，法官在决定排除非法证据方面有一定的自由裁量权。

3. 日本非法证据排除规则的立法与实践

日本在传统上属于以职权主义为主的大陆法系国家，但第二次世界大战后，由于受美国长期影响，导致日本在其州事诉讼法律制度中增加了英美法系国家的当事人主义的因素，因而其法律制度各取当事人主义及职权主义之所长弃其所短，形成了较为独特的兼顾二者优点之混合模式。

（1）非法自白的证据能力。"自白是被告人承认自己犯罪事实的全部或重要部分的供述"。❹ 关于自白的证据能力，首先有明确的宪法根据。《日本国宪

---

❶ 刘善春等：《诉讼证据规则研究》，中国法制出版社2000年版，第184页。

❷ 《法国刑事诉讼法典》，余叔通、谢朝华译，中国政法大学出版社1997年版，第55页、第83页和第85页。

❸ 宋世杰主编：《中国刑事诉讼发展与现代化》，湖南人民出版社2002年版，第377页。

❹ 同上。

法》第 38 条规定："不得强迫任何人作不利于自己的供述。以强制、拷问或胁迫所取得的供述，或者经过不适当的长期扣留或拘禁后的供述，不得作为证据。"❶ 以日本宪法为根据，《日本刑事诉讼法》第 319 条更明确规定："出于强制、拷问或者胁迫的自白，在经过不适当的长期扣留或者拘禁后的自白，以及其他可以怀疑为并非出于自由意志的自白，都不得作为证据。"❷ 从以上规定可见，不具有证据能力的自白包括：①强制、拷问或胁迫获得的自白；②长期不当羁押后的自白；③任意性值得怀疑的自白。前两种情况对自白的排除，容易把握，而第三种情况则需要予以分析。从法院的判例来看，任意性值得怀疑的自白主要有：戴着手铐审讯获得的自白；许诺的自白；圈套的自白；未告知沉默权而获得的自白；侵害委托辩护人权利的自白；通过不分昼夜的违法审讯所获得的自白。❸ 对于自白，日本实行补强规则。《日本刑事诉讼法》第 317 条规定："被告人在其自白是对自己不利的惟一根据时，不论该自白是否是在公审庭上的自白，不得被认定为有罪。"也就是说，要认定其有罪，在自白之外还要有其他证据。确立补强法则，一是为了防止误判；二是为了防止偏重自白。❹

（2）非法搜查、扣押的实物证据的证据能力。在日本，日本最高法院在第二次世界大战后相当长的一段时间内对对非法搜查、扣押的实物证据规则一直持消极态度。日本最高法院在 1949 年的一个判例中认为："扣押物品即使在程序上违法也不能改变物品本身的性质和形状，涉及扣押物品形状等方面的证据价值并没有发生变化。"❺ 在保持近 30 年的沉默后，1978 年日本开始在刑事司法实践中排除违法收集的实物证据。证据规则实现了由"以发现事实真相为中心的证明能力，向以正当程序为中心的证明能力转换"。❻ 1978 年，日本最高法院在一个"大阪冰毒案件"的判例中依据宪法通过判例确认了对非法收集的实物证据的有条件的排除规则。最高法院认为："扣押物证的手续即使违法，物证本身的性质、形状也不发生变化，用违法行为之存在否定证据能力，不利于查明案件之真相，可谓不当之处理方式。另一方面，查明案件真相也应顾全个人基本人权的保障，也必须适用正当的程序。根据《日本宪法》第 31 条保

❶ ［日］田口守一著：《刑事诉讼法》，刘迪等译，法律出版社 2000 年版，第 247 页。

❷ 《日本刑事诉讼法》，宋英辉译，中国政法大学出版社 2000 年版，第 73 页。

❸ ［日］田口守一著：《刑事诉讼法》，刘迪等译，法律出版社 2000 年版，第 250～251 页。

❹ 《日本刑事诉讼法》，宋英辉译，中国政法大学出版社 2000 年版，第 28～30 页。

❺ ［日］田口守一著：《刑事诉讼法》，刘迪等译，法律出版社 2000 年版，第 242 页。

❻ 徐静村主编：《21 世纪中国刑事程序改革研究》，法律出版社 2003 年版，第 313 页。

障正当程序等内容，在扣押物证等程序上无视《日本宪法》第 35 条和《刑事诉讼法》第 218 条第 1 款规定的令状主义精神的是重大违法。这种违法程序收集的物品可以作为证据，但是从抑制将来的违法侦查的角度看，如果采纳证据是不适当的，那么应当否定其证据能力。”❶

（3）“毒树之果”的证据能力。对“毒树之果”的态度，日本在刑事司法实践中部分吸收了美国“毒树之果”排除规则，确立了所谓“反复自白”规则。反复自白的证据能力，取决于第一次自白与第二次自白的关联性，即①第一次自白是对警察作出的，而第二次自白是对检察官作出的，如果第一次自白是根据违法程序获得的，犯罪嫌疑人不知道欠缺证据能力，那么第一次自白的违法性波及第二次自白，第二次自白也予以排除。②如果第一次自白是对警察作出的，第二次自白是在法官决定逮捕讯问时作出的，是否排除要根据具体情况。有关判例认为，如果决定逮捕时进行的讯问是侦查人员以外的其他独立机关，即法官实施的，而且在决定逮捕讯问程序中给犯罪嫌疑人辩解被嫌疑案件的机会，则可以决定逮捕讯问笔录有证据能力；如果逮捕讯问中作出的自白是在第一次自白的违法性掩盖之下作出的，那么应当慎重判断其证据能力，若与第一次自白完全一致，应当排除。❷ 对于其他类型的“毒树之果”一般是不排除的。

（三）两大法系非法证据排除规则之比较分析

综上所述，非法证据的排除规则在立法上的确立及司法判例中的运用是刑事诉讼发展的必然。同时，非法证据问题已引起各国的高度重视，并都试图解决这一问题。从上述择举的两大法系代表性国家的情况可清楚地看出，非法证据排除规则的立法与实践各国均不相同，即使同一法系的做法也有差别，而且在不同历史时期决定非法证据的理论也在不断变化。

1. 非法言词证据之证据能力的规定比较

非法取得的言词证据的排除在两大法系的诉讼法或证据法中均有体现，在英美法系国家被称为非任意自白排除规则，是英美证据法上的一项传统证据规则，而从大陆法系国家传统上看，大多数国家没有确立自白规则。近年来，随着被告人人权保障的呼声越来越高，正当程序的重要性日益凸显，许多大陆国家比如德国、法国、日本等国家也严厉禁止以非法手段逼取被追诉人的口供，并逐步形成了非法口供排除规则，因此，两大法系在非法言词证据方面的差距

❶ ［日］田口守一著：《刑事诉讼法》，刘迪等译，法律出版社 2000 年版，第 243 页。

❷ 同上书，第 252 页。

正在逐步缩小，并有趋同的趋势。不过，从目前来看，各个国家对非法自白证据排除规则的具体做法，还是稍有不同。在非法自白证据排除后被告人的处置上，英美法系国家包括日本在内态度是坚决的，被告往往在判决中宣告无罪，其目的是法院以绝对性的结论强有力地保护被告的宪法性权利，同时强有力地回击警察的违法侵权行为，并试图以此预防非法取供；而大陆法系的非法口供排除之后鲜有被告人被判处无罪的。违法取得的证人证言、受害人陈述的言词证据排除后，对被告的处置上，则由其他合法证据的证明能力来决定。不过，两大法系对于非法的证人证言、受害人陈述的言词证据排除后对被告的处置上态度上几乎是一致的，都由其他合法证据的证明能力来决定。

2. 非法实物证据之证据能力的规定比较

在非法搜查、扣押的实物证据方面，两大法系差别仍然很大。以英美法系的代表美国、英国为例：美国认为非法搜查、扣押得到的实物证据，违反了宪法第四修正案的规定，应予以严格排除，不能作为证据使用；而英国则采取权衡原则，即以公正为出发点由法官自由裁量。大陆法系国家传统上没有形成英美法系国家的排除规则，其立法上虽然禁止非法搜查和扣押，要求搜查、扣押必须获得法官签发的司法令状，但并没有明确规定排除由此获得的证据的使用，实践中采用权衡原则处理，这源于大陆法系国家追求客观真实的价值取向。德国传统上有证据禁用的观念，但这种禁用的证据是基于各种利益比较而禁用的，并非单指非法搜查、扣押的证据，而涉及人权保障的因素予以排除的规则较少，其往往涉及其他方面的利益，如真实证据的运用与国家利益、王室利益等需要保护的利益发生冲突时，则禁止使用该证据。直至 20 世纪 60 年代，德国在证据禁用中增加了人权保障的因素，其后对于非法取得的实物证据，德国往往通过利益权衡原则予以处理，只有当使用非法取得的物证会违反宪法的国家法治和比例性原则时才会被排除。德国的这种规定也类似于英国的权衡原则，不过其出发点是保护个人的合法权利和执法需要而不是以公正作为权衡的标准；法国刑事诉讼法规定对非法收集的实物证据，原则上则认为有证据效力，但是也保留了一定情况下由法官自由裁量的做法；[1] 日本在“二战”后深受美国法制的影响，学说上普遍主张排除非法搜查、扣押的实物证据，但是日本最高法院对此却持消极态度，不否定其效力，直到 1978 年在审理大阪冰毒案件时，最高法院才改变这一态度，开始采取排除的态度却又有所保留，

[1] 曹坚：“刑事非法证据排除规则的价值基础及其本土化建构”，载《中国刑事法杂志》2002 年第 5 期。

这是指只有“重大违法”时才予以排除，其目的主要是遏制警察违法。[1] 应当注意到即使是同一法系，不同国家做法差距也较大。例如，英国非法证据排除的重心是非法取得的实物证据是否与认定被告人的犯罪行为有关；而在处理警察滥用职权问题上强调的是排除规则以外的其他方法；英国皇家刑事诉讼委员会在1981年的报告中再次肯定了这种为英国各级法院所采用的方法，否决了采用某种美国类型的“机械的排除规则”提议，认为“对非法的搜查或事后不能说明理由的搜查的正当的制裁方法就是适当的民事补偿和给予惩戒处分”。[2]

3. “毒树之果”之证据能力的规定比较

对于“毒树之果”，出于崇尚人权的传统美国排除的态度一直比较坚决，但是鉴于犯罪率的上升、民众安全感的下降以及恐怖主义形势严峻，近年来美国又设立了“污染中断”“必然发现的例外”“独立来源的例外”“稀释的例外”等毒树之果例外情形。两大法系的国家除了美国以外，无论出于发现实体真实或国家法制的考虑，大多数国家都采取了不予排除的原则。

4. 原因分析

由上看出，虽然两大法系对非任意自白都持否定态度，但是其否定的表现形式是不同的。英美法系对非法证据设置了详细、完备的规则，对证据资格作出了严格的限定；而大陆法系对非法证据的证据能力规定都较为简单，且尚未设立繁琐的非任意性自白证据规则。究其深层次原因，是这两大法系不同诉讼模式造成诉讼证明中心的差异。英美法系实行当事人主义，提出证据并揭示其证明价值是当事人的责任，裁判者只能依据当事人提出的证据认定事实，当事人的举证活动对诉讼结果有着决定性意义。由于当事人举证受情感等因素所产生的较大偏向性，为了保障陪审团认定事实的客观性，必须对当事人可运用的证据范围予以必要的限制，对证据资格必须做出严密的设计。而大陆法系国家采取职权主义诉讼模式，证据调查是法官的职责之一，虽然当事人有权提出证据并要求调查质证，但是否允许的决定权在于法官，更重要的是，为了查明事实真相，法官甚至可以超越当事人所举的证据，另行收集证据。因而，在大陆法系国家，当事人对举证活动并不直接决定裁判的结果，真正对诉讼结局起决定作用的是法官的积极证明活动。因此大陆法系对自白证据的可采性规定都较

---

[1] 曹坚：“刑事非法证据排除规则的价值基础及其本土化建构”，载《中国刑事法杂志》2002年第5期。

[2] ［新西兰］J. B. 道森：“英联邦成员国对非法取得的证据采证问题的若干法律规定”，载《法学译丛》1983年第4期。

为简单、粗疏，而是积极发挥法官的职权作用运用心证对非法言词证据的证据能力和证明力进行判断。

另一方面，各国价值取向的差异也是造成对待实物证据排除、对“毒树之果”产生的衍生证据采取不同立场的根本原因：当代任何国家的刑事诉讼法都包含有保障人权和惩罚犯罪的价值，但两大法系国家在反映立法模式的价值选择的侧重点方面，是各不相同的。如英美法系国家强调程序的正当性、充分肯定涉讼公民的个人权利，赋予其诸多诉讼权利并建立相应的保障机制，而对国家权力的行使限制较多，其结果是对人权保障的比重较大；而大陆法系从国家的秩序、安全出发，比较多地限制涉讼公民尤其是被告人、嫌疑人的权利，同时扩大国家机关的权力，增强其追究犯罪的能力，以控制和惩罚犯罪为主要目的，其选择的结果直接体现到本国的具体刑事诉讼制度、原则和规则当中。就非法证据而言，美国以排除为一般性原则，最终必然发现的例外和善意的例外等为例外情况，对“毒树之果”产生的衍生证据除了几种特殊情况外一律都要排除，这体现了该国以人权保障在实现刑事诉讼目的中占的比重为大，而惩罚犯罪的比重为次；而大陆法系国家则反之，对非法证据除了虚伪成分较大的非任意性自白或陈述外，肯定非法实物证据、“毒树之果”产生的衍生证据的证据能力为一般原则，而排除则是一种例外，这是由其刑事诉讼强调惩罚犯罪，追求实体真实，而以保护人权为辅所决定的。笔者认为追求实体真实与程序正义、控制犯罪与保障人权等方面的利益冲突与权衡总是贯穿在非法搜查、扣押等实物证据的排除之中，并将长期持续下去。

各国在非法证据排除规则方面也有一些的共同之处。即各国都经历了从起初将犯罪控制作为采证的基点向诉讼程序正当化的价值转变，人权保障意识的比重在采证上有所增加，两大法系在非法言词证据尤其是非法口供排除方面的差距正在逐步缩小，并有趋同的趋势。虽然各国的具体规则不同，但其内在的机制是相似的，都是运用利益权衡原则的结果，只不过利益权衡原则在不同的国家或同一国家不同时期发挥作用的表现形式不同而已。当然，这两个因素并不是完全孤立地对非法证据效力起作用，它们之间是相互影响的，而且它们还受到法文化背景、政治政策、犯罪状况的制约。如同为英美法系的英国，其刑事诉讼结构虽然同美国一样也是对抗式，强调程序的正当性，但英国做法注重情理的平衡传统，其没有设立类似于美国的严格的非法物证据排除规则，而是采取一种权衡的标准。

三、我国非法证据排除规则之现状与理论

（一）我国非法证据排除规则之现状

1. 我国非法证据效力的立法

我国关于非法证据效力问题的立法从效力位阶来看，主要有四个层面：（1）国际公约。1988 年 9 月我国经批准加入了联合国《禁止酷刑和其他残忍不人道或有辱人格的待遇或处罚公约》，该公约第 15 条规定："每一缔约国应确保在任何诉讼程序中不得援引任何业经确定系以酷刑取得的口供作为证据，但这类口供可用作被指控施用酷刑者刑讯逼供的证据。"《禁止酷刑》公约是联合国有关人权保护的重要文件，也是各公约成员国制定国内法所应遵循的最低标准；（2）宪法规定。2004 年修正后的《中华人民共和国宪法》第 33 条明确规定"国家尊重和保障人权"。我国《宪法》第 37 条规定："中华人民共和国公民人身自由不受侵犯，任何公民非经人民检察院批准决定或人民法院决定并由公安机关执行不受逮捕，禁止非法拘禁和以其他方法非法剥夺或限制公民人身自由，禁止非法搜查公民的身体。"第 39 条规定："中华人民共和国公民的住宅不受侵犯，禁止非法搜查或者非法侵入公民的住宅。"第 40 条规定："中华人民共和国公民的通信自由和通信秘密受法律保护，除因国家安全或追查刑事犯罪的需要，由公安机关或检察机关依照法律规定的程序对通信进行检查外，任何组织或者个人不得以任何理由侵犯公民的通信自由和通信秘密。"由此可见，我国公民的人身自由、住宅、通信自由和通信秘密不受非法侵犯已经成为我国公民的宪法性权利；（3）刑事诉讼法和刑法的规定。我国《刑事诉讼法》第 43 条规定："审判人员、检察人员、侦查人员必须依照法定程序收集能够证实犯罪嫌疑人、被告人有罪或无罪，犯罪情节轻重的各种证据，严禁刑讯逼供和以威胁、引诱、欺骗以及其他非法的方法收集证据。"第 91 条至第 118 条还分别规定了讯问犯罪嫌疑人、询问证人、搜查、勘验、检查、扣押（物证、书证）等行为的具体程序。我国《刑法》第 243 条也规定了制裁非法取证行为的相应措施："对司法工作人员刑讯逼供或暴力取证的，处三年以下有期徒刑或拘役……"（4）司法解释及有关规定。1998 年最高人民法院在《关于执行〈中华人民共和国刑事诉讼法〉若干问题的解释》中规定："严禁以非法的方法收集证据。凡查证确实属于采用刑讯逼供或者威胁、引诱、欺骗等非法方法取得的证人证言、被害人陈述、犯罪嫌疑人或被告人供述，不能作为定案的根据。"最高人民检察院在 1999 年修订的《人民检察院刑事诉讼规则》中规定："严禁非法取证，对于以刑讯逼供或者威胁、引诱、欺骗等非法方法收集

的犯罪嫌疑人供述、被害人陈述以及证人证言，不能作为指控犯罪的证据。人民检察院审查起诉部门在审查中发现侦查人员以非法方法收集犯罪嫌疑人供述、被害人陈述、证人证言的，应当提出纠正意见，同时应当要求侦查机关另行指派侦查人员重新调查取证的，可依法退回侦查机关补充侦查。”公安部也在随后制定的《公安机关办理刑事案件程序规定》中规定：“严禁采用非法方法收集证据……”但公安部的规定只是否定了非法取证行为，对于非法证据的效力问题规定并没有提及。

2. 现行非法证据规则立法的缺陷分析

从上述立法规定可以看出，不论是法典还是司法解释，我国立法及相关司法解释对于非法取证行为基本持否定态度，但我国现行刑事诉讼法并没有明文规定非法证据排除规则，严格意义上的非法证据排除规则尚未建立。其主要缺陷分析如下。

（1）非法证据的排除范围规定较为简单、粗疏，缺乏操作性。所指非法证据只限于言词证据，即使是非法言词证据，排除的范围也仅限于证人证言、被害人陈述和犯罪嫌疑人或被告人的供述，并不包括当然属于言词证据的鉴定结论等，对非法证据的范围、种类、效力，法律尚缺乏明确的规定，诸如非法取得的物证能否使用，非法获得的证据可否转化为有效证据，及非法取得的证据的衍生证据的效力问题，亦无规定。这种做法不仅极不利于抑制司法官员非法取证过程中的专横恣意以及个人私权的宪法保障，而且对于法律的尊严也是一种践踏。

（2）非法证据排除规则启动程序缺乏完整、统一的规定。在我国，对非法证据的排除加以规定的主要是最高人民法院《解释》第61条以及最高人民检察院《规则》第265条的规定。从上述两项条文来看，对于证明标准问题，根据《解释》第61条，应为“查证属实”，以此我们认为法律规定审判阶段法官对于以刑讯等非法手段取得的言词证据有排除的职责，但是，提出排除证据的请求权人、排除非法证据的请求的时间及方式、“证据是否为非法取得”之证明责任的分担以及对于被告人、犯罪嫌疑人的非法证据排除的救济途径都没有具体规定。在司法实践中，一般由犯罪嫌疑人、被告人向法院提出证据为非法取得，并对此举证加以证明，但从客观效果上来看，并不尽如人意，非法言词证据被排除的情形在实践中极为罕见。虽然法律规定审判阶段法官对于以刑讯等非法手段取得的言词证据有排除的职责，但是，面对辩护方提出的排除非法证据的请求，由于在刑事诉讼法和解释中都没有规定相应的处理程序，司法实践中对此问题的处理大体有两种情况：一是置之不理，不对“非法证据”是否存在以及应否加以排除的问题做出任何结论，甚至就连专门的调查、审核程序都不举行；二是受理申请，并要求检控方作出说明。前一情况在司法实践中经常发生，而有些案件中，刑事法庭即便将刑讯逼供的问题纳入调查的范围，侦查机关也几乎从不委派侦查人员出庭作证，侦查机关向法庭出具的“情况说明”似乎被用来反驳一切有关侦查人员刑讯逼供的指控，而对这种“情况说明”，刑事法庭基本上当庭予以采纳，并将其作为驳回辩护方申请的依据。因此，有关排除非法证据的问题在绝大多数的情况下就被法庭驳回了。此外，根据最高人民法院《解释》的相关规定，在我国，“证据是否为非法取得”的证明标准为“查证属实”。所谓“查证属实”，是指某事实或某行为确实已经实际发生，这与我国刑事诉讼中有罪判决的证明标准相一致，是最高层次的证明标准。从理论上来讲，此证明标准在一定情况下是有可能达到的。然而，从司法实践来看，该标准明显过高，一般很难达到。这一方面是由于犯罪嫌疑人、被告人的人身自由受到限制，辩护人权利也有限，主观上举证能力薄弱；另一方面，非法取证的主体主要是公安人员与检察人员，上述人员不仅拥有强大的权力，而且一般均具有必要的法律知识，对他们实施的非法取证行为，举证难度很大。

（3）搜查、扣押等侦查活动过于灵活和随意，缺乏有效程序制约。我国《刑事诉讼法》第109条规定：“为了收集犯罪证据、查获犯罪人，侦查人员可以对犯罪嫌疑人以及可能隐藏罪犯或者犯罪证据的人的身体、物品、住处和其他有关的地方进行搜查”。第110～120条也对搜查、扣押的程序作出了具体程序上的规定，但是，比较其他国家的立法，我国关于搜查和扣押等程序上的规定还显得过于疏漏。从这些规定我们可以看出，在搜查的决定权上没有建立起监督制约机制，这些规定事实上将侦查人员可以搜查的决定权作了任意的扩大和延伸。这诸多因素累积起来，使得我国刑事诉讼中几乎不会产生“非法”的搜查、扣押行为，由此也难以产生非法获得的实物证据。

（4）审查起诉阶段检察机关的非法证据的排除程序缺失，其监督效果欠佳。在审查起诉阶段，我国《刑事诉讼法》第250条第9项规定，人民检察院审查案件时，必须查明侦查活动是否合法。《人民检察院刑事诉讼规则》第265条规定了检察机关不能将上述非法言词证据作为指控犯罪的根据。对于在审查起诉中发现有刑讯等方式收集的犯罪嫌疑人的供述、证人证言、被害人陈述的情形，检察机关应当要求侦查机关重新派人取证，必要时检察院自行取证；对于侦查机关未另行指派侦查人员重新调查取证的，可以依法退回侦查机关补充侦查。

检察机关作为对公安机关侦查活动监督的专门机关，在应然状态下，对非法证据排除规则的适用应当具有一致性，然而，由于传统法律文化的影响，既定刑事诉讼制度的缺陷性，其实然状态下对非法证据排除规则的适用及其成效则不尽如人意。这表现在：首先，思想观念上的“三重三轻”的影响，即重打击犯罪，轻人权保护，重刑事实体法的适用，轻刑事程序法的适用，重口供、实物证据机械性的进行判断与适用，轻对其非法证据进行排除审查、判断及适用。其法律监督的负效果之一是审查起诉出庭支持公诉的案件有的质量不高，以至类似“佘祥林”式的结案时有发生。其次，非法证据排除的程序规则缺位。非法证据排除的程序化、规范化、制度化与法律化，是该规则运用及其成效的制度保障，现行法律制度安排在对侦查活动法律监督层面仅仅规定了发现非法自白等言词证据采用纠正、要求重新调查取证、自行侦查、退查四种方法，但并未对其运行予以程序化，由于其缺乏操作性，故实施的效果欠佳，以至法律监督机关常常无力纠正违法、非法取证、排除非法证据的“悖论”现象。其三，对非法实物证据排除规则的缺位，“毒树之果”的规则尚未确立与适用，更无相应的程序规制，使其非法取得的实物证据的审查、判断及其排除，往往成为侦查监督、审查起诉、出庭支持公诉、审判监督的难题，有的因对非法取得的替代作案工具难以排除或不予排除，常常导致要么罪及无辜、要么放纵真凶，法律监督在这层面显得力度较为薄弱。其四，抗辩制度及其机制的缺失，使得法律监督权在审查批捕、审查起诉、支持公诉、审判监督程序运行中不断得到彰显与强化，并且同国家刑事侦查权与国家刑事审判权一样，在各自的层面上具有强势地位。这同法律监督权在规制侦查权、审判权、自身在其中得到有序规制的初衷是有偏离的。其缺失的根源在于诉讼制度中诉讼参与人抑或被告人、诉讼代理人对非法证据采信与适用的抗辩制度的缺失。这是因为，对非法证据的排除制度安排应包括四个层面相互衔接的程序规制，即对非法证据依规则进行识别判断自觉的排除，法律监督机关对非法证据的审查、判断与合理排除，诉讼参与人依规则合理地进行抗辩，审判机关依规则对控辩双方进行评估、合议、裁定、不予采信或予以排除。但由于对非法证据的抗辩制度的缺失或既定抗辩功能的弱化，这种制度层级安排缺位必然对法律监督各种权能运行功效的弱化产生传导作用或波及效应。

（5）审判阶段，裁判者对非法证据的排除具有虚置性。作为居中裁判的审判机关及其法官在应然状态下对非法证据排除规则的适用及其效果，同侦查机关和法律监督机关以及抗辩当事人相比较，其不仅具有运用规则的合理性与可能性，而且具有比较优势的地位。这是其在刑事诉讼庭审阶段控辩审三角构造中不偏不倚，居中依规则裁判的角色、地位、职权及其影响所决定的。而在实然层面，其同法律监督机关一样在思想观念、程序运行、重要规则等方面存在不足与缺陷。首先，先定后审、上定下审、判者不审、审者不判等审判权异化为行政权，且不断膨胀，使得既定的尚未成熟的非法证据规则很难被本级组织的裁判者—法官、合议庭、审判委员会所成功的运用，他们往往被上级或上一级法院决定、指示所左右，其非法证据排除规则的功效难以独立行使与彰显；即使偶有行使，而一旦外在的上诉审理权、审判监督权、院方监督权启动运行，由于这三种权能的行政属性不断强化，非法证据又往往被上级法院所采用，因此非法证据的排除运行功效不高或基本为零，这在司法实践中并不鲜见。其二，程序的缺失使得裁判者对于如何运用非法证据排除，既无标准又无规则，从而法官、合议庭、审判委员会在裁判时举棋不定、难以把握，要么矛盾在同一级法院内层层推，要么在上下级之间推，使得一些疑难案件不审不决，以致“佘祥林”类案件违反程序、“发回重审”，其结果是，即使错案形成，又由于缺乏相应的程序规定而不承担责任。其三，考核标准的错位使得非法证据排除难以运行。现行审判机关推行的目标考核，如下达办案数、上交诉讼费数的激励目标管理制，却忽视了非法证据排除规则的适用，加之错案追究目标的缺位，从而导致法官片面追求办案数，完成诉讼费，错案追究制大都停留在口头上、纸上，并未得到真正落实，这是由于审判权运行模式偏离审判职能与组织机构所带来的一个“负产品”。非法证据排除规则的适用同激励目标不挂钩，这导致裁判者缺乏正确运用这一制度规则的内在动机与外在行为的动力，非法证据排除规则对裁判者无法发挥其应有的约束力。法官适用这一规则即使错误，但通过启动上诉程序、审判监督程序进行裁判，法官也可能由于不同评估主体评估标准不一，激励约束不明，责任分散，而不需要承担如检讨、停职、降职、撤职、开除等相应的法律后果。

(6) 不同部门的刑事非法证据排除规则之间缺乏系统性、连贯性。1999年最高人民法院《解释》第61条和最高人民检察院《规则》第265条的规定中，以非法自白的排除明确解释为“不能作为指控犯罪的证据”，而1998年公安部发布的部委规章《公安机关办理刑事案件程序规定》中，并未确定非法言词证据或其他证据排除规则，之后也未作补充规定，这就使得三机关之间的解释未能保持一致性，使得刑事诉讼中对证据的审查标准未能保持连贯性。这与检、法两家排除规则的确立是不相协调的。

我国现行刑事立法与刑事司法有关非法证据排除规则的建构还很不完善。这充分反映出我国证据制度的滞后性，正当法律程序的现代刑诉价值理念远未深入人心坚持实体真实、控制犯罪与正当法律程序、人权保障的有机统一，构建反映诉讼现代化的非法证据排除规则及其运行机制，其任务十分艰巨。

（二）设立我国非法证据排除规则应当考虑到的相关因素

从以上我国关于非法证据的立法和司法实践操作来看，我国非法证据规则的设置存在种种缺陷，而两大法系已经形成了相对成熟的非法证据排除规则，因此在建构我国的刑事非法证据排除规则时，有必要借鉴外国的立法经验，但是要把有益的借鉴和盲目照搬区别开来。要选择优秀的、适合本国国情和需要的法律进行移植，同时要注意外国法与本国法的同构性和兼容性，保持本国法律体系的系统性。简单地说，就是既要立足中国的现实，也要有选择地借鉴外国的有益经验。建构我国的刑事非法证据排除规则要立足的我国现实情况是多方面的，笔者认为主要有以下方面。

1. 我国的法文化传统

法文化，一般认为是指人们有关法律的群体性认知、评价、心态、行为模式的观念法律文化总和。[1] 在我国的法文化发展过程中，“重刑轻民”“有罪必究”一直是刑事法制中占主导地位的传统思想，虽然我国刑事法制的发展逐步倾向于人权保障的价值目标，但作为一种法文化传统是历史长期积淀的结果，不可能在短期内使社会公众的法文化观念得以改变。法律对犯罪的宽容程度要以社会对犯罪的容忍限度为依据，不能不顾及社会对惩罚犯罪的要求。就中国目前的社会现实来讲，国民对犯罪的憎恨远远超过对犯罪的同情，事实上这也是刑讯逼供屡禁不止、沉默权制度难以确立的原因之一。如果我们采取美国的绝对的非法物证排除规则，仅仅因为收集物证的方法或程序稍稍不当就宣布该证据失效的做法目前还不能为人们所普遍接受。因此，在建构我国非法证据排除规则时，决不能抛弃法文化传统这一历史因素而一味强调制度规则的超前性和彻底性，要注意外国立法经验与我国法文化传统的相容性。

2. 我国的诉讼结构

根据修订后的《刑事诉讼法》可以将我国现行的刑事诉讼结构界定为职权主义与当事人主义交融的结构。它的特征在于：（1）在侦查阶段，赋予犯罪嫌疑人更多的诉讼权利，但侦查权仍然非常强大；（2）在起诉阶段，允许律师开始为被告人辩护；（3）在审判阶段，加强控辩双方的对抗性活动，允许控辩双方在庭审的证据调查阶段进行辩论，适当削减法官在证据调查方面的职权行为

[1] 杨宇冠：《非法证据排除规则研究》，中国人民公安大学出版社 2002 年版，第 10 页。

等。❶ 从以上特征可以看出，修订后的《刑事诉讼法》顺应了程序正义、保障人权这一世界潮流，对我国的原有诉讼结构进行了较大幅度的改革，吸收了当事人主义的有益成分，也还有许多方面需要进一步完善。应当看到，虽然我国近年来的刑事司法改革不断吸收当事人主义诉讼结构的合理成分，但我国诉讼结构的发展方向不是要建立当事人主义诉讼结构，而是兼采当事人主义和职权主义的优势来完善我国的诉讼结构，这不仅是当代刑事司法制度发展的趋势，也是被实践证明为有效的方法。因此，我国要建构的非法证据排除规则也应该是混合式的、博采众长的，以便于适合我国不断完善的诉讼结构。

3. 犯罪率的高低

非法证据排除规则的适用与犯罪率的关系非常密切。表现在：适用非法证据排除规则越严格、越彻底，社会犯罪率就会越高；而社会犯罪率越高则越不宜适用严格的非法证据排除规则。❷ 原因在于非法证据排除规则的侧重点就在于保障人权，而越是偏向于对公民权利的保护，就越容易导致打击犯罪的力度不够。根据各方面的资料显示，我国目前还处在高犯罪率时期，而且犯罪手段多样化、高科技犯罪以及新型犯罪不断出现，这些与我国司法资源特别是基层司法机关的侦控能力的不足形成了鲜明的对比，若适用严格的非法证据排除规则，必然导致控制犯罪的力度不够，社会犯罪率会更高。因此，我国目前非法证据排除规则的构建，必须注意保障人权与惩罚犯罪两种价值目标的平衡。此外，在认清本国现实的基础上，还必须对国外非法证据排除规则产生和发展的背景以及经验教训进行总结分析，从中选择有益的、适合我国国情的经验进行借鉴。

（三）我国学者关于非法证据排除规则的理论主张

对于非法证据的排除模式问题，我国学术界一直众说纷纭，其观点大体上可以分为三派。❸

1. 一概排除说

这种观点主张：对非法取得的证据，无论是言词证据还是实物证据，也无论真实与否，都不具有证据能力，应当一概予以排除。其理由是：（1）违法收集证据是违反宪法的行为。（2）不排除违法取得的证据是造成冤假错案的直接

❶ 徐静村主编：《刑事诉讼法学》，法律出版社 1999 年版，第 80 页。

❷ 李红、米潇玲："建立非法证据排除规则研究"，载陈光中主编：《诉讼法理论与实践（2003 年刑事诉讼法学卷）》，中国政法大学出版社 2004 年版，第 505 页。

❸ 甄贞主编：《刑事诉讼法学研究综述》，法律出版社 2002 年，第 262～264 页。

祸根之一。(3) 排除违法取得的证据是许多国家司法经验的结晶，是有关国际公约的要求。(4) 若放任非法取得的证据合法使用，其直接的结果是助长了非法行为，这样的结果使刑事诉讼程序的法制化形同虚设，既使法律的遵守失去了应有的权威性，又使人权的保护失去了应有的法律屏障。

2. 真实肯定说

这种观点认为应把非法手段与证据区别开来，对于非法取证行为可以视情节轻重予以追究处理，但不能因手段非法而否认“客观真实”的“非法取得的证据”的价值。违法取得的证据材料，经查证属实的，具有证据能力，可以作为定案的证据。因为，我国证据制度的核心是“实事求是”，不能因为形式上的“非法”而否认其“实质上的真实性”，并且这样做有助于防止因真实的证据被排除而放纵真正的犯罪分子。

3. 折中说

一些学者主张对非法取得证据不能“一刀切”，而应分不同情况区别对待。这就是所谓的“折中说”。然而，这些学者对非法证据的证据能力的主张又可以分为三种观点。

(1) 线索转化说。这种观点认为非法证据不具有法律效力，但可以把它当作发现和收集刑事证据的线索，采用合法程序和方法重新取证，使非法证据转化为新的合法证据。这样既是通过重新而合法地取证来对非法取证行为彻底否定，又是灵活地运用非法证据。

(2) 区别对待说。这种观点主张因证据类型的不同而区别对待，即非法取得的供述无效，因为刑事诉讼中，人的主观性的言词很难辨别真伪，采用非法手获取这些言词证据潜在的虚假性和违法性远远大于通过相同方式获得的实物证据的虚假性。而对于物证，由于其不会因收集程序和方法非法而改变性质，故可以承认其证据效力。

(3) 原则排除加例外说。这种观点认为非法证据原则上不具有法律效力，但又存在若干例外，即在某些特殊情况下，非法证据有法律效力。还有学者具体设计了非法证据可以不予排除的例外情形。[1] 即：第一，排除非法证据可能会危及国家重大利益；第二，司法人员出于过失或情况紧急，缺少或未履行某种手续而不涉及公民人身权，或者对公民人身权侵害显著轻微，而将其排除不

---

[1] 张惠芳、管晓静：“非法证据的法律效力探讨”，载《政法论丛》1999 年第 4 期。另见孙孝福：“从证据运行行为的失范性看非法证据的效力——关于我国设立证据排除规则的展望”，载《法商研究》1997 年第 5 期。

利于维护正常的社会秩序；第三，以侵犯被告人的诉讼权利获得的实物证据，被告人申请采用的；第四，综合各种因素，如非法取证行为时的条件、违法的严重程度、频发性以及行为人主观心态、案件的性质及危害程度等，而应当采用非法证据的其他情况。

笔者认为，在我国重刑轻民的法文化背景以及目前犯罪率高涨不下的现实情况下，在建构非法证据排除规则时，必须对保障人权、程序正义等价值进行适当的平衡，必须将非法证据排除规则对程序公正的追求以及对当事人权利的保护限制在一定范围之内。况且人们通过对欧美国家非法证据排除规则的考察，不难发现，美国司法实践充分证明了绝对非法证据排除规则存在种种弊端，其如今出现了“例外不断扩大”的趋势，而相对的非法证据排除规则则显示了极大的优越性，并且成为国际上设置非法证据排除规则通例。因此，我国的非法证据排除规则宜选择排除加例外的模式，即采取相对的非法证据排除规则。对非法证据选择排除加例外这种相对排除的模式，是价值选择的平衡，也是国际诉讼发展趋势，比较切实可行。[1]

四、我国非法证据排除规则之构建

如前所述，非法证据排除规则的确立已经成为一种世界性的潮流和趋势。从价值与功能的视角分析，该规则的确立对于保障人权、维护法治尊严以及促进案件实体真实的发现均有着重要的意义。而且我国作为《联合国 禁止酷刑公约》缔约国之一，其是履行国际义务所必需。因此，我国确立非法证据排除规则，势在必行，结合上述作出的缺陷分析，笔者认为，我国的非法证据排除规则的设置应当从以下几方面考虑。

（ ）修改、完善现行刑事诉讼法律制度

为了实现我国非法证据排除程序的设计，首先应该对相关法律、法规进行清理和修订。(1) 应当废除针对非法言词证据重新取证的规定。如果允许侦查机关或检察机关针对非法证据重新取证，其实就是间接地利用了非法证据，这也就违背了设立非法证据排除规则的初衷。(2) 对检察机关移送证据的运行机制要精密设计，废除检察机关在法庭审判过程中移交证据目录以外的证据的做法，但是有利于被告人的证据除外。根据最高人民法院《解释》第 155 条的规定，在审判中，公诉人可以要求出示开庭前送交人民法院的证据目录以外的证

---

[1] 姚健：“略论刑事非法证据”，载陈卫东主编：《司法公正与司法改革》，中国检察出版社 2002 年版，第 82 页。

据，并且审判长如认为该证据确有出示的必要，可以准许出示。这当然也就意味着，这些证据有可能被用作定案的根据。而这些证据又是“证据目录”以外的，即使设立证据开示制度，这些非法证据也不会在审前阶段为被告人一方所知悉，更谈不上提出非法证据排除的请求。因此，对检察机关移送证据范围、条件及程序，审前证据开示制度，诉讼参与人的在第一次询问被告、会见诉讼当事人、庭前开示、提起公诉及开庭审理各个诉讼阶段赋予其告知权、异议权与行使抗辩权，以有效发现和排除非法证据。当然，从有利于被告人的角度出发，对于被告人有利的证据可以移送。(3) 对于补充侦查的证据，应当经过证据展示，赋予被告人、辩护人的异议权。按照我国刑事诉讼法的规定，在审判阶段，公诉机关可以要求两次补充侦查，而且针对检察机关的补充侦查的申请，法院应当同意。笔者认为，对于补充侦查收集到的证据，检察机关应当向辩护人展示，而且在展示的过程中，辩护人同样有针对证据可采性提出异议的权利。如果检察机关不接受异议，还可以将其提交法院，由法院作出最后的裁决。只有这样，才能保证非法证据排除规则得到真正实现。(4) 各部门立法时相互之间还应当加强衔接，以保障适用时审查标准的统一。

（二）我国非法证据排除规则的模式选择

如前所述，尽管各国均设立了非法证据排除规则，但对于排除的方式，却作出了不同的规定。对此，我国应当权衡不同的诉讼价值，结合其他国家的经验、教训，作出正确的选择。具体而言，包括以下几个方面。

1. 对于非法取得的言词证据，应当实行自动排除

从以上两大法系非法证据排除规则的发展历史来看，无论是英美法系还是大陆法系，对于非法取得的言词证据都实行自动排除，按自动排除模式要求，对所有被依法认定为非法取得的言词证据，必须一律加以排除。排除非法言词证据之所以得到世界大多数国家的肯定和广泛实践，是因为这种证据既违背了诉讼参与人的真实意愿也是对他们基本人权的侵犯，破坏了整个程序正义的前提和基础。对于非法言词证据实行自动排除，是大多数国家已经采用并经证明是较为合理的做法，也是相关国际公约的要求，我国应当加以借鉴。在我国，对于非法取得的言词证据实行自动排除，这不仅保障了犯罪嫌疑人、被告人、证人、被害人的合法权益，而且有利于彻底解决我国刑事诉讼中亟待解决的刑讯逼供、暴力取证等问题，同时也有助于树立司法尊严，促进公民普遍守法的法治目标的实现。

尽管各个国家和地区对非法言词证据均加以排除，然而它们所谓的“非法言词证据”在范围上并不完全相同。在有些国家，非法言词证据仅限于使用法

律明文禁止的方法所获取的证据，而在另一些国家，则包括违反其他有关程序性规定所取得的证据。在设立我国非法证据排除规则时，必须明确我国非法言词证据的具体范围。从目前我国刑诉法以及相关司法解释来看，我国的非法言词证据仅限于“采用刑讯逼供或者威胁、引诱、欺骗等非法的方法”取得的证人证言、被害人陈述、被告人口供，而不包括使用其他侵犯人权的方法或违反其他程序法的规定而获取的言词证据，其范围是比较有限的。《联合国禁止酷刑公约》的相关规定范围则较为宽泛，而其他国家和地区在这个问题上也作了更加详备与明确的规定。因此，笔者认为，应当吸收有关国际条约的规定，借鉴其他国家和地区的做法，并结合我国司法实践中存在的问题，对非法言词证据的范围加以扩大。具体来说，除了我国现行立法明确规定的通过刑讯逼供、威胁、欺骗手段和方法取得的证人证言、被害人陈述、犯罪嫌疑人、被告人供述被认定为非法证据以外，还应将疲劳、饥渴、服用药物、催眠等方法获取的言词证据认定为违法。同时将现行法律中刑讯逼供、威胁、欺骗手段的认定标准进行细化，并结合联合国及其他大多数国家的非法证据排除范围，对服用药物、催眠的概念作出规定。再将其他残忍、不人道和有辱人格的方法作为弹性条款，考虑到我国司法侦查水平和犯罪实际状况，暂不作具体规定，有待于经过一段司法实践再进一步探讨。

另外，对于非法取得的证人证言、被害人陈述的排除可以借鉴《德国刑事诉讼法》的规定，《德国刑事诉讼法》第 69 条（三）规定，“对证人的询问相应地适用第 136 条 a 的规定。”❶ 而 136 条 a 正是关于非法获得的被指控人的陈述禁止使用的规定。笔者认为，为了遏制执法人员取证而侵害证人、被害人的权利，而否定非法取得的证人证言、被害人陈述的证据能力，仅仅依靠排除规则是远远不够的，还应该完善证人作证权利保障方面的立法。

2. 对于非法取得的实物证据，应当实行裁量排除

鉴于世界各国对非法取得的实物证据的处理态度和排除范围的不一，从两大法系关于非法证据排除规则的发展过程考察，对非法收集的证据实行部分或者有条件的排除是当今世界大多数国家的通例。其原因主要是由非法取得的实物证据本身的客观实在性决定在一定范围内采纳非法取得的实物证据不会对人权保障构成强烈冲击。考虑到我国的法律文化、社会法治状况、民族心理和社会可承受度，对非法取得的实物证据的排除范围应实行裁量排除，由检察官、法官在利益权衡的基础上考虑是否排除，利益权衡主要考虑到的因素是违法获

---

❶ 《德国刑事诉讼法典》，李昌珂译，中国政法大学出版社 1995 年版，第 21 页。

得的实物证据的违法程度与该证据在定案中的价值对比关系。原则上，对于违反搜查、扣押等程序取得的实物证据，如果执法人员主观上并非出自故意或重大过失，客观上造成的危害后果不严重，可以不排除；如果执法人员主观上出于故意，客观上严重侵犯了公民的合法权益，那么，由此获得的实物证据，应予排除。在此需要指出的是，主张对非法实物证据实行裁量排除，仅仅是针对当前以及今后的一段时间。从长远来看，随着我国科技水平的提高、警力的增强以及物质条件的改善，我国对于非法取得的实物证据的范围可逐渐扩大到未经合法授权的窃听、电讯截留包括进去，以便切实保障人权、维护司法权威，并促进案件实体真实的发现。

笔者认为，对于上述予以排除的非法证据，在特殊的情况下，经过利益权衡，设置若干例外情形，这些例外的范围如下。

（1）涉及危害国家安全的非法证据。对于涉及危害国家安全的非法证据应当认定其证据的证据能力。因为没有比国家安全这种重大利益更具有可保护性的价值了，我们不能为了保护被告人的个人利益而置国家的安全利益于不顾。在这种情况下，如果证据经过查证属实，应当作为定案的根据，而不能一概予以排除，这也是利益权衡后的必然选择。

（2）涉及危害社会重大公共利益的非法证据。对于危及社会重大公共利益的案件，非法证据的效力也不能排除。“我们不应该忽视这样的事实，一些用非法方法取得的证据对于打击严重犯罪所具有的重要作用，以及排除这些证据可能引起的负效应——社会治安状况恶化，被害人对公安机关乃至社会的不满情绪、广大人民群众心理不平衡等”。[1] 由于此类案件涉及的利益也较为重大，我们必须在维护被告人的利益与维护社会重大利益之间作出权衡，因此有必要认定此类非法证据的效力。

（3）其他情况。[2] 在其他情况下，根据我国的实际国情，比如犯罪率的高低、司法资源的状况等，也可以确定一些其他例外。确定其他例外情况还应考虑以下因素：①取证行为违法的严重程度；②行为人的主观过错程度；③行为时的条件；④取证的过程是一直违法，还是个别环节违法；⑤行为与证据结果的因果关系；⑥受侵害利益的性质及程度；⑦案件的性质及危害手段的后果。

3. 秘密侦查、诱惑侦查手段获得的证据之证据能力

[1] 陈光中、严端主编：《中华人民共和国刑事诉讼法修改建议稿与论证》，中国方正出版社 1999 年版，第 176 页。

[2] 杨宇冠：《非法证据排除规则研究》，中国人民公安大学出版社 2002 年版，第 229 页。

关于秘密侦查手段获得的证据，我国《人民警察法》第16条、《国家安全法》第10条都规定了所谓“在一定条件下，经过严格的批准手续，可以采取技术侦察措施”。技术侦察措施就是一种秘密侦查手段。秘密侦查在实践中是不可或缺的有效侦查手段，在我国现阶段发挥了较大的作用，然而秘密侦查对公民的基本权利也存在一定的威胁和侵犯，我国刑事诉讼法对秘密侦查及其取得证据资格能力没有明确的规定。笔者的观点是秘密侦查涉及对人身权的侵犯，出于保护人权的要求，构建非法证据排除规则时应当予以考虑，但由于秘密侦查手段大多和侦查手段的科技化紧密联系在一起，而科学技术迅速发展就会导致秘密侦查手段会不断增加，所以对它的种类规定不宜过细，秘密侦查大都是用于一些危害性极大的犯罪，在我国现有案件侦破水平较低而犯罪手段日益复杂化、高科技犯罪不断增多的情况下，规定过细反而会束缚侦查人员的侦查活动。主要是借鉴德国等秘密侦查规定比较成熟的国家的做法，先行在秘密侦查手段的适用范围方面作出规定，由于这种侦查手段对公民的宪法权利侵犯十分严重，应当只限于危害国家安全案件、洗钱、破坏金融秩序、毒品案件、黑社会犯罪案件、恐怖组织案件等严重的案件。

对通过诱惑侦查取得的证据的资格能力，笔者认为，其情况较为复杂，且在实践中有效性明显，而我国目前打击犯罪形势严峻，尤其在毒品犯罪、黑社会性质犯罪、破坏金融管理秩序犯罪方面，其有着不可忽视的作用，应借鉴美国、德国等国做法，予以区别对待。按照“本来愿意”的标准，如果该侦查只是为犯罪嫌疑人、被告人提供了犯罪机会，犯罪嫌疑人、被告人的犯罪意图是自发产生的，则该证据应予采纳。如果该侦查具有创造性，可能诱惑犯罪，犯罪嫌疑人、被告人的犯罪意图是由侦查诱惑而引起的，则由此取得的证据不应采纳。[1]

4. “毒树之果”之证据能力

对毒树之果的证据能力是否应当予以排除，通常也反映了打击犯罪以发现实体真实和保障人权以实现程序正义的价值选择。两大法系国家除了美国对此采取比较坚决地排除态度，通行的做法是对非法取证产生的衍生证据不予排除为原则，对非法取证产生的衍生证据排除为例外。笔者认为，我国尚未建立保障人权的一般非法证据排除规则，在我国国民心理对犯罪非常憎恨，而犯罪率又居高不下、技术侦查手段落后的现实情况下，如果将证据排除范围扩大到“毒树之果”，将严重影响刑事诉讼的进行。因此，就目前的情况来看，短期内

---

[1] 谭永多：《刑事证据规则理论与适用》，人民法院出版社2003年版，第100页。

立法规定不应排除“毒树之果”，这样做虽然有追求实体真实、放纵犯罪之嫌，但笔者认为有条件分步骤地构建非法证据排除的证据制度及其运行机制，这是中国人权法治社会建设渐进过程中的必然理性选择。

（三）建立有效的非法证据排除操作程序

非法证据在诉讼过程中出现后，并不能自身肯定自己是非法的而自动排除出局，而是需要通过一个确认程序才可将其排除。为使得我国非法证据排除规则具有可操作性，这种确认程序制度的内容应包括：一是谁有资格进行非法证据的排除；二是提出排除请求的主体资格及其提出排除请求的时间、方式。

1. 职权机关排除非法证据的权能及其运行

从职权机关的职权层面分析，对非法证据的识别、审查与排除，是侦查机关、法律监督机关、审判机关依据法定职权及其在诉讼程序的职能分工所衍生出的相关权力。职权机关由于自身职权有国家强制力作保障，在证据的收集、审查、运用、排除中处于强势地位，因此，要有效遏制非法证据，应当在职权机关之内或之间通过职权的行使与限制预防或排除非法证据。

在侦查阶段对非法证据的排除侦查机关应通过自身三个层级的职权运行来完成：侦查人员依规则收集、固定证据，并且自觉地排除或杜绝非法方法与手段，以防止非法证据的形成与固定；侦查主管人员对非法收集的证据的方法与手段进行判定，及对非法证据进行识别与剔除；侦查机关法定代表人对非法证据进行强有力的矫正。而这三个层面非法证据排除权能的行使，应具有一套严密的组织程序与运行机制相配套。此阶段非法证据排除的重点在于防止与矫正非法证据的形成、固定及其运用。在法律监督阶段对非法证据的排除主要通过相关衔接的侦查活动监督、审查逮捕、审查起诉、出庭支持公诉、刑事抗诉职权的行使，建立起对非法证据进行识别、审查与排除的“五道防线”，以防止与校正侦查权、审判权滥用，防止非法证据在侦查阶段形成、固定并被运用；或避免非法证据在审判阶段被重复采信与运用，并且通过内部层级权能制衡的载体，办案主体识别提出纠正意见，层级检察或检委会决定采纳校正意见，以有效排除非法证据。并且，其权能的行使需有配套的程序规则作保障。此阶段法律监督机关非法证据排除的重点，在于对侦查、审判机关滥用权力进行有效监督。而面对我国目前法律监督职权日益彰显的强势地位而抗辩力量却又相对弱化的现状，为了防止法律监督机关自身对非法证据排除权能滥用，法律监督机关还应依程序接受侦查、审判机关的职权主动规制监督、诉讼当事人的异议请求权、抗辩权的主动规制监督以及人民监督员启动社会监督权的外部监督等等。在审判阶段法官对非法证据的排除则表现为启动层级职权权能——法官、合议庭、审判委员会，上诉审审判监督审、院方发现监督审等，对非法证据进行识别、审查与剔除，或者接受法律监督机关的监督意见，采纳诉讼当事人的异议请求权、抗辩权，对非法证据不予采信或裁定排除。其排除职能的行使同样需要一套制度规则及其运行机制作保障。

2. 排除非法证据的请求权及其运行

启动排除非法证据的程序，除了依职权进行外，在技术排除的层面，要解决的是谁有权请求排除非法证据以及提出排除请求的时间、方式。我国刑事诉讼法并没有对此作出规定，笔者认为，可以从以下方面进行考察。

（1）被告人及其辩护人应当有权请求排除非法证据。从非法证据排除规则的价值取向即保障被告人的诉讼人权的角度来看，应该明确被告人提出请求排除非法证据的权利。因为非法证据是否排除，将会直接影响对被告人的定罪以及量刑，所以被告人应当有权积极为自己辩护，要求对非法证据予以排除。另外，作为辅助被告人行使辩护权的辩护人也应当有权要求排除非法证据。

（2）证人、被害人是否有权提出排除非法证据的请求。既然前面谈到侦查人员非法取得的证人证言、被害人陈述应当予以排除，因此，这里有必要讨论证人、被害人是否有权提出排除非法证据请求的问题。这里可能会出现两种情况，就是证人、被害人因为侦查人员对其使用强迫、威胁、非法拘禁等非法方法而作出了对被告人有利的，或者可能使自己受到刑事追究的证言、陈述。笔者认为，在这种情况下，可以赋予证人、被害人排除非法证据的请求权。因为在这种情况下，要求犯罪嫌疑人、被告人主动提出排除对自己有利的证言，是不大可能的。相反，证人、被害人因为侦查人员对其使用强迫、威胁、非法拘禁等非法方法而作出了对被告人不利的，甚至可能使犯罪嫌疑人、被告人受到刑事追究的证言、陈述。笔者认为，在这种情况下，可以借鉴英美法系处理此问题的态度，赋予犯罪嫌疑人、被告人排除非法证据的请求权。其出发点主要考虑到犯罪嫌疑人、被告人是排除非法取证行为的最大受益者，将提出排除非法证据的请求权赋予犯罪嫌疑人、被告人具有最直接现实意义。对于证人、被害人遭受的侵害，可以通过追究非法取证人的民事、行政、刑事责任来解决。

（3）提出排除非法证据的时间。其一，庭审之前提出的情况。在美国，传统的方式是在审判期间，当控诉方向法院提出证据时，被告方当时提出该证据为非法采集的证据，从而反对采纳该证据，这个规则叫做“同时反对规则”。一些州现在还采用这个规则，但大部分已经不用这个规则，而采用由被告方在审前提出动议的排除方式。[1] 采取传统方式的州认为当庭排除是一种有效的方式，而采取审前排除方式的州也有许多合理的理由。确实，采取审前排除方式可以避免在法庭上控诉方和辩护方就侦查人员取证行为是否违法问题进行争论，使审判不至于偏离被告人有罪和无罪这个主要问题，还可以避免陪审团因接触到不合法的证据而致使审判无效。另外，它还可以使控辩双方能够在事前了解到哪些证据可以被采纳，哪些不能被采纳，从而使庭审活动更有效率。如果在事前就批准了排除某些证据，控方就可以放弃因有关证据被排除而不能成功的控诉，或者及时调整控诉。如果被告方提出排除的请求没有被批准，则被告方可以考虑作有罪答辩，以换取较轻的处罚，或者及时调整辩护的策略。这样不仅节约了大量的司法资源，而且也节约了控诉方和辩护方的资源。

笔者认为，从审判效率及立法的科学性角度考虑，我国在建构非法证据排除规则时也比较适合采用庭审前提出的方式，这就意味着有必要设立一个专门的证据庭前审查程序，在此阶段，由法官对证据进行审查，排除不具有法律效力的非法证据，使其不能进入庭审。

其二，庭审时提出的情况。对于提出排除非法证据请求的时间，原则上应当在庭审之前提出。但是，如果被告人在规定的时间因为种种原因没有机会就非法证据的排除提出请求，也可以在庭审时提出，由法庭审查理由是否充足，从而决定是否准许。通常，如果被告人由于不可抗力的原因未能在庭前提出请求，法庭应该认为有充足的理由。如果仅仅是因为被告方不知道这方面的规定，或者没有意识到存在非法取证的问题，所以当时忽略了这个问题，以后再想提出，可以认为这不是充足的理由，不予准许。如果被告人自己意识到侦查人员的行为以及其取得的证据有问题，他有责任告知他的律师这些事实。为了避免被告人因为不知道而不能及时提出排除非法证据的请求，我们可以借鉴美国某些州的做法：在证据展示方面作强制性规定，凡可能被提出排除请求的证据必须向被告方展示。[2] 这样被告方在证据展示过程中能够了解到控方使用的证据，以便决定是否提出反对。

其三，二审程序和再审程序中提出的情况。如果被告人由于不可抗力的原因未能在庭审之前和一审程序提出请求，在二审程序中也可以提出申请。如果在上述时间内由于不可抗力的原因未能提出，也可以在审判监督程序中提出。

其四，法院裁定不予排除的情况。如果被告人在上述程序中提出了请求，

---

[1] 杨宇冠：《非法证据排除规则研究》，中国人民公安大学出版社 2002 年版，第 107 页。

[2] 同上书，第 108 页。

但法院裁定不予排除，被告人也可以在以后的程序中提出申请，或者依法申请复议。

其五，其他情况。如果被告人由于不可抗力的原因未能在庭审前和庭审中提出请求，而法官在庭审中发现明显存在非法取得的证据，那么法官应当依职权主动提出要求控诉方排除非法取得的证据。同时，辩护方也应当主动向法官提出对非法取得的证据加以排除。对于证人、被害人提出排除非法证据请求的时间，可以参照上述方式执行。

（四）明确相关证明责任的分担与证明标准

在适用非法证据排除规则时，一个不能回避的问题是关于“证据是否为非法取得”之证明。这一问题实际上包含了两个方面，即证明责任与证明标准。前者是指对于“证据是否为非法取得”，由谁承担举证证明，并在该事实真伪不明时承担败诉风险；而后者是指，对于“证据是否为非法取得”的证明达到何种程度时，裁判者应当予以认定。

1. 关于证明责任问题

笔者认为，对于“证据是否为非法取得”的证明责任问题，可以通过以下两项措施予以落实。

(1) 借鉴英美法系、大陆法系国家一般做法，我国非法证据排除规则宏观上遵循的设计思路是规定辩方包括犯罪嫌疑人、被告人及其辩护人有责任提出“证据为非法取得”之主张，并负有提供证据线索或说明存在合理根据的责任。对此，应作两方面的理解：一方面，对于证据为非法取得的问题，除裁判方自行发现的以外，辩方须承担主张责任。如果辩方没有提出上述主张，可以推定取证行为是合法的，采信行为是正确的，控方没有义务进行相应的证明活动。否则，在刑事诉讼中如果证明犯罪嫌疑人、被告人有罪的责任由控方承担，控方在诉讼中将提出大量的证据，如果要求控方对其所提出之证据为合法取得一一予以证明，既不符合诉讼经济原则，也不符合世界大多数国家的立法通例。如在英国，须由被告人一方提出异议，或法庭自行提出要求，控方才就非法证据的可采性进行证明；在法国，根据刑诉法第 115 条第 2 款规定，如某一当事人认为已发生无效行为，应以申请书的形式向上诉法院起诉庭提出请求。另一方面，辩方对于自己的主张，应当提出证据线索或说明存在合理根据。对于控方所提出的证据，辩方仅仅提出“该证据为非法取得”的主张是不够的，其还须附具必要的证据线索与合理根据。如对刑讯逼供的时间、地点、后果进行说明，提交一定的人证、物证或线索，其目的旨在使裁判者能够确定有可能发生了非法取证行为。

具体落实在我国非法证据排除规则证明责任上，分为两种情况：①对被告人口供证据能力的证明责任的分担。针对目前我国司法实践中仍然十分严重的刑讯逼供现实和被告人口供一般是在侦查权控制下作出的实际情况，在可能是由刑讯逼供所得的被告人口供证明能力的证明责任方面，应从严要求，即只要被告人提出异议即可，无须负任何证明责任，但并不否定被告人的举证权利，控方必须对被告人口供取得方式的合法性予以证明。②其他证据证据能力的证明责任的分担。在此问题上应分两步走：首先，由于目前侦查机关在搜查和扣押程序上的遵守还很不严格，由被告方对侦控机关搜查和扣押的非法性予以证明难度很大，目前可考虑此类非法证据的证明责任仍由控方负担。其次，在程序法治建设取得一定进展，即侦查机关在搜查、扣押等问题上能够较为规范地行使权力时，如被告方认为控方所提证据可能为非法搜查、扣押、窃听所得，应先由被告方提出异议，并证明该非法行为的实际发生（如被告人已被羁押，证明责任分担适用第一种情况），再由控方负担该证据系合法所得的证明责任。

（2）赋予裁判者一定的调查核实的权力。经过控辩双方的举证，如果裁判者仍不能确定“证据是否为非法取得”时，应当允许其进行必要的调查核实工作。这有利于对犯罪嫌疑人、被告人的特殊保护，在司法实践中，犯罪嫌疑人、被告人由于缺少必要的法律知识、人身自由受到限制等原因，其举证能力显然比公安机关或人民检察院薄弱；同时也彰显了裁判者客观、公正的立场，是其刑事司法裁判权的体现，并且这样做也是有一定的法律依据的，我国刑诉法第158条规定，法庭审理过程中，合议庭对证据有疑问的，可以宣布休庭，对证据进行调查核实。这同样适用证据是否为非法取得的情形。

2. 关于证明标准问题

如前所述我国刑诉现行规定中证明标准过高，与我国制定如此之高的证明标准不同，其他国家或地区对于“证据是否为非法取得”，则采用了低于有罪判决之证明标准更低的证明标准。如前文所述，英国《警察与刑事证据法》规定，如果被告人一方提出异议，控方证明被告人供述可采性的证明标准要达到排除一切合理怀疑的程度。在美国，美国联邦最高法院曾在一个判例中做出解释，“在排除聆讯的证明中，不应施加大于优势证据的负担”。[❶] 也就是说，只能采用优势证明标准或更低的标准。事实上，美国各州法院在涉及搜查或扣押的排除聆讯中，一般都采用优势标准，甚至一些在自白的任意性问题上适用排除合理怀疑标准的州也采取这种立场。德国联邦上诉法院的判例亦即采用优势

❶ 刘晓丹主编：《美国证据规则》，中国检察出版社2003年版，第189页。

证明标准。笔者认为，为了能够真正实行非法证据排除规则，必须降低关于“证据是否为非法取得”的证明标准。参照其他国家和地区的做法，笔者主张对控辩双方关于非法证据的证明责任设置不同的证明标准，即对于被告方，在证明控方证据的非法性上采取合理怀疑的标准，而控方对于所提出的被告人口供系合法取得的证明上，采取排除合理怀疑的标准，对于其他证据，则采取优势证据标准即可，将其确定为“较大的证据优势”标准比较恰当。具体来说，在控辩双方所举的证据以及裁判者调查核实的基础上，如果法官能够确信：证明发生非法取证的证据较之证明合法取证的证据，其优势较大时，即发生非法取证的实际可能性较大时，即应排除该项证据；否则，应当采纳该项证据。这样就大大降低了“查证属实”的非法证据的证明标准，增加了在司法实践中对非法证据加以排除的可能性。

“徒法不足以自行，”非法证据排除规则不是一项孤立的制度，它必须有一定的制度环境作为其得以良性运行的基础，脱离本国当前的制度环境，不仅其本身所设定的价值难以实现，甚至可能被其他制度、规则所异化，使法律体系整体功能下降。因此，非法证据排除规则在我国的建立和健全必须辅之以配套制度和相应程序的建设和完善。

（五）增设程序性保障措施

1. 完善逮捕、搜查和扣押程序，建立令状制度

出于对保护人权、程序正当的考虑，当今世界许多国家的刑事诉讼程序中都确立了令状原则，并在宪法和刑事诉讼法中作出了明确的规定。令状制度也称为令状主义，是指在进行强制措施时，关于强制性措施是否合法，必须由法院预审或预审法官予以判断并签署令状；当执行强制性措施时，原则上必须向被处分人出示该令状。❶ 实行令状原则，旨在使作为第三方的审判机关，就强制性措施的理由及必要性进行审查并作出公正的判断，以防止强制性措施的滥用，达到有效维护人权的目的。令状主义的要求是：(1) 必须获取中立的法官在经过“必要性”与“适当性”审查的基础上签发的相关令状的许可。(2) 所签发的令状必须内容明确、针对具体、范围有明确限制。(3) 侦查官员在执行时必须遵循令状所限定的范围，不得逾越。❷ 否则，所取得的证据即为非法证据，就有必要适用排除规则了。可见，“令状主义”是非法证据排除法则得以产生的前置制度性基础。现阶段，我国分散“令状主义”的制度设置，即公

---

❶ 宋英辉主编：《刑事诉讼原理》，法律出版社 2003 年版，第 269 页。

❷ 孙长永：《侦查程序与人权》，中国方正出版社 2000 年版，第 26 页。

安、安全机关有劳动教养权、刑事拘留权，检察机关对公安、安全机关提请逮捕、起诉的犯罪嫌疑人待命审查监督权，对其他令状签发则未进行有效监督。没有相对中立的第三方对强制侦查行为进行必要性与适当性审查并签发相应令状，而是由侦查机关自身决定是否采取强制侦查措施，这种任意性极易导致非法证据的产生。因此，笔者建议我国也应确立令状制度，以强化对刑事侦查的监督和制约，将强制措施纳入规范的司法审查的轨道。即将所有令状的签发纳入法律监督审查的范围，以确保令状的规范一体化、执行的严肃性。

根据我国司法体制特点和检察机关性质，签发令状的主体应由检察院承担较为合适。诚然，如果按照裁判中立的要求，借鉴国外设置司法审查制度的经验，由法院签发令状无疑是最理想的。很多法学专家、学者也正是在借鉴国外司法审查制度基础上提出了由法官担任签发司法令状主体的建议。但是笔者认为，结合我国法院体制、审判业务等实际状况仔细推敲，由审判机关进行司法审查也尽有不合理之处。(1) 司法审查制度要求预审法官中立，以防止先定后审，影响审判。但这需要改变我国法院审判工作机制，因为我国是法院独立而非法官独立。真正实现法官独立，在法官选任、考核、职业道德方面都有严格要求。现在我国很多基层法官难以符合以上要求。在目前法官管理、素质的提高都尚需时日、法官并未真正实现独立的情况下，即使司法审查主体由法官担任，也难以达到中立裁判的初衷。更何况在审判任务繁重、法官数量严重不足、法院物质配备并不等同划一的情况下，在审判机制、配套制度、物质条件上迅速促成法官独立，并无可能。(2) 司法令状制度的基础是将检察权纳入行政权，取消法律监督权，这样就需要修改宪法，而修宪需要严格的程序，短时间又不具备修宪的条件。(3) 从法院审判业务实际状况来看，很多法院积案严重，审判效率较低，负担过重，如果再增加预审功能，恐怕难释重负。

而根据刑事诉讼法规定，检察机关本身已经承担了一部分侦查中强制措施如逮捕的程序性裁判职能，因此，由检察机关对侦查活动进行司法审查就有了法律规定的前置性基础。另外，侦查中的司法审查是一种典型的程序性裁判权，这与宪法规定的检察机关的法律监督性质也是一致的。因此，通过以上分析，笔者认为由检察机关担任司法审查的主体是适合我国国情的选择。

2. 建立、健全规范的审讯规则体系

笔者认为在我国应尽快建立、健全规范的审讯规则体系。(1) 建立与检察机关相分离的监所羁押制度。目前我国的看守所隶属于国家侦查机关，对讯问程序是否合法很难进行客观的监督，被告人一旦被羁押，其权力往往无从获得保障。因此，使羁押场所与侦查机关脱钩，实行监所中立，不仅能有效地防止刑讯逼供，而且可以在被告人当庭翻供时为是否刑讯逼供提供可信的证明，解决非法证据的证明难题。(2) 要制定详细的审讯规则。对审讯的时间、地点、场所、可以采用的讯问方法以及两次讯问之间的时间间隔等作出明确具体的规定。(3) 确立权利告知义务。明确侦查机关在讯问开始前应告知犯罪嫌疑人享有的权利，尤其是告知犯罪嫌疑人享有律师帮助权及其他一些重要的权利。(4) 可以借鉴一些国家的做法，对侦查人员的讯问行为采取同步录音、录像的方式，这些措施不仅能够防止和减少刑讯逼供，而且可以为非法证据的证明提供便利，从而为非法言词证据的排除提供适用条件。同时也可以监督侦查机关依法办案，保证取证行为的合法性。另外，我国还应尽快建立起犯罪嫌疑人、被告人的体检制度，对于入所羁押的犯罪嫌疑人、被告人在入所及出所时要做全面的身体检查，并由看守所的狱医记录在案。侦查机关在每次讯问犯罪嫌疑人或询问被害人、证人后，应依职权或犯罪嫌疑人、被害人、证人的要求对其人身进行检查，以作为证明讯问或询问过程是否合法的依据。这些措施使得审讯活动规范、透明，从而在讯问环节消灭刑讯逼供等非法取证现象。

3. 确立讯问时律师在场权

根据《刑事诉讼法》第 96 条的规定，犯罪嫌疑人在被侦查机关第一次讯问后或者采取强制措施之日起，即可委托律师，接受委托的律师可以会见在押的犯罪嫌疑人，向其了解有关案件情况。律师会见在押的犯罪嫌疑人时，侦查机关根据案件情况和需要可以派员在场，而实践中无论是否需要侦查机关都要派员在场，有的还录音录像。这既妨碍了律师了解案情，提供法律咨询，也使得犯罪嫌疑人对侦查人员的违法侵权行为顾虑重重，不敢实言相告，其结果使得律师代为申诉控告的职能无法发挥，影响非法证据排除规则的运作。因此建议完善律师与在押犯罪嫌疑人的会见权，确立讯问时律师在场权。英美国家普遍赋予了犯罪嫌疑人在接受讯问时通知律师到场的权利，律师在场不仅可以敦促警察严格遵守讯问程序，确保其当事人的权利不受侵犯，而且可在日后关于是否存在刑讯逼供的争议中充当重要证人，提供证据证明自白的非任意性，或者对控方关于讯问合法的证明进行有力的反驳。以往有关非法证据的证明之所以难以进行，主要是因为讯问时只有警察和被讯问人在场，当双方各执一词时，法官根本无法判断真假。而且录音录像制度存在局限性，如果录音录像不是由中立的羁押机构进行，或者并非连贯的全程录制，那么他也无法证明讯问的合法性。而律师在场可以在一定限度上防止上述局限性，使对讯问的监督更加客观和完善，因此确立讯问时律师在场权利以打破侦控过程暗箱操作的局面，从程序上制约非法言词证据取得的可能性，从而防止刑讯逼供。同时侦查机关在场监督权不应无限扩张，规定侦查机关派员在场应处在看得见但听不见的范围内，同时规定侦查人员在律师会见犯罪嫌疑人之前不得限制谈话内容，会见后不得追问谈话内容，使律师的作用落到实处。

4. 建立证据庭前开示制度

目前，我国尚未建立专门的庭前证据开示制度，所有证据材料，包括非法证据，一律进入庭审，由庭审法官一并裁断。证据庭前开示制度就是检察机关应当向辩护人展示其收集到的能够证明犯罪嫌疑人有罪、无罪、犯罪情节轻重的全部证据，对于没有向辩护人展示的证据，法律应当规定不能在法庭出示，不能作为对被告人定罪的根据，证据展示在检察机关和辩护人之间进行，其目的是让辩护人充分参与到排除程序之中。在证据展示的过程中，辩护方有权提出非法证据排除的异议。如果检察机关接受该异议，那么，此证据就不能作为起诉的依据提交法庭审查。如果检察机关不接受此异议，即检察机关认为该证据具有可采性，不应排除，而辩护人认为应该排除，则将该争议提交法院决定。法院对证据可采性争议的审查应设立在庭前审查阶段，与对法院是否应当立案、该法院有无管辖权、被告人是否在案等事项的审查一起进行。这样既可以保证庭前审查的法官与审判法官的分离，防止审判法官先入为主，也符合了诉讼效率价值的要求。如果控辩双方对庭前审查法官所作的关于证据可采性争议的决定不服，该争议仍然可以在审判阶段向审判法官提出，由其作出相应的决定。必要时，审判法官可以作出延期审理的决定，对该证据进行调查核实。

5. 完善对违法官员的惩戒制度与对被侵害人的救济制度

简单地排除非法证据的效力，并不足以从根本上彻底遏制非法取证行为的发生，还必须建立和完善对违法取证官员的惩戒制度，对违法取证人员的惩戒应坚持必要性、及时性和适当性原则，这样从根本上将公安、司法人员的切身利益与其取证行为合法性紧密联系起来。这既是进一步减轻非法取证行为对被侵权人的危害，也能更有效抑制非法取证行为。对于非法取证行为，不论最终是否被排除，违法者都应当依法承担一定的民事、行政甚至刑事责任。如对于轻微的违法行为应责令其向受害者赔礼道歉，并给予适当的经济赔偿；对于情节比较严重的，除经济赔偿外，还应给予相应的党纪、政纪处分，对于违法行为已构成犯罪的应依法追究其刑事责任。为确保诉讼程序的正当性和犯罪嫌疑人、被告人的权利，应赋予其对法院作出的确认某项非法取得证据法律效力的裁决不服的可以进行上诉的权利。

五、余　　论

虽然非法证据排除规则在刑事诉讼法制化、现代化的发展过程中，一直是一个争议的主题之一，其制度安排引发了程序公正与实体公正的冲突，但是它对于保障人权、实现程序正义具有重要价值，因而其发展既是不可逆转的，又是渐进的。由于各国的法律文化、诉讼价值观等方面的差异，以及本国犯罪状况和政治因素的不同，世界各国对于非法证据排除规则的规定不尽相同。我国在建构非法证据排除规则时，必须立足本国的实际情况，有选择地吸收其他国家的有益经验，应避免盲目地照搬。同时，笔者认为非法证据排除规则的构建面临的还不仅仅是理论和立法技术层面的问题，规则和制度要在司法实践中真正实现，更需要全体公民自身法律意识和司法人员法律素养的全面提升，这些和法治社会的建设程度紧密相关。非法证据排除规则的设置全面落实到立法与司法实践，其将任重而道远，不可一蹴而就，需要社会各方的努力。

本文通过研究两大法系主要国家，结合我国的基本国情，提出了一些建构我国非法证据排除规则的探讨性建议，期望能对我国法制建设有所助益。

51. 关于量刑建议制度的研究报告*

“法律面前人人平等”是惟一在宪法、刑法和刑事诉讼法中都有明确规定的一项基本原则，其具体到刑法适用中就是“同等犯罪同等惩罚与同等被害同等保护”。❶ 要做到这点，等量之罪等量量刑就成为平等理念的题中之意。为促使法官正确量刑，以达到罪得其罚、罚当其罪、罪刑相适之目的，当代各国刑法都详细规定了法定、酌定量刑情节，以供量刑时作参考。但法律规定毕竟是抽象的，运用到个案之中还需要由法官这一居中裁判者来进行，而法官在具体量刑过程中除考虑法律因素外，不可避免地会受法庭上控辩双方就“适法量刑”等展开之攻击防御的影响，并会受个人的经验、能力甚至好恶的影响。因而，不同法官之间、同一个法官的今天与昨天之间，其经验感受往往千差万别，这就为案件的审理增添了更多的不确定性，在我国法定刑幅度过大而法官自由裁量权的制约平衡机制不健全的情况下，极易导致量刑畸轻畸重现象的发生，使量刑成为滋生司法不公、效率低下、司法腐败的温床。为了增加量刑的透明度和参与性，确保量刑公正、公平，自 1999 年开始，我国部分基层检察院开始试行量刑建议制度。❷ 该制度的推出，在理论界和实务界引起了很大反响，对检察机关有无量刑建议权、量刑建议有无必要以及如何提出量刑建议等问题，意见纷争，褒贬不一。笔者以为，量刑建议权是公诉权的权能之一，检察机关拥有量刑建议权毋庸置疑，问题是如何建立科学的诉讼理论并进行合理的制度框架设计，以确保这一权利的正确行使，发挥其应有的作用。本文将从量刑建议权的法理探究入手，考察国内外相关学说及实务操作，在此基础上提

---

* 本文在胡光阳同志的协作下完成，发表于《华中科技大学学报（社会科学版）》2008 年第 5 期。

❶ 白建军：“同案同判的宪政意义及其实证研究”，载《中国法学》2003 年第 3 期。

❷ 1999 年北京市东城区人民检察院最早开始了这一制度的试点工作。

出相应的制度设计方案，最后对量刑建议制度实施过程中可能存在的问题进行分析，并提出一些解决思路，期望能为我国检察机关量刑建议制度的创建与完善尽绵薄之力。

一、量刑建议制度理论概说

（一）相关概念辨析

逻辑学原理告诉我们，概念是反映对象本质属性的基本思维方式。正如美国著名法学家博登海默所言，没有法学概念“整个法律大厦就会瓦解”。❶ 对量刑建议制度的研究同样也脱离不了对量刑建议概念的分析。

1. 量刑建议的概念

量刑建议有广义与狭义之分。广义的量刑建议是指一定的诉讼主体依据法律规定的刑种、量刑幅度，就案件自身所具有的法律事实、证据、情节及悔罪状况，对被告人在刑种范围内、法定刑幅度以内或以下应受的刑罚向法官所提供的建议。其构成要素包括：（1）量刑建议的提出主体是限定的，它通常仅指诉讼活动中的公诉人与自诉人，而不包括其他诉讼参与人；（2）量刑建议的主张依据是侦查机关通过法定手段，将案件的客观真实（大部分或全部）转化为法律真实而形成的案件事实、证据、情节以及被告人主观状况、悔罪表现等等，这是量刑建议产生的客观基础；（3）对法律真实评价所产生的量刑建议主张，必须以法律规定的相关条件作为评价运用的尺度，这是由特定诉讼主体对法律真实与法律尺度结合判断而作出的一种权力运行价值与目标的选择；（4）提出量刑建议的出发点与归宿点在于，通过其主张为法官的司法裁判作参考，以促进法官量刑施罚的准确性和正当性，进而实现司法公正与效率的有机统一。狭义的量刑建议仅指检察机关在公诉阶段，依据已经查明的被告人的犯罪事实、情节、后果、悔罪表现及相关证据，就被告人所应当判处的具体刑罚，包括刑种、刑期、罚金数额、执行方式等，向法官所提出的具体意见。本文试从狭义视角专门研究检察机关的量刑建议。目前，有关检察机关量刑建议的理论研究，其定义不统一，范畴比较混乱。综合起来，主要有以下三种观点：（1）量刑建议是检察机关就被告人应当判决的具体刑罚向审判机关提出的意见；❷（2）量刑建议是指公诉人代表检察机关出庭支持公诉活动中，就被告人

---

❶ ［美］博登海默著：《法理学：法哲学及其方法》，邓正来、姬敬武译，华夏出版社 1987 年版，第 17 页。

❷ 陈革、谢军：“浅析量刑建议探索中的几个问题”，载《人民检察》2003 年第 8 期。

应当判处的具体刑罚，包括刑种制度、罚金数额、执行办法等，向法院提出的具体要求；❶（3）量刑建议是检察机关在刑事诉讼的最后一个阶段，根据案情向法院提出对案件的具体定罪量刑意见，以确定对被告人的适当处理。❷ 司法实践界对量刑建议概念的理解还有以下两种意见：（1）量刑建议是检察机关在对被告人提起公诉时，就被告人所应当适用的具体刑罚而提出的意见；（2）量刑建议是检察机关在公诉过程中，根据犯罪的事实和情节，对具体案件的刑罚适用提出公诉方意见的一种诉讼活动。

以上诸多对量刑建议的表述，归纳起来大致可分为两种类型：一是“意见要求说”；二是“诉讼活动说”。“意见要求说”认为量刑建议是检察机关就被告人的量刑问题向法院提出的具体意见。目前持这种观点的人在理论界和实践界占绝大多数。这一观点又因对提出建议阶段的不同认识而产生了三种表述：（1）模糊式，即对量刑建议的阶段不作界定，如前述第一种意见；（2）明确式，即确定量刑建议在某阶段提出，如前述第二种意见和第四种意见，明确量刑建议在出庭支持公诉时或提起公诉时提出；（3）概括式，即概括指出量刑建议的发生阶段，如前述第三种意见中所称“在刑事诉讼的最后一个阶段”向法院提出量刑的建议。“诉讼活动说”则认为量刑建议是检察机关就被告人的具体量刑问题向法院提出建议的诉讼活动，将量刑建议归结到诉讼活动上，目前持此观点的不多。

从不同视角分析这两种观点，“意见要求说”是从静态的角度阐述量刑建议的概念，“诉讼活动说”是从动态的方面揭示量刑建议的含义，两者各从一个方面对量刑建议作出了解释，对正确界定量刑建议的概念都具有一定的积极意义。“意见要求说”侧重于从字面上对量刑建议下定义，显然“建议”即意见、要求，“量刑建议”相应地也就是关于量刑的意见或要求。但这种观点是从量刑建议的表现形式上对量刑建议所作的静态的解释和说明，尚不能揭示出量刑建议的本质所在，使人们感到量刑建议就是具体的刑罚适用的意见，难以对此问题作更深入的研究和探讨。“诉讼活动说”从刑事诉讼程序的角度，用动态的观点来评价量刑建议，将量刑建议解释为一项诉讼活动，一种诉讼行为，这一观点较“意见要求说”相比是从静态走向了动态，从现象深入了本质，揭示了量刑建议的实质所在。另外，作为概念有必要对量刑建议的发生阶段作出界定，以对量刑建议作出全面的解释。“意见要求说”的几种观点在量

❶ 黄柳：“浅析量刑建议的必要性与可行性”，载《当代法学》2003 年第 5 期。

❷ 刘福侠：“浅谈求刑权”，载《河北广播电视大学学报》2001 年第 2 期。

刑建议的发生阶段上的界定有其合理的一面，在定义时对量刑建议的发生阶段采取明确式的提法更利于对概念的明确阐述，模糊式和概括式的提法在定义中是不可取的。在明确式的提法中，前述第二种意见将量刑建议限定在出庭支持公诉活动中，因实践中对于适用简易程序公诉人不出庭的案件，检察机关在起诉书中也提出了量刑建议，所以将量刑建议的提出阶段限定在出庭支持公诉活动中有失客观；第三种意见认为是在刑事诉讼的最后一个阶段，这种观点显然违背了刑事诉讼的基本原理，我国的刑事诉讼从整体上分四个阶段，即侦查、起诉、审判、执行，刑事诉讼的最后一个阶段是执行阶段，这一界定显然是不科学的；前述第四种意见指出量刑建议发生在提起公诉时，“提起公诉是人民检察院代表国家将刑事案件提交人民法院，要求人民法院通过审判追究犯罪嫌疑人、被告人刑事责任的一种诉讼活动”。[1] 这一阶段是人民检察院向人民法院移交起诉书、证据目录、证人名单和主要证据复印件或者照片的阶段，在实践中有部分案件是在此阶段提出的，但对公诉人出庭支持公诉的案件中，量刑建议主要是在出庭支持公诉阶段提出量刑建议的，因此，这种意见仍是有失全面。

综上分析，笔者认为量刑建议首先是一种诉讼活动，是一项由刑事诉讼法所规范的诉讼行为，是在刑事诉讼活动中由人民检察院向人民法院提出建议的诉讼活动。其次，量刑建议是关于对被告人量刑或具体刑罚适用的意见，具体讲，就是对被告人应当判处的具体刑罚，包括刑种、刑期、执行方式等方面的意见和要求。再次，量刑建议发生的诉讼阶段是在检察机关提起公诉或出庭支持公诉时。综上所述，所谓量刑建议是指检察机关在提起公诉或出庭支持公诉时，依据相关法律规定，就被告人应当适用的具体刑罚包括刑种、刑期、执行方式等向法院提出意见的一种请求权性质的诉讼活动。

2. 量刑建议权的概念

在对量刑建议作出界定之后，我们来分析量刑建议权的概念。量刑建议是一项诉讼行为，那么量刑建议权则是检察机关所享有的作出量刑建议行为的权力。它是一项诉讼权力，是检察机关在提起公诉或出庭支持公诉时，就被告人应当适用的具体刑罚向法院提出意见的诉讼权力。其构成要素包括：（1）权力主体的特定性。狭义的量刑建议权行使的主体是人民检察院；（2）行使阶段的限定性。量刑建议权行使的阶段是提起公诉或出庭支持公诉时；（3）权力产生的授权性。量刑建议权的行使是基于宪法、法律的授权。一方面，国家要通过

---

[1] 陈光中主编：《刑事诉讼法》，北京大学出版社 2002 年版，第 286 页。

刑事实体法、程序法的施用，平等惩治侵害社会利益、破坏社会秩序的刑事犯罪，平等保护公民包括犯罪嫌疑人、被告人的合法权益，需要宪法和法律授权建立公诉制度，设置公诉权，由检察机关代表国家行使这两个方面的职能；另一方面，宪法、法律必然要求按照这一目标，建立与设置同公诉制度以及公诉权相适应的量刑建议制度及量刑建议权；（4）权能地位的协调性。审查起诉、提起公诉、支持公诉与对错误判决的抗诉是我国刑事公诉制度的四项基本内容，也是公诉权的四项基本权能，四者构成一个有机整体，而量刑建议制度及其权能是同其相协调、相衔接的制度安排；（5）权能内容的客观性。量刑建议制度及其权能运行的正当性与合理性基于两点：其一，在法律真实层面具有客观性，即量刑建议权的规定性在于检察官——公诉人通过审查起诉全面了解犯罪行为所具有的法律真实，即侦查机关通过侦查发现并确认的案件事实、情节、后果及犯罪嫌疑人主观心理、悔罪表现等主、客观要素；其二，这些法律真实要素都可结合统一的刑罚裁判规范而作为定罪量刑准确性、正当性的标准。这种对法律真实在定罪量刑层面的认定与刑罚适用层面的建议与引导，是构成量刑建议权内容的客观物质基础。（6）权能界定的清晰性。量刑建议权是公诉权能结构体系的一个子权能，其性质尚未突破自身刑事公益诉讼代表权的界定，是一种依国家和社会委托的并依法运行的刑事诉讼请求权，其功能或作用在于启动法院或法官依规则行使刑事裁判权。量刑建议权在二审、再审程序运行时，可能转化为出庭支持公诉权、提起和支持抗诉权的载体或承接权能，但其始终在公诉权能结构体系内运行，并不构成对法院或法官自由裁量权的限制，因而其不构成对审判独立原则的动摇，更不构成对审判权的侵害；（7）权能作用的主动性。量刑建议权相对于法院与法官的审判权抑或自由裁量权而言，其仅仅是司法裁判权运行的请求权与启动权，虽然其必然导致审判权的启动与运行，但并不必然引发量刑建议裁判采纳这一法律结果的发生，其法律结果可能由于法官相对独立自由裁量权的行使而对建议不予采纳。只有量刑建议权与审判权抑或自由裁量权运行目标在前述法律真实客观性与法律标准识别性这两者趋同或基本一致、量刑建议权与法官自由裁量权产生目标协调一致的“共振效应”时，才产生建议被部分采纳或全部采纳的法律结果。从这个意义上说，量刑建议权的性质是一种请求权、启动权，是法官量刑施罚的引导权。（8）行使目的的特定性。量刑建议权行使的目的在于维护司法公正，提高诉讼效率，节约诉讼资源。

（二）量刑建议权的属性

所谓属性，是指事物本身所固有的性质，是一事物和他事物发生联系时表现出来的质的规定性。通过对量刑建议权基本属性的分析，有利于进一步把握量刑建议权运行规律及其与不同权力之间的区别和界限，厘清相关权力之间的关系。根据以上概念的分析及有关诉讼原理，笔者认为检察机关量刑建议权具有以下三项基本属性。

（1）从量刑建议权与公诉权关系的角度看，量刑建议权是公诉权的应有之义，是公诉权的下位权能。关于公诉权与量刑建议权的关系，学界一般认为，量刑建议权“属于公诉权的范畴，是公诉权的一个基本权能”。[1] 所以探讨量刑建议权的属性既要结合公诉权的一般原理进行，又要考虑到量刑建议权自身的特点，惟有如此才能得出正确的结论。

在刑事诉讼环境下，公诉权这种国家权力表现为一种诉权。按照诉权的一般原理，诉权具有双重内涵，即程序意义上的诉权和实体意义上的诉权，其中程序意义上的诉权，是指原告向法院提起诉讼的请求和被告针对原告请求的事实和法律根据进行答辩的权利，通常称为起诉权和应诉权。“实体意义上的诉权，是指原告通过法院向被告提出实体上请求的权利和被告通过法院反驳原告提出请求的权利”。[2] 用诉权理论来分析公诉权，在刑事诉讼中，程序意义上的公诉权意味着对某一案件是否提起公诉、怎样提起公诉。起诉是审判的前提，没有起诉就没有审判，一旦公诉机关提起诉讼就意味着审判的发动，包括要求法院受理并作出裁决。实体意义上的公诉权意味着公诉机关有提出实体请求的权力，而这个实体请求包括定罪请求和量刑请求两项内容。“在诉讼主义的刑事程序中，这个实体请求并不意味着单纯的提出诉愿，在合乎规范的情况下，具有一种法定的诉讼发动力和约束力，法院必须给予实体裁决并提供裁决的方案和理由”。[3] 从这个意义上说，量刑建议权是检察机关作为刑事诉讼主体而享有的当然的诉讼权力，这种量刑建议权是其实体诉权的主要内容之一，与辩护人享有的量刑答辩权是一种对等的诉权，而审判机关的量刑裁量权是在公诉机关请求权和辩护方答辩权基础上作出评判的权力，三种权利构成了量刑程序中的“三方组合”，使量刑程序的结构和形态达致完善。

（2）从量刑建议权与审判权关系的角度看，量刑建议权是一种请求权，是一种程序性权力。根据权力的一般分类特点，权力可分为实体性权力和程序性

---

[1] 著名学者宋英辉、陈卫东、周士敏等都持该观点，详见李仁和：“量刑建议：探索中的理论与实践——量刑建议制度研讨会综述”，载《人民检察》2001 年 11 期。

[2] 潘剑峰：《民事诉讼原理》，北京大学出版社 2001 年版，第 52 页。

[3] 龙宗智：“刑事公诉权与条件说”，载《人民检察》2002 年 4 期。

权力。如刑罚权即属于实体性权力，它具有实体判定和最终处置的权能，而量刑建议权如前所述是一种请求权，请求权意味着其请求的内容不能由自己而必须由受请求主体来进行实体判定，请求权只是为实体判定和处置设置前提。但量刑建议权不仅具有工具性程序价值，也有其独立的内在价值。刑罚处罚是和平时期最严厉的处罚方式，可以直接剥夺人的财产、自由甚至生命。在现代法治原则下，刑罚权不能任意发动，其实现过程必须遵循正当程序原则，亦即刑罚权的行使必须遵守正当程序的两条古老的规则：任何人不能为自己的法官；作出裁决必须同时听取双方的陈述。审判机关作为国家刑罚权的主体，不能自己直接追究犯罪的刑事责任，必须严守司法中立和被动的立场，没有公诉人的量刑请求，就没有法官的量刑裁判。只有在检察机关提出对被告人定罪和量刑的意见，并由辩方针对这个意见进行答辩和质疑之后，审判机关才能在兼听双方意见的基础上行使刑罚裁量权，其权力的行使才因此具有了正当性的品格。我国台湾学者褚剑鸿认为："检察官对于起诉之案件，根据犯罪之情节，及国家之刑事政策，认为应为如何之科刑者，亦应为求刑之表示，以供法院量刑之参考。"❶ 量刑建议对法官来说只是一种参考，从这个意义上来说，检察机关的量刑建议权作为一项程序性权力，本身无最终处置的性质，其诉讼请求能否成功还有待于法官的裁决和评判，请求只有程序约束力而无实体约束力，法院既可以接受，也可以不接受。因此，所谓检察机关拥有和行使量刑建议权会侵犯法官量刑裁判权的观点根本不值一驳。相反，量刑建议权的充分行使有益于法官正确行使权力，使裁决最大限度地接近公正。

（3）从量刑建议权与自诉人量刑请求权的比较来看，量刑建议权是一项专属性质的法定职权。罪刑法定原则表明，有刑法才有犯罪，有犯罪才有刑罚，而要实现刑罚则必然需要刑罚请求权。如前所述，量刑建议有广义与狭义之分，广义的量刑建议包括自诉人的量刑请求，即自诉人在提起自诉时请求法院判处被告人一定刑罚的意见。这是自诉权的应有内容。与自诉人量刑请求权相比，检察机关量刑建议权作为一种国家权力，具有法定性和职权性（既是权力亦是责任）的特点，其权力行使要受到严格的约束。第一，检察机关量刑建议不适用处分原则。当犯罪发生需要予以追究时，检察机关必须依法行使权力，如具备追诉条件应当追究刑事责任而放弃追诉，即属失职。对此，我国台湾学者陈朴生有一段准确的论述："公诉权为绝对权，其行使与否，乃职务要求，应以法律之规定。虽公诉权与自诉权同属公法上权利，但自诉权乃权利，并非

❶ 褚剑鸿：《刑事诉讼实务暨专题研究》，1989 年自版，第 104 页。

义务，属相对权，其行使与否，法律不加以强制规定，而采意思自治。”[1] 第二，量刑建议权的行使必须遵守一般公权力行使的限制性规范。如必须遵守合法性原则，即量刑建议权的实施必须具有事实和法律依据，被追究责任的犯罪事实必须具有法律所规定的刑罚惩罚的必要性，并且有一定的证据支撑，不能无故发动量刑建议权。又如必须遵守审慎原则，检察机关作为国家法律监督机关，法制的守护人，行使量刑建议权必须综合考量全面的事实和情节，既要注意被告人从重的情节，也应注意被告人从轻、减轻的情节，在量刑建议中较好地体现出国家的刑事政策，立于客观公正的立场合理而慎重地提出量刑建议。

（三）检察机关量刑建议权的法理依据

1. 从刑事法律关系上看

刑事法律关系是指由国家刑事法律所调整的因违法犯罪行为而引起的控罪主体与被控罪主体之间为解决犯罪构成和刑事责任而形成的一种社会关系。[2] 据此，刑事法律关系是一种控罪主体与被控罪主体之间的双边关系。任何刑事犯罪，只有通过检察机关提起诉讼，才能进入刑事审判程序。而对任何一个刑事犯罪的指控和提起诉讼，检察机关都必须具有充足的事实根据和明确的诉讼要求。因为法院作为国家的审判机关其本身并不是刑事法律关系的主体，它自始至终是独立于刑事法律关系之外的一种独立力量。从公正、公平的角度出发，法院与刑事案件的审理结果并没有独立的利害关系存在，它只是作为刑事诉讼三角结构的居中裁判者，依法独立审理刑事法律关系主体双方提出的各种主张和出具的各种证据，进而进行公正地肯定或者否定。刑罚的最终决定权固然属于法院，但要求追究刑事责任判处刑罚是由检察机关首先提出的，因此，检察机关只有提出明确的量刑请求，才可以成为法院进行审理和判决的一个基础和依据。

2. 从诉讼原理来看

作为人类社会解决纠纷的机制，刑事诉讼与民事诉讼、行政诉讼虽有一定的区别，但在本质上是相通的，即都是国家司法机关运用司法权来解决当事人之间的争议与纠纷的活动。从诉讼理论上说，原告提起民事诉讼、行政诉讼必须有具体明确的诉讼请求才能进入法院的审理过程，这种具体的诉讼请求不但要求法院确认被告人应承担的违法责任，而且要求法院通过具体的制裁内容来实现被告人所承担的违法责任。没有这一明确的诉讼请求，法院是无法进行审

---

[1] 陈朴生：《刑事诉讼法实务》，台湾海天出版社 1969 年版，第 340 页。

[2] 杨兴培：“论刑事法律关系”，载《法学》1998 年第 2 期。

理的。从这一意义出发，刑事诉讼也具有同样的要求，检察机关作为刑事诉讼的提起人，相当于民事、行政诉讼的原告，所不同的是在刑事诉讼中检察机关代表的是国家和社会的利益。而作为诉讼中的原告，除了要求法院依法对被告人追究刑事责任外，而且还必须就被告人具体的刑罚内容提出自己的主张，表明自己的态度，这样的诉才是一个完整的诉。所以作为公诉权享有者的检察机关在诉讼过程中提出具体的量刑请求，不但是其应有的权利，而且也是诉讼原理所包含的其应尽的职责和义务。

3. 从权力制约原理上看

权力制衡论又称为分权制衡原则，源于古希腊的亚里士多德，完善于孟德斯鸠的“三权分立与制衡学说”。其基本内容是：权力可以进行制约，权力必须进行制约，制约的目的在于取得权力之间的均衡，以防某项权力的恶性膨胀。任何一种权力运行框架都必须考虑权力之间的合理制约与平衡，刑事诉讼运行也概莫能外。

在相对法定刑主义下，量刑自由裁量权的存在有其合理性和必要性，“俾使法院得审酌犯罪情状之不同，妥当运用刑罚裁量权，以便对于具体之犯罪，可以妥当之宣告刑，庶几刑当其罪，使刑罚发挥其处罚犯罪、改造犯人、防止犯罪之目的。”❶ 但事物往往具有两面性，量刑自由裁量权过大也会适得其反。因为法官个人品格、学养及经验的不同，制度规范的缺失，可能会导致程度不同的量刑不当、司法不公甚至司法擅断。法官的权力如果被滥用，对社会秩序、对公民基本权利的伤害是难以弥补的，任何一种诉讼，不公正的裁判至少要损害纠纷一方甚至双方的正当利益，特别是刑事诉讼的最终结论，会直接导致当事人财产、自由甚至是生命这些基本权利的丧失，其不公正对公民的损害往往是不可逆的。因此适当限制法官的量刑自由裁量权，已成为各国刑事司法改革的一个重要趋势。在国外，法官的自由裁量权受到严格的监督。以美国为例，尽管美国法官在当事人主义模式下是诉讼的中心，具有最高的权威，但其所受到的监督比我国的法官要精密而且有效。遵循先例原则可以说是历代法官对后辈的法官们进行某种意义上的历史纵向监督；由于陪审团制度的存在，法官的定罪权被分割，只剩下量刑权，而且量刑权的行使也必须举行专门的量刑听证程序，而完备的证据法则，详尽的量刑指南，深入人心的正当程序观念，也让法官在量刑方面无多少自由裁量权可言；并且，美国严格的法官选任制度

❶ 蔡墩铭：“刑庭推事之量刑行为”，转引自林俊益：《程序正义与诉讼经济——刑事诉讼法专题研究》，台湾月旦出版社 2002 年版，第 169 页。

保证了他们的司法是真正的精英司法，这种从入口的监督最大限度地保证了他们刑事诉讼的正当与公正。而在我国，缺乏有效的裁判权制约机制，法官的自由裁量权过大，在量刑过程中表现得尤为突出。量刑建议权本身所体现的检察机关对法院裁判权的监督以及其所引起的更为清晰的公众监督，是对与刑事诉讼结论有利害关系的公民基本权利的保障手段之一。所以，从制约的原理来讲，检察机关充分行使量刑建议权，对避免量刑裁断变成量刑专断起着十分重要的防卫作用。

二、量刑建议制度的比较法考察

在遵循一个基本原则即量刑建议不对法官产生强制约束力的前提下，世界上许多国家的刑事诉讼制度中都有关于量刑建议的内容，无论是英美法系国家还是大陆法系国家，检察官的量刑建议应用的都十分广泛，并因法律制度和法律传统的不同，形成了各具特色的量刑建议制度。

（一）英美法系国家量刑建议制度的立法与实践

对检察机关是否需要提出量刑建议，英美法系国家法律没有明文规定，理论界看法亦不一致。传统的英美诉讼理论认为，量刑是法官的专有权力，不属于检察官的职责范围。正如英国一位律师所说："在我们现在的制度下，起诉人无权，而且从来也无权，向法院提出恰当判刑的意见。起诉人被排除在判刑过程之外，原因是那是法院和犯人之间的事情，大陆法系国家那种起诉人建议判决或要求特定判决的原则，对我们普通法系来说遭到完全的反对。"❶ 然而，也有学者对之提出了尖锐批评，认为"起诉人不向法院对判决提出建议的传统与另一个真正的量刑时的普通法原则即听取双方之词的原则相矛盾，被告能够向法院提出请求企图影响它的判决，但起诉人不能。"学者格雷厄姆·泽利克说："在普通法中，法官判决是以对抗制为基础，但到量刑时，该制度却奇怪地被抛弃。"❷

理论上的分歧导致英美法系国家司法实践做法也各异。

1. 英国

在英国，传统上量刑被认为是法官的专有权力，不属于检察官职责范围。因此被告人在未被陪审团定罪前，检察官不就刑罚适用向法庭提出具体的建

---

❶ ［英］J. R. 斯宾塞："我们需要起诉人对判决的上诉吗?"，转引自龙宗智："论司法改革中的相对合理主义"，载龙宗智：《相对合理主义》，中国政法大学出版社 1999 年版。

❷ 龙宗智：《刑事庭审制度研究》，中国政法大学出版社 2001 年版，第 341 页。

议。但是，检察官仍然会在定罪和选判刑罚之间的诉讼活动中起一定的作用。在英国，无论在治安法院还是刑事法院，法官在选择适当的刑罚之前都要进一步了解有关犯罪人及所犯罪行的具体情况，这一过程离不开检察官的积极参与。

在刑事审判中，如果被告人作有罪答辩，检察官就对犯罪事实作一个概要，目的是协助法院确定刑罚、向被告人公开起诉案件的事实基础。在这一概要中，检察官要根据被告人所犯的罪行列举有关犯罪的主要特征，特别是那些对量刑有重要意义的情节，如犯罪给被害人所造成的伤害或损失。但是，"检察官在这一阶段的态度与在审判中有所不同，应当持中立的态度，检察官不应只是设法引导适用重刑"。❶ 如果被告人作无罪答辩，关于犯罪事实的概要就可以被省略，因为犯罪事实会在法庭审理中被展现出来，法官也会了解到这些事实。在检察官对犯罪事实作出概要之后，或是当被告人作无罪答辩，陪审团或法官作出有罪裁判时，法庭将举行量刑听证。此时，检察官通常要就被告人的性格和履历情况提出证据。履历方面的证据通常包括被定罪人的背景和情节，这些证据材料是用标准格式的表格形式表现的。如果被定罪人有犯罪前科，也要将其作为背景材料附上。在量刑听证中，虽然控辩双方都要参加，都可以就量刑问题充分发表意见，但此时控辩双方之间的对抗性已远不如定罪阶段那么强烈。

2. 美国

作为英美法系继承者和光大者的美国采取了与英国传统不同的做法。美国检察官无论在理念上还是在实践中均积极主动地行使求刑权。众所周知，美国90％以上的案件是通过辩诉交易处理的，这部分案件均不适用陪审团审理，检察官在将案件移送给法院时会提出明确、具体的求刑意见，法官在认真核实被告人是否处于自愿辩诉交易后即按照检察官的求刑意见作出判决。对需要陪审团审理的案件，定罪和量刑也是两个独立的步骤，在陪审团裁决有罪后，法庭还要作关于量刑酌定因素的听证。检察官在量刑听证程序上也会提出明确、具体的求刑意见。当法官给被告人及其辩护律师提出请求减轻刑罚的事实和意见的机会时，检察官可以向法院提出自己的主张；检察官还可以在配合缓刑局制作判决前向法院提交的关于被告人的背景、家庭、经济情况、有无前科等内容的调查报告时，提出对被告人量刑的建议。据美国全国检察官业务管理中心的

---

❶ 中国政法大学刑事法律研究中心、英国大使馆文化教育处主编：《中英量刑问题比较研究》，中国政法大学出版社2001年版，第269页。

调查报告称，90%的检察官认为他们有权对轻罪与重罪的量刑提出建议，但仅有70%的检察官在一半以上的重罪案件中提出建议。❶ 为了帮助检察官正确求刑，许多检察官办事处制定了助理检察官提出量刑建议的规则，如华盛顿州肯县检察官办事处有一项政策性规定，要求对每一重罪作出判刑建议，并要求办事处的检察人员按照所谓“公正惩罚”原则，建议的刑罚应与罪行严重性以及被告人的犯罪历史相当，而且要注意案件之间的大致平衡。为了保持一致性，对这方面的规定较具体，如果偏离政策要求作出判刑建议，承办检察官须书面陈述其理由。❷

美国之所以采取了与英国传统不同的做法，有学者分析道，美国检察官提出量刑建议的原因大致有三个方面：❸ 一是作为检察官进行辩诉交易的重要组成部分，辩诉交易正是可能通过辩诉协商后检察官的量刑建议来实现。在辩诉交易中，检察官和辩护律师在审判开始之前就被告人的定罪和量刑进行协商，协商的内容之一就是检察官以减轻量刑请求为有利条件，以换取被告人的有罪答辩。协议一旦达成，审判过程就大大简化，如无特别情形，法官一般都会按照检察官建议的刑罚进行判决。虽然辩诉交易后通常可经法官直接判刑而不再审判，但在正式审判程序中的量刑建议被认为与非审判程序中的量刑建议是相互协调的。二是检察官办事处起诉政策实施的结果。有的检察官办事处采取积极的起诉和影响法院判决的政策，因此坚持提出量刑建议。三是由于法院的要求。这可能是因为法官不愿意独自作出量刑的决定，或者有时法官想利用检察官对其处刑决定的支持来减少各方面对其判决的非难。

3. 加拿大

加拿大量刑建议的实践主要体现在两个方面：一是法庭的量刑聆讯阶段，一是辩诉交易。在法庭的量刑聆讯阶段，先由控方检察官根据案件的具体情况和相关规定，对被告人提出明确的量刑意见，然后辩方也提出量刑意见，双方都必须阐明自己的理由，然后进行辩论。法官对被告人量刑时会充分考虑控辩双方的意见，并且在判决时，法官会详细阐明对被告人量刑的理由。

加拿大的辩诉交易中包括指控交易、程序交易、量刑交易三种，检察官的量刑建议权在量刑交易程序中表现得尤为显著。量刑交易就是在法庭审理前，

---

❶ [美] 约翰·杰科比著：《美国检察官研究》，美国马萨诸塞希思公司1980年版，第124页，转引自龙宗智等：“析公诉文书制作中的几个问题”，载《检察日报》2000年12月18日。

❷ [美] 罗姆·梅伦：“指控与审判”，载《刑事司法》(美国) 1989年第1期，转引自龙宗智等：“析公诉文书制作中的几个问题”，载《检察日报》2000年12月18日。

❸ 龙宗智：《刑事庭审制度研究》，中国政法大学出版社2001年版，第342页。

检察官以被告人认罪为条件，同意在量刑聆讯阶段提出量刑建议时作出某种让步。[1] 检察官的通常做法有两种：一是在法定刑内择轻建议；二是不反对辩方提出的量刑建议。由于辩诉双方在事前对量刑已达成协议，法庭上双方对被告人的量刑就没有了争论，法官一般会以此为基础，按双方的协议对被告人量刑。在加拿大的量刑政策改革中，检察官在处理低度危险的非暴力犯罪时，更多地采用审前分流（不起诉）措施，或者在法庭的量刑聆听阶段更多地建议采用非关押的制裁办法。[2]

（二）大陆法系国家量刑建议制度的立法与实践

在大陆法系国家，检察官的量刑建议比较普遍，其量刑建议制度一直贯穿于审判过程之中。在日本、韩国，检察官几乎对每个案件都要提出量刑意见。这是因为这些国家的定罪与量刑在程序上未作明确的划分，判决的内容通常同时包括定罪与量刑，但并没有单独的量刑程序，对如何确定量刑通常也没有具体的规定。这也是基于“定罪与量刑都是法官的权利，都应由法官统一行使”这样的理论前提。但是大陆法系国家也有量刑建议制度，主要表现在检察官在诉讼活动中提出量刑建议及这一建议对法官的效力等一系列规定或习惯做法上。在有的国家，这一制度被规定在法典中，如《俄罗斯联邦刑事诉讼法典》第248条规定：“检察长在法庭上支持公诉……应向法庭提出自己关于对受审人适用刑事法律和刑罚的意见。”[3]《韩国检察厅法》第4条规定，检察官的职权之一就是“向法院请求法律的合理适用”。[4] 有的国家虽然没有在法典中作明确规定，但从长期的司法实践中可以看出，检察官享有并经常行使这一权力。

1. 德国

德国量刑建议制度的应用与运行主要体现在两方面：一是法庭审理中的辩论阶段；二是处刑令程序。德国是起诉法定主义的代表，公诉权是一种国家权力，且是专属检察机关的法定职权。公诉权是一项程序性的权力、国家刑罚权的实现形式，是实现国家刑罚权的程序性“助权”，是国家刑罚权在程序上的体现；同时，公诉权是司法请求权，这被认为是公诉权的最重要特性，公诉权作为司法请求权，只是一种程序性的权力，不具有实体权能，不能进行刑事最

[1] 杨诚、单民主编：《中外刑事公诉制度》，法律出版社2000年版，第71页。

[2] 同上书，第76页。

[3] 黄道秀译：《俄罗斯联邦刑事诉讼法典》，中国政法大学出版社2002年版，第175页。

[4] 马相哲译：《韩国刑事诉讼法》，中国政法大学出版社2004年版，第219页。

终处置。作为公诉权组成部分的量刑建议权，也是一项程序性权力，是司法请求权。德国的审判程序代表了典型的大陆法系的风格，其程序本身被认为是一个法官的调查，故由法官主导对案件事实的调查及对证据的核实，这一点是与英美法系存在着基本理论上的差别。就检察官、被告人和辩护人而言，只是在法官调查程序中享有一定参与权。检察官代表国家控诉犯罪，提出控诉，陈述控诉理由，参与法庭调查，进行法庭辩论。检察官在法庭上的公诉发言包括对事实和证据的概括和评价，对被告罪责和应适用的法律的分析，对影响处罚的因素的分析，对量刑的建议。❶ 美国学者朗拜因评论德国检察官时说："与美国相比，德国检察官的法庭作用较小，在通常情况下，检察官在审判中采取的最重要步骤是对刑罚的建议，人们常常期待检察官的建议。德国检察官的建议与最终刑罚大都较为接近，但法官倾向于对检察官的建议作一定的修正。一项调查表明，在570起案件中，与检察官建议相比，法庭判较重的占8%，判较轻的占63%。然而这一调查也指出，在审判总是倾向于把刑罚判得低于检察官建议的情况下，检察官宁肯要求判处较重刑罚，这样审判官的较轻判处也许正合其心意。"❷

从处罚令程序层面分析，这是指德国《刑事诉讼法典》第六编制定的一种特别程序即处罚令程序，其属于提起公诉的一种特例，检察官的量刑建议在此程序中体现得十分明显。依照法典的规定，在属于刑事法官、陪审法庭审理的程序中，对于轻罪，依检察官书面申请，法官、陪审法庭可以不经审判直接以书面处罚令确定对行为的法律处分。检察院要在根据侦查结果认为无审判必要时提出这个申请，申请应当写明要求判处的法律处分，也就是检察官的定罪及量刑建议内容。这些法律处分主要是指罚金、保留处罚的警告、禁止驾驶、追缴、没收、销毁、废弃、对法人或联合会宣告有罪判决和罚款、免予处罚等。在处刑令程序中，检察官提出了书面申请，就是提起公诉。法院在收到检察院书面申请后，不必听取被告人陈述；法律规定被告人在不服处罚令时对之提出异议，即行使异议权，由此启动普通的庭审程序。一般情况下，法院根据检察院的书面申请，以处罚令的形式认定被告人有罪，确定对其判处的刑罚，检察官的定罪和量刑建议多数被采纳。处罚令程序在德国的司法实践中扮演重要角

❶ 杨诚、单民主编：《中外刑事公诉制度》，法律出版社2000年版，第200页。

❷ ［美］约翰·朗拜因：《比较刑事诉讼：德国》，美国明尼苏达西方出版公司1977年版，第68页。

色，大约整个刑事程序的一半左右是通过处罚令程序来处理的。❶ 德国的刑罚处罚命令程序实质上也是一种简易程序，该程序的设立对于诉讼经济的实现和司法资源的节约有着独到的作用，它可以大大减轻司法机关和诉讼当事人的诉讼负担。该程序虽然简单，但司法公正却不因此受到损失，因为如果被告人不同意采用该程序，审判程序仍应当公开进行。据一项关于德国处刑的统计结论表明，检察官建议适用的刑罚与法官最终判处的刑罚大都较为接近，而法官更倾向于在检察官建议之下处刑。可见，德国检察官在实践中确实享有量刑建议权，而且为公众所关注。

2. 意大利

意大利刑事诉讼法典规定了建议审判、依照控辩双方的要求适用刑罚（诉辩交易），快速审判、立即审判、刑罚处刑令五种特别程序。设置特别程序的目的是为了提高诉讼效率，减少积压案件。在第一审法庭审判开始以前，检察官和被告人的辩护律师就被告人的判刑问题进行协商，法院根据双方的要求对判刑协议审查后，制作和发布判决，这就是诉辩交易程序，实际上就是法官根据控辩双方的要求直接适用刑罚。从控辩双方的协商范围看，检察官和被告人的辩护律师只能就判刑问题进行协商并就此达成协议，犯罪性质不允许被协商，不允许检察官以同意适用较轻刑罚为条件，来换取被告人认罪并将较重罪名改为较轻罪名。从适用程序上看，判决的形成是控辩双方协议与法官审查相结合的结果，发布判决的法官对于控辩双方的判刑协议不是被动地接受而主动地审查。从双方协议对判决的影响、判决结果及其性质上看，控辩双方就判刑问题达成协议对法官判决并没有当然的约束力。

3. 日本

日本刑事诉讼程序中，量刑建议在论告和求刑程序中体现得十分明确、具体。论告和求刑是日本刑事诉讼中非常有特色的程序。论告即法庭在证据调查终结后，检察官就案件事实及适用法律问题，总结性地陈述控方的意见。对于这种总结性的陈述，日本刑事诉讼界称之为论告；求刑则指请求量刑。求刑是检察官论告的落脚点。在绝大部分案件中，被告人已知罪责难免，主要关心的是刑罚轻重，通常公众对此也很关心，因而“在实务中，所谓的量刑行情和检察官的请求处刑发挥着重要作用”。❷ 审判实践中，检察官向法庭裁判官提出

❶ 杨诚、单民主编：《中外刑事公诉制度》，法律出版社 2000 年版，第 208 页。

❷ ［日］田口守一著：《刑事诉讼法》，刘迪等译，法律出版社 2000 年版，第 212 页。

对被告人量刑的具体意见既是检察官的权力，也是检察官的义务。[1] 可以说，求刑是检察官对案件综合评价的最集中表示，它是论告的结论，是检察官对案件处理的结论性意见，是检察官执行庭审职责的归宿点。通过长期的司法实践，日本检察官的求刑已形成了一些基本原则：(1) 求刑既要符合罪责相适应原则精神，也要综合考虑如何更好地体现刑事政策；(2) 求刑既要追究被告人的罪责，也要考虑到为被告人今后的改造或更生创造有利条件。按照法律规定，日本检察官求刑的范围不仅包括主刑，同时也包括附加刑。求刑程序要求检察官的求刑必须具体，要有具体的刑名、刑期、金额、没收物、价格等明示。同时法律还规定如果检察官认为执行犹豫（缓刑）对改造被告人更为有利，也应当在求刑中明确提出。对于检察官的论告及求刑意见是否被采纳，则由法庭裁判官决定。一般情况下，法庭裁判官作出判决时，都尊重和充分考虑检察官的论告和求刑意见。据统计，日本 90％以上刑事案件的判决，与检察官的论告及求刑意见基本一致。[2] 同时，日本检察官的求刑权还有一个保障机制即公诉人提起控诉。根据法律规定，公诉人对第一审判决不服，有权向其第二审裁判所提起控诉。控诉的理由中有一项就是量刑不当。量刑不当，一般是指第一审判决对被告人的量刑畸轻或畸重，或超过法定限度，或未按照幅度裁量或与检察官的求刑差别过大。第一审判决如果有上述情况存在，检察官应当依法提起控诉。

（三）国外量刑建议制度的立法与实践对我们的启示

从以上对域外量刑建议制度的概括介绍中，我们可以受到诸多启示。

首先，作为一项具体的诉讼制度，量刑建议应否具备，具体应如何操作，是同各国自身的历史传统、法律文化、诉讼习惯以及相关联的诉讼制度紧密相关的。如前所述，检察官的量刑建议在英国没有生存空间。这是因为，“虽然英国刑事诉讼实行典型的对抗制，但由于传统上检察官在刑事诉讼活动中的作用一直较小，[3] 相当一部分案件由律师代表检察官出庭公诉”。律师出庭的主要任务是为了查清犯罪事实，以对被告人定罪，而建议对被告人科以具体的刑罚具有强烈的国家刑事政策指向性，由基于雇佣关系的律师来提出，显然不合时宜。并且，英国刑事诉讼中的其他诉讼制度实际起着弥补检察官参与量刑不充分的缺陷的作用，如按简易程序审理案件的治安法院法官在量刑时，就十分

---

[1] 杨诚、单民主编：《中外刑事公诉制度》，法律出版社 2000 年版，第 232 页。

[2] ［日］法务省刑事局编：《日本检察讲义》，杨磊等译，中国检察出版社 1990 年版，第 117 页。

[3] 周欣：《欧美日本刑事诉讼》，中国人民公安大学出版社 2002 年版，第 13 页。

依赖法院书记官的法律建议。根据法律规定，在治安法官量刑时，法院书记官可给予治安法官如下方面的指导和建议：法律规定的他们可以选择的刑罚种类及量刑幅度。❶ 另外在量刑听证中，法官还要考虑监外执行官（Probation Officer）、社会工作者或地方政府的社会服务部门制作的关于被定罪人犯罪情节及犯罪人特点的报告。此报告的目的是帮助法院决定给予犯罪人最恰当的刑罚和其他处理方法，有时在定罪前或量刑听证前就被提交到法院。❷

不管是在刑事诉讼的普通程序抑或简易程序中，美国检察官量刑建议都比较充分。这主要是因为美国实行对抗式庭审，刑事审判被视为（国家和犯罪人的）纠纷解决过程，因此检察官作为一方当事人，具有相当大的自由裁量权，在庭审活动中比较积极踊跃，包括积极提出处刑意见等等。

虽然大陆法系国家检察官在庭审中所发挥的作用并不突出，但是其都把实现国家刑罚权视作公诉活动的实体目的，所以大都赞同量刑建议制度。但也有少数国家原则上反对检察官在建议中提出具体的刑罚。如《奥地利刑事诉讼法》第255条规定："在庭长宣布证明程序结束之后，原告人首先发言，提出证明结论，指出并论证被告人应负的法律责任及应适用的法律条文，原告人不应就法定刑标准之内的具体量刑提出请求。"这些国家之所以不主张法官的量刑建议，也是同本国特定的法治环境相关的。

其次，虽然两大法系国家实行量刑建议制度的根本目的在于提高诉讼效率而非限制法官的自由裁量权，但量刑建议制度起到了合理地限制法官自由裁量权的效果。"实证研究表明，量刑建议制度对法院的量刑政策产生了很大的影响，量刑建议制度与法院的量刑政策呈正向关系，量刑建议愈重，法院量刑相对亦重；量刑建议愈轻，量刑相对愈轻"。❸ 正是量刑建议制度能够对法院的量刑政策产生很大影响这一点，恰恰与我国需要量刑建议制度来限制法官滥用自由裁量权的目的耦合。

再次，两大法系不同国家所设置的量刑建议制度的价值取向有所不同，有的侧重效率，有的则侧重于追求公正。如日本检察官量刑建议的理念在于追求公正，而美国等国家量刑建议的理念则在于追求效率。刑事法律具有剥夺、惩罚、改造、威慑、安抚、教育等功能，而这些功能是通过国家来实现的，国家

---

❶ 中国政法大学刑事法律研究中心、英国大使馆文化教育处主编：《中英量刑问题比较研究》，中国政法大学出版社2001年版，第267页。

❷ 同上。

❸ 林俊益：《程序正义与诉讼经济——刑事诉讼法专题研究》，台湾月旦出版社2002年版，第169页。

履行职能必然涉及司法成本。维护公正、提高效率是国家的利益所在，故设立每一项制度，既要考虑目的又要考虑成本。这一理念也影响到对公正和效率的识别与运用。日本实行检察官对法官一审判决不服提起控诉的制度，这反映了其司法注重追求公正，强调个人、国民服从国家，国家职权主义特征明显，法律是法治工具，所以日本有检察司法之称。在实行当事人主义诉讼模式的英美法系国家和当事人主义色彩明显的大陆法系国家强调当事人对抗，法律是调节器，通过对抗、调节而实现和谐，因此在英美法系国家的量刑建议中更重要的是强调效率。可见，量刑建议制度是一项兼顾司法效率与司法公正的制度。正如陈光中教授所讲，“量刑建议追求的目标应是公正与效率相结合”。❶

三、量刑建议制度在我国的实践

（一）我国检察机关传统的量刑实践及其弊端

狭义的量刑建议在种类上有概括式与规范式之分。所谓概括式是指检察机关在提起公诉或支持公诉时，对被告人适用刑罚的情形即从重、从轻、减轻或免除处罚进行概括式表达与指向，以期法院在裁判时予以重视或采纳。其特点在于无规范的程序约束、具体的运用刑种、刑期、刑罚执行方式等具体内容，其指向性不甚明了，引导力也较弱。规范式则是指检察官提出量刑建议的内容包括刑种、刑期、刑罚执行方式等具体的刑罚内容，并作为一种不可放弃的职责而必须在刑事诉讼中行使，它不仅仅是一位权能，同时是一位义务，其指向性明确具体，引导力也较强。量刑建议权作为公诉权的一位重要权能，在我国以前的司法实践中由公诉机关不同程度地行使着。如公诉机关在起诉书和公诉意见中对被告人法定或酌定的从重、从轻或减轻的情节进行了完整的概括，明确提出从轻、从重等量刑意见。从理论层面的归类分析，这就是概括式的量刑建议。随着诉讼制度与检察制度改革的深入，实践中也逐步出现了一些新的规定，如《人民检察院审查起诉未成年人刑事案件工作的规定》中载明，“在法庭上，对犯罪情节较轻、认罪态度较好，具有帮教条件的未成年人，公诉人应当建议法院适用缓刑”；再如对罪行极其严重的被告人，建议适用死刑等。这为我国诉讼制度改革逐步由概括式量刑建议向规范式量刑建议转变奠定了基础。

在传统的刑事诉讼实践中，检察机关往往在起诉书或公诉意见中仅就被告

---

❶ 李和仁：“量刑建议：摸索中的理论与实践——量刑建议研讨会综述”，载《人民检察》2001年第11期。

人犯罪行为适用的刑法条款，具有哪些从重、从轻条件提出概括性的量刑意见。其主要表现为两种形式：(1) 提出一个对被告人量刑的法定幅度，如对于入户抢劫的被告人，提出在有期徒刑10年以上予以处罚的建议，这实质上是完全按照法定刑来提出意见，也是法定的最低刑，其在贯彻“轻轻重重”“轻缓化”的刑事政策、坚持公正与效率的统一方面，功效是微弱的；(2) 对被告人从轻、减轻或者免除处罚的情节作出确认，这多数是就法定定罪情节，法定量刑情节和法定最低刑向法院作出的提示而已，与我们当前探讨的量刑建议模式在方式、内容上都有较大差异。传统的量刑建议方式正如原最高人民检察院公诉厅厅长姜伟所言，“目前我国在法庭辩论的主要是定罪的问题，当然也讨论量刑情节的问题，但控辩双方很少讨论对一个犯罪嫌疑人究竟应判多少刑罚的问题，这个权力都给了法官”。❶ 这种传统型的建议方式，多年的司法实践已暴露出其种种弊端。

1. 量刑处于暗箱操作中，随意性大

我国现行的实体与程序法律制度为法官的量刑裁判权留下了过大的空间。在刑法中，不确定刑占绝大多数而且法定量刑幅度跨度较大，如“处3年以下有期徒刑、拘役或管制，单处或并处罚金”“处10年以上有期徒刑、无期徒刑或死刑”“处5万元以上50万元以下罚金或没收财产”等规定随处可见。同时，法定的从重、从轻、减轻等量刑情节规定得并不明确，实践中还有多种酌定的量刑情节给法官留下了广阔的自由裁量空间。在刑诉法中，量刑程序几乎被设计成一个暗箱操作的过程，量刑由法官单独进行，抗辩双方几乎被排除在量刑环节之外，对量刑的结果难以预测，对量刑的过程更难以监督，从而导致量刑的随意性较大。因此造成相当数量罪责相近的犯罪行为，不同法院之间或同一法院不同的合议庭之间所作的裁量结果往往存在很大差异。

2. 庭审缺乏量刑辩论，控辩对抗色彩不强，量刑成本增加

我国《刑事诉讼法》修改以后，初步引入了当事人主义诉讼机制，形成了当事人主义与职权主义相结合的独特的控辩式诉讼模式。一方面，公诉人出庭支持公诉的举证责任和定罪风险加大，初步减少了庭审“走过场”的现象；另一方面，刑事诉讼尚未引入规范式的量刑建议制度，未赋予检察官明确的量刑建议权，这表现在刑事诉讼中控辩双方仅非常概括地提出一些量刑情节甚至干脆不提；“法庭辩论仅仅围绕着定罪展开，即使有量刑情节的陈述，也没有具体的量刑意见和明确系统的量刑理由，法庭辩论不能充分展开，部分程序虚置

---

❶ 张军等：《刑事诉讼：控、辩、审三人谈》，法律出版社2001年版，第416～417页。

的问题依然存在”；❶ 公诉人不提出具体的量刑建议，在量刑问题上躲躲闪闪，实际上使辩护方没有明确的批驳对象，庭审针对性不强，大量时间花费在控辩双方没有争议或争议不大的事实与繁琐的举证、示证上，甚至在被告人认罪的情况下，辩护人还要就事实和证据“说两句”，而对量刑结果无力抗辩。在具体应判处的刑种、刑期等量刑问题上，控辩双方更没有也无法充分展开辩论，法官无法获得一个由控辩双方提供的清晰完整的量刑情节，其结果不仅使控辩两个方面的职能没有充分体现，而且客观上导致法官在量刑过程中不是兼听，而是“独裁”独判，其识别成本、综合判断成本、裁判形成成本、执行成本、协调监督成本较高，错裁错判的风险增大，监督纠错的成本攀升，这对于量刑公正与效率无疑都是有害的。

3. 检察机关的抗诉职能得不到有效行使

《刑事诉讼法》规定：“检察机关对人民法院确有错误的刑事判决、裁定，要依法及时提出抗诉。”实践中，对无罪判决来讲，检察机关比较容易发现其是否“确有错误”，但对有罪判决而言，即使检察机关对法院判处刑罚的错误提起抗诉具有法律真实上的正当性与充足理由，但由于缺乏规范式量刑建议的评价机制作支撑，这种抗诉正当性与充分性很难通过量刑建议这一评价引导机制转化为法院或法官改裁改判的正当性与充分性的依据，并且往往成为“屡抗屡败”或“驳回抗诉”的制度障碍。更何况对量刑畸轻畸重之客观性与评价标准之同一性的把握因不同检察官、不同法官个人刑罚观的不同而存在较大差异，因此，对人民法院量刑畸轻畸重的抗诉实施的很少，检察机关的刑事抗诉职能没能得到充分发挥。

4. 当庭宣判率低，诉讼效率不高

传统型的量刑建议运行机制中，法官通常在法庭调查、法庭辩论、被告人作最后陈述之后，宣布休庭，合议庭进行评议，评议结果大多是改期宣判而不是当庭判决。整个判决形成过程，由法官一家独揽，控辩双方就量刑的情节进行辩论，但对具体的量刑无法插足。这使得法官量刑大多都比较谨慎，因此裁判的形成周期相对较长，很少有当庭宣判的情形，多数情况下为宣告判决还要再开一次庭，造成了不必要的司法支出成本，降低了诉讼效率。

5. 上诉、申诉较多，增加了诉讼成本

传统刑事诉讼中，量刑被视为法官的专有自由裁量权，控辩双方被排斥在量刑之外而使其处于一种“闭门造车”的过程。即使法院的判决是公正的，也

❶ 谢鹏程：“论量刑建议制度的意义”，载《检察日报》2001年8月14日。

会因为量刑程序的封闭性而使法官难逃恣意量刑、滥用裁判权之嫌，且诉讼参与人、旁听群众及社会的认识度、信赖度往往不高。特别是当判决结果与当事人预期的结果大相径庭时，往往引起不必要的上诉或申诉，甚至出现中国现阶段少有的集体上访等严重后果，进而增加了诉讼成本，降低了诉讼效率；并且各级法院、检察院还需设置常设机构专门处理刑事案件的来访、来信和申诉，反过来又造成法院、检察院人员的增多，进一步增加了诉讼协调、监督执行的成本。

（二）近年来国内部分地区试行量刑建议制度的改革

随着庭审制度改革的深入，从维护量刑公正、提高诉讼效率、节约司法资源的目标出发，部分省、市检察机关开始试行量刑建议改革工作，即检察机关在量刑幅度和量刑情节的基础上，提出一个具体宣告刑；对于简易程序公诉人不出庭的案件庭审，在起诉书中表明公诉机关对被告人的具体量刑意见；在出庭支持公诉的案件中，公诉人在发表公诉意见时提出量刑意见，并与被告人及其辩护人就量刑意见展开辩论。从相关调查的结果来看，这些地区的试行改革取得了良好的法律效果和社会效果。概括起来主要有以下五种类型。

1. “广泛发动型”

这表现为试点面广，检法协作密切，采纳率较高。如河南省检察机关自2003年5月起开展量刑建议改革试点工作，截至2003年10月份，全省三分之一以上的检察院开展了改革实践。据统计，2003年上半年，全省检察机关公诉部门共提出量刑建议近2 000宗，取得了良好的效果，部分地市法院对量刑建议的采纳率达到了100%，有的法院在判决书中对公诉机关的量刑建议采纳理由作出了详尽阐述，量刑建议取得了显著成效。❶

2. “渐进试点型”

这表现为试点面小，运作慎重，检法互动。如上海市杨浦区人民检察院的试点，2002年8月～2003年6月该院共对提起公诉的750名被告人提出了量刑建议，其中，量刑建议与判决结果一致的有118人，占总数的15.7%，基本一致❷的有529人，占总数的70.5%（不含一致数），基本一致和一致数共占总数的86.2%。人民法院对检察机关的量刑建议给予了充分重视，在庭审

---

❶ 资料引自河南法院网，http：//hnfy. chinacourt. org/news/2003/2316. htm.

❷ 按照杨浦区的分类：法定刑为3年以下，误差在6个月以内为基本一致；法定刑为3年以上7年以下，误差在1年以内为基本一致；法定刑为7年以上，误差在2年以内为基本一致；在建议范围内为一致。

中，控辩双方在法官的主持下，就量刑问题充分阐述观点，激烈争论，法官则在判决书中表明对量刑意见的采纳情况和理由。特别对于控辩双方就量刑建议有分歧的案件，法官会在形成判决书中详细说明其量刑理由。

3. “检法互动型”

量刑建议制度的试点运行，既关系到刑事诉讼制度的发展完善，更涉及检、法两个司法机关公诉权与审判权，公诉制度与审判制度的改进与完善，只有互相协调、互相支持才能收到“双赢”效果。如2003年下半年，山东省枣庄市检察机关在积极与当地法院沟通的基础上，推出了量刑建议制度，将法庭辩论分成定罪、量刑两个阶段进行，控辩双方对被告人应适用的量刑幅度、基准刑、量刑情节等进行充分答辩。这项制度推行以来，该市检察机关共对351件案件496名被告人提出量刑建议，被法庭采纳的占83%，法庭的当庭判决率提高了20%，被告人的翻供率同比下降55%，上诉率也由去年上半年的22%下降到下半年的9%。❶

4. “尝试规范型”

这表现为在试点中注重定罪、量刑分离诉讼阶段，开展不同阶段的抗辩诉讼，围绕定罪与量刑两个不同侧面、不同阶段的诉讼重心来展开，使量刑建议逐步规范。如江苏省常州市武进区在刑事审判中推行了检察机关提出量刑建议、法院在判决书中载明量刑建议的改革，为法院判决提供了重要的参考意见，有力促进了法律公正准确实施。据统计，该区检察机关2003～2004年度共对132件案件194名被告认提出量刑建议，被法庭完全采纳的占79.35%，基本采纳（指刑种一致，刑期基本相符）的占8.33%。量刑建议改革的实施，增加了检察官的责任感，提高了办案质量，减少了被告人的上诉率，取得了良好的效果。为了将这一改革进一步深化，形成公开、透明、便于核查的运作机制，武进区人民法院与武进区人民检察院经认真研究协商，于2003年5月26日形成了《关于刑事案件庭审改革若干问题的座谈纪要》，对量刑建议改革进行了规范，明确规定，法院在判决书中应当载明检察机关提出的量刑建议、审判机关采纳与否及理由。❷

---

❶ 资料引自“山东枣庄：八成量刑建议被采纳法庭的当庭判决率提高了20%”，载《检察日报》2003年3月30日。

❷ 资料引自中国法律教育网，网址为：http://www.chinalawedu.com/news/2004_3/5/1135449548.htm.

5. “体系完善型”

这表现为在刑种运用、刑期、刑罚执行方式等方面全面充分地试行量刑建议制度，凸显其功效。如湖北省检察机关共有41个检察院开展了量刑建议试点工作，试点单位共向人民法院提出书面量刑建议1 923件2 764人，法院采纳1 653人，占59.8%，法院未在量刑幅度内量刑1 111人，占40.2%。从建议的确定性看，试点单位主要采用量刑幅度建议、确定性刑罚建议、适用刑种建议等三种。其中量刑幅度建议主要适用应当被判处有期徒刑的被告人，结合其情节提出更为具体量刑幅度。确定性刑罚建议主要适用于依法应当被判处无期徒刑、死刑的被告人。从提出建议的方式看，一般是人民检察院在起诉意见书或公诉人在法庭辩论阶段发表公诉意见时提出，庭审结束后，公诉意见书提交法庭；个别地方以专门的《量刑建议书》的形式提出。通过试行，大多数检察院认为，量刑建议工作是深化公诉改革的必然选择，也是创新公诉工作的方法之一，有利于实现“强化法律监督，维护公平正义”检察工作主题，有利于丰富检察机关对法院刑事审判活动的监督内容。

与此同时，为了充分保障未成年被告人的辩护权、知情权，该省还选择武汉市汉阳区等基层检察院开展未成年人犯罪的量刑建议试点工作，制定了《未成年人犯罪案件量刑建议试行规定》，主要特点有：(1) 明确量刑建议的幅度范围。主诉检察官根据被告人实施犯罪的事实、情节、性质，对社会的危害程度，及其认罪态度，确定其是否具有法定、酌定情节，在法律规定的幅度范围内提出量刑建议并简要阐明理由，即量刑建议以“幅度刑”为主，不宜选择确定刑。如建议（从轻、减轻）判处几年至几年有期徒刑，或提出一个刑种的从轻、减轻上限或者下限，建议（从轻、减轻）判处不低于多少年的刑罚，或建议（从轻、减轻）判处多少年以下的刑罚。(2) 明确适用缓刑建议案件的范围。对于具有最高人民检察院发布的《人民检察院办理未成年人刑事案件的规定》第22条规定的情形之一：①犯罪情节较轻，未造成严重后果的；②主观恶性不深的初犯或者胁从犯、从犯；③被害人要求和解或者被害方有明显过错，并且请求对被告人免予刑事处罚的；④依法可能判处3年以下有期徒刑、拘役，悔罪态度较好，具备有效帮教条件、适用缓刑确实不致再危害社会的未成年被告人，主诉检察官应当建议法院适用缓刑，量刑意见可表述为“建议适用缓刑”。对于有下列情形之一的，不宜建议适用缓刑：①惯犯、有前科或者被劳动教养两次以上的；②共同犯罪中情节严重的主犯；③犯罪后拒不认罪的。(3) 量刑建议被采纳率较高。据调查，该院2005年对提起公诉的81名未成年被告人提出了量刑建议，法院采纳率达91.4%。在试行量刑建议后，法院当庭宣判率与2004年相比提高了22%，而被告人不服判决上诉率与2004年相比下降了13%，对提高司法效率，促进司法公正起到了积极作用。

通过近年来部分省市的试点工作，量刑建议的作用已经为试点地区的检察机关、审判机关所认同，得到了社会各界的高度肯定，也引起了理论界热切关注与支持。这些地区的试点，为我国建立量刑建议制度提供了宝贵的经验与实践依据。

（三）从改革的效果看量刑建议制度的功能

从应然的角度分析，诉讼目的是为了实现实体正义与程序正义的有机统一，即通过诉讼实现准确认定事实和正确适用法律；为了避免人们在追求实体正义时的无节制，诉讼价值实现了第二次飞跃，即追求程序正义。它的含义是科学设计的法律程序本身在绝大多数情况下具有查明真相的内在素要，只要坚持法律程序就可以在绝大多数情况下正确解决案件。诉讼的直接目的在于坚持诉讼程序，坚持程序才能实现正义，坚持程序就是程序正义。

由此可以看出，现代刑事诉讼在传承与扩展中形成了追求实体公正的外在价值和追求程序公正的内在价值，一项设计精密的具体诉讼制度必须符合这一总体价值要求才有存在的意义。尽管大多数诉讼环节往往都是在各种价值目标间寻求妥协和平衡，但抵触甚至完全忽视某一价值要求的程序制度的生命力都是极其有限的。量刑建议制度之所以具有存在的正当性与积极意义，也是因为它符合刑事诉讼的总体价值要求。但是作为一项具体的程序制度，量刑建议制度还应体现特有的功能或效用。近年来国内部分地区的试行改革取得了明显的效果，与传统的实践方式相比，量刑建议制度的功能在改革中得以显现，主要表现在以下几个方面。

1. 促进量刑公开、公正的功能

（1）量刑建议制度促使量刑公开。公开审判是世界各国在刑事立法上普遍采取的做法，我国宪法和刑事诉讼法也把它作为一项刑事审判的基本原则。“审判公开是现代国家民主政治的重要组成部分，也是现代诉讼结构的有机组成部分”。[1] 量刑是庭审活动的重要组成部分，也应符合公开的程序要求，量刑建议对促进量刑公开的效果是明显的。检察官向法官提出量刑建议，自然会引起被告人和辩护人的答辩，这就使诉讼双方实质上积极参与到量刑活动中，而非一个消极的旁观者，法官也不再是量刑领域“法庭独裁者”，而是一个开放、居中的仲裁者。这是因为控辩双方可以平等地陈述其理由，能充分知悉对

---

[1] 左卫民：《刑事程序问题研究》，中国政法大学出版社1999年版，第97页。

方关于量刑的主张，量刑理由在公开对峙中得到检证。法官有机会全面了解案情和量刑的合理界限，掌握量刑的各种情节，兼听则明，形成更加明确而公正的裁判意见。并且，在公开的量刑争辩平台中，双方对量刑的不满情绪可以获得宣泄和交流，诉讼中产生的对立情绪也有可能得以化解，从而避免酿成新的法律纠纷或者产生对于执行判决的抵触情绪。

（2）量刑建议制度有助于合理、正当地约束法官定罪自由裁量权。罗伯斯庇尔曾说过，再也没有比法官更需要被仔细监督的了，因为权势的自豪感是最容易触发人性弱点的东西。权力的特性是无限扩张，绝对的权力导致绝对的腐败，不受制约的权力必然产生腐败，这些政治领域的原理在司法领域也同样存在。"'以制度规制制度，以权力制衡权力'，是人类社会科学地配置政治资源、管理国家、推进社会文明进步的必然选择，是现代文明的重要特征，也是司法改革的重要内容"。❶ 法官以判决设定刑罚，就是运用权力的过程和结果，理论与实践一再表明，法官在量刑领域的独裁权同样需要制约。

量刑建议制度对制约法官的自由裁量权起到了一定的作用，有助于法官更加正确、高效地行使审判权，作出公正、科学、准确的判决。庞德曾指出："法律的历史表明人们始终在推崇广泛的自由裁量和坚持严苛详尽的规则之间来回摆动。"❷ 公正的诉讼程序就是将司法权限制在合理范围内的程序，达到限权与司法权之间的平衡。诉讼程序公正化的过程，就是对司法权进行合理限制的过程，也是程序价值不断显现的过程。❸ 量刑建议制度和其他诸如公开审判制度、审级制度、回避制度一样，均能对法官的自由裁量权作一定的限制。主要体现在：（1）量刑建议有助于法官在量刑时排除各种外部干扰。这些干扰包括审判体制方面的因素、行政机关的干预、治安形势的影响以及社会舆论的干扰等；（2）量刑建议启动了量刑的多方参与机制，增强了量刑的互动性，使法官的量刑裁判成为多方"博弈"的结果；（3）量刑建议迫使法官加强判决书的说理性。检察官提出的量刑建议是控方主张的重要部分，它将刑法过于宽泛的法定刑拘囿在相对狭小的空间，法官在判决书中如果超出建议范围作出裁判，就必须分析论证，充分说明理由。"虽然法官在判决时并不受检察官刑罚申请的约束，但作出量刑决定时将会注意这种申请"。❹

❶ 徐汉明："论人民监督员制度配置之合理性"，载《人民检察》2004年第4期。

❷ ［美］罗斯科·庞德著：《法律史解释》，曹玉堂等译，华夏出版社1989年版，第177页。

❸ 邓思清："论审判监督的理论基础"，载《法律科学》2003年第3期。

❹ ［德］约阿西姆·赫尔曼："德国刑事诉讼程序中的协商"，载《环球法律评论》2001年冬季号。

需要指出的是，量刑建议权对法官的审判权起的是“限权”而非“夺权”的作用。量刑建议不同于量刑裁判，不是一种实体处置，它具有一定的柔韧度，法院的审判结果也不一定与之相吻合，所以，当法官的判决只要有充分的理由支撑，尽管与检察官的期望不一致时，检察官也并不会当然发动下一次诉讼活动（如向上级法院抗诉）。

2. 拓展辩护空间，增强庭审对抗性的功能

控辩式刑事诉讼模式的特点是控审分离，控辩对抗，法官居中裁判，控、辩、审三者之间的关系是控方提出被告人有罪并追究其刑事责任的诉讼要求，辩方予以反驳并提出被告人无罪、罪轻或从轻、减轻处罚的主张及理由。在刑事审判中，公诉人和被告人是一种互相对抗的关系。公诉案件一经公诉人代表检察机关向法院提起诉讼，即意味着国家对被告人及其行为的不原谅。作为控方的公诉人，在庭审中的目标就是通过指控和辩论来说服法官认定被告人是有罪并判处一定的刑罚，而被告人的目标则恰恰相反，他要通过辩解使法官认为自己是无罪的，或者即使认罪，也要以各种理由试图说服法官对自己处以尽量轻的刑罚。总之，被告人是要使自己的自由、生命、财产受到尽量少的剥夺和损害。在这种模式下，如果公诉人能够在法庭上明确地提出自己对量刑的意见，辩方与公诉人意见不同的话，就可以有针对性地反驳公诉人的量刑建议，这样就可以在量刑问题上与公诉人展开辩论，量刑环节即体现出了明显的对抗性，刑事审判的抗辩性得到了加强。在辩论中，辩方能够有机会在法庭上将支持自己量刑意见的理由和证据充分展示，这为辩方拓展出一个新的辩护空间。如果诉讼各方在一个法律适用过程中都能提出证据、阐述并证明自己的主张，真相就更可能被发现，法律也可得到正确的适用，从而使程序产生公正的结果。公诉人在法庭上提出量刑建议，有助于法官充分听取控辩双方的意见，作出适当的量刑裁判。在控辩式的刑事诉讼模式中，法官的角色更多地体现为消极和被动，更少地主动参与到事实和证据的调查中去，他对证据的了解和对事实的判断将主要依靠控辩双方对事实的陈述和对证据的列举、质疑。如果公诉人在法庭上发表较为具体的量刑意见，由控辩双方天然的、并且被制度设计确认的对抗关系以及辩方的本能和职能所决定，辩方必然会在大多数情况下针对控方的意见进行反驳和辩解，这样控辩双方就会就量刑问题形成争论。这种辩论将控辩双方对量刑问题的意见以及各自所依据的理由都向法官提出，法官对与量刑有关的情节会有一个更为全面的了解，兼听则明，在充分听取了双方对量刑问题的意见后，法官更容易在此基础上作出一个于法、于情、于理都适当的判决。法律的个别公正就会得到更为充分的体现。

3. 促进诉讼经济与效率的功能

（1）量刑建议制度可以促使检察机关正确行使抗诉权。检察机关运用国家司法资源，代表国家行使犯罪追诉权应是妥当、谨慎的，既不能玩忽职守，也不能滥用职权。检察机关基于全案事实和证据，综合各种因素，依照一定程序提出量刑建议同样也应该是客观、公允的，其量刑建议不仅仅供法院参考，对其自身也有约束力。如果法院的量刑与检察机关的量刑建议出入不大，或者，即使是差异较大但只要法官在判决书中详尽地阐述了不予采纳量刑建议的理由且理由合法合理，那么，检察机关不得以量刑畸轻畸重为由提起抗诉，这样就防止了检察机关滥用公诉权，推动公诉权正确行使，节约司法资源。

（2）量刑建议制度可以消除部分不必要的上诉。目前，被告人上诉比例仍然很高，其中有部分上诉完全没有必要。被告人之所以热衷于上诉，究其原因除了法律赋予被告人上诉不加刑的权利外，另一重要原因就是被告人对自己所受刑罚缺乏知情权。一般而言，被告人最关心的莫过于自己可能被判处的刑罚，但事实上，直到宣判为止，被告人根本不知道自己可能被判处何种刑罚，难以做好应对自己所受刑罚的心理准备，当其不能接受所判刑罚时，就寄希望于上诉。如果推行量刑建议制度，让控辩双方就量刑问题的各种事实情节、刑期进行论辩，将量刑问题透明化，被告人知道自己的刑罚是依据哪些法律、事实因素作出的，清楚了量刑的过程，对判决的正确性、公正性有了更好的理解，促进其认罪、悔罪与服法，从而不上诉或减少不必要的上诉，这就增强了法院判决的既判力，巩固了司法权威，提高了裁判的生效执行率，节省了上诉与再审的成本，提高了诉讼效率。

（3）量刑建议制度有利于提高当庭宣判率。如上所述，控辩双方就被告人的量刑问题进行辩论，对法官的量刑具有很高的参考作用，法官在兼听双方意见的基础上，加上自己的判断，对案件会有比较全面准确地认识，当被告人作完最后陈述后，法院对被告人的量刑已经有了答案，即可当庭作出判决。当庭判决率的提高，有利于缩短裁判周期，从而节约司法资源。

4. 调动当事人程序参与积极性，提高审判认同度的功能

任何权利的行使都需要认同的基础，“如果没有这种认同的基础，任何权力都无法持久，这仅仅是因为，它必须减少赢得依从的代价”。[1] 现代民主国家的法律制度是建立在民意的基础之上的，缺乏民意支持的法律制度不具有或

[1] ［美］诺内特、塞尔尼兹克著：《转变中的法律与社会——迈向回应型法》，张志铭译，中国政法大学出版社 1994 年版，第 61 页。

者丧失了基本的合理性，不可能长久地维持。当事人和社会公众对审判的接受、认可就是使审判获得认同的基础。尽管不同的国家因历史传统、文化背景、民族心理、经济基础的不同，其诉讼体制和审判方式也不可能相同，但他们都需要这种认同基础。

在现代刑事审判模式中，控辩双方为诉讼当事人，控方负有证明被告人有罪的一般举证责任和证明所控诉犯罪每一要件的特定责任，被告人和辩护人则有反驳控方的主张及证据并提出自己无罪或罪轻理由的权利。由于刑事诉讼结果与控辩双方都有一定的利害关系，故控辩双方均会不遗余力，积极参与，庭审也便成为充分行使控辩权的场所。检察官提出求刑意见后必然会引起辩方的量刑答辩，这实质上调动了控辩双方共同探索量刑合理界限的积极性，使他们在一定程度上参与量刑裁判意见的形成，这不仅从程序上有力地保障了量刑公正，而且也增强了量刑裁判的说服力，有利于消除诉讼各方对量刑裁判的怀疑，从而使判决为当事人接受、认可。然而，这只是一个较低层次基础。要使审判获得更高层次基础，就必须使审判为社会公众接受、认可。

如果单就个案而言，审判只涉及当事人利益，“但其普遍内容即其中的法和其他的裁判是与一切人都有利害关系的”。[1] 也就是说，每个特殊案件的处理结果都是法律精神的实现，因此，它将长期地发生社会影响，而且人们会借助这些裁决来评判法律及司法机关同自己利益的关联。现代审判讲究审判公开，它不仅包括审判过程的公开和审判结果的公开，而且包括定罪公开、量刑公开、刑罚执行公开、刑罚免除公开等。社会一般公众通过自己旁听或媒体报道，不仅了解到控辩双方争议的展开、证据的提出、辩论的焦点，而且还知道量刑是控辩双方共同作用的结果，因此更容易从心理上接受、认可审判，从而使审判获得更广泛的基础。

5. 审判监督权行使的内控功能

刑事审判一直是检察机关法律监督工作的重点和难点，而刑事审判中的量刑又是实现司法公正的外在表现之一，所以也应该是检察机关实行审判监督的重点。人民检察院的刑事审判包括实体监督和程序监督，实体监督即对生效或未生效判决的监督，这种监督在过去主要表现为对确有错误的量刑或畸重畸轻的判决提起抗诉，但这是事后监督，而且认定量刑畸重畸轻没有统一的标准，操作起来就更为困难。量刑建议制度是对刑事审判监督方式的完善，它一般在庭审前或庭审中提出，直接作用于合议庭，随着审判程序的变化法官如果作出

[1] ［德］黑格尔著：《法哲学原理》，范扬、张企泰译，商务印书馆1961年版，第232页。

与公诉人量刑建议有较大差异的量刑，就应有充分的理由解释，这就促使法官加强自我约束，在量刑时谨慎斟酌，公正行事，使法官能够事先预测人民检察院的法律措施，作出判决时会充分考虑各种相关的因素，使判决更为准确适当，从而达到一种事前监督、同步监督的效果。同时也有利于纠正和规制包括刑期在内的先定后审、上定下审、审者不判、判者不审、诉讼程序成为行政行为等弊端。

同时，量刑建议还可以为抗诉提供条件和依据。刑罚的畸轻畸重是人民检察院抗诉的重要理由之一。然而，如果判决前未提出量刑建议，法院判处刑罚的适当性有时缺乏明确的衡量标准，而提出量刑建议，可以在一定程度上解决这一问题，如果人民检察院认为人民法院没有采纳量刑建议，其判决与量刑建议出入很大且没有适当的理由，量刑建议就成为人民检察院提出抗诉的依据，这样，就有利于掌握抗诉的标准，准确提出抗诉的意见，有效地行使审判监督权，维护司法公正。

6. 促进检察官管理，提高检察官职业素养的功能

量刑建议要求公诉人全面掌握案情，熟悉法律和刑事政策，了解以往的案例。检察机关享有量刑建议权，并不是简单扩大了检察机关的自由裁量权，而是加大了检察机关的工作量，加重了检察机关的责任。量刑建议被法官采纳的条件是，建议本身具有较高的确定性和正当性，这就要求公诉人不仅要熟悉案件本身的所有相关事实，包括犯罪嫌疑人是否构成犯罪以及从重、从轻、减轻处罚等事实，而且要通晓相关的法律知识，包括对法定量刑情节和酌定情节量刑情节的准确把握。同时，当庭提出量刑建议对公诉人的综合能力和应变能力等各方面素质也提出了更高的要求，这对大多数公诉人来说无疑是极具挑战性，必将会使公诉人的自身综合业务素质有极大的提高，会激励检察官更加全面地、具体地研究案件事实以及定罪和量刑各个方面的问题，尽可能地保证办案质量。同时，量刑建议制度也强化了检察机关内部的监督制约。不实行量刑建议制度，公诉人对各个案件一般也有个量刑预测，但这个预测是非正式的、口头上的或个人的。这就可能出现两种滥用抗诉权的情况，一是在检察机关内部领导有不同看法或临时想干预某个案件时，不管公诉人自己当时的量刑预测如何，是否合理，都要提出抗诉；二是公诉人明知法院的量刑与自己的量刑预测有相当大的差距，但是为了掩饰自己的过错或疏于职守，故意不提出抗诉。实行量刑建议制度后，检察机关在作出抗诉或不抗诉决定之时，就必须考虑检察官在法庭上正式提出的量刑建议，如果没有较大的出入，又没有特别重大的情况发生，就不能以量刑不适当为由抗诉，更不能因为领导的意志而随意抗

诉，从而排除检察机关在抗诉标准上的随意性。

从检察系统探索量刑建议制度的实践来看，都是围绕加强检察机关内部的管理展开的，其基本动机之一就是要寻找激励和考评检察官的机制。实际上，量刑公正在很大程度上是检察机关推行量刑建议制度的旗帜和理由，而不是直接原因。量刑建议制度的最初矛头是指向检察官的，而不是指向法官。那么，量刑建议作为考评公诉人的依据主要取决于我们如何确定公诉人量刑建议的合理性、法庭量刑裁判的公正性和检察机关的容错标准等三个相互关联的因素。相对来说，容错标准比较容易确立，如刑种不变，有期徒刑的误差在3年以内等。但是，量刑建议本身的合理性和量刑裁判的公正性则是难以测评的，由个人来测评就几乎等于赋予个人以专断的权力，由某个组织来测评又极大地提高了测评的成本。依笔者之见，量刑建议的合理性和量刑裁判的公正性可以综合考虑，从统计学意义上确定各自的合理性。如公诉人在1年之内提出的若干量刑建议完全被采纳的比率是多少，误差率是多少，这大致可以确定公诉人的量刑建议乃至整个公诉工作的业绩；用同样的方法，也可以反过来测评某个法官的工作业绩。而且，如果要搞测评，就应当作公诉人和法官两个方面的测评，以加强相互配合和监督，以免检察官完全处于被动的地位。

综上所述，量刑建议制度促进了量刑公开，有助于量刑均衡的实现；丰富了辩护权的内涵，增强了庭审的对抗性，加强了对被告人权利的保护；有利于抗诉标准的统一和协调，为检察机关抗诉权的正确行使提供了依据；节约了司法资源，增强了审判结果的可接受性。正是基于传统实践的种种弊端和量刑建议制度的功能，量刑建议制度的引入在我国更凸显其必要性。

四、我国引入量刑建议制度的可行性

（一）法律依据

检察机关量刑建议权作为一项国家公权力，必须遵守公权力的运行规则，即必须取得法律的授权才能行使，这实质上是检察机关量刑建议权的法律依据问题。没有法律依据，检察机关就不能突破法律框架，擅自创造并行使该权力；但如果法律已经授权，检察机关就必须积极并且充分地行使相关权力。

这里有个对法律依据如何理解与运用的问题。有些权力在法律中有明确的规定，如《刑事诉讼法》第5条关于审判权和检察权的规定。但有些权力是根据诉讼原理或法律条文的立法精神而确立的，我们不能因为在法律条文中没有明确的文字表述就否认这些权力的行使具有法律上的依据。例如，法院的定罪权在《刑事诉讼法》第2条、第5条、第162条中都可以找到依据，但法院的量刑权却在诉讼法和法院组织法或其他法律中找不到一条明确的法律条文表述，由此不能否认法院享有量刑权，这是因为法院享有量刑权是刑事审判的题中之意或者说是有罪判决的前提。这个道理同样适用于检察机关量刑建议权。在最普遍推行量刑建议权的日本，“检察官几乎对每一个案件均有求刑之表示”，❶ 但在日本刑事诉讼法中亦无直接的检察机关享有量刑建议权的法律规定。“主张有罪之场合，陈述法院应科刑罚之种类与分量之意见，称之为求刑。刑罚系具体刑罚法规适用之结果，故求刑属于关于法律适用之意见，自不违法。”❷ 日本学界一般认为检察机关行使量刑建议权的直接依据是《刑事诉讼法》第293条第1款，“在证据调查完毕后，检察官应当对事实及法律的适用陈述意见”。❸ 因此，如果把公诉权分为定罪请求权和量刑建议权，这其实就是犯罪构成的认定请求权和法律责任的认定建议权，前者更多的是事实认定问题，后者是法律适用问题，从这个意义上讲，检察机关量刑建议权是公诉权的应有之义，也有明确的法律依据。

量刑建议权作为一种司法请求权，在本质上是公诉权的一部分，是检察机关职权的题中之意，它是一项与法院量刑裁量权并行不悖且相辅相成的权力，它虽不具有终极性但在刑事审判中起着承前启后的作用，是国家实现刑罚权的不可缺少的环节。我国现有法律虽没有检察机关量刑建议权的明确文字表述，但是现行法律中蕴含着量刑建议权的内容，它赋予了检察机关提出量刑建议的权力。同时，现行的司法解释在一定范围内已对检察机关量刑建议权作出了明确的规定。

1. 合宪性

现行《宪法》没有明确赋予检察机关量刑建议权，但检察机关行使量刑建议权符合宪法的基本精神。《宪法》是国家的根本大法，我国《宪法》规定，人民检察院是国家的法律监督机关，有权对国家各项法律的实施进行全面监督，其中当然包括对刑事法律实施的监督。检察机关对刑事法律实施监督的最主要方式就是提起公诉，即检察机关代表国家要求人民法院审理其指控的被告人，以确定被告人之刑事责任。正如前文所述，量刑建议权是公诉权的应有之义，是公诉权的权能之一。因此，量刑建议权也是检察机关法律监督权的应有

---

❶ 林俊益：“程序正义与诉讼经济——刑事诉讼法专题研究”，台湾月旦出版社2002年版，第170页。

❷ ［日］田口守一著：《刑事诉讼法》，刘迪等译，法律出版社2000年版，第291页。

❸ 同上。

内涵。而且，我国《刑法》是规定什么行为是犯罪以及对犯罪行为处以什么刑罚的下位法，《刑法》分则每一条的阐述都是按照“罪＋刑”的结构模式规定的，这种结构决定了检察机关对刑事法律实施进行监督的对象不仅仅是定罪而且也包括量刑。如果仅行使定罪建议权，忽视量刑建议权，则对法律实施的全面监督会有失偏颇。从这个意义上说，量刑建议权也应当是法律监督的内涵之一。因此，检察机关不但对“什么行为是犯罪”有定罪建议权，而且对“应对犯罪行为人处以什么刑罚”有量刑建议权，这本质上是宪法基本精神的要求。

2. 合法性

现行《刑事诉讼法》并无对公诉人当庭提出量刑意见的明文规定，但是《刑事诉讼法》第 160 条规定：“经审判长许可，公诉人可以对证据和案件情况发表意见……”对这里“证据和案件情况”范围的理解如果限定于定罪的证据和案件情况则过于狭窄且有悖事实，实践中公诉机关不仅向法庭提供和认定了对被告人定罪的证据和事实，同时也提供了关于被告人量刑的证据与事实，在法庭审理中对证据和案件情况发表意见理应包括涉及量刑的证据与事实。这条规定与《日本刑事诉讼法》第 293 条第 1 款的规定极为相似，日本检察官可以依据此类规定提出量刑建议，我国检察机关为什么不能呢?！同时，作为司法解释层面的最高人民检察院《刑事诉讼规则》第 281 条规定，“起诉书中有关‘起诉书的根据和理由’包括被告人触犯的刑法条款、犯罪的性质、法定从轻、减轻或从重处罚的条件，共同犯罪各被告人应当负的罪责等”。此条规定中包含一个“责”字，“责”即刑事责任。虽然我国刑法规定的刑事责任实现方式包括一些非刑罚方式，但刑罚仍然是最主要的刑事责任实现方式。高检院的《规则》之规定表明检察机关不仅在起诉书中应载明被告人的犯罪性质即适格的罪名与法定的量刑情节，而且应就被告人所负之刑事责任予以说明并阐述理由。笔者以为，此处之刑事责任说明义务不应当仅仅是对有关减轻、从重情节的说明，理应包括对被告人应判处具体刑罚的说明义务，提出量刑建议在此已一定程度上得到确认。与此相衔接的最高人民法院《关于执行〈中华人民共和国刑事诉讼法〉若干问题的解释》第 160 条的规定：“……法庭调查结束，开始就全案事实、证据、适用法律问题进行法庭辩论。”适用法律问题理所当然包括对定罪问题的法律适用，也应包括对量刑问题的法律适用。由此可见，现行司法解释对检察机关的量刑建议权在一定范围内作出了确认。2003 年 3 月 14 日两高一部制定的《最高人民法院、最高人民检察院、司法部关于适用普通程序审理“被告人认罪案件”的若干意见（试行）》中第 7 条第 4 项则进一步规定：“控辩双方主要围绕确定罪名、量刑及其他有争议的问题进行辩论。”

控辩双方可以围绕量刑问题进行辩论的前提是控辩双方可以就量刑问题提出自己的意见，所以这一规范性文件明确了检察机关在“被告人认罪案件”的处理享有量刑建议权。总之，公诉人代表检察机关在庭上发表量刑意见并不违反刑诉法的规定，并未突破现行刑事法律框架；相反，现行法律、司法解释与规范性文件的一些条文都为人民检察院享有和行使量刑建议权提供了一定的法律空间，使量刑建议权的推行有了法律依据。

（二）实践依据

主诉检察官制度的推行提高了检察官的素质，为量刑建议制度的推行提供了智力保障。随着庭审制度改革的不断深入，控辩双方在法庭上唇枪舌剑的论辩，公诉人成为法庭诉讼的主角之一，这无疑对公诉人提出了更高的要求。“法庭辩论是集知识（包括法律知识和其他综合知识）、思辨、技巧及心理素质等于一体的智能性活动”。❶ 因此，充当公诉人的检察官要想在论辩中取胜，取得同被告人、辩护人就定罪与量刑两个层面的博弈平衡，进而引导并说服法官采纳自己的主张，除了应精通法律、学识渊博、思维敏捷、随机应变、心理素质良好外，还必须全面掌握案情、充分掌握证据。否则，即使拥有再雄辩的口才，也难以奏效。因此，为更好地履行公诉人的职责，改变检察机关多年来在公诉工作中形成的、以上命下从的行政性关系为主导的运行机制，进一步推行主诉检察官制度已成为司法改革与刑事诉讼制度完善的有力举措，其实践证明这一制度的规范运行明确了办案责任，增强了对检察官的激励与约束，提高了检察官自身素质与公诉质量，提高了办案效率，节约了司法资源，为公诉专业化、规范化提供了发展方向并且产生了较好的社会效果。主诉检察官制度的推行，客观上为检察机关量刑建议制度的实施锻炼储备了人才，为量刑建议权的推广提供了智力保障。

五、建立我国量刑建议制度的基本构想

在前文中，笔者探求了量刑建议权的概念、属性、法理基础和功能，从理论和实践两个方面说明了检察机关享有和实行量刑建议权的必要性与可行性，又考察了国外的量刑建议制度，这为设计我国的量刑建议制度准备了较为充分的理论基础和实践素材。在下文中，笔者将从量刑建议的原则，适用范围，提出方法、时机、主体等方面进行阐述，为全面构建我国的量刑建议制度提供基础理论模式。

---

❶ 张穹主编：《公诉问题研究》，中国人民公安大学出版社2000年版，第77页。

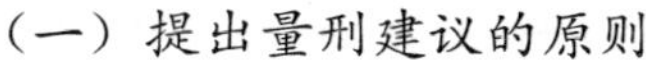

（一）提出量刑建议的原则

应然状态的量刑建议原则是指由《刑事诉讼法》规定的，贯穿刑事诉讼的审查起诉、提起公诉、支持公诉、提出和支持抗诉整个过程或主要公诉阶段，人民检察院及其公诉人在公诉活动中，提出量刑建议所必须遵循的基本准则。这主要包括以下几个原则。

1. 客观公正原则

检察机关参与刑事诉讼有两项基本职能，一是作为公诉机关必须承担公诉职能，代表国家追诉犯罪，将犯罪人提交法庭审判；二是作为法律监督机关承担着维护司法公正的职责，有义务站在客观公正的立场上参与刑事诉讼，既要指控犯罪，又要保护人权；既要使犯罪人受到刑事处罚，又要使其罚当其罪，罪刑相适。公正是司法的生命所在和刑事诉讼的根本价值目标，检察机关作为司法公正的守护神，除了应当实事求是地审查案件，客观公正地认定犯罪事实外，还应当公正客观地求刑，保证犯罪人得到应有的惩罚。检察机关不能因为是指控一方就只注重案件中的从重、加重情节，而不考虑从轻、减轻情节；相反，提出量刑建议应当综合考虑整个案情，既要重视从重、加重情节，又要重视从轻、减轻情节，力求做到罪重刑重，罪轻刑轻，罪刑相适，罚当其罪。求刑畸重，则被告人容易产生对抗心理，不利于其认罪伏法；求刑畸轻，则被告人易产生侥幸心理，不利于其教育改造。

2. 准确适当原则

我国检察机关是代表国家而非个人提起刑事诉讼，这就决定了检察机关的量刑建议不可能随意变更。检察机关作为专门的国家公诉机关，如果经常无原则地改变公诉意见，就会影响检察机关的公正形象。因此，正如指控犯罪必须准确一样，提出量刑建议也必须准确，不能认为量刑建议对法官没有法定约束力就草率求刑，或随意地变更量刑建议；相反，只有求刑准确，才能对法官产生影响和制约，并达到量刑准确，才能使被告人认罪伏法。更为重要的是，只有量刑建议准确，量刑意见被法院采纳率高，才能体现检察机关的权威性和量刑建议本身的价值，才能使量刑建议制度富有生命力并得到逐步推广。反之，量刑建议不准确，不但法官不采纳，被告人及其辩护人难以接受，其社会认同度与公信度也难以确立，而且有损于检察机关的信誉，极易将刚刚推行的量刑建议制度扼杀于摇篮之中。对量刑建议制度持反对意见的学者们反对推行量刑建议制度的一个重要理由就是，量刑建议经常不被法官采纳，并不具有实际意义。实际上，只要量刑建议准确适当，法院焉能不采纳？因此，量刑建议准确适当是量刑建议制度顺利实施的保证，是实施量刑建议制度过程中必须确立的目标和必须遵守的原则。

3. 具体明确原则

具体明确原则是指检察机关提出量刑建议应当向法院表明判处被告人何种刑罚和刑期，而不仅仅请求法院依照刑法某条某款判决。我们探求的量刑建议，不是以前的那种抽象性的、只是概括性、模糊性地表明从重或者从轻处罚的量刑建议，而是在抽象建议的基础上进一步具体化的求刑方式。具体明确是其显著特点，也是必须遵守的一项原则。量刑建议具体明确是由检察机关作为公诉机关的工作性质决定的，即检察机关不但要揭露犯罪、查明犯罪，而且还要为法院量刑提供一个具体的参考依据，协助人民法院正确适用法律，准确定罪量刑。我国刑法采用多刑种多幅度的法定刑方式也是量刑建议必须具体明确的一个原因。如《刑法》第266条规定："诈骗公私财物，数额较大的，处三年以下有期徒刑、拘役或者管制，并处或单处罚金；数额巨大或者有其他严重情节的，处三年以上十年以下有期徒刑，并处罚金；数额特别巨大或者有其他特别严重情节的，处十年以上有期徒刑或无期徒刑，并处罚金或没收财产。"这种法定刑的规定方式本身就是一种大幅度，故检察官提出量刑建议就应当尽量缩小幅度甚至具体到一个点上，只有这样量刑建议才会对法官的量刑裁判产生积极影响。因此，对于诈骗罪的量刑建议，就应当明确指出请求判处有期徒刑、拘役和管制中的哪个刑种，不能含糊不清；指出刑种之后，还要指名应当判处什么刑期以及是否适用附加刑，等等。

（二）量刑建议适用的案件范围

学界在量刑建议适用的案件范围问题上存在分歧。有人认为，可以在刑事简易程序中试行量刑建议，即重点应在被告人认罪的案件中试行量刑建议；另有人认为，量刑建议应当突出重点，只对被告人依法应当判处较重刑罚的案件提出量刑建议；也有人认为，目前应当只在被告人认罪，法律上已有明确数额规定的类案和能与法院达成基本共识的类案适用量刑建议。❶ 笔者认为，量刑建议权是检察机关公诉权的应有之义，是与定罪请求权相关联的权力，因此，理论上量刑建议适用的案件范围理应是检察机关向法院提起公诉的所有案件，凡是提请法院对被告人定罪的，均可向法院提出对被告人的量刑建议。简易程序和适用普通程序简化审的案件，事实清楚，被告人认罪，且在审前向法院移送了全部案卷材料，这使检察官有条件与辩护律师或被告人交换意见，并在此

---

❶ 李和仁："量刑建议：摸索中的理论与实践——量刑建议研讨会综述"，载《人民检察》2001年第11期。

基础上提出从轻量刑的意见供法院参考；对于普通程序审理的案件，在庭审阶段，经过法庭调查，控辩双方已将证据出示、质证完毕，公诉人在法庭辩论阶段提出明确的量刑建议已具备了事实和证据基础。所以，从理论上分析，对所有提起公诉的案件提出量刑建议是合理且可行的，只是在提出的方式、程序，可根据案件的繁简、事实证据的情况采取不同的形式。

那么，实践当中是否所有提起公诉的案件都适用量刑建议呢？我们知道，指控犯罪事实和请求判处刑罚是公诉的两大基本任务，它们之间存在着不可分割的联系。如果犯罪事实可以认定，就必然要请求判处刑罚；要请求判处刑罚，则必须要以犯罪事实可以认定为前提。因此，案件是否适用量刑建议，决定于犯罪的法律真实是否可以认定，而不论是以简易程序审理还是以普通程序审理，不论是公安机关侦查的案件还是检察机关自侦案件，也不论罪行轻重、量刑高低。因此，笔者认为，凡是检察机关经审查认为犯罪事实清楚，证据确实充分，足以认定犯罪嫌疑人、被告人构成法律要求的犯罪诸种要件，均可以提出量刑建议。公诉机关提起公诉时或在出庭支持公诉过程中，只要确信案件事实有足够的证据证明，可以认定被告人构成某种犯罪，就完全可以根据自己认定的事实和罪名提出量刑建议，即使被告人、辩护人对基本犯罪事实和指控罪名有异议，也只是辩方对案件的不同看法，对公诉机关提出量刑建议并无影响。但是，如果庭审中发现案件事实不清、证据不足需要延期审理、变更起诉、追加起诉或撤回起诉的，因还无法对被告人的刑事责任作出准确认定，故不能提出量刑建议。上海、河南、湖北等地在量刑建议改革试点工作中，对以下三类案件可以适用量刑建议：第一，适用简易程序审理的案件；第二，被告人认罪的案件；第三，控辩双方就案件事实争议不大的案件。这些地方的做法是在量刑建议试行阶段采取的一种稳妥、渐进的做法，在制度试点阶段具有合理性，但是从量刑建议制度的长远推广来看，适用范围必然需要扩大。

（三）提出量刑建议的方法

采用幅度刑还是确定刑，这是目前量刑建议制度设计中争议最大的问题。一般认为，检察机关的量刑建议分为两种：一是幅度刑，即只指明刑种，或者在某一刑种的法定刑幅度内进一步压缩量刑空间，将刑罚的大幅度变成一个小幅度；二是确定刑，即明确指出应当判处何种刑种和刑期以及刑罚的执行方法。在日本，求刑是检察官“论告”（检察官就事实和适用法律发表的总结性意见）的结论和落脚点，一般要求有具体的刑名、刑期、没收物、罚金等的明示，即日本实行的是确定刑。我国台湾地区实行的也是确定刑，检察官在求刑时要作诸如“请判处有期徒刑 4 年”“请判处有期徒刑 3 年、缓刑 3 年”等明确表示。俄罗斯的求刑方式比较灵活，有的仅提出刑罚种类，有的则进一步建议刑罚的幅度，在大多数情况下，检察官都不会明确表示确定的刑罚。

笔者认为，概括性量刑建议的实际意义不大。由于案件情况的纷繁复杂，对同一案件不同人会有不同认识，差异在所难免，检察官提出“绝对准确”的量刑建议可能对法官来说也“毫无意义”。司法实践中，绝对确定的量刑建议往往容易引起法官的反感，且如果经常出现法官量刑和检察官建议的差距过大，将既打击检察官提出量刑建议的积极性，也会动摇量刑建议制度的存在基础。从设立量刑建议制度的初衷来看，有制度意义的、可操作的量刑建议应该是相对确定的量刑建议。具体操作办法类似以下标准：(1) 应判处管制的，幅度不得超过6个月；(2) 应判处拘役的，幅度不得超过2个月；(3) 应判处3年以下有期徒刑的，幅度不得超过1年；(4) 其他情况下，有期徒刑的幅度不得超过2年。但是，按照一般量刑标准可以确定量刑意见的案件，在可适用的刑罚种类较为单一，如无期徒刑或死刑，以及符合免于刑事起诉、缓刑、死缓条件的情况下，可以发表绝对确定的量刑建议，如建议判处死刑。此外，由于刑法对绑架罪、劫持航空器等罪规定了绝对死刑条款，在符合有关条件时，检察机关只能就被告人的刑罚提出绝对适用死刑的建议。

对附加刑是否应提出量刑建议的问题。附加刑有“并处”“单处”和“可以判处”的不同形式，对“并处”和“单处”的附加刑，依法即应判处。对“可以判处”的附加刑以及对附加刑的具体处罚幅度（如罚金的数额等）是否可以提出建议这一问题，笔者认为原则上以不进行量刑建议为宜。这主要考虑到附加刑幅度的确定除了依据基本犯罪情节外，往往还要考虑到其他一些因素（如财产刑执行时涉及的缓、减、免等因素），而且法院还可以根据案件的一些具体情况考虑酌情减免，因此，由法院在审判阶段综合裁量更为妥当。公诉人只要对主刑提出量刑建议即可。

此外，实践中还涉及对数罪如何提出量刑建议的问题。笔者认为，对判决宣告以前犯有不同种类数罪的案件，公诉人可以在公诉意见中分别对各罪发表量刑意见。由于刑法总则已经确定了数罪并罚的基本原则，即在总和刑期以下，数罪中最高刑期以上决定执行的刑罚，公诉人如对数罪并罚再确定一个小于该量刑幅度的并罚建议，容易使量刑建议复杂化，因此笔者认为，数罪并罚后决定执行的刑期由法院综合裁量为宜，一般不宜提出量刑建议。

（四）提出量刑建议的时机

量刑建议的时机是指在刑事诉讼过程中的哪一个环节提出量刑建议。在一些定罪程序与量刑程序截然分开的英美法系国家，如美国，检察官的量刑建议和被告方的量刑建议，都在法庭举行专门的量刑听证时提出。在没有专门量刑程序的大陆法系国家，定罪与量刑都在法庭评议阶段举行，尽管是先定罪后量刑，但二者是一个整体，被视为一次评议。与之相适应，检察官提出量刑建议与发表公诉意见也没有截然的划分，通常是在审判的最后阶段作总结性发言时提出。而在以处罚令程序为代表（如德国）的书面简易审中，由于法官是根据案件的材料作出判决，所以检察官的量刑建议必须在起诉书中明确提出。可见，在不同制度中，不同情况下，检察官分别可以在起诉书中、法庭审判的最后阶段以及量刑程序开始之后等诉讼环节提出量刑建议。

对于我国应如何选择量刑建议的时机，一般有三种观点：一种是在起诉书中提出量刑建议；一种是法庭审判的最后阶段即被告人作最后陈述之前提出；还有一种是在发表公诉意见时提出量刑建议。[1] 以上三种方案各有利弊。在起诉书中提出量刑建议，是一种书面形式，比较正式规范，而公诉人通过审查起诉对被告人的定罪量刑问题应有一个全面的把握，决定了以起诉书的形式一般是可行的，但也存在缺点：其一，由于我国刑事诉讼证据开示制度尚未建立，控辩双方在庭前尚未完全知悉对方所掌握的证据情况，起诉书中的量刑建议可能与庭审调查情况不符；其二，人民检察院是代表国家而非个人提起公诉，与民事诉讼不同，这决定着量刑建议的内容不可以随意变更，而在民事诉讼中，双方当事人在诉讼过程中均可以放弃、变更诉讼请求，甚至可以请求人民法院予以调解或自行和解、撤回起诉，而人民检察院代表国家提起公诉，是公平、正义的象征，量刑建议的内容若经常与庭审调查情况不符，就有损于其客观、公正的形象。当然，从改革和发展的眼光看将来也不是没有在起诉书中提出量刑建议的可能。如在未来的司法改革中，我国建立刑事证据开示制度，控辩双方知己知彼，在起诉书中提出量刑建议也未尝不可。不过，对于适用简易程序的案件，由于案件事实清楚，被告人认罪，且系轻罪，而公诉人一般不出庭因而在庭前移送了全部案卷材料，辩方有条件了解案情，公诉人也有条件事前与辩方交换意见，因而可考虑在起诉书中提出量刑建议。

在法庭审判的最后阶段提出，有其可取之处。日本就是采用的这一做法。在这一阶段，公诉人已经对案件的所有证据有所把握，并在辩论中就辩方的不合理意见进行了充分的反驳，这时提出的量刑建议有水到渠成的效果，会给法庭留下深刻的印象。但在这一阶段提出，也有它的缺点，即未给被告人及辩护律师一个准备及答辩的时间，尽管被告人可以作最后陈述，但这时辩论阶段已

[1] 张雪妲：“小议提出量刑建议的时机”，载《检察日报》2001年8月24日。

经结束，答辩已经不起作用，律师更没有发言的机会，对于辩方行使量刑辩护权不利。

依笔者看来，公诉人发表公诉意见时提出量刑建议较妥。这比较符合我国刑事诉讼制度的特点。经过法庭调查，公诉人和被告方出示的证据进行了充分的质证后，被告人的犯罪事实、量刑情节已经基本能够显示出其本来的面目，此时公诉人提出量刑建议，是立足于充分的证据证明之上，事实基础扎实，建议更有针对性和说服力，顺理成章，应该具有足够的说服力，也比较客观，易为法官接受。同时，由于接下来的法庭辩论阶段，被告方有足够的机会对公诉人的量刑建议提出异议，为其合法权益进行辩论。当然，对于适用简易程序的案件，由于案件事实清楚，被告人认罪，且系轻罪，而公诉人一般不需要出庭，因此，机械地把量刑建议的时机设定在答辩阶段，则会造成司法资源的浪费，而采用在起诉书中提出量刑建议的方式更为妥当。

综上所述，量刑建议的时机选择可以采用以发表公诉意见之时为主、兼行起诉书中涵盖提出意见的“双轨制”的办法。即在一般情况下，公诉人发表公诉意见时提出量刑建议，对于适用简易程序的案件，可以在起诉书中提出量刑建议。

（五）提出量刑建议的主体

提出量刑建议的主体是指在实际操作中由谁来提出量刑建议。对此问题，有学者认为，从检察机关内部而言，在法庭上根据庭审情况发表量刑建议的主体一般只能是公诉人，除此无可代替；在庭审前特别是在提起公诉前，决定并提出量刑建议的主体要结合现行的公诉体制而确定。“在当前尚未完全推行主诉检察官制度的情况下，按照传统体制办案的公诉人，其定罪及量刑建议皆由检察机关集体决定；按照主诉检察官制度办案的公诉人，量刑建议一般可由检察机关授权主诉检察官决定并提出，但另一些案件，不是由主诉检察官办理的，按照谁负责谁提出的原则”。❶ 也有学者认为，检察官提出的量刑建议属于集体建议而非个人建议。❷ 其理由是：我国实行检察一体化的原则，即检察官对外以检察院的名义代表国家进行检察工作，尽管有时检察官会以个人名义签署官方文件，但该行为是代表国家的，是检察院的行为，而不是其个人的行为。同样，检察官所提出的量刑建议也并非其个人建议，而是代表国家利益的检察院集体的建议，尽管检察官所提出的量刑建议是其对案件事实进行调查、

❶ 苗明生：“关于量刑建议制度的初步构想”，2001 年 9 月 15 日量刑建议研讨会发言稿。

❷ 汪建成：“论量刑建议权的程序控制”，2001 年 9 月 15 日量刑建议研讨会发言稿。

对法律适用进行研究的结果，是建立在其个性化的推理、判断等司法活动基础上的。

笔者认为，上述的两种说法都有一定的道理。事实上，无论由谁提出量刑建议，根据我国现行的检察体制，其行为都是代表检察院的，无论是称检察官、公诉人还是主诉检察官，其在法律上的地位都不是独立的。但在实际工作中，还是应该由主办案件的检察官提出才较为合适。因为只有主办案件的人才会对案件有全盘、通切的了解，其提出的量刑建议才会有充分的依据和理由，才会比较准确、合理。这种提出方式可以实行庭前授权或庭后确权或一次性授权三种形式。实际操作中则可因案件的复杂难易程度、主诉检察官公诉水平的高低而论，不宜千篇一律作硬性规定。没有实行主诉检察官制度而按照传统的方式办案的，则仍由集体讨论决定，但出庭的检察官可以根据庭审的变化随时修正量刑建议，因为目前我国还没有实行证据开示制度，在法庭上完全有可能会出现检察官没有收集到的却影响量刑的证据。在实行了主诉检察官制度的检察院，则由主诉检察官依据概括性授权决定提出量刑建议，其他的案件其原则是谁有权决定案件，就由谁负责提出。总之，提出量刑建议的最终目的是使量刑更加公正、合理，故在试行阶段，各基层检察院可根据自身的具体情况，决定是由集体提出还是主诉检察官提出。

（六）量刑建议制度的保障措施及监督制约措施

1. 保障措施

为了发挥量刑建议的审判监督作用，笔者认为，应建立不采纳量刑建议说明制度。不采纳量刑建议说明制度是指审判机关不采纳检察机关量刑建议时应向检察机关作出书面说明。这种说明并不需要审判机关单独作出一份书面说明，只是需要在判决、裁定书中详细说明不采纳检察机关量刑建议的理由。量刑建议是检察机关向审判机关提出的一种建议，建议不被采纳，被建议方应向建议方说明不采纳的理由，符合常理，既不会违反法律规定，又易于操作，也有利于提高判决书的说理性，增强法院判决的既判力。检察机关对审判机关不采纳量刑建议说明进行分析后，如果量刑建议确实不应被采纳，可以知道量刑建议错误所在，有利于总结经验，提高量刑建议水平。如果量刑建议应当采用而不被采纳，不采纳理由不成立的，符合抗诉条件的可以依法抗诉，不符合抗诉条件但属量刑不当的，可以依法提出纠正意见，这样完全可以充分发挥出量刑建议应有的审判监督作用。

2. 监督制约措施

从检察系统探索量刑建议制度的实践来看，都是围绕着加强检察机关内部的管理展开的，检察机关享有量刑建议权，并不是简单地扩大了检察机关的自由裁量权，也不是没有约束地行使量刑建议权，必须强化检察机关内部的监督制约机制，提高量刑建议质量。具体来讲，应建立对量刑建议的评价奖惩机制，按照“谁提出、谁负责”的原则，对于徇私舞弊、滥用量刑建议权的，要按检察官法的有关规定追究有关人员的责任并给予相应的纪律处分，触犯法律的还要追究相应的法律责任。同时，可从统计学意义上确定检察官提出的量刑建议的合理性，并将其作为考评检察官公诉工作的一个重要依据，例如一个检察官在一年之内提出的若干量刑建议完全被采纳的比率是多少，误差率是多少，以此确定检察官的量刑建议乃至整个公诉工作的业绩。在强化检察官素质，提高公诉质量上必将取得显著效果。

（七）其他问题

1. 量刑建议适用的审级

我国目前采取的是两级终审制，此外还有针对生效判决而启动的审判监督程序。量刑建议自然应适用于一审，而对于二审及审判监督程序是否适用呢？回答是肯定的，因为二审及审判监督程序都意味着诉讼参与一方或各方对法院的判决不予接受，这其中也包括量刑。此时，人民检察院更应通过公诉人鲜明地表达控诉方对量刑的态度，以便控辩双方展开充分争论以及人民法院的准确定罪量刑。

2. 量刑建议的提出方式

关于量刑建议的提出方式，笔者认为应该以书面为主，且以书面为准，以体现量刑建议的严肃性。适用简易程序审理的案件，由于案件事实清楚，在移交案卷材料时，量刑建议书随起诉书一并移交法院，有利于提高诉讼效率；对适用普通程序审理的案件，由公诉人在公诉意见中口头提出量刑建议意见，并在庭审后向法官呈交书面量刑建议书。合议庭合议前，如果庭审发生变化，将修正后的量刑建议书移交合议庭，严肃性和谨慎性并举。

3. 量刑答辩

由于量刑建议的存在，量刑答辩就顺理成章。量刑答辩是在检察机关行使量刑建议权时列举本案从轻或者从重的情节，向人民法院建议判处被告人的刑期；而被告人及其辩护人则向法庭请求从轻处罚，双方就量刑问题展开辩论。关于量刑答辩，它是“一个互动的系统行为，它的实现要控辩双方的配合，也就是它们要一个积极的响应。具体地说，公诉方要对被告人有一个量刑建议，这样才有可能展开辩论；而被告辩护方也要对其犯罪行为在法理上有所认识的情况下，才有可能辩论起来。”❶ 换句话说，刑事审判中的量刑答辩是建立在量刑建议的基础上的。

我国过去的程序法既没有规定量刑建议制度，也没有设计量刑答辩制度，但司法实践中控辩双方按照实体法之规定就被告人的量刑情节不但时时有争辩，有时还十分激烈。但是这种争辩只是对某一个量刑幅度，如是否从轻、从重之类，控辩双方的争辩都不具体。量刑建议制度和随之而来的量刑答辩制度则使控辩双方的争辩具体化了。比如《刑法》第263条抢劫罪所列举的八种情形之一，应当处10年以上有期徒刑、无期徒刑或死刑。检察院就明确向法院建议给这个被告人13年有期徒刑，被告人可以就这13年徒刑发表意见，也可以请求法院从轻处罚，比如提出11年有期徒刑，双方也可以展开辩论。

从理论上看，量刑答辩应具有以下特点方能得到有力保障：其一是即时性。公诉人提出量刑建议后，辩护律师有权即时进行反驳，向合议庭提出自己的量刑意见。二是平等性。法官对于辩护律师提出的量刑异议或者其所提出的量刑意见，应给予与公诉人的量刑建议同等的重视，而不能等闲视之、置之不理。

4. 提起量刑建议案件的抗诉

量刑建议在遭到否定时如何救济，这是量刑建议制度的重要组成部分。公诉人的量刑建议没有被法官接受，从诉讼原理上看，属于争议一方的主张没有得到裁决者的肯定和支持，在这种情况，现代程序设计都考虑到了采取一定的救济措施，以疏导争议一方或双方的不满情绪。我国《刑事诉讼法》第181条规定，检察机关认为判决、裁定“确有错误”时，应当抗诉，但相关的司法解释并未对“确有错误”提供可具操作性的解释。在量刑问题上，检察机关在何种条件行使抗诉权呢？这就需要将量刑建议制度和抗诉制度相结合。如前所述，法官的最终量刑和公诉人的期望不一致时，并不是必须提起抗诉，否则会导致公诉权对审判权的不当干预。但是，“如果量刑建议和意见若对审判人员来说并无实质上的约束力而只具有道义上的约束力，则求刑制度的设计总体上是不成功的。”❷ 除去法官明显法外施刑外，需要考虑两个维度的问题：一是求刑高而量刑低；一是求刑低而量刑高。对于第二种情形，被告人一般都会选

---

❶ 崔清华：“‘量刑答辩’浮现上海”，载《京华日报》2002年10月18日。

❷ 吴大化、蒋熙辉：“寻找效率与公正的支点”，载陈光中主编：《辩诉交易在中国》，中国检察出版社2003年版，第90页。

择上诉。在第一种情形下，结合司法实践，可考虑以下应对措施：（1）求死刑，判处无期徒刑以下刑罚且判决书的理由不充分的应抗诉；（2）求无期徒刑，判处10年以下有期徒刑而判决书理由不充分的应抗诉；（3）求10年或10年以上有期徒刑，判处5年或5年以下有期徒刑而判决书理由不充分的应抗诉；（4）求5年或5年以上有期徒刑，判处3年或3年以下有期徒刑或拘役或管制而判决书理由不充分的应抗诉，等等。如此，我国刑事抗诉制度的合理性、正当性与科学性则进一步得到验证，并随之完善。

5. 明确量刑建议法律地位的立法建议

基于国内外量刑建议制度的实践效果及量刑建议制度的功能，为定纷止争，同时也为了协调统一现行法律的规定，笔者建议以法律的形式明确检察机关的量刑建议权，建议对我国的现行《刑事诉讼法》作如下修改。

一是建议将《刑事诉讼法》第160条修改为："经审判长许可，公诉人、当事人和辩护人、诉讼代理人可以对证据、事实、刑罚适用情况发表意见并且可以互相辩论。审判长在宣布辩论结束后，被告人有最后陈述的权利。"以法律的形式确认公诉人在法庭辩论阶段可以就案件的刑罚适用问题发表意见，这一修改同时也赋予了被告人、辩护人和被害人等以量刑异议权，使法庭辩论阶段的辩点更丰富，控辩职能发挥得更充分，使法官能够充分听取控辩双方关于量刑的意见，以作出公正且使控辩双方都满意的判决。

二是建议将《刑事诉讼法》第137条第1款修改为："人民检察院审查案件的时候，必须查明犯罪事实、情节是否清楚，证据是否确实充分，犯罪性质和罪名的认定是否正确，量刑及刑罚的具体适用条件是否准确。"增设人民检察院关于量刑事实依据的查明义务，为检察机关提出量刑建议奠定充分的证据与事实基础，为提起公诉和法院审判做好充分而全面的准备。

三是建议将《刑事诉讼法》第129条修改为："公安机关侦查终结的案件应当做到犯罪事实清楚，证据确实、充分，与定罪量刑有关的事实情节已经查清，并且写出起诉意见书，连同案卷材料、证据一并移交同级人民检察院审查决定。"将查明与量刑有关事实情节明确写入侦查终结的条件中，以强化侦查人员对量刑事实证据的侦查、收集意识，为审查起诉、法庭审理提供全面而详尽的事实证据材料，同时也将在量刑问题上充分体现侦查、起诉、审判协调统一、相互配合、相互制约的原则。

52. 履行《联合国反腐败公约》与完善我国刑事诉讼制度之探讨[*]

——兼论检察权在诉讼制度中的配置与完善

2003年12月10日，我国政府签署了《联合国反腐败公约》（以下简称《公约》）。这表明了中国将进一步加大惩治和预防腐败的力度，加强国际合作的意愿。也给中国刑法、刑诉法、民法、民事诉讼法及行政诉讼法等法律制度建设与完善提出了新课题。就刑事诉讼方面而言，首要的任务是将公约相关规定作为完善刑事诉讼制度的基本指导思想，对我国刑事诉讼制度进行适度的理性调整，以充分发挥刑事诉讼在预防、惩治腐败犯罪方面的功效。本文就履行公约义务、完善刑事诉讼制度作一探讨，以期抛砖引玉，求教于方家。

一、《公约》在刑事诉讼制度方面的创新发展

腐败，是21世纪全球人类社会经济和政治生活中所面临重大而急迫的共同问题。20世纪70年代末以来，国际社会把打击和预防腐败摆到了重要议事日程。联合国在总结各国预防和惩治腐败工作经验教训的基础上，先后制定一系列国际反腐败公约。如1979年《执法人员行为守则》、1990年《反腐败的实际措施》、1996年《公职人员国际行为守则》、1996年12月16日第51届联合国大会通过的《反对国际商业交易中的贪污贿赂行为宣言》、2000年11月15日第55届联大通过的《联合国打击跨国有组织犯罪公约》、2003年10月31日第58届联大通过的《联合国反腐败公约》。该《公约》的颁行为各国预

---

* 本文在阎利国、谭铁军同志的协作下完成，发表于《中国刑事法杂志》2006年第1期、收录于《联合国反腐败公约与我国刑事诉讼法再修改》，中国人民公安大学出版社2006年版。

防、惩治腐败，加强国际合作，完善技术援助，提高公众参与度，增强全球社会拒腐风气，提供了有力的法律武器。与此同时，欧盟、美洲、非洲、亚太地区、国际经合组织，都把本地区、本领域的反腐败与积极预防腐败，加强国际合作，提高效率摆到了更加突出的位置。欧洲理事会先后通过《打击涉及欧洲共同体官员或欧洲联盟成员国官员的腐败行为公约》《打击贪污腐败二十项指导原则》《反腐败刑法公约》《反腐败国家集团规约》，美洲国家组织通过了《美洲反腐败公约》《非法获利和跨国贿赂示范立法》，非洲国家组织通过了《非洲国家反腐败原则》，亚洲开发银行与经济合作开发组织亚太地区反腐行动组通过了《亚太地区反腐败行动计划》，国际经合组织订立《禁止在国际商业交易中贿赂外国公职人员公约》。英国为了有效地预防和惩治腐败，提高诉讼效率，自 20 世纪 70 年代～80 年代中期进行了一系列司法体制改革，通过修订《英国刑事起诉法》，相对集中行使起诉权；重新在《英国刑法》中设定贿赂罪罪名；颁行“严重诈欺局法”，设立严重诈欺局。美国在“9·11”事件后，通过“爱国者法案”，在强化打击恐怖犯罪、洗钱犯罪、腐败犯罪的同时，运用刑事诉讼、民事诉讼等多种手段，综合控制腐败犯罪。德国通过“反腐败法”。新加坡通过《防止贪污法令》《不明财物充公法令》。运用刑事诉讼、民事诉讼、行政处罚等多种法律手段控制腐败，成为国际社会立法创新与完善的一种趋势。《公约》在刑事诉讼方面，基于有效打击和控制腐败犯罪，权衡不同诉讼价值观和诉讼模式的基础上，对反腐败的工作机制和配套制度等进行了创新发展。具体表现在以下方面。

第一，增强反腐败机构的独立性。腐败犯罪是一种权力型犯罪，实施腐败犯罪的公职人员往往身居要职，掌握着一定的公共资源，控制或者影响着许多重要的机关和部门。这就要求反腐败机构保持必要的独立性，包括人事、财政等方面的自控权，以利于反腐过程中抵制来自外部的各种压力，增强反腐的效果。《公约》在总结国际社会反腐经验与教训的基础上，强调反腐败机构的独立性，要求各缔约国应当赋予反腐败机构“必要的独立性，使其能够有效地履行职能和免受任何不正当的影响”(第 6 条)，承担反腐败职能的机构应当拥有缔约国法律赋予的“必要独立性，以便能够在不受任何不当影响的情况下有效履行职能”(第 36 条)。

第二，强化对被追诉者的程序控制和实体处罚。关注对被追诉人的程序保障、强化对被追诉人的人文关怀是当今社会刑事诉讼制度发展的一个重要趋势，这是一方面。另一方面，腐败犯罪是人类社会中一批白领阶层利用掌管人类社会公共权力、公共资源，公开向社会经济、政治、法律、文化挑战，以谋取巨额私利的高智商犯罪，他们反侦查、反指控、反制裁、反追回财产的手段狡诈，同普通刑事犯罪相比危害性更大。《公约》针对传统刑事诉讼过分强调对腐败犯罪嫌疑人、被告人的程序保障，过多地采取保释等非羁押措施，给其携款外逃、对抗追诉、逃避惩罚以可乘之机等弊端，强调对被追诉者的程序控制和实体处罚。《公约》特别要求：各缔约国在行使对腐败犯罪的起诉裁量权时，应“努力确保针对这些犯罪的执法措施取得最大成效，并适当考虑到震慑这种犯罪的必要性”，在决定是否在判决前对被追诉者采取保释等措施时，要考虑到“确保被告人在其后的刑事诉讼中出庭的需要”，在判断对已经被判刑的腐败犯罪分子给予“早释或假释可能性时，（应当）顾及这种犯罪的严重性”（第 30 条第 3～5 款）。

第三，提出加强侦控能力的配套措施。针对举报人、证人同腐败分子之间矛盾和冲突的极端尖锐性，他们极容易受到腐败分子的打击报复等突出问题，为有效保护举报人、证人的安全，确保腐败犯罪线索来源的畅通以及最终证实犯罪，提高侦控机关调查取证的能力，《公约》要求各缔约国应当采取适当措施，努力提升反腐败机构的侦控能力。

（1）采取包括保障举报人安全在内的各种措施，确保并努力拓展腐败犯罪的线索来源。《公约》要求各缔约国应当采取适当措施，为向反腐败机构举报腐败犯罪的人员“提供保护，使其不致受到任何不公正的待遇”（第 33 条），各国应当采取必要措施，以“鼓励公共机关及其公职人员与负责侦查和起诉犯罪的机关之间的合作”，使他们在有合理的理由相信发生了腐败犯罪时，“主动向上述机关举报”，或者“根据请求向上述机关提供一切必要的信息”（第 38 条）。

（2）注意保护证人及相关人员的安全，鼓励证人证实腐败犯罪。《公约》规定，各缔约国应当“采取适当的措施，为就根据本公约确立的犯罪作证的证人和鉴定人并酌情为其亲属及其他与其关系密切者提供有效的保护，使其免遭可能的报复或者恐吓。”这些措施包括：“（一）制定为这种人提供人身保护的程序，例如，在必要和可行的情况下将其转移，并在适当情况下允许不披露或者限制披露有关其身份和下落的资料；（二）规定允许以确保证人和鉴定人安全的方式作证的取证规则，例如允许借助于诸如视听资料之类的通信技术或者其他适当手段提供证言。”（第 32 条）

（3）为鼓励证人作证，建立污点证人制度，对污点证人作出不起诉。《公约》规定，“各缔约国均应采取适当措施，鼓励参与或者曾参与实施根据本公约确立的犯罪的人提供有助于主管机关侦查和取证的信息”，对于在犯罪的侦查或者起诉中提供实质性配合的被告人，各缔约国应当考虑“在适当情况下减轻处罚”或者“不予起诉”，允许侦控机关以不起诉为条件促使同案被告人提供其他同案被告的犯罪证据（第 37 条）。

（4）赋予反腐败机构必要的特殊侦查权力和侦查手段，以增强其破获腐败案件的能力。《公约》规定，各国应设置适当的机制，“用以克服因《银行保密法》的适用而可能产生的障碍”（第 40 条）。为了有效地打击腐败犯罪，各缔约国在条件许可的情况下应当“采取必要措施，允许其主管机关在其领域内酌情使用控制下交付和……诸如电子或者其他监视形式和特工行动等其他特殊侦查手段，并允许法庭采信由这些手段产生的证据”（第 50 条），鼓励侦控机关在侦查腐败案件时采用控制下交付和秘密监听等特殊侦查手段。

第四，降低证据运用的法律要求。腐败案件同传统暴力刑事案件的显著区别之一是很少留有犯罪现场。由于公共机构职权行使的单向性与程序运行的自组织性、层级结构的决策与履行的封闭性，极易导致腐败信息传导机制的“梗阻”或失灵，腐败证据极易被转移、掩饰、销毁，而难以侦控获取。不仅如此，能够证实腐败案件实施情况的证人、利害关系人、知情人为数很少，并且常常面临腐败分子及其亲友的打击报复，或因自身的不法行为、不法利益而逃避举证责任等。因而，对腐败案件的证据收集、鉴别、固定、保存、运用等成为侦控工作的“瓶颈”。为了及时有效地实现对腐败犯罪的定罪和处罚，《公约》要求各缔约国应当努力拓展证据收集渠道，对某些问题的证明，甚至可以降低证据运用的法律要求；并“根据本公约确立的犯罪所需具备的明知、故意或目的等要素，可以根据客观实际情况予以推定”（第 28 条）；对于某些犯罪，实行举证责任倒置；规定“缔约国可以考虑要求由罪犯证明这类所指称的犯罪所得或者其他应当予以没收的财产的合法来源”（第 31 条第 8 款）。

第五，加强反腐败领域的国际合作。国内腐败国际化、国际腐败国内化的突出问题，使得反腐败国际合作被提到各国急迫的司法议事日程上来。为此，《公约》把加强反腐败领域的国际司法合作作为一项重要原则。仅就刑事程序领域的国际合作而言，就有多处创新。

（1）建立联合侦查机构、进行跨国联合侦查。《公约》规定“缔约国应当考虑缔结双边或多边协定或者安排，以便有关主管机关可以据以就涉及一国或者多国侦查、起诉或者审判程序事由的事宜建立联合侦查机构”，也“可以在个案基础上商定进行这类联合侦查”（第 49 条）。

（2）加强收集证据方面的国际合作。《公约》规定“缔约国主管机关如果认为与刑事事项有关的资料可能有助于另一国主管机关进行或者顺利完成调查和刑事诉讼程序，或者可以促成其根据本公约提出请求，则在不影响本国法律的情况下，可以无须事先请求而向该另一国主管机关提供这类资料”；在满足特定情况的前提下，在一缔约国内被羁押或者服刑的人，可以被“移送”到另一缔约国“进行辨认、作证或者提供其他协助”（第46条第4款、第10款）。

（3）强化资产追回的程序合作。资产追回程序的完善是公约的一个显著成就。《公约》规定了两种形式的资产追回机制：一是直接追回机制。根据这种机制，资产流出国在其资产因腐败犯罪被转移到国外时，可以通过直接在资产流入国提起民事诉讼等途径，主张对该财产的合法所有权（第53条）。二是间接追回机制（通过没收事宜追回资产的机制）。根据这种机制，资产流出国在其资产因腐败犯罪被转移到国外时，可以向资产流入国发出令状（没收令、冻结令或扣押令），要求资产流入国没收、冻结或扣押腐败犯罪所转移的资产，资产流入国发现本国有因腐败犯罪转移来的资产时，应当根据资产流出国发出的令状或者根据本国的法律将这些财产没收、冻结或扣押，最终返还给资产流出国（第54条）。

二、对我国刑事诉讼制度的检讨

我国的刑事诉讼制度由现行刑事诉讼法、人民检察院组织法等多种法律组成。❶ 以1996年刑事诉讼法的修订为代表，我国刑事诉讼制度取得重大进步。修订后的刑事诉讼法一定程度上引入“当事人主义”的诉讼模式，加大了对当事人权利的保护，也增加了打击、控制犯罪的力度，使修订后的刑事诉讼法成为反腐败和保护人权的利器，在反腐败斗争中发挥了重要作用。然而，由于历史条件等诸多因素的限制，我国的刑事诉讼制度仍然存在一些重大缺陷，与国际与国内反腐败的现实需要存在差距。

第一，对检察机关独立性的保障不足。检察机关作为我国刑事诉讼体系中反腐败的机构，享有独立的宪法地位。宪法、人民检察院组织法和现行刑事诉讼法规定，人民检察院是国家的法律监督机关，依照法律规定独立行使检察权，不受行政机关、社会团体和个人的干涉；对刑事诉讼实施监督；组织法和检察官法则从组织体系、检察官的任免、考核等方面对检察机关的独立性提供

❶ 笔者认为，我国的刑事诉讼法并不等同于我国的刑事诉讼制度，前者仅仅只是刑事诉讼制度的集中体现。现行许多刑事诉讼法教材大多依据对刑事诉讼法的解释而形成刑事诉讼理论体系，而忽视了人民检察院组织法和人民法院组织法的相关规定，其在体例上是不完善的、在架构上是不科学的。在大陆法系许多国家中，人民检察院组织法和人民法院组织法的理论问题往往也包括在刑事诉讼理论之中，刑事诉讼法典则涵盖了检察院组织法和法院组织法。参见［德］克劳思·罗科信著：《刑事诉讼法》，吴丽琪译，法律出版社2003年版。

具体的法律保障，如检察机关实行上级检察机关和同级党委双重领导体制，检察长由同级人大选举产生并由上级检察长报同级人大常委会任免，检察官的任免受法律保护，等等。检察机关独立的宪法地位使其在反腐败斗争中发挥了重要作用。2004 年，检察机关共查处贪污贿赂、渎职侵权等腐败案件 43 757 人，起诉 30 788 人，为国家挽回直接经济损失 45.6 亿元。❶

然而，从实践来看，由于立法配套规定的缺陷，检察机关宪法上的独立性并没有得到应有的保障。根据我国现行人事、财政体制，检察机关在人事上受制于地方，出现检察权地方化趋势，使得一些腐败犯罪因地方保护主义、部门保护主义未能得到及时有效的惩治。“任何国家监督机制的依附性，任何监督权力的非独立性，都将使国家监督变得软弱无力”。❷

第二，对腐败犯罪的程序控制不足。我国刑事诉讼制度在价值取向、程序设计上是“人权保障”与“控制犯罪”两个不足并存。从人权保障而言，保障人权的宪法原则有待程序化，拘留等强制措施缺乏必要的司法审查，搜查、扣押、强制划扣财产等刑事侦查权尚未纳入法律监督，辩诉交易缺位，未成年犯罪案件审理程序缺失；辩护权程序设计有待细化；对外国人犯罪案件审理未实行国民待遇原则等。从对腐败犯罪的刑事控制看，存在程序控制不足的状态。具体表现是，对行政执法机关以罚代刑、放纵腐败的法律监督与控制缺位。腐败案件大多发生在体制转轨、经济转型、入世过渡期，同经济领域经济犯罪、黑社会性质有组织犯罪、恐怖犯罪、毒品犯罪相交织，具有易发多发与复杂性的特点。由于我国现阶段行政执法与刑事执法衔接并同职务犯罪侦控衔接的立法不完善，程序设计缺陷，现有的国务院出台的有关行政执法机关移送涉嫌犯罪的规定强制性、操作性较弱，使得我国对腐败犯罪的控制乏力，存在大量“腐败犯罪黑数”，成为我国社会经济发展、政治安定、社会稳定的严重问题。具体表现在：发现腐败犯罪难，侦控认定腐败犯罪难，判处腐败犯罪实刑难，交付执行监督难，国际合作引渡与追回财产难，形成遏制腐败的尴尬局面。

第三，对举报制度重视不够，随之带来对举报人的保护不力。鼓励社会公众踊跃提供线索，及时揭露和证实犯罪，是我国法律追求的目标之一。实行专门机关和人民群众相结合的工作方法，也是我国刑事诉讼的一个鲜明特色。❸

---

❶ 参见《最高人民检察院 2004 年工作报告》。

❷ 孙谦主编：《职务犯罪监督》，中国检察出版社 2000 年版。

❸ 甑贞主编：《刑事诉讼法学研究综述》，法律出版社 2002 年版。

基于这一价值取向以及惩治犯罪的需要，一方面，我国的权力机关与司法机关重视举报工作。如设立专门机构，统一受理公民的举报、申诉、控告等；依据宪法和刑事诉讼法的立法精神，最高人民检察院颁布实施了《人民检察院举报工作规定》《最高人民检察院奖励举报有功人员暂行办法》《最高人民检察院关于保护公民举报权利的规定》等，对举报活动的受理、奖励以及对举报人的保护等内容作了较翔实的规定；最高人民法院也颁布实施了《法官违法违纪举报中心管理办法》等。另一方面，我国刑事诉讼法制度有关反腐败举报机制的立法存在缺陷：一是仅仅将举报材料作为立案依据，没有将举报制度列入自身诉讼结构与功能的重要内容，使得举报制度关于机构、权利、义务等内容仅由司法解释组成，效力层次较低，难以在诉讼层面上发挥举报制度的独有功能作用。二是没有明确举报材料的“国家秘密”属性。一旦举报材料被泄露，侦查机关、检察机关很难对有关责任人进行严肃查究。三是对举报人的保护不力。实践中，被举报人打击举报人的现象时有发生。如河北的郭光允，因举报省委书记程维高，竟被送进劳教所；❶ 河南的吕净一，因举报市委书记李长河则几近灭门。❷ 这些问题的存在，极大地影响了公众署名举报腐败犯罪的积极性。尤其是机关、企业中的报复行为和正常的职务、业务行为相交织，很多举报人特别是举报本单位的举报人，受到单位或被举报人调整工作岗位、扣发奖金等变相的打击报复，难以说明情况，举证存在困难，侦查、司法机关因不能及时了解详情而不能主动介入。对于受到“人身伤害及名誉、财产、经济损失的”，诉诸法院也难以实现。这在一定程度上增加了对腐败犯罪的侦控能力，降低了侦控的效益与效率，也增大了举报风险与保护举报的难度。

第四，特殊侦查手段的缺乏制约了反腐败工作的深入发展。腐败犯罪具有高智能性、高隐秘性的特点，运用常规侦查手段很难获得有效证据。因此，世界上许多国家采用特殊侦查手段作为惩治腐败的重要手段，并取得了较好效果。对于电子监听等特殊侦查手段，我国现行刑事诉讼法并没有作出规定。目前涉及特殊侦查的法律主要是 1993 年颁布的《国家安全法》和 1995 年颁布的《警察法》。《国家安全法》规定：“国家安全机关因侦查危害国家安全行为的需要，根据国家有关规定，经过严格的批准手续，可以采用技术侦查措施”（第 10 条）。《警察法》规定：“公安机关因侦查犯罪的需要，根据国家有关规定，

---

❶ 卢峥：“与贪官艰难较量 8 年”，载《厦门晚报》2003 年 8 月 15 日，第 14 版。

❷ 谢登科、程红根：“一个腐败分子的最后疯狂——平顶山市原政法委书记李长河雇凶杀人案的警示”，http：//www. people. com. cn，2001－12－5/2004－5－16.

经过严格的批准手续，可以采取技术侦查措施”（第 16 条）。根据有关解释，上述法律中规定的“技术侦查”是指国家安全机关和公安机关为了侦查犯罪而采取的特殊侦察措施，包括电子监听、电话监听、电子监控、秘密拍照或录像、秘密获取某些物证、邮件检查等秘密的专门技术手段。从这两部法律的规定看，我国目前仅就危害国家的严重犯罪与普通刑事犯罪侦查可以采用“技术侦查”等手段，对腐败犯罪侦查未赋予检察机关“技术侦查”的手段，这就使对腐败犯罪的侦控能力大大降低。造成这种立法状态的根本原因是，社会犯罪与内部公职犯罪区别对待的传统法律文化的深刻影响所致。此外，公约中所规定的“控制下交付”和“特工行动”则更是我国刑事诉讼制度的空白点。特殊侦查手段的缺失已经制约了我国反腐败工作的深入发展。

第五，腐败犯罪主观要件的证明标准比较苛刻。在司法实践中，对腐败分子主观要件的查证一直是检察机关侦控工作的重点和难点。一方面，刑法对贪污贿赂、挪用公款等犯罪规定了严格的主观条件，犯罪嫌疑人必须在主观上具有“占有”“谋取利益”等犯罪意图。主观要件不齐备，则不构成犯罪。另一方面，尚未采纳“优势证明标准”等现代证据法规则，更不注意推定制度的学习与借鉴，而是固守传统惟一的证明规则：刑事诉讼法规定对腐败犯罪的侦控必须达到“犯罪事实清楚，证据确实充分”的标准，要求对主观要件的证明达到“客观真实”的程度。从客观规律来看，腐败犯罪主观要件本身是难以证明的。由于人的内心状态并不会直接与外界发生接触和进行信息交换，因而在外界很少留下痕迹和证据。在缺少推定制度的情况下，要能够“客观真实”“确实充分”地证明其内心状态，对侦控工作无疑是一种极大的挑战。实践中由于对腐败犯罪的主观要件采取比较苛刻的证明标准，客观上也放纵了一些腐败分子，不利于严厉惩治腐败犯罪。

第六，保护证人的制度设计存有缺陷。重新审视我国的证人制度，笔者认为，现行刑事诉讼所着重关心的是作为被追诉对象的犯罪嫌疑人和被告人的权利问题。在侦查、起诉、审判和改造等过程中，法律为犯罪嫌疑人和被告人提供了大量的程序和权利的保障，这是必要的。但对案件和诉讼起到极大帮助甚至关键作用的证人，无论是立法还是司法都显得苍白而空泛。在改进作证方式、保护证人安全等方面，现行刑事诉讼制度只让我们看到了一个概括性导向条款，缺乏具体操作的内容且保护范围较窄，起不到真正保护证人安全、鼓励作证的作用。在对证人个人资料的保密上，现行刑事诉讼法也存在给证人带来安全威胁或安全隐患的问题。《刑事诉讼法》第 85 条第 3 款虽然规定：“公安机关、人民检察院或者人民法院应当保障报案人、控告人、举报人及其近亲属的安全。报案人、控告人、举报人如果不愿公开自己的姓名和报案、控告、举报的行为，应当为他保守秘密”，即在刑事案件的立案、侦查期间，证人如果不愿公开自己的姓名，有权要求相关机关对他的姓名保守秘密。但在审判阶段，任何证人都无法获得这种权利。这是因为，经通知到庭的证人，应到庭接受控辩双方的询问、质证；未到庭的证人的证言笔录，应当当庭宣读。司法实践中，经过开庭审判后，证人的姓名、住址等个人资料，一般都能被辩护律师、旁听人员、被告人及其家属等知晓。同时，从审查起诉阶段开始，被告人的辩护律师和诉讼代理人由于阅卷权，也有大量机会了解证人的个人资料。证人个人资料多渠道外泄的可能性，无疑给证人带来安全威胁或安全隐患，客观上影响了证人作证的积极性和自愿性。

第七，未建立污点证人不起诉与交易制度。目前，我国刑事诉讼制度尚未建立对污点证人的不起诉交易制度。出于打击犯罪的需要，我国刑法和刑事诉讼法对犯罪参与者的立功、自首、不起诉等作出了一些规定，如《刑法》第390条和第392条规定，行贿人和介绍贿赂人主动交代行贿和介绍贿赂行为，并提供其他同案被告的犯罪证据的，可以减轻或者免除处罚。《刑事诉讼法》第142条第2款规定，对于犯罪情节轻微，依照刑法规定不需要判处刑罚或者免除刑罚的，人民检察院可以作出不起诉决定。这些规定在一定程度上体现了污点证人制度的精神。但同公约比较，存在三大缺陷：(1) 适用的狭窄性。这一规定只适用于贿赂案件，对于渎职、挪用公款等案件的犯罪参与人同侦控机关进行实质性合作，尚不适用。这就对于全面提升打击腐败犯罪的力度非常不利。(2) 适用的不稳定性。根据我国《刑法》的规定，行贿人或介绍贿赂人与检察机关配合的，“可以”对其减轻或者免除处罚，而不是应当减轻或者免除处罚。如何适用“可以”“不可以”，没有明确的操作性规定。这意味着，即使共同犯罪人同反腐败机构配合，也不必然会得到量刑上的从宽处理，从而大大降低了污点证人配合侦控机关的积极性。(3) 条件的限制性。依照现行刑事诉讼法的规定，只有“对于犯罪情节轻微，依照刑法规定不需要判处刑罚或者免除刑罚的”才能实行绝对不起诉。但是司法实践中，一些腐败犯罪的污点证人并不具备“犯罪情节轻微”这一条件，侦控机关无法用不起诉换得污点证人的“实质性配合”。

第八，缺乏对腐败资产的追回与返还机制。追回被腐败分子侵吞的资产，尤其是转移到境外的巨额资产，对于惩治腐败、剥夺腐败分子的经济利益、协调国际反腐的共同行动，实现社会正义具有重要意义。在公约签署之前，对于携款外逃的腐败分子，我国只能依据双边或多边国际条约来进行资产追回。这种模式存在严重的局限性。一方面，它只能对与我国有司法协助条约的国家才能进行，范围有限；另一方面，容易受国与国政治气候的影响，使法律问题政治化，无法进行有效国际合作。加入公约后，利用公约中的资产追回与返还机制，可以有效地维护我国利益。长期以来，我们囿于大陆法系传统，将腐败收益仅仅局限在财物范围内，忽视非财物利益的危害，对赃物的追缴，仅局限于国内法范围内的没收、罚金等刑事制裁手段，忽视通过民事诉讼、公益诉讼、司法协助、国际令状合作追回国家财产、社会公益财产。因此，如何履行公约义务，建立和完善财产追回和返还机制，是现行我国刑事诉讼法、民事诉讼法修改中一个急迫的问题。

三、对我国刑事诉讼制度的完善建议

第一，强化法律对检察机关独立性的保障。对于如何保障检察机关的独立性，理论界有种种观点。较有代表性的观点认为，应从两个方面努力。一方面，改革检察业务管理，引入司法管理方式，强化检察官的权力和责任。这就要求检察机关内部重新配制检察权。检察官应当成为办理案件并负有一定决定权，而且权责利相统一的检察权行使主体。另一方面，推进以主任侦查检察官办公室与主诉检察官为重点的检察官制度创新，实现检察官的“司法官化”。笔者认为，从坚持中国宪政原则与检察机关性质与地位出发，有效的保障方法在于从人事管理创新和经费保障入手，完善检察机关独立性的保障机制。

（1）实行检察机关省级以下垂直领导。检察权同国防、外交权一样，属中央事权属性，为中央政府所独享，惟有如此，才能通过强化法律监督，维护国家法律统一正确实施。检察机关实行垂直领导，人员的任免、管理由上级检察机关负责，能够实现步调协调一致，检令畅通，运转高效，有效阻隔外部的不当干预。在行政及金融体制改革领域，安全、海关、工商、税务、人民银行以及证监会、保监会、银监会（局）等部门实现实行垂直领导后，有效地解决了权力地方化问题。上述部门的垂直领导经验，为检察机关解决当前检察权地方化趋势提供了借鉴。鉴于司法体制改革的渐进性，可以先从省级以下检察机关垂直领导开始，在总结经验的基础上，再研究整个检察机关垂直领导的可行性。

（2）改革我国现行的检察经费保障体制。我国现行检察经费保障体制按照分级负担、“分灶吃饭”办法予以保障，其初衷可能是基于发挥各地的经济发展优势和潜能。其实践的结果是司法权力的地方化。目前，部门保护主义、地方保护主义、执法不严等问题，可以从供给制度缺陷寻找到体制根源。因此，必须实行中央财政和省级财政共同负担的保障体制，才能增强侦控腐败的能力。改革开放多年来，我国社会主义经济已经有了长足发展，中央和省一级的财政实力大大加强，这也为改革我国现行的检察经费保障体制提供了较为充分的物质保障。

第二，树立人权保障与刑事控制并重的理念。一方面，要切实纠正重刑事控制、轻人权保障的传统诉讼观念与做法。刑事诉讼制度的修改与完善，必须贯彻宪政原则、公民在适用法律上一律平等原则、尊重和保障人权原则、检察监督的原则，树立现代的刑事诉讼价值与理念，体现刑事诉讼文明。另一方面，在诉讼程序设计上，对保障诉讼参与人尤其是犯罪嫌疑人、被告人的合法权利，要通过程序规范使其得以实现和得到保障。比如，对于公安机关侦查活动，包括立案、拘留、搜查、扣押、强制划扣、变更逮捕、取保候审、监视居住等法定强制措施等全面纳入司法监督，由检察机关实施法律监督，明确程序性权力与行使权力的程序；对检察机关自行侦查的腐败犯罪的“三类案件”引入人民监督员社会监督机制；对审判监督、刑罚执行监督完善监督方式，扩充监督手段，增强监督实效，确保刑事判决、裁定的正当性与公正性；对刑罚执行的减刑、假释、保外就医、超期羁押等加强司法审查与法律监督，切实有效地保障人权；同时，注意律师的调查权、辩护权有序有效行使方面的完善。再一方面，要切实关注对腐败犯罪刑事控制乏力的严重问题，纠正忽视对其刑事控制的倾向与实践中存在的片面方法。面对国际与国内腐败犯罪严峻态势，只有适应国际社会对腐败犯罪控制多管齐下、注重实效、增强力度、整合资源、全力遏制的立法新趋势，对我国学界、司法界、立法界在控制腐败犯罪方面思路不明、方法不对、措施跟不上及其后果进行深刻反思，以增强急迫性，提高自觉性。

第三，完善刑诉法对举报制度的规定，加强对举报人的保护。举报是一种低代价的、有效克服信息不对称的信息获取渠道。[1] 举报材料的有效使用能够增强侦控机关的执法能力，降低法律监督成本，提高监督质量和反腐效率。针对实践中举报工作中的问题，必须从改革刑事诉讼制度入手，将举报制度纳入刑事诉讼制度自身调整范围，健全、完善有关规定。

（1）以确定举报材料的“国家秘密”属性为基础，规范举报材料的受理、处理、反馈、保密等程序。明确举报材料的“国家秘密”属性在举报制度的架构中处于基础地位，一方面，它可以使举报材料的受理人员切实增强工作责任

[1] 王瑞娟：“完善举报制度推动反腐倡廉”，载《中共太原市委党校学报》2004年第3期。

心，也使其能够理直气壮地拒绝无关领导的查阅要求，在源头上杜绝举报材料泄密的可能性；另一方面，当泄密事件发生后，司法机关也能够依法对相关人员进行严肃处理，而不至于出现无法可依或控制不力的局面。

（2）建立举报奖励和保护基金，加大对举报人的奖励、保护力度。作为提高司法效率，降低司法成本的应有之义，建立举报奖励和保护基金应是一种理性的选择。司法实践中，作为重要的反腐败机构，我国检察机关从 1989 年开始普遍建立了举报奖励制度，对举报有功人员进行奖励，公安机关设立了见义勇为基金制度，对激发举报人与见义勇为人的热情发挥了重要作用。因此，应当为举报人设立基金，基金可以来源于国家的财政和社会募捐。该基金由检察机关统一管理，专门补偿举报人。另外，还可以从基金中设立举报人保险制度，由国家为举报人投保，对举报人因举报而失业或遭受物质损害、人身伤害，用保险金来解决相应的费用。

第四，赋予检察机关特殊侦查手段，在规范中提高其侦查水平。公权机关拥有的资源的多少直接决定了其执法能力的强弱。实践中检察机关侦查手段与反腐败斗争实践的脱节，制约了反腐败斗争的深入进行。要加大打击腐败犯罪的力度，赋予检察机关必要的技术侦查手段是必要的。关键是如何规范使用。一方面，要使特殊侦查手段能够高效、准确地打击腐败犯罪；另一方面，必须建立司法控制机制，对特殊侦查手段进行有效的司法控制，使其不致膨胀到对个人自由权利形成威胁。

根据我国司法实践以及外国立法及司法实务，笔者认为，电子监听、电子监控、秘密拍照或录像等秘密的技术手段的适用条件应当包括：（1）只限于难以收集充分证据，或者采取其他侦查方法未能取得效果，必须采用此类侦查手段的案件；（2）只能针对案件的犯罪嫌疑人、被告人本人以及其他与嫌疑罪行有关联的人使用；（3）经过省级以上检察机关批准并严格履行有关手续；（4）许可该手段的令状应当载明实施的具体对象、场所、方式、有限期限等要件以及相关的救济机制。

此外，对“控制下交付”和“特工行动”等特殊侦查手段的适用，应采取更严格的条件。一般认为，最早规定“控制下交付”侦查手段的国际性文件是《联合国禁止非法贩运麻醉药品和精神药物公约》。该公约第 11 条规定了“控制下交付”的手段，即在侦查中一旦发现贩毒者手中拥有大量毒品急于寻找购买对象，侦查人员便可设计购买，在毒品“成交”过程中，查获毒品缉捕贩毒者。这种“控制下交付”的诱惑侦查手段已成为国际上普遍采用的缉毒对策。然而，依笔者看来，公约中的“控制下交付”并不能理解为《联合国禁止非法贩运麻醉药品和精神药物公约》中的诱惑性侦查的“控制下交付”，因为公约中专门对“控制下交付”进行了界定，即仅仅限于在主管机关知情并由其监控的情况下“允许非法或者可疑货物流通”，而没有允许执法人员进行主动参与交付的诱惑性侦查行为。实际上，对贪污、受贿等腐败行为，国外也曾采取诱惑侦查性的控制下交付手段，但引起了严重政治后果，并在理论上引起了较大的争议。因此，对公约中的“控制下交付”只能根据公约规定的“允许非法或者可疑货物流通”作狭义的理解。至于“特工行动”等侦查手段，必须在采用其他侦查手段都无力侦破案件的情况下才能采用，并且必须遵循严格的程序性规定，特工人员原则上只能消极地进行，即不得影响、控制犯罪的发展进程，不得主动实施犯罪行为。

第五，建立我国刑事诉讼中的推定制度。刑事诉讼中的推定制度，是指根据法律规定，从已知的事实直接认定另一事实的存在，除非被追诉者提出反证加以推翻。以推定的方式进行证明，实际上是免除了控诉方对推定事实的证明责任。设置推定的目的在于从立法上为司法审判活动提供必要的证明方法或手段，缓解司法实践中某些特殊情形下的证明困境，提高诉讼效率。建立我国刑事诉讼中的推定制度，更好地协调刑法保护社会和保障人权之间的关系，恰当地分配公诉人和行为人之间的举证责任，即可以节约司法资源，又不失刑法的公正。它不仅是刑事责任多元根据的延伸，而且在认定行为人的主观罪过上更具客观性。❶

在现代刑事诉讼中，反对自证其罪和实行无罪推定是两个重要的诉讼规则。公约所提倡的各缔约国降低腐败犯罪主观要件的证明责任与证明标准，建立刑事案件的推定制度，似乎与上述诉讼规则有一定的冲突。但是，笔者认为，公约之所以对其确立的犯罪的主观要件的证明采取推定的方式进行，出于多种价值考虑。其一，腐败犯罪主观要件本身难以证明。在腐败犯罪极为隐蔽，能够证明其内心状态的证据极少的情况下，“推定往往是能够证明被告人心理状态的惟一手段，因而在刑事司法中起着非常重要的作用”。❷ 其二，腐败犯罪猖獗的严峻形势使许多国家为了重点打击此类犯罪，而采取减轻控方的证明责任、降低证明标准等措施。基于协调各缔约国的立场，公约作出了相应修改。其三，对公约确定的犯罪的“明知、故意、目的”等主观要件的推定必

---

❶ 李恩慈：“刑法中的推定责任制度”，载《法学研究》2004 年第 4 期。

❷ ［英］鲁伯特·克罗斯、菲利普·A. 琼斯著：《英国刑法导论》，赵秉志等译，中国人民大学出版社 1991 年版。

须建立在“客观实际情况”的基础上，也就是说，推定的前提事实必须客观属实，而且推定也必须遵循逻辑法则和经验法则的要求。被告人有权就推定的事实进行反驳和辩解，只有在被告人未能提出有效的证据进行反驳的情况下，推定的事实才能成立。推定法则的公正性，使它与罪刑法定原则和犯罪构成理论并行不悖❶。因此，推定制度的确立，应当是对我国刑事诉讼制度的有益补充。

笔者认为，作为现行诉讼责任原则的补充，适用推定必须遵循三个主要规则。

（1）推定必须具备基础事实和推定事实。缺少前提事实的推定属于直接推定，缺少推定事实的推定则是法定证据法则，两者均非真正的推定。基础事实与推定事实之间的常态是进行逻辑推理过程的大前提，缺少其中之一，就无法进行推理过程，也就不存在推定。作为推定的起点和开始，基础事实决定了推定的最终结果。因此，为了达到推定的客观可靠，就必须确保基础事实的真实性。只有基础是真实的，据以推出的推定事实才有可能是可靠的。作为推断根据的基础事实，除了众所周知的事实和法院审判上知悉的事实可由法院通过司法认知予以认定外，一般应由控诉机关举证证明。

（2）基础事实与推定事实之间具有必然联系。推定成立的基础，，是基础事实与推定事实之间存在的内在的必然联系，缺乏这种内在的逻辑联系，也就无法从基础事实上推断出未知的推定事实。这种联系或互为因果，或互为主从，或互相排斥，或互相包容，除此而外，均不能成为必然联系。这种必然联系还必须具有高度盖然性，其产生符合日常生活中的通常概率。基础事实的发生一定伴随着推定事实的出现，如果出现例外情形，那只是一种特殊和个别的情况。

（3）设立推定制度的救济措施，给予犯罪嫌疑人反驳的机会。虽然推定是建立在高度盖然性的基础之上，但是仍然不能排除个别特殊情况存在的可能性。因此，为了保护当事人的合法权益，应当设立推定制度的救济措施，尽量给予因推定而遭受不利后果的犯罪嫌疑人以反驳的机会。

第六，改进证人的作证方式，加强对证人的保护。对于拥有优势社会资源的腐败分子而言，知晓和证实腐败信息的证人处于弱势地位。改进证人的作证方式，加强对证人的保护，鼓励证人揭露、证实腐败犯罪，对促进反腐败斗争的深入进行具有重要意义。

---

❶ 李恩慈：“刑法中的推定责任制度”，载《法学研究》2004年第4期。

（1）将证人的真实姓名、住址等个人资料限制在适当范围内。在我国反腐败司法实践中，证人在接受调查取证时，最担心的就是自己的身份和住址被公开的问题。对此，我们应借鉴外国立法经验。《德国刑事诉讼法》第 68 条规定，“如果告诉住址则有证人、其他人员将受危险之虞的，可以许可证人不回答住所问题，而是告诉他的就业、公务地点或者其他一个可以传唤的地址。在前句的前提条件下，在审判中可以许可证人不回答他的住所问题”，“如果公开了证人的身份、住所或者居所则对证人或者其他人员的生命、身体或者自由造成危险之虞的，可以许可证人不对个人情况问题作出回答或者只告诉以前的身份。但是在审判中针对提出的发问，证人应当说明他是以何种身份了解他现在所提供的事实的，可以确定证人身份的文件要存放在检察院保管。只有当危险消除时，才能将他们纳入案件档案”。❶ 就我国刑事诉讼而言，在对证人的身份和住址等有关信息进行保护的问题上还要注意两种权利的平衡，一个是以律师调查取证、阅卷权为主要体现方式的犯罪嫌疑人、被告人的辩护权，另一个是证人个人身份等信息的保密权。如果只注重保护证人的保密权，限制律师对证人身份等信息的知情权，则不利于律师依法进行辩护，实质上是削弱了犯罪嫌疑人、被告人的辩护权；反之，则不利于证人保护。因此，可以采取权利平衡的方式，一方面在询问笔录上忠实记录证人的身份等有关信息，单独存卷，只有辩护律师才能查阅；另一方面规定阅卷律师保密，不得泄露给犯罪嫌疑人、被告人以及其他可能进行证人恐吓的人。否则，予以追究法律责任。

（2）通过科技手段，改进证人的庭审作证方式。一般来说，被告人有权在法庭上与对自己不利的证人质证。这一权利已经作为联合国《公民权利和政治权利国际公约》规定的公正审判的最低刑事司法准则之一。但如前所述，为了打击腐败和保护证人，运用高科技手段，间接实现被告人和证人的质证，实有必要。笔者认为，我国香港特别行政区刑事诉讼中“恐惧证人”的作证模式值得借鉴。❷ 所谓“恐惧证人”，主要是指在黑社会、有组织犯罪和放高利贷犯罪的审判中作证的证人，如果其公开出庭作证，自身或其家庭成员的安全会遭受危险。中国香港《刑事诉讼程序条例》第 3A 编规定，恐惧证人只能通过法庭审判的现场电视线路作证，不能通过其他非正式的作证环境来作证。现场电视线路是利用闭路电视系统将法庭和法庭中的另一房间联系起来的一个系统联结。闭路电视系统应当使法庭内的人员能够听见和看见另一房间里的人员，另

❶ 何家弘主编：《外国证据法》，法律出版社 2003 年版。

❷ 甄贞主编：《香港刑事诉讼法》，河南人民出版社 1997 年版。

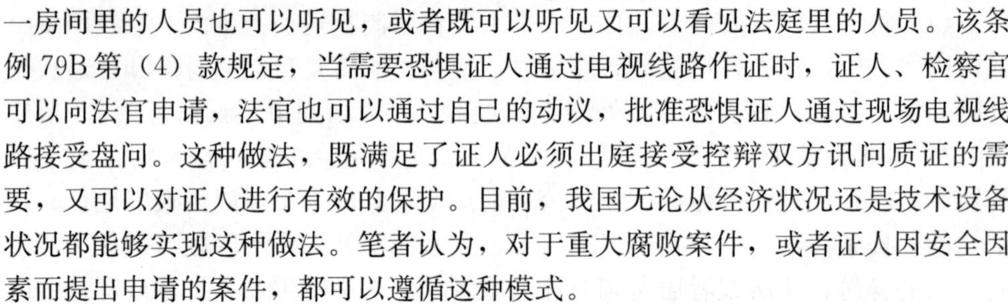

一房间里的人员也可以听见，或者既可以听见又可以看见法庭里的人员。该条例79B第（4）款规定，当需要恐惧证人通过电视线路作证时，证人、检察官可以向法官申请，法官也可以通过自己的动议，批准恐惧证人通过现场电视线路接受盘问。这种做法，既满足了证人必须出庭接受控辩双方讯问质证的需要，又可以对证人进行有效的保护。目前，我国无论从经济状况还是技术设备状况都能够实现这种做法。笔者认为，对于重大腐败案件，或者证人因安全因素而提出申请的案件，都可以遵循这种模式。

（3）完善腐败案件的证人保护机制。为保护证人，世界上很多国家制定了专门的证人保护法案。如英国制定了《证人保护法》，美国制定了《有组织犯罪控制法》和《证人安全方案》，加拿大制定了《证人保护项目法》，等等。腐败案件不简单地等同于普通刑事案件，需要结合自身特点，对证人实行个性化的保护机制。❶ 当务之急是要制定《公民作证保护法》。

第七，实行对污点证人的不起诉制度，降低反腐败的司法成本。对污点证人的不起诉制度是外国刑事诉讼制度中一个比较成熟的制度，对于打击有组织犯罪和腐败犯罪起到了重要作用。为了鼓励污点证人主动揭发犯罪，加大坦白从宽、立功有奖等刑事政策对污点证人的吸引力，笔者主张履行公约义务，对我国现行不起诉的适用范围进行补充完善。

（1）从立法上增加一种酌定不起诉的类型，即在腐败犯罪案件中，对主动悔过自新、积极作证，提供了“实质性配合”的嫌疑人，只要符合刑法关于不需要判处刑罚或免除刑罚的条件，即使犯罪情节不轻微，即使不属于贿赂犯罪，也作出不起诉处理。因为“通过罪行较轻或显著轻微的人免予追诉或减轻指控而换取追究罪行更为严重、对社会危害更大的犯罪人，是在不得已的情况下最佳的选择”。❷

（2）明确“不予起诉的可能性”。法律应明确规定对“在侦查或者起诉中提供实质性配合”的犯罪参与者不予起诉的条件，增加不起诉的可操作性，从而吸引犯罪参与者配合侦控机关对腐败犯罪进行深挖。

（3）明确“实质性配合”的内容。笔者认为，实质性的配合应主要包括：检举揭发腐败犯罪行为，查证属实的；提供重要的线索，从而得以侦破相关腐败犯罪的；在起诉过程中，作为证人如实作证，作为指控犯罪的有力证据的。

---

❶ 肖进成：“建立我国刑事证人保护制度的思考”，载《南京航空航天大学学报（社会科学版）》2003年第4期。

❷ ［美］波斯纳著：《法律之经济分析》，唐豫民译，台湾商务印书馆1987年版。

同时，通过上述行为，能够反映其具有悔罪心理，主观恶性小等其他因素。

第八，建立我国刑事缺席审判制度，追回被转移他国的腐败资产及其收益。如前所述，在被告人死亡、潜逃或缺席等情况下生效判决的缺乏，构成我国追回外逃腐败资产的最大障碍。为充分利用公约所确立的资产追回与返还机制，在我国刑事诉讼制度中规定有条件的缺席审判程序实属必要。是否设置缺席审判制度，涉及刑事诉讼基本理念的贯彻问题，也因此在理论界存有争议。《世界人权宣言》第10条规定："人人完全平等地有权由一个独立而无偏倚的法庭进行公正的和公开的审讯，以确定他的权利和义务并判定对他提出的任何刑事指控。"在没有被告人的情形下，对其是否犯罪以及是否应追究刑事责任问题进行审判，显然有剥夺其基本的诉讼权利和侵犯人权之嫌。但笔者认为，刑事诉讼的价值目标应是自由、秩序、公正和效率的统一体。[1] 在腐败犯罪案件中，建立被告人死亡、潜逃或缺席的情况下的缺席审判制度具有合理性。（1）有利于提高诉讼效率。效率是衡量一个国家法律制度文明和科学的指标。[2] 法律高效化，容易使法律权威得到社会的认同，法律低效化则影响公众信心。腐败案件高发频发的严峻形势，迫使刑事诉讼程序的运作必须具备一定的经济合理性。（2）有利于均衡诉讼各方对诉讼的期望。由于着眼点不同，诉讼各方对诉讼的期望值存在差异。[3] 国家希望准确而及时地惩治犯罪，维护国家的安全、稳定、秩序；被害人希望对个人利益的尽快恢复，对侵害者的惩罚；被告人希望自己的防御权利健全并得到切实可行的保障。刑事诉讼应找准平衡点，兼顾各方利益。为及时、严厉打击腐败犯罪，有条件的缺席审判制度不失为最佳方案之一。（3）相应的救济程序可以弥补缺席审判制度的缺陷。一旦被告人能够应诉，或者有相反证据证明缺席判决确有错误，可以通过救济程序撤销该判决。（4）国外的缺席判决制度证明了其生命力。如《德国刑事诉讼法》确定的特别程序中规定了缺席审判程序，当被告人所在地不明或者被告人滞留国外，以及管辖法院不能使被告人到庭或具有其他被告人不能到庭的情形时，就适用缺席审判程序。[4]

在缺席审判制度的构造上，可以设计为三种程序：（1）公告程序。对于被告人潜逃或缺席的情况下，由人民法院发出公告，敦促其投案自首或出庭参加

---

[1] 李文健："转型时期的刑诉法学及其价值目标"，载《法学研究》1997年第4期。

[2] 甄贞主编：《刑事诉讼法学研究综述》，法律出版社2002年版。

[3] 同上。

[4] 卞建林、刘孜：《外国刑事诉讼法》，人民法院出版社2002年版。

诉讼。(2) 审判程序。由于被告人的特殊性，庭审中不设辩论与被告人最后陈述两个环节。(3) 撤销程序。在特定条件下，被告人要求回国接受审判的，原判决当然撤销，审判程序可以重新开启；当有其他证据表明缺席判决确有错误的，也应撤销原判决，重新审理。

第九，建立同刑事诉讼相衔接的民事公益诉讼制度与委托代理诉讼制度，以提高对腐败资产的追回、返还控制力。鉴于刑事诉讼制度的证据标准、举证责任、控辩模式、职权原则与民事诉讼存在诸多差异，赋予检察机关代表国家就腐败资产携款潜逃国外的提起公益诉讼，由国内法院作出民事判决，通过司法协助机制进行令状合作，以追回资产或返还资产，不失刑事诉讼相衔接的民事诉讼手段，应当积极研究，尽快立法，从而同公约相衔接。当然，有关我国检察机关到腐败资产所在国提起诉讼的法律地位、举证规则、资产分割等，目前尚属空白。笔者认为，对于国外的公益诉讼的提起，可考虑由单位、权力机关委托诉讼代理人或律师代理，其法律障碍可能易于排除，亦应深入研究。

53. 洗钱犯罪主观要件之比较研究*

洗钱就是“改变钞票面目的活动”，它是一个过程，凭此过程，财产（主要是来源于非法活动的现金财产）被操作，以便使它们成为貌似有合法来源的财产。❶ 洗钱作为一种犯罪行为，是贸易全球化、以追求最大限度利润为目的的自由经济的产物。洗钱行为一般都以金融系统作为其犯罪媒介，从而使金融系统变成了一个熔炉，使腐败的灰色区和毒品走私的黑色区难以划分，“腐败保护洗钱，洗钱滋养腐败，形成了一个金融螺旋体，从而助长了经济犯罪”。❷ 正是由于洗钱行为使得合法经济与非法经济相互交织，以及它对于世界各国政治体制、经济、文化等的消极影响，各国都把其作为一种严重的犯罪，通过国际或区域性公约以及国内法予以规制。由于各国法律文化传统以及法律制度的差异，各国对于反洗钱的法律规范存在不同的模式和规范选择，因此，比较世界主要国家的反洗钱立法，对于规范我国的反洗钱制度选择具有重要的参考价值。基于此，本文将就主观要件方面对各国反洗钱立法加以比较研究，以期对我国的反洗钱立法有所助益。

一、洗钱行为的主观方面比较

第一，仅处罚故意犯罪心态。由于各国刑法都奉行“以处罚故意为原则、以处罚过失为例外”的刑法原则，各国刑法或单行法律都没有涉及过失犯罪的规定，但也有少数国家为了强调而专门对过失犯罪问题加以规定。例如《意大

---

* 本文在赵慧同志的协作下完成，收录于《反洗钱的理论与实践》，中国金融出版社 2006 年版。

❶ ［法］安德鲁·博萨著：《跨国犯罪与刑法》，陈正云等译，中国检察出版社 1997 年版，第 63 页。

❷ ［法］蒲吉兰著：《犯罪致富——毒品走私、洗钱与冷战后的金融危机》，李玉平、苏启运译，社会科学出版社 2001 年版，第 81～82 页。

利刑法》第648条规定，除共同犯罪的情况外，对产生于非过失的钱款、财物或其他利益进行洗钱的行为才构成犯罪，实际上就明文排除了过失犯罪构成洗钱罪的可能性。❶ 但即使是规定故意为主观要件的国家，对于故意的把握也存在差异：（1）要求对收益的来源必须明知。如《奥地利刑法》第165条规定的洗钱罪就要求行为人必须是明知是犯罪所得的财产而隐瞒或掩盖其来源或者据为己有、保管、存放、管理、改变、使用或转让给他人以及明知是犯罪组织或恐怖主义集团的财产的组成部分，受其委托或为其利益，而据为己有、保管、存放、管理、改变、使用或转让给他人的行为才构成犯罪。❷ 与此类似的立法还有美国、英国、加拿大、瑞士、日本、新加坡等。（2）要求明知并出于特定的目的。如上述《俄罗斯联邦刑法》第174条关于洗钱的规定就明文要求明知这个要素并具备特定的目的。学者们在对该条解释时认为：这一犯罪的主观方面是直接故意，目的是使非法所得合法化，犯罪主体意识到自己行为的社会危害性，明知资金和其他财产的来源是非法的，但希望实施与之有关的金融业务或其他法律行为。本条虽未直接规定合法化的目的，但其名称“非法获得货币资金或其他财产合法化（洗钱）”已规定其必要目的。犯罪人的目的不是用他人的犯罪所得满足自己的需要，也不是更换非法占有人，而是为前占有人造成使用其非法活动所得的可能性。❸ 与此类似的有《新加坡反毒品法》第43节规定的隐瞒贩毒收益罪，其犯罪构成要求行为人明知是贩毒资金，并且出于帮助逃避毒品贩运罪的起诉，或逃避指定或执行没收令的目的。第41节规定的帮助他人保持贩毒收益罪也是如此，即要求行为人明知他人已经实施了毒品贩运罪或是从毒品贩运中获利的人，并且明知与其达成的安排会产生的危害结果。（3）不要求明知这一要素。如我国台湾地区的“洗钱防制法”规定的洗钱罪在法条中并没有要求明知这一要素。对此，学者们解释为：此项并未明列“明知”为构成要件，不须其“明知”所漂白之财物为特定重大犯罪所得为要件，换言之，凡特定财物在一般客观环境下足认为重大犯罪不法所得，而仍对之漂白者，即为“洗钱”。❹ 与此类似的立法还有《法国刑法》第222－38条和第225－6条规定的两种洗钱犯罪。

第二，故意与过失都处罚。《西班牙刑法》第301条除规定明知是重罪行

❶ 黄风译：《意大利刑法典》，中国政法大学出版社1998版，第195页。

❷ 徐久生译：《奥地利联邦共和国刑法典》，中国方正出版社2004年版，第67页。

❸ 俄罗斯联邦总检察院编：《俄罗斯联邦刑法典释义（下册）》，黄道秀译，中国政法大学出版社2000年版，第471～472页。

❹ 苏南桓：《洗钱防制理论与实务》，1997年自版，第201页。

为之所得进行的洗钱行为外，还在同条第 3 项规定，因严重过失触犯本条的，处 6 个月以上 2 年以下徒刑，并处赃物价值 3 倍的罚金。❶ 与此类似的有《德国刑法》第 261 条关于洗钱罪的规定，其一方面规定洗钱罪由故意构成，同时在该条第 5 款规定，在第 1 款或第 2 款情形下，因过失而不知悉第 1 款所述物品来源的，处 2 年以下自由刑或罚金。❷ 荷兰刑法典关于故意处置赃物罪和过失处置赃物罪也规定分别由故意和过失构成。

从上面可以看出，洗钱罪的主观方面，各国主要存在两点争议：(1) 是否应当将过失洗钱犯罪化；(2) 如何界定洗钱罪的故意内容。事实上，洗钱罪是否应当将过失行为犯罪化在有关洗钱的国际或区域性公约中也存在相当大的争议。《联合国禁止非法贩卖麻醉药品和精神药物公约》(《联合国禁毒公约》) 和《欧盟部长理事会关于为防止洗钱目的利用金融系统的指令》(《欧盟反洗钱指令》) 都把洗钱犯罪界定为故意罪，但也有公约突破了该规定，把过失行为犯罪化。这具体表现为《欧洲理事会关于清洗、追查、扣押与没收犯罪收益的公约》(《欧洲反洗钱公约》) 在第 6 条第 1 款中一方面要求各缔约国应当制定可能必要的立法和其他措施，在国内法中将公约中规定的故意洗钱行为确立为犯罪，同时又在本条第 3 款中规定，各缔约国还可以采取其认为必要的措施，在其国内法中将本条第 1 款规定的全部或者部分行为，在行为人具有应当推测出财产是收益的任何情形或全部情形时，确立为刑事犯罪。欧洲理事会在其提交的“立法说明报告”中明确指出：“第 3 款 A 项建议对过失的行为予以犯罪化……”❸ 这一规定表明，《欧洲反洗钱公约》将故意洗钱行为和过失洗钱行为分别犯罪化的思想。与此不同的是，美洲间防治毒品滥用委员会《关于与非法毒品贩运和其他严重犯罪有关的洗钱罪的示范法法规》(《美洲反洗钱示范法》) 第 2 条对洗钱犯罪的表述则为：任何人在明知、应知或有意不知是非法贩运或有关犯罪收益的情况下，转换或转让该财产，获取、占有或使用该财产，隐瞒、掩饰或妨碍确立该财产的真实性质、来源、所在地、处置、转移、相关的权利或所有权，以及任何人参与进行、合伙或共谋进行，进行未遂，帮助和教唆，便利和参谋，以及公开或私下进行上述任何犯罪，或协助参与此种犯罪的任何人逃避其行为法律后果的行为都是犯罪。对此，有学者评价道：

---

❶ 潘灯译：《西班牙刑法典》，中国政法大学出版社 2004 年版，第 112 页。

❷ 徐久生、庄净华译：《德国刑法典》，中国法制出版社 2000 年版，第 181～182 页。

❸ WillIam C. Gilmore (ed) . *International Efforts to Combat Money Laundering*, Cambridge Grotins Pusliscats Ltd, 1992, p. 208.

"根据《欧洲理事会公约》第6条第3款的规定，欧洲理事会许可对1988年公约规定之外的某些行为包括过失洗钱行为予以犯罪化。这种将过失洗钱行为犯罪化的看法在《美洲反洗钱示范法》的第2条规定的洗钱罪中得到了更广泛的反映。"❶ 由此确立了故意和过失洗钱行为一体犯罪化的思路。对于洗钱犯罪主观方面的分歧，国际社会其实也有深刻的认识，1990年在阿鲁巴举行的《加勒比反毒品洗钱会议报告概要》第4条a就明确指出，在对洗钱刑事犯罪化时，国内立法机关应当考虑，是否只应在行为事实上明知其处理的资金得自犯罪的情况下才构成犯罪，或者是否还应在行为人本应明知上述事实的情况下也构成洗钱犯罪。我们认为，肯定故意洗钱行为成立犯罪是国际社会的广泛共识，自《联合国禁毒公约》规定各缔约国负有强制性义务将故意洗钱行为确立为国内法中的刑事犯罪以来，各国都在其国内法无一例外地确立了故意洗钱行为的刑事责任。这说明，将故意洗钱行为确立为犯罪成为国际社会的共识。尽管国际条约出于打击洗钱行为的需要，将过失洗钱行为也纳入公约的范围，但值得我们注意的是，将过失洗钱行为确立为犯罪行为的国际公约并没有将该义务强制施予各成员国，而是具有建议性。例如将故意或过失行为分别犯罪化的《欧洲反洗钱公约》第6条第3款只是建议缔约国可以采取认为是必要的措施，将过失洗钱行为犯罪化，而对于故意洗钱行为，该公约第6条第1款则要求缔约国应当制定可能必要的立法和其他措施在国内法中确立洗钱犯罪。同时，将故意洗钱行为和过失洗钱行为一体犯罪化的《美洲反洗钱示范法》仅是建议稿，并不具有法律效力，正如该示范法在导言中所说的一样：该示范法只是建议成员国根据各自国家法律制度的基本规定，采纳以下示范法中的规范，下列示范法规的目的旨在于适当情形之下，使美洲区域内通行的法律制度趋于一致。因此，可以认为，国际公约中关于过失洗钱行为犯罪化的国内化义务并不具有强制性，各成员国可以根据自己本国的国情自行选择。至于将过失洗钱行为犯罪化的国家在现实中并不多见，即使在采取过失立法的国家，都将过失洗钱行为的刑事责任界定较轻，如德国处2年以下自由刑或罚金，而西班牙则是处6个月以上2年以下徒刑，并处赃物价值3倍的罚金，也有的国家将过失限制在严重过失的范围内，如《西班牙刑法》。

关于故意的内容，主要存在两个问题，即是否要求明知以及是否要求特定的目的?《联合国禁毒公约》对于涉及毒品的洗钱行为明文规定要求明知为要

---

❶ Richard Palour (ed). *Butterworths International Guide to Money Laundering: Law and Practice*, Butterworths, 1995, p. 20.

件，并在第 3 条第 3 款规定："构成本条第 1 款所列罪行的知情、故意或目的等要素，可根据客观事实情况加以判断。"该条由此确立了洗钱犯罪的故意内容必须以明知为要件以及要求特定的犯罪目的。同时，该条也成为以后类似国际立法如《欧洲反洗钱公约》第 6 条第 2 款 C 项、《欧盟反洗钱指令》第 1 条、《美洲反洗钱示范法》第 2 条第 5 款、《联合国打击有跨国有组织犯罪公约》第 6 条第 2 款 F 项等所效仿。因此，可以说，将明知和特定目的作为洗钱犯罪行为的构成要件是符合国际发展趋势的。事实上，洗钱行为的目的就在于通过一定的行为将赃钱变成合法的财物，因此，行为人之所以实施洗钱行为肯定具有对于洗钱对象的非法性是具有认识的，也具有将该非法财物合法化的目的。如《联合国打击跨国有组织犯罪公约》第 6 条第 1 款 A 项就把洗钱行为界定为：明知财产为犯罪所得，为隐瞒或掩饰该财产的非法来源，或为协助任何参与实施上游犯罪者逃避其行为的法律后果而转换或转让财产；明知财产为犯罪所得而隐瞒或掩饰该财产的真实性质、来源、所在地、处置、转移、所有权或有关权利。实际上就肯定了洗钱行为必须以明知为要件同时要具有隐瞒或掩饰财产非法来源以及逃避法律后果的目的。[1] 值得注意的是，此处的明知并不一定仅限定为确实知道的情形，如果仅把明知限定为确实知道，就增加了公诉机关证明的难度，行为人也会利用该条规定来逃避法律制裁。因此，洗钱罪中的明知既包括确实知道，也包括应当知道。所谓应当知道不是应当预见，而是具有确实性的事实推定，即司法官根据案件事实和证据材料得出行为人对于财产性质是"必须知道的""不可能不知道"的结论。同时，公约中关于洗钱罪的主观方面的规定实际上要求行为人具有特定的目的，但由于各个国家对于该特定目的存在不同理解，从而使得各国对于洗钱犯罪是否要求特定目的存在不同认识，有的国家明文加以规定，有的国家则通过刑法理论肯定或否定了特定目的的存在。事实上，从公约的规定精神以及洗钱犯罪本身的内涵来看，洗钱行为都是具有掩饰或隐瞒非法收益的目的的。

二、主体之比较

关于洗钱犯罪的主体，主要存在两个方面的问题：(1) 是否可以构成单位犯罪；(2) 原生罪主体是否成为洗钱罪的主体。

关于范围是否可以构成洗钱罪的主体，在立法上体现了两种对立：一是以

---

[1] 《联合国反腐败公约、联合国打击跨国有组织犯罪公约》，中国方正出版社 2004 年版，第 148 页。

德国、瑞士、俄罗斯、意大利、西班牙等为代表的否定单位可以成为洗钱犯罪主体的立法模式；二是以美国、英国、法国、荷兰、日本、加拿大、澳大利亚等国肯定法人可以成为洗钱犯罪主体的立法模式。之所以出现这样的情形，主要在于大陆法系国家坚持以个人责任原则为依据，坚持罗马法的“社团不能犯罪”的原则，否认法人可以成为犯罪主体，并坚信“刑事责任乃个人之责任”。❶ 而对于英美法系而言，这些国家都在立法上确认法人与自然人一样，具有犯罪能力，能够成为除只能由自然人构成犯罪的犯罪外，所有其他犯罪法人都可以构成。英国早在1889年的法令中便规定：“关于适用刑法，若无特殊规定，法人一概科罚。”美国基本上持上述观点，美国《模范刑法典》在总结美国半个多世纪以来的立法和审判经验的基础上，把法人犯罪分为三类，该刑法典关于法人犯罪的范围和类型的规定，在20世纪70年代以来陆续被一些州刑法采纳，反映了法人犯罪在美国被逐步接受的现实。❷ 但对于大陆法系国家而言，接受法人犯罪主体还是一个比较漫长的过程，在这方面，荷兰和法国走在前列，荷兰在1990年，法国在1994年分别通过法令，确立了法人的犯罪主体地位。如《法国刑法》第121－2条规定：除国家外，法人依第121－4条至第121－7条所定之区别，且在法律或条例有规定之场合，对其机关或代表为其利益实施的犯罪行为负刑事责任。❸ 日本虽然也是大陆法系国家，但由于第二次世界大战后被美国占领，因此，其刑事立法充分糅合了大陆法系和英美法系的特色，承认法人的犯罪主体地位也就没有理论的羁绊。那么，如何评价上述国家的分歧呢，有必要考察国际公约对此问题的规定。《联合国禁毒公约》《欧洲反洗钱公约》和《欧盟反洗钱指令》都没有明文规定法人可以成为洗钱犯罪的主体，但《联合国禁止洗钱法律范本》第一部分第1条、《联合国禁毒署反洗钱示范法》第24条、《美洲反洗钱示范法》第1条第6款、《联合国打击跨国有组织犯罪公约》第10条等都对法人犯罪问题作了明文规定。但值得注意的是，规定法人可以成为犯罪主体的模式存在差异，例如《美洲反洗钱示范法》是通过把法人解释为人，从而取得同自然人同样的犯罪主体地位，而其他几个公约则在专门就法人的犯罪主体问题进行了特别的规定，例如《联合国打击跨国有组织犯罪公约》第10条就明文规定：各缔约国均应采取符合其法律原则的必要措施，确定法人参与涉及有组织犯罪集团的严重犯罪和实施根据

❶ 马克昌主编：《犯罪通论》，武汉大学出版社1999年版，第298页。

❷ 储槐植：《美国刑法》，北京大学出版社1996年版，第56～58页。

❸ 罗结珍译：《法国刑法典》，中国人民公安大学出版社1995年版。

本公约第 5 条、第 6 条、第 8 条和第 23 条确立的犯罪时应承担的责任。由于确立法人可以成为犯罪主体的公约在时间上处于后期，可以看出，肯定法人的犯罪能力应该是一种世界性的趋势。正如金融行动特别工作组秘书处《关于金融特别工作组 40 条建议的审查意见》第 2 章第 4 条所指出的那样："FATF 成员国和其他一些国家已经注意到日益复杂的洗钱技术组合，以及更多的利用法人实体和其他公司载体从事洗钱活动。FATF 的研究显示，公司、信托机构和其他类型的商业主体经常被用于洗钱过程，或被用于掩盖非法获得财产的实际所有权与控制权。"❶ 这充分说明，不管国际立法上是否承认法人可以成为洗钱罪的犯罪主体，但法人作为洗钱行为的参与者已经是一个现实。问题的关键不在于肯定法人成为洗钱罪的主体，而在于如何运用法律手段来规制日益严重的法人参与洗钱行为。值得注意的是，即使有不承认法人可以成为犯罪主体的国家，也并不是不处罚该行为，而是把法人的犯罪作为其主要负责人的个人犯罪来进行处理。但由于法人责任和个人责任存在差异，故将个人责任代替法人责任也是存在一定的缺陷的，因此，承认法人犯罪主体的公约一般都指出，法人责任不应影响实施此种犯罪的自然人的刑事责任。

原生罪根据《欧洲反洗钱公约》的规定，就是指任何犯罪，这类犯罪所产生的收益作为结果，可以成为公约规定的洗钱罪的对象。对于原生罪主体是否可以成为洗钱罪的犯罪主体，也存在两种对立：一是以德国、法国、荷兰、意大利、俄罗斯、新加坡为代表的否定说，即主张只有原生罪以外的主体才能成为洗钱罪的主体，而以瑞士、美国、英国、加拿大、日本、澳大利亚、中国香港、中国台湾、中国澳门地区等为代表的肯定说，即主张原生罪也应成为洗钱罪的主体。通过比较可以发现，两者的对立基本上反映了两大法系的对立，当然也存在一些交叉，如大陆法系的瑞士、日本、我国台湾地区和香港地区肯定了原生罪主体可以成为犯罪主体，而属于英美法系的新加坡则否定了原生罪主体可以成为犯罪主体。之所以出现上述对立，主要在于两大法系的刑法理论对于本罪和赃物罪刑法理论的差异所导致。英美法系国家原来坚持收受赃物罪只能由本人以外的他人才能构成，因为职业收赃者助长可盗窃犯罪，实际上他们是狼狈为奸。要打击盗窃犯就要打击收赃犯。因此 1692 年英国一项法律规定，明知是赃物而接收或购买者是盗窃犯的事后从犯。然后这种规定也存在问题，由于作为事后从犯，如果主犯尚未抓获或者死亡或者错误地宣告无罪，那么收

❶ 全国人大常委会预算工作委员会预决算审查室编：《国际反洗钱法律文件汇编》，中国财政经济出版社 2003 年版，第 241 页。

受赃物者也就不能被处罚。基于这样的考虑，1701 年，英国法律规定收受赃物者可以作为共犯加以处罚，即使主犯没有被定罪。到 1827 年，收受赃物被升格为一个独立的犯罪。[1] 由于英美法系国家采取没有严格的罪数理论，行为人实施的行为触犯几个罪名或者行为人的行为本身符合几个犯罪就按几个犯罪进行处理，而不论该行为触犯的法条之间或者行为之间存在何种关系。因此，随着历史的变迁，英美法系国家也在一定的范围内肯定本人可以成为赃物罪的主体，例如美国模范刑法典就把收受赃物罪与偷盗罪、盗用罪和诈骗罪合并，统一成立一个大罪即盗窃罪。[2] 基于上述刑法理论的影响，英美法系国家在洗钱犯罪主体的设计上也贯彻了上述思想，把原生罪的本体也纳入洗钱犯罪主体范围内，以便更好地打击洗钱犯罪行为。而对于大陆法系国家而言，起先由于犯罪共同说的影响，大陆法系国家都把赃物罪作为原生罪的延伸，承认事后共犯的理论，并将原生罪本人实施的处分赃物的行为作为事后不可罚的行为予以处理，认为行为人处置赃物的行为不具有期待可能性，不应该进行单独的刑法评价。反映在刑事立法上，就是坚持了赃物罪与本罪的共生，两者的区别就在于犯罪主体的差异。这种刑法思想反映在洗钱犯罪中，就是坚持本人掩饰或者隐瞒犯罪所得的性质、来源以及处分行为不作为犯罪进行处理。通过本罪与洗钱犯罪的相互作用，共同打击洗钱犯罪的上游和下游犯罪。另外，两大法系个别国家立法出现的不协调现象，充分反映了在原生罪能否构成洗钱罪的主体方面已经出现了两大法系的交融。

就国际公约而言，《欧洲反洗钱公约》首先提出了该问题，该公约在第 6 条第 2 款 B 项中明确指出："缔约国可以规定第 1 款确定的犯罪不适用于犯了原生罪的人。"与此类似的还有《联合国打击跨国有组织犯罪公约》第 6 条第 2 款 E 项的规定："如果缔约国本国法律基本原则要求，则可以规定本条第 1 款所列犯罪不适用于实施上游犯罪的人。"这说明，《欧洲反洗钱公约》和《联合国打击跨国有组织犯罪公约》实际上都主张原生罪主体应该成为洗钱犯罪的主体，但考虑到各国刑法理论的差异以及公约的广泛认同性，对原生罪的主体是否犯罪化作了技术化处理，把其赋予各成员国自我决定权。而《美洲反洗钱公约》则创立了一个新的模式，其在第 2 条第 6 款规定："本条规定的犯罪应当作为与非法贩运或者其他严重犯罪不同的犯罪，由法院或者其他主管机关调查、审理、判决与量刑。"由此确立了将原生罪与洗钱罪作为不同犯罪处理的

---

[1] 储槐植：《美国刑法》，北京大学出版社 1996 年版，第 246 页。

[2] 同上。

国际范例。其他国际公约对于原生罪是否可以成为洗钱罪的主体则没有明确的态度，但如果仔细分析公约的规定，实际上公约也内涵了包含原生罪主体的意义，只是没有明文规定，而把该项权力赋予各缔约国自行解决。那么，如何看待这种分歧呢？我们认为，洗钱行为是一种严重的跨国性犯罪行为，如果把洗钱行为限制在上游犯罪主体以外的人，实际上有可能放纵分子，这种放纵表现在两个方面：一是洗钱犯罪是根据国际公约行使普遍管辖权的犯罪行为，如果上游犯罪不是普遍管辖的犯罪，当上游犯罪人实施了洗钱行为时，国际社会就无法依据公约对犯罪分子进行处理，从而可能使犯罪分子逃脱法律制裁。二是在国际社会日益扩大洗钱犯罪上游犯罪的情况下，洗钱上游犯罪也不再限于严重犯罪的事实，如果上游分子实施了洗钱行为不受处罚，就可能使犯罪人承担的罪责刑并不相适应，不利于洗钱行为的遏止与防治。当然，如果有些国家对于洗钱罪与赃物罪的罪刑配置协调，即使不把原生罪的主体作为洗钱罪的主体也不存在处罚上的困难时也可以坚持洗钱罪与赃物罪同时存在的原则。同时，在洗钱罪与赃物罪罪刑配置不合理的国家，将洗钱罪的主体扩张到原生罪主体并没有太大的理论障碍。也就是说，一方面赃物罪的主体依旧限制在原生罪主体以外的人，同时洗钱罪的主体中也包括原生罪的主体。两者的区别在于：（1）行为方式不同，洗钱犯罪主要通过金融机构来隐瞒或掩饰犯罪所得的来源、性质而转移或转让该财产；而赃物罪则主要通过窝藏、收购或者代为销售等非金融活动来实施。（2）主体不同，赃物罪的主体仅限制为非原生罪本人以外的第三人。在两者发生竞合的情况下，按照想象竞合犯的原则予以合理处理。

通过对各国以及国际社会反洗钱法律规范的比较分析，可以得出如下结论：（1）反洗钱的法律规定由于各国法律文化传统的不同，在表现形式上存在一定的差异，国际公约基于公约的广泛认同性，对于各国争议较大的问题采取了比较灵活的态度，各国可以根据本国法律体系的协调性来合理地规制洗钱行为。（2）洗钱行为是一种严重的跨国性犯罪行为，对此国际社会达成了广泛共识，并形成了关于反洗钱的普遍的国际法规则和国内法规范，尽管各国对于洗钱行为的防治存在争议，但对于反洗钱的一些基本规则，各国立法以及国际社会都内涵同一性，并逐步出现了两大法系在反洗钱规则方面的趋同性。

54. 我国金融监管机构反洗钱协调机制的构建*

目前我国的金融监管机构主要包括中国人民银行、国家外汇管理局、银监会、证监会和保监会五个部门。他们分别在各自的监管领域内，对反洗钱工作发挥着作用。同时，经济发展的全球化和一体化，也为洗钱犯罪提供了更多的洗钱工具和渠道。特别是在金融领域，洗钱活动的隐蔽性和危害性，给这一领域带来了巨大的潜在风险和市场动荡。并且，洗钱活动的手法日趋多样化，犯罪分子充分利用各个金融市场的金融创新产品和法规真空进行洗钱，使监管的难度也日益增加。反洗钱任务的艰巨性、时间的紧迫性以及金融机构在反洗钱活动中的重要性，决定了各个金融监管机构必须共同合作，建立一套有机联系的反洗钱协调机制，以形成反洗钱的整体合力。

一、构建反洗钱协调机制的积极作用

建立金融监管机构反洗钱协调机制，目的是适应反洗钱形势的需要，将各方面的监管力量统一到整体反洗钱框架中，以提高反洗钱工作的效率。一套高效运转、有机统一的协调机制必然会给反洗钱工作创造积极效应。

（1）实现反洗钱信息的共享。反洗钱协调机制建立后，几个金融监管部门之间的交流亦相应增加，或通过联席会议，或通过统一培训，或通过临时工作组联合监管等。这些形式为各部门的反洗钱监管人员提供了一个又一个信息交流平台，提高了各自的监管能力。各机构也把发现的本领域内最新的洗钱方式通报给其他部门，以提高其他部门反洗钱工作的能动性，拓宽视野。同时，还通过共同开发反洗钱信息共享网络系统，为各部门及时通报反洗钱重点领域、重点单位等提供了平台。信息的及时传递和共享，是协调机制发挥积极作用的

---

* 本文在黄滨海同志的协作下完成，收录于《反洗钱的理论与实践》，中国金融出版社 2006 年版。

首要条件。

（2）提高金融领域的反洗钱工作效率。一方面，各部门反洗钱工作人员通过紧密的信息交流，不断充实监管知识，提高识别洗钱活动的能力，改进反洗钱的方法和手段；另一方面，在某一部门进行反洗钱现场和非现场检查时，其他部门也及时提供人力支援，这样会有利于发现各种复杂的洗钱犯罪。如有些洗钱活动不仅利用银行账户将资金进行进出境划转，同时还通过投资证券市场、收购上市公司股权，或通过购买保单等形式转移资金，以将其合法化。这些手段错综复杂、内外勾结的洗钱活动，仅由某一部门的单独监管是难以彻底识别的。因此，通过协调机制，成立临时联合工作组来进行追踪调查，可以提高监管工作效率。

（3）减少市场动荡，保持社会稳定。由于金融是经济的核心，其波动最易影响到社会公众的切身利益，而洗钱犯罪活动一般涉及金额又较大，给金融领域造成的负面影响也常常是巨大的。如美国、俄罗斯均出现了私营银行涉嫌洗钱后引起社会公众的挤兑风潮，从而影响社会稳定。因此，单一的监管部门在反洗钱时难以制定统筹的、稳定的对策，而必须由其他部门来协调配合，共同消除洗钱活动的负面影响。例如，银监会若查出某银行有重大洗钱活动，考虑到银行储户的心理影响，就必须与人民银行协商，由人民银行在出现储户挤兑时及时公告，向公众提供支付保证，以减少社会恐慌，从而最有效地减少洗钱造成的不利影响，保持社会稳定。

二、我国金融监管机构反洗钱现状分析

我国五大金融监管部门分别依据《中国人民银行法》《国家外汇管理条例》《银监法》《证券法》和《保险法》对本领域进行市场监管。具体针对反洗钱而言，目前还仅有《中国人民银行法》对人民银行的反洗钱职能进行了明确规定，其他部门的反洗钱职能大多是通过其日常监管工作来体现的。因此，我国至今也只有人民银行依法颁布了具体的反洗钱规章制度，即“一个规定两个办法”，这也是各金融机构反洗钱工作的最新参照标准。其他部门在制定具体的反洗钱措施方面则几乎还处于一片空白。在反洗钱工作的协调方面，人民银行和外管局由于属同一组织体系，因而一直保持着紧密的配合关系。人民银行设立了反洗钱局，外管局也设立了反洗钱处，分别对金融机构上报的大额、可疑资金交易和外汇交易进行分析监测。而其他部门则还没有完全融入反洗钱合作机制中来。包括人民银行颁布的《金融机构反洗钱规定》，也只是将人民银行或银监会监管的银行、财务、信托等单位纳入了管理范围，而对于保险、证

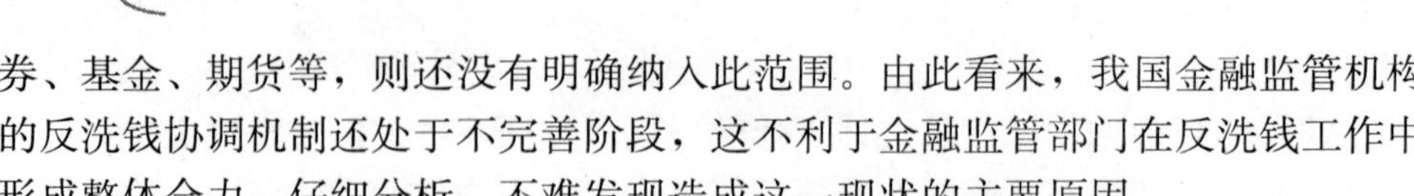

券、基金、期货等，则还没有明确纳入此范围。由此看来，我国金融监管机构的反洗钱协调机制还处于不完善阶段，这不利于金融监管部门在反洗钱工作中形成整体合力。仔细分析，不难发现造成这一现状的主要原因。

（1）各部门还未形成一个共同的反洗钱目标。由于我国统一的《反洗钱法》还未出台，因此，各相关职能部门的具体职责基本上还没有明确确定。即使各部门做了一些反洗钱工作，也只是出于本部门应有的日常行政管理职能而为，相互之间没有确立一个共同的专门针对反洗钱的目标。这样，各监管部门就缺乏一个统一协调的基础，也使得各部门开展反洗钱工作时容易从本部门的利益出发，处理问题也难做到宏观统筹。这就需要即将出台的《反洗钱法》对各职能部门的具体反洗钱职责进行明确规定，将各部门的反洗钱工作统一到协调框架中来，在共同的目标下构建高效的监管协调机制。

（2）监管资源的缺乏约束了反洗钱的联合协调。过去我国的金融监管全部集中于中国人民银行一个部门，而随着金融市场的迅速发展，金融领域风险亦在不断扩大。我国将证券期货监管、保险监管、银行监管先后从人民银行独立出来，以通过分业监管来控制市场风险。但同时也看到，证券监管、保险监管、银行监管刚独立不久，其管理人员均是从原人民银行所属的单个监管部门转移而来，因此，人力资源较为缺乏。尽管近几年不断向社会招募工作人员，但远不能跟上证券、保险等金融市场迅速发展的速度。因此，这些监管部门目前的主要精力还是放在自身业务范围的监督管理上，而对于反洗钱这一需要综合、宏观协调的工作任务，还只能放在次要地位。这增加了协调机制中各部门间联席会议制和专业联络员制建立的难度。况且，这些监管部门的反洗钱职责还没有法律法规予以明确规定。

（3）协调机制的主导组织者还未确认。尽管人民银行根据《中国人民银行法》的规定最先确认了反洗钱职能，然而其还不能将自身确认为金融监管机构反洗钱协调机制的组织者，因为除外管局外，其余三个部门均已在行政级别上取得了与人民银行平级的地位。人民银行最近颁发的“一个规定”也没有涉及证券、期货、保险等全部金融领域，而其他监管机构也还未作出积极主动的响应。作为跨部门的协调机制，有必要确认一个主体组织者。因为各项协调工作的开展、利益的平衡等均需要一个中心主体来组织。这也需要未来的《反洗钱法》加以明确。

（4）在反洗钱对象上还未形成统一认识。我国《刑法》对洗钱罪的上游犯罪的规定仅限于毒品、恐怖、黑社会和走私等行为，而在金融领域却大量存在着贪污、受贿、诈骗等其他非法资金的“洗白”活动，各金融监管部门对洗钱活动的具体定义还未形成统一认识。特别是在受到本领域其他监管对象的消极抵制时（如商业银行可能会为了保密储户信息、维护大客户利益而消极提供相关资金交易信息），就更难以对可疑资金交易作出准确判断。由于监管部门对有些涉嫌洗钱的活动还难以准确定性，这就给相当一部分洗钱犯罪分子留下了制度真空。而各监管部门在信息通报和交流方面又难以做到及时全面，这会影响到单个监管部门在日常工作中的警识性。

三、构建金融监管机构反洗钱协调机制的相关建议

一套高效率、程序化的协调合作机制，需要每个成员的积极主动参与。我国金融监管机构反洗钱协调机制的构建，也应在明确职责的基础上，朝着“目标统一、信息共享、监管分工”的方向来努力。依现行形势，应组成以人民银行反洗钱局为主导的，由跨部门联系会议制、专职联络员制、临时联合工作组制等制度组成的反洗钱协商机制，以提高反洗钱整体合力，打击洗钱犯罪，保障经济和社会稳定。

（1）通过《反洗钱法》规定各监管部门的具体职责，以利于五个部门确立共同的反洗钱目标。目前由于某些部门在反洗钱职能上缺位，使得其缺乏反洗钱的动力和积极性，与其他部门的反洗钱合作也表现出消极态度。将来的《反洗钱法》是一部统一规定反洗钱工作的根本大法，应对相关部门在反洗钱工作中应承担的责任予以明确界分，这可为各监管部门的反洗钱工作提供法律依据。各部门为履行其法定职责，必然要在反洗钱的内外联系和合作方面投入更多精力，寻求与其他相关部门的联系行动，以提高本部门的履责效率。共同的反洗钱目标也可在此基础上得以实现。相信各部门在明确其在反洗钱方面的法律职责后，一定会按照“防范为主、分工监管、维护金融稳定”的共同目标来协调合作。

（2）确立人民银行在协调机制中的组织主导地位。协调机制必须有一个部门作为组织者来主持日常的联系协调工作。笔者认为，确立人民银行在协调机制中的主导地位较为合适。这是因为：①人民银行作为金融监管部门的历时时间长，在此过程中其积累了相当丰富的监管经验，其人员配备、工作机制等方面也较为成熟。而其他几个部门中，除外管局成立历史较长外，另外三个部门均是在最近十来年才成立，在统领金融监管方面还缺乏经验，而外管局则同属于人民银行的组织体系。②社会资金的划拨清算绝大部分还是通过商业银行进行，而商业银行的资金汇划最终都要通过人民银行的清算系统。因此，人民银行可根据清算系统发现可疑资金往来，然后通知其他部门配合调查。③人民银

行的反洗钱工作开展较早，现已成立了专门的反洗钱局和反洗钱信息检测分析中心，负责对金融机构上报的大额、可疑资金往来进行调查和分析，以及负责与国际反洗钱组织往来合作。综上所述，由人民银行担当反洗钱协调机制中的主导组织者最具现实可行性。

（3）建立信息共享机制。人民银行已颁布了“两个办法”，保监会、证监会也应制定相应的保险、证券、期货、基金公司的大额和可疑资金交易报告办法，并将此信息汇总到人民银行成立的反洗钱信息检测分析中心。同时，反洗钱局应组织其他部门共同开发反洗钱信息网络平台，将收集的信息进行分析后，对涉嫌洗钱的重点单位、重点领域建立分类数据库，供其他监管部门开展日常监管工作时参考，反洗钱局还将国际反洗钱组织提供的最新洗钱犯罪方式和反洗钱进展状况予以公布，为其他监管部门提供指导，各监管部门也将本领域的反洗钱进展状况及时传递到信息平台。这样，通过部门间的信息交流和国内外的信息反馈，将我国的反洗钱工作和国际反洗钱工作融为一体，让洗钱犯罪分子无机可乘。

（4）建立联系会议制和联络员制度。各监管部门之间定期召开联系会议，对一段时间以来的反洗钱合作情况进行总结，对合作过程中出现的矛盾进行综合协调。个别部门对开展反洗钱合作与协调工作的新建议也可在联系会议上提出并讨论，若通过，则该新建议可作为协调机制的组成部分。当出现紧急情况时，反洗钱局可组织召开临时联系会议，由各部门共同商讨对策。同时，各监管部门设立专职的反洗钱联络员，负责信息的传递和对外配合协调工作，以保证各监管部门的反洗钱合作能及时采取统一行动。

（5）建立临时联合工作组机制。在进行反洗钱现场检查时，往往需要多个监管部门派出专业人员组成联合工作组来进行检查。特别是遇到洗钱犯罪案件重大、洗钱手段复杂、牵涉的社会利益广泛时，单个监管部门的专业知识、监管职能有限，往往难以单独有效处理，而必须由其他相关部门参与合作。如前所述的银行挤兑事例中，人民银行就是作为中央银行，充分履行了最后清算人这一职能，为商业银行的存款兑付提供保障，以维持社会稳定。其他监管部门在进行反洗钱处理时，一般也需要协请人民银行参与，以防止处罚洗钱犯罪后引起金融动荡。而人民银行在发现可疑资金交易时，也需要银监会、证监会等的合作，组成临时工作组，对可疑交易进行跟踪调查。

（6）加强反洗钱人员培训与国际合作，提高反洗钱人员综合监管能力。有些监管部门由于组成人员较少，还不能成立专门的反洗钱职能部门，这就需要对现有的监管人员进行培训，使其掌握各种反洗钱方法，以利于其在跨部门的

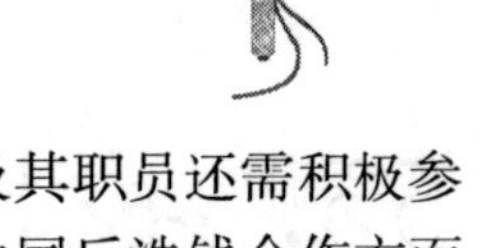

反洗钱合作中发挥积极有效作用。此外，反洗钱监管部门及其职员还需积极参与国际反洗钱组织的各种打击洗钱犯罪的行动，同时吸取他国反洗钱合作方面的经验，以不断改进我国金融监管机构的协调机制。

55. 我国反洗钱国际合作的现状、问题与对策*

在当今经济全球化的条件下，洗钱行为已不单单限于一国领域，而是一种跨国性犯罪。跨国洗钱往往与其他严重的跨国性犯罪、有组织犯罪等密切联系，威胁世界政治经济秩序，腐蚀健康的国民经济体系，因此成为世界各国面临的一大公害。查处跨国洗钱行为，必然触及不同类型的司法体系。由于存在司法管辖上的"涉外因素"和"灰色区域"，因此，仅凭一国之力，监管难度较大，必须通过国际合作才能实施有效打击。为了协调各国反洗钱行动，国际社会通过了一些反洗钱国际和区域性公约。从 20 世纪 80 年代末至今，联合国先后制定了《联合国禁毒公约》《联合国禁毒署反洗钱示范法》《联合国反腐败公约》和《联合国打击跨国有组织犯罪公约》；欧洲地区出台了《欧洲反洗钱公约》和《欧盟反洗钱指令》等；美洲国家组织制定了《美洲反洗钱示范法》；我国香港地区制定了《贩毒（追讨得益）条例》和《有组织及严重罪行条例》，我国澳门地区制定了《反毒措施》和《反黑法》，我国台湾地区制定了"洗钱防制法"。为了协调国际反洗钱行动，1989 年七国集团在巴黎举行峰会时成立了反洗钱金融行动特别工作组（FATF），借以协调各国的反洗钱行动；亚太地区成立了亚太反洗钱小组（APG），并取得了较好的效果。我国也采取多种措施，积极推进反洗钱国际合作。下面，拟对洗钱与反洗钱国际合作的现状进行评估，在查找存在问题的基础上，提出初步的对策建议，以求教于各位专家。

---

* 本文在贾济东同志的协作下完成，收录于《反洗钱的理论与实践》，中国金融出版社 2006 年版。

一、现状评估

（一）跨国洗钱十分频繁

据国际货币基金组织估计，全世界每年洗黑钱的总量大概在1.5万亿～2.8万亿美元之间，中国内地每年洗钱数量介于2 000亿～3 000亿元人民币之间。中国专家学者分析，最近三年中国资本“外逃”达530亿美元。每年通过地下钱庄“洗”出去的黑钱至少高达2 000亿元人民币。其中，走私收入洗黑钱约为700亿元人民币，官员腐败收入洗黑钱超过500亿元人民币，其余的是一些外资企业和一些私营企业将收入转移到境外，以逃避国家监管和税收。单在去年年初，中国公安、外汇管制部门在广东、福建就破获32处地下钱庄，收缴赃款、赃物价值3 000多万元人民币，抓获嫌疑人90多名。[1]

（二）国际合作稳步推进

《联合国打击跨国有组织犯罪公约》第7条第4款规定：“缔约国应努力为打击洗钱而发展和促进司法、执法和金融管理当局间的全球、区域、分区域和双边合作。”《联合国反腐败公约》第14条第5款也规定：“缔约国应当努力为打击洗钱而在司法机关、执法机关和金融监管机关之间开展和促进全球、区域、分区域及双边合作。”上述两公约对反洗钱国际合作提出了明确要求。中国作为缔约国之一，加入了10项国际反恐公约，签署了一项反恐公约，建立了负责反洗钱和反恐怖活动的专门机构，制定了相关的法律和法规，并积极参与反洗钱和打击恐怖融资的国际合作，重视“金融行动工作组”（FATF）等国际性和区域性组织的作用。

1. 颁布了法律、法规

在反洗钱法制建设方面，我国除了积极加入有关反洗钱国际公约，承担国际公约所规定的反洗钱义务以外，还陆续制定了一系列与反洗钱有关的国内法规。如，1990年12月全国人大常委会《关于禁毒的决定》、1997年3月修订《刑法》《中华人民共和国刑法修正案（三）》第7条修改的刑法第191条、《中国人民银行法》等有关规定，都对洗钱行为的惩治进行了规定。此外，2000年3月，国务院颁布的《个人存款账户实名制规定》，从根本上否定了利用匿名账户进行洗钱的合法性；2003年1月，中国人民银行还颁布了《金融机构反洗钱规定》《人民币大额和可疑支付交易报告管理办法》《金融机构大额和可疑外汇资金交易报告管理办法》（即“一个规定，两个办法”），首次明确了金

[1] http：//www.jcrb.com/zyw/n308/ca273746.htm.

融机构反洗钱工作的“三项原则”：合法审慎原则、保密原则和与司法机关、行政执法机关全面合作原则；确立了金融机构反洗钱的“四项主要制度”：了解客户制度、大额交易报告制度、可疑交易报告制度和保存记录制度。这些举措，为反洗钱国际合作提供了法律、法规保障。

2. 设立了工作机构

在反洗钱组织机构方面，国务院明确由中国人民银行组织协调国家反洗钱工作，指导、部署金融业反洗钱工作，承担反洗钱的资金监测职责；人民银行的反洗钱职责已写入2003年年底修改后的《中华人民共和国中国人民银行法》；中国人民银行设立了反洗钱局，具体负责金融系统的反洗钱工作；同时组建了我国专门的反洗钱情报部门——反洗钱监测分析中心，负责收集大额和可疑交易信息，整理分析交易信息，向执法、司法等部门提交分析结果，开展情报交流。在协调工作机制方面，组成了由人民银行牵头，中国银监会、中国证监会、中国保监会和国家外汇管理局参加的金融监管部门反洗钱工作协调机制，使反洗钱协调机制率先在金融业建立起来，对于构筑反洗钱体系将起到十分重要的作用。与此同时，在对洗钱涉案查处方面，公安部于2002年4月在经济犯罪侦查局内部设立了洗钱犯罪侦查处；随后，国家外汇管理局成立了反洗钱工作的专门机构，统一协调外汇管理局系统的反洗钱工作。这一阵容，构成了目前中国反洗钱组织机构的基本框架，为反洗钱国际合作提供了一定的组织保障。

3. 开展了反洗钱培训

通过与有关国际组织和有关国家合作，在不同部门和不同层次举办了多种形式的境内外国际研讨会、培训班，强化了反洗钱意识，初步组建了一支反洗钱专门工作队伍。例如，国家外汇管理局及其12个省级分局（管理部）、财政部和公安部的有关人员赴美参加了反洗钱培训❶；2003年，中国人民银行在郑州市举办了首次面向全国范围内银行系统的培训班❷，为反洗钱的国际合作提供了人才储备。

4. 加大了控防力度

经过金融监管部门和金融机构的共同努力，我国商业银行初步形成了以了解客户、交易报告和记录保存为基础的反洗钱内控体系。2003年是中国金融机构开展交易报告的第一年，中国人民银行反洗钱局有关负责人表示，仅外汇

---

❶ http：//www.jcrb.com/zyw/n302/ca271774.htm.

❷ http：//www.chinacourt.org/public/detail.php? id=87098.

交易领域就报送了260多万笔大额和可疑资金交易，涉及交易金额6 000亿美元。据有关专家评估，我国洗钱额每年不少于2 000亿元人民币，相当于我国经济总量的2%左右。❶

5. 加强了执法合作

我国目前已与40多个国家建立了司法合作关系；核查了30余批境外犯罪组织和个人在我国境内的资金账户；与有关国家的司法部门合作，联手侦破了一批我国犯罪组织和个人跨境洗钱的案件。我国内地公安机关与有关国家签署了70多个有关警务合作、打击犯罪等方面的合作协议等；向美国、土耳其、泰国等国家派驻了警务联络官；与法国、俄罗斯、印度尼西亚、中国香港等就双边的反洗钱合作机制进行了积极有效的探索；公安部组建专门反洗钱机构，在明确其职能任务的同时，制定了相应措施，与国际有关组织和警方开展了反洗钱执法合作。❷

（三）国际合作形势不容乐观

尽管我国在反洗钱国际合作方面做了大量工作，但目前的形势仍不容乐观。据国家外汇管理局一份研究报告显示，1997～1999年，中国3年累计外逃的资金约500多亿美元。其中，有相当一部分资金就是通过洗钱方式流到境外。而由最高人民检察院和公安部联合发布的数字显示，中国至少有4 000名涉嫌贪污和贿赂的犯罪嫌疑人在逃，他们所携带的资金总额超过50亿元。以原长江动力集团董事长于某侵吞国有资产并在菲律宾洗钱一案为例，于某逃往菲律宾、加拿大和美国等地，我国公安部“国际刑警中心”向菲律宾、美国、日本、加拿大等国“国际刑警中心”发出红色通缉令，但相关国家警方以多种理由予以推诿，协作不力；有关国家的银行也以为储户保密为由，不予配合，以致查处工作长期受阻，至今仍未能结案。大量资金被转移到国外而无法追回，暴露了中国反洗钱国际合作机制的严重弊端。

二、合作障碍

综观当前形势，我国反洗钱国际合作尚存诸多障碍。概略而言，主要表现为以下六个方面。

第一，认识误区。从区域看，地方保护主义注重地方利益，未将国际合作

❶ 王旭：“中国每年洗钱两千亿，人行7月起将检查各商业银行”，载《北京青年报》2004年7月24日。

❷ http：//past. people. com. cn/GB/jinji/34/165/20030327/955888. html.

与国内协调提到应有高度。在区域经济竞争日趋激烈的环境下，各地纷纷出台缺乏反洗钱机制的“优惠政策”，盲目吸引外来投资，并将引资多少作为评价政绩大小的惟一标准，而不问所引资金的来源和性质，放松了监管职责。一些执法机关受制于地方保护势力，既无心亦无力对洗钱犯罪实施有效打击，从而促使“黑钱”从管制紧的地方向管制松的地方流动。从行业看，近年来，一些猖獗的洗钱犯罪分子将目光紧紧盯在银行以及非银行金融机构如保险、股市、信托等部门的薄弱环节上，大肆进行洗钱活动。有的银行以及非银行金融机构为了追逐存款量增大、贷款利息收益增多、部门和个人收益增加，往往以严格保护客户秘密、维护客户的“合法”权益为由，放松金融监管，推卸监管责任，客观上助长了洗钱犯罪。从职能看，部门壁垒意识较强，合作态度消极。在生产、投资、交易等领域及对市场准入与退出的监管过程中，有的在部门利益的驱使下，往往以工作秘密、内部规定为由，将本部门获取的反洗钱信息束之高阁，堵塞了信息传递渠道，甚至为反洗钱设置障碍，增加了反洗钱信息获取的成本，浪费了监管资源。

第二，立法缺陷。在国际公约的国内基本法承诺方面，我国刑法规定的洗钱犯罪的上游犯罪过窄、洗钱行为方式单一、犯罪目的限定严格、主体范围狭小、洗钱罪的成立范围采用了狭义的概念，同《联合国打击跨国有组织犯罪公约》和《联合国反腐败公约》的相关规定差距甚大。在刑事法律规范与行政法律规范的衔接方面，存在不够协调之处。《金融机构反洗钱规定》将毒品犯罪、黑社会性质的组织犯罪、恐怖活动犯罪和走私犯罪以外的“其他犯罪”也规定为洗钱行为的上游犯罪，反映了当今国际反洗钱的潮流，符合有关国际公约的精神。而我国刑法将上游犯罪限定为四类犯罪，与《金融机构反洗钱规定》明显滞后。在司法实践中，腐败案件往往隐含着洗钱行为。然而，我国刑法并未将腐败犯罪规定为洗钱罪的上游犯罪，从而形成立法空白，致使此类犯罪得不到有效惩治。在控防洗钱的规程方面，《商业银行法》规定的金融机构为客户保密的原则与控防洗钱的原则和措施存在冲突。

第三，机制缺陷。两个国际公约规定，缔约国应当努力为打击洗钱而在司法机关、执法机关和金融监管机关之间建立协作机制，开展和促进全球、区域、分区域及双边合作。我国目前的反洗钱协作机制是金融监管机关牵头、公安机关参与合作、其他部门置身局外的格局，这种状况使得查处、控制、预防洗钱行为出现掣肘现象，难以形成合力。由于缺乏科学合理的反洗钱国际合作机制，对洗钱行为打击乏力，使得沿海一些发达地区的“地下钱庄”成为滋生洗钱犯罪的温床，洗钱活动日益猖獗。据有关部门称，中国内地每年通过地下钱庄洗出去的黑钱至少 2 000 亿元人民币，占中国 GDP 的 2%。[1]

第四，渠道不畅。由于种种原因，我国未将融入国际反洗钱合作组织体系作为一项战略性举措，至今仍未参加金融行动特别工作组（FATF）、埃格蒙特集团、亚太反洗钱小组（APG）等国际组织，以致中国在反洗钱国际合作方面的重要作用未能充分体现。同时，也未能充分利用国际资源加强国内反洗钱工作。反洗钱信息渠道不畅，难以寻求国际组织的支持，反洗钱国际合作举步维艰。

第五，人才奇缺。从我国反洗钱队伍的现状来看，反洗钱专业人员与执法人数寥寥无几，反洗钱经验不足，执法水平不高，精通金融、法律、国际协作知识的专家型、复合型人才奇缺。因此，培养造就一批知识全面、业务精通、经验丰富的反洗钱专门人才迫在眉睫。

第六，保障滞后。我国交易监管的报告方式和分析手段的现代化水平不高，反洗钱监测体系亟待完善，反洗钱的经费保障严重不足，装备手段滞后，严重影响了反洗钱国际合作的效率与效益。

三、对策建议

加强反洗钱工作的国际交流与合作，主要包括制度接轨、建立体系、加入国际组织、加强信息交流与共享、开展司法协助等。做好这些工作，应从以下几个方面着手。

（一）进一步加大宣传力度，强化全民反洗钱意识

鉴于国民反洗钱意识薄弱，反洗钱尚未形成社会合力，应当将反洗钱法制宣传列入全民“四五”“五五”普法规划，全面提升国民反洗钱意识。要运用电视、电台、报刊、杂志等新闻媒体，普及反洗钱法律知识和控制、预防洗钱的方法，营造良好的反洗钱氛围。要将反洗钱工作纳入国家、地区经济社会发展目标，提高到保障政府宏观调控、经济社会协调发展、维护经济安全与社会稳定的大局的高度，正确处理反洗钱与拓展金融业务、反洗钱与地方经济发展、反洗钱与国家经济安全的关系，形成统一组织、加强协作、职责清晰、全民参与的防范与打击洗钱犯罪的社会控制体系，构筑遏制洗钱犯罪的系统工程。

（二）完善立法，构建控制洗钱的法律体系

要制定《反洗钱法》。加强和完善反洗钱法律体系建设，是我国当前反洗

[1] http：//hn. rednet. com. cn/Articles/2003/12/497512. htm.

钱工作的迫切需要。要借鉴欧洲、美洲、亚太地区以及我国港、澳、台地区控制洗钱的立法经验与立法技术，尽快制定同国际公约接轨、符合中国国情的反洗钱法，形成以《反洗钱法》为核心、以刑法为保障、以配套的金融反洗钱法规为补充的多层次反洗钱法律法规体系。要注意解决《反洗钱法》与既有的刑法、商业银行法、信托法、证券法、保险法等法律之间的交叉与冲突问题，使之协调一致。要修改《商业银行法》的保密原则。正确处理银行保密原则与反洗钱的关系，为储户保密必须以国家政治经济安全为前提，必须服从和服务于反洗钱的大局。应对保密原则进行必要的修正，使之适应反洗钱工作的需要。要规定银行以及非银行金融机构、中介组织和执法监管部门的强制性义务。上述部门如有发现洗钱行为不监管、不报送、不移交、不履行职责查处等“不作为”行为，则应承担相应的法律责任直至追究刑事法律责任。要完善反洗钱刑事立法。将腐败犯罪和其他严重犯罪纳入洗钱罪的上游犯罪的范围；将非法金融活动以外的洗钱行为规定为洗钱罪的行为方式；取消“为掩饰、隐瞒其来源和性质”的目的构成要件，将“目的犯构成”转化为“知情犯构成”；扩大附加刑的适用范围；完善刑事程序法的有关规定，赋予检察机关在查处职务犯罪过程中发现洗钱行为时可及时并案查处的权力；对有证据证明，洗钱行为所涉及的赃物所在地，转移、变换所有权或相关权利的，赋予司法机关与监管机关查扣、冻结、强制划转、没收、追缴等权力，或赋予检察机关代表国家与社会提起和参与民事诉讼的权力，等等。

（三）健全反洗钱体系，完善协调机制

成立专门的国家反洗钱委员会，统一协调银行、外汇、外商投资办、银监、证监、保监、财政、工商、税务、审计、海关、外交、公安、检察、法院之间的关系，加强反洗钱的调控与监督。组建独立的国家反洗钱调查局，专门行使调查与侦查职能，加强控防与惩治力度，确保国家金融安全与经济安全。加强反洗钱信息情报的基础设施建设，对我国每个公民进行终身编号，将户籍、身份证、护照、银行账号、学历学位、工作及收入的基本情况予以登记，作为公民基本信息放入内部网上资料库，为反洗钱工作搭建平台。有关机关在办案过程中可根据需要上网检索和查询，同时也便于对网上交易进行监督。同时，加强对国际投资、招商引资、合作的信息情报收集、储存、利用与监管的力度。协调有关职能部门，加强反洗钱合作。目前，中国人民银行、银监会、国家外汇管理局和公安部门的合作较为紧密，但证监、保监、财政、工商、税务、审计、海关、外交、公安、检察、法院等部门尚无实质性配合。反洗钱是一项涉及全社会的系统工程，特别需要各个部门和机构紧密合作，形成合力，以避免因部门之间信息沟通迟滞而难以实现信息共享，进而妨碍反洗钱活动的顺利开展。明确各部门在反洗钱中的职责，各司其职。反洗钱是一项涵盖面极广的系统工程，它涉及财政、税务、工商、海关、外汇管理、金融机构、司法机关等众多机构。各部门在加强合作的同时，要做到恪尽职守。例如，金融监管部门负责规定金融机构的反洗钱义务，并监督其实施，监测分析交易报告、协助司法机关；工商行政管理机关通过审查公司注册申请，查禁非法持有大量现金的洗钱者通过注册公司转移赃款；税务机关通过加强税收和税务稽查，实行公民巨额金融交易事先纳税制度，从而发现违法资金流向，审计、会计部门通过验资、审计、提供洗钱信息；证券、期货、股市交易监管提供大量可疑交易资金信息；拍卖、评估部门、清算组织提供非法资金与移转、变换赃钱；法院执行、裁定破产查扣洗钱资金，检察机关查办职务犯罪，查扣洗钱赃钱，等等。

（四）加强制度建设，提高职能部门的控防能力

要强化金融机构反洗钱内控制度。要按照《金融机构反洗钱规定》，对全国各商业银行进行反洗钱工作检查。通过查找问题，落实整改，提高认识，促进反洗钱内控制度建设。要健全反洗钱监测分析体系。要有针对性地制定出适合不同行业特点的交易报告规定，扩大交易报告范围；实现本、外币交易报告统一监测分析，并运用电子化手段集中数据处理，提高监测分析水平。要提高快速反应能力。相关部门在接到监测中心提供的分析情报后，要在最短的时间内拿出最佳方案，有的放矢，务求必胜。

（五）加强人才培养，建立高素质、专业化、有战斗力的反洗钱队伍

进一步加大力度，培养造就一批知识全面、业务精通、经验丰富的反洗钱专门人才。培养与国际接轨的反洗钱人才，不仅要注重数量，更要注重质量，要推行职业准入制度，逐步实现反洗钱队伍的专业化和职业化，以增强我国打击和防范跨境洗钱的水平和能力，促进国际反洗钱的合作与交流。

（六）进一步加大保障力度

要加大技术投入，提高反洗钱的电子化监测水平。金融部门应在现有的各种业务管理系统基础上，开发应用支付交易监测系统、大额和异动情况电子化监测系统，全面掌握企业和个人的大额可疑资金的交易流动情况，并逐步进行实时网络监控。加强金融创新产品的超前监管，充分估计可能被犯罪分子利用的各个环节，积极防范新产品带来的新风险，做到未雨绸缪。要加大物质投入，保障各职能部门办案所需。反洗钱是要花成本的，但反洗钱之得远远大于洗钱之失，根据成本——收益理论，反洗钱是明智之举，是以小失换大得，利

大于弊。因此，国家应加大反洗钱的投入，为有关部门提供强有力的后勤保障。

（七）积极加入有关国际组织

积极参加金融行动特别工作组（FATF）以及亚太反洗钱小组（APG）等国际组织，开展反洗钱国际情报交流，参与反洗钱信息网络和数据库的建设，加强与国际刑警组织、国外司法部门打击洗钱犯罪的合作，对犯罪分子进行引渡，对犯罪收益予以追索。加入国际组织，不仅可为我国反洗钱寻求国际帮助，同时也可为国际反洗钱贡献一份力量。

（八）致力于公约框架内的国际合作

根据有关国际公约的规定，反洗钱国际合作应当遵循适当原则、符合本国法律制度原则和双重犯罪原则，在引渡、被判刑人的移管、司法协助、刑事诉讼的移交、执法合作、联合侦查、特殊侦查手段的采用等方面，积极开展针对反洗钱的国际合作。概而言之，合作的方式一是机构与机构、国家与国家之间在反洗钱监控等方面的交流；二是各国反洗钱情报特别是异常交易情报之间的信息共享，各职能部门联手打击跨国洗钱活动。

四、我国反洗钱国际合作机制的功能评价

反洗钱国际合作机制的科学构建，对于我国有效地控制和防范洗钱行为，维护经济安全和国家安全，促进全球的政治稳定和经济繁荣，具有重要的意义和作用。具体而言，合理的反洗钱国际合作机制具有以下功能。

一是协调与整合资源功能。统一的反洗钱国际合作机制不仅整合了金融机构、非金融机构、侦查、司法机构、中介组织等反洗钱力量，而且统一了境内外、国内外的反洗钱步伐，因此能够协调金融机构之间、金融机构与非金融之间、上述机构与侦查、司法机构、中央与地方之间、国内与国外之间的关系，从而减少了反洗钱成本，使反洗钱工作变得更有效率，增加了反洗钱成效的可预见性，促进了各反洗钱力量之间的相互信任，便于集中、统一采取反洗钱行动。

二是保护与控制秩序功能。反洗钱国际合作机制合理地划定了洗钱的边界，使得合法的经济行为与洗钱行为得以区分，一方面有利于保护合法经济活动的自主领域，使其免受反洗钱措施的不合理干预；另一方面也有利于反洗钱机构集中兵力，依靠制度性协作力量预防和打击洗钱行为。同时，由于反洗钱国际合作机制是以不违背各国金融监管法规和管理制度为前提的，又对各国的主权给予了充分的尊重。

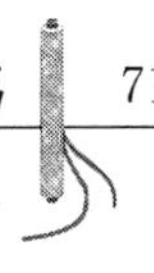

三是防止与化解冲突功能。由于反洗钱国际合作机制合理地配置了各反洗钱部门的职责，明确了不同国别之间的权利和义务，因此，各反洗钱力量能在统一的反洗钱机制的模式下根据自己的职责和义务展开行动，从而防止了相互推诿；即使就某一具体问题存在冲突，也可以在统一的反洗钱机制下运用制度和规则予以合理的化解和调整。

四是传承与选择文化功能。我国的反洗钱国际合作机制是在现有的反洗钱机制的基础上，通过整合而形成的。在整合过程中，我国反洗钱国际合作机制不仅继承了好的制度传统，同时又根据经济全球化以及国际社会普遍成功的经验予以适当的修正。因此，它在具有深厚的本土资源特色的同时，又内涵了国际化的色彩，有利于我国反洗钱机制的国际交流与合作。

56. 论反洗钱法的效力范围*

反洗钱法的效力范围，是指反洗钱法在什么地方、对什么人和在什么时间内具有效力，即反洗钱法在空间上和时间上对人和物的适用效力。

一、反洗钱法的空间效力

反洗钱法的空间效力，是指反洗钱法对地域和人的效力，这主要解决反洗钱法的管辖权问题。由于各个国家经济、政治、社会和历史文化传统的差异，其在刑事管辖权范围上所主张的原则也存在一定差异，概括起来，主要有以下几种模式。

（1）属地原则。以地域为标准，凡在本国领域内发生的犯罪，无论是本国人还是外国人，都适用本国法律；反之，在本国领域外犯罪，就不适用本国法律。

（2）属人原则。以人的国籍为标准，凡是本国人犯罪，不论在本国领域内还是本国领域外，都适用本国法律。

（3）保护原则。以保护本国利益为标准，凡侵害本国国家或公民利益的，无论犯罪人为本国人还是外国人，也不论犯罪地在本国领域内还是本国领域外，都适用本国法律。

（4）普遍原则。以保护国际社会的共同利益为标准，凡发生国际条约所规定的侵害国际社会共同利益的犯罪，不论犯罪人是本国人还是外国人，也不论犯罪地在本国领域内还是本国领域外，都适用本国法律。

上述各个原则利弊兼有，如果单一地采用某一项原则，可能达不到维护国家主权的效果，同时，也不利于同洗钱犯罪行为作斗争。因此，以某一原则为主，兼采其他原则的模式为国际社会所普遍肯定。

就国际公约对反洗钱管辖权的规定来看，《联合国禁毒公约》第 4 条，联

---

* 本文在赵慧同志的协作下完成，收录于《反洗钱的理论与实践》，中国金融出版社 2006 年版。

合国《打击跨国有组织犯罪公约》第 15 条、《打击向恐怖活动提供资助的国际公约》第 7 条、《联合国反腐败公约》第 42 条，对于包括洗钱在内的刑事犯罪规定了明确的刑事管辖权。国际公约、区域性公约、一些发达国家立法例关于刑事管辖权的管辖方法主要有以下 5 种。

（一）强制性管辖

公约规定，各缔约国在遇到下述情况时，应采取可能必要的措施，对犯罪确立本国的管辖权。

（1）犯罪发生在其领土内；

（2）犯罪发生在犯罪时悬挂其国旗的船只或按其法律注册的飞行器上；

（3）当犯罪发生在其领土内，或发生在犯罪时悬挂其国旗的船只或按其法律注册的飞行器上，或者实施犯罪的人为本国国民，一国可以不把他引渡到另一缔约国。

凡属于公约规定的上述情况，缔约国具有义务对犯罪确立刑事管辖权。从缔约国必须确立刑事管辖权的意义上讲，这种管辖权具有强制管辖的性质。虽然《联合国禁毒公约》第 4 条、《打击跨国有组织犯罪公约》第 15 条、《打击向恐怖活动提供资助的国际公约》第 7 条、《联合国反腐败公约》第 42 条有关（a）项的刑事管辖权规定的立法原意是基本一致的。但是，仔细比较分析，似有细微的差别。其立法模式可以概括为 3 种。

（1）"并列行为领土管辖模式说"。即从公法意义上的"领土"定义出发，只要洗钱行为发生在该国领土内，或发生在犯罪时悬挂其国旗的船只或按其法律注册的飞行器上的，该国便享有管辖权。公法领土通说认为，一国驻外国的使馆、悬挂国旗供使馆人员乘坐的交通工具，均视为其领土，故该公约所规定的"并列行为领土管辖模式"是符合国际法原则的，也是同国际惯例相衔接的。特别值得指出是，"飞行器"不仅仅指飞机，还应包括热气球、运载火箭、卫星、宇宙飞船等飞行物体，其范围甚广，这在科技迅猛发展的今天，有效地控防利用科技手从事洗钱犯罪是十分必要的。因此，其立法模式是缜密科学的。

（2）"选项行为领域管辖模式说"。即从公法意义上的"领域"定义出发，只要洗钱行为发生在该国领域内，或发生在犯罪时悬挂该缔约国国旗的船只或已根据该缔约国法律注册的航空器内，该国享有管辖权。这里的"领域"，是指一个国家主权范围内的区域，同"领土"概念的外延与内涵无多大差别。但是，"航空器"与"飞行器"相比，则其外延比后者小，这种"选项行为领域管辖说"立法模式在法律适用中易造成歧义，从而给司法实践常常带来诸多障

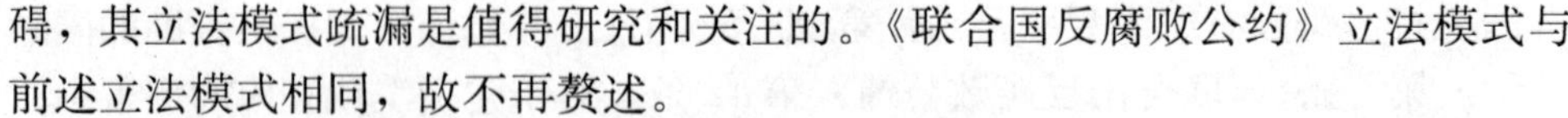

碍，其立法模式疏漏是值得研究和关注的。《联合国反腐败公约》立法模式与前述立法模式相同，故不再赘述。

(3)“并列行为领土管辖限制模式说”。即这种立法模式认为，只有当（a）罪行在该国境内实施，（b）罪行在案发时悬挂该国国旗的船只或根据该国法律登记的航空器上实施，该国对向恐怖主义提供资助的洗钱行为享有管辖权。这里强调的该国“境内”，当把境外的使馆、悬挂该国国旗的交通工具等排除在外，从而使该国对境外使馆的洗钱行为无法行使管辖权，这种立法疏漏，可能为洗钱泛滥提供了方便之门。

（二）任择性管辖

公约规定，各缔约国在遇到下述情况时，可采取可能必要的措施，对犯罪确立本国的刑事管辖权。

（1）犯罪系针对该缔约国国民；

（2）进行该犯罪的人为本国国民或在其领土内有惯常居所者；

（3）犯罪发生在本国领土外，而目的指向其领土内进行；

（4）当被指控的罪犯在其领土内，并且不把他引渡到另一缔约国时；

（5）依据公约已获授权采取适当行动的公海船舶上。

上述规定赋予缔约国对洗钱犯罪确立刑事管辖权，这种管辖权是一种权利，而不是一种义务。缔约国可以行使这种权利，也可以放弃这种权利。从缔约国对于洗钱犯罪是否确立刑事管辖权具有选择权的意义上讲，这种管辖权具有任择性管辖的性质。

（三）普遍管辖

各个公约都要求各缔约国把联合国规定的犯罪确定为刑事犯罪，实行普遍管辖。普遍管辖原则对于惩治国际犯罪具有重要作用，现已成为对国际犯罪和国际性犯罪进行管辖的一个重要原则。依此原则，任何发现罪犯的国家都可以行使管辖。这一原则的目的在于使犯有国际罪行者不论逃往哪一个国家都逃不出法律的制裁，从而有效地预防和惩治国际犯罪。对于洗钱犯罪而言，任何发现罪犯的国家依公约规定的条件都可以行使刑事管辖权。

（四）并行管辖权

依照公约关于管辖权的规定，下列国家均可对洗钱犯罪进行管辖。

（1）犯罪发生地国；

（2）船舶或飞机上发生犯罪的船旗国或飞机注册国；

（3）罪犯国籍国；

（4）罪犯惯常居所国；

（5）犯罪目的所在地国；

（6）经船旗国授权的其他缔约国（根据公约限定的条件进行管辖）；

（7）发现罪犯国；

（8）依国内法确立的任何刑事管理权进行管辖的国家。

由于公约规定了多种管辖权，以及公约不排除缔约国行使依国内法确立的任何刑事管辖权，从而形成了并行管辖的体制。对于跨国洗钱这种具有跨国因素的洗钱犯罪而言，较为有效的管辖体制是多种管辖权并存的并行管辖体制。尽管多种管辖权并存所形成的并行管辖可能会造成管辖权的“积极冲突”，即几个国家对同一跨国洗钱犯罪主张刑事管辖权，但却可以避免管辖权的消极冲突，防止出现对同一跨国洗钱犯罪没有国家管辖的情况。各公约同时还规定，在不影响一般国际法准则的情况下，不排除缔约国行使其依据本国法律确立的任何刑事管辖权。

（五）“长臂管辖”

其立法背景是，“9·11”事件之后，美国在国际和国内采取了一系列行动，试图通过立法切断国际恐怖组织的经费来源，并且严厉打击资助恐怖活动的资金交易活动。其中最为重要的一项国内立法是《采用适当手段拦截和切断恐怖主义以助美国团结和强大2001年法案》，此法律也被简称为《美国爱国者法案》，其中第三章《消除国际洗钱与打击恐怖主义融资法案》对美国反洗钱的法律规则又作出了新规定。《美国爱国者法案》认为，某些国家和地区为非法资金的流动和运作提供便利条件，某些国家和地区的金融监管制度薄弱、反洗钱措施不利，某些国家和地区不积极配合甚至阻碍美国主管机关对国际洗钱犯罪的调查、起诉和赃款追缴活动等。这些情况促使美国立法者决心进一步强化自己的“治外法权”。法案第317条以“对国外洗钱的长臂司法管辖”为题，明确规定：如果某一外国人或者某一根据外国法律设立的金融机构参与了洗钱活动，只要对其依照《美国联邦民事诉讼规则》或者所在地的外国法律送达了诉讼文书，并且具备下列条件之一，美国法院即可对其行使长臂司法管辖权。上述条件是：（1）洗钱犯罪所涉及的某一金融交易全部或者部分发生在美国境内；（2）有关的外国人或外国金融机构对美国法院已决定追缴和没收的财产以改成自己使用为目的加以转换；（3）有关的外国金融机构在位于美国境内的金融机构中设有银行账户。

事实上，美国的“治外法权”实践要早于立法。如国际信贷和商业银行（Bank of Credit Commercial International，简称BCCI）于1972年在卢森堡注册登记，并在伦敦、贝鲁特、法国、比利时、中国香港、新加坡、美国、日本等73个国家或地区、城市开设分行430家。其为客户创设境外账户，协助客户洗钱，为腐化的外国官员管理黑钱，为军火走私提供支持，以资金资助国际恐怖分子等。[1] 1991年，美国、英国、瑞士、比利时、卢森堡等国家公布该银行因涉嫌参与洗钱、金融诈骗等而予以关闭。美国还专门成立调查委员会，对其进行反洗钱调查。美国这种“长臂司法管辖”被看做其为了保护本国利益而采取的一项法律性措施。如果从维护美国本国利益来看，这当然有利于美国打击洗钱犯罪，但由于该“域外管辖权”是在美国领域外行使管辖权，在一定程度了侵害了其他国家的司法主权，极容易遭到其他国家的反对。而事实上，一国域外管辖权的合理行使必须在其他有关国家配合的前提下进行。如果没有相应国家的支持，美国的“长臂管辖权”实际上形同虚设。

以上5种管辖权，特别是多种管辖权并存的情况下，会发生管辖冲突。因此，公约在确立多种管辖权的同时，也力图减缓管辖权的积极冲突。依照现代国际法原则，公约在排列管辖权顺序时，突出了领土管辖原则的优先。在规定强制性管辖时，也强调了领土管辖原则确立对犯罪的管辖权的优先原则。但我们应该注意到，在涉及控制具有跨国因素的犯罪的情况下，不仅多种管辖权并存形成管辖权的冲突，就是确立一种管辖权的情况下，也会造成管辖权的冲突。特别是在国际交流日益频繁、犯罪日趋国际化的今天，完全避免管辖权冲突既不合理，也不现实。而解决管辖冲突较为合理的方法是，对于同一案件的管辖冲突，由对同一跨国犯罪具有管辖权的国家之间进行相互磋商、以便协调行动，如联合调查等。对此，《联合国禁毒公约》第9条，《打击跨国有组织犯罪公约》第19条，《联合国反腐败公约》第43条都作出了相应的规定。

参考国际公约、区域公约与有关国家关于洗钱犯罪管辖权的规定，我们认为，我国反洗钱管辖权的规定应作如下规定。

1. 属地管辖权

凡是发生在我国领域内的洗钱犯罪，除法律另有规定以外，一律都应该适用我国法律。所谓我国“领域”，是指我国国境以内的全部区域，具体包括：(1) 领陆，即国境线以内的陆地，包括地下层；(2) 领水，即内水（内河、内海以及同外国之间界水的一部分，这一部分通常以河流中心线为界，如果是可通航的河道，则以主航道中心线为界）和领海（我国政府于1958年9月4日发表声明，宣布我国的领海宽度为12海里）及其地下层；(3) 领空，即领陆、领水的上空。同时，在犯罪发生时悬挂我国国旗的船舶或者航空器内犯罪的，

[1] 阮方民：《洗钱罪比较研究》，中国人民公安大学出版社2002年版，第9页。

也适用我国法律。这里所说的船舶和航空器，既可以是军用的，也可以是民用的；既指航行途中，也指停泊状态；既指在公海上或公海的上空，也指在别国的领域内（在别国领域内，他国当时也有权管辖，这里发生管辖权竞合）。另外，根据我国承认的1961年4月18日的《维也纳外交关系公约》的规定，各国驻外大使馆、领事馆及其外交人员不受驻在国的司法管辖而受本国法律的司法管辖，因此，凡在我国驻外大使馆领事馆内犯罪的，也应适用我国法律。

在我国领域内犯罪，是指只要犯罪的行为或结果有一项发生在我国领域内，就认为是在我国领域内犯罪，即应该适用我国法律。当然，在犯罪实施地有犯罪结果发生地不一致的情况下（即我国所说的隔地犯），就会导致管辖权的冲突，在冲突涉及国家之间的情况下，就需要相应各国采取一定的协调行为。

在我国领域内犯罪，大多数情况下是中国人，但也不排除为外国人所实施。这里所说的外国人，即包括具有外国国籍的人，也包括无国籍人或者在我国具有惯常居所的人。只要他们在我国领域内实施了洗钱犯罪，就应该适用我国法律。

我们这里所说的“法律另有规定”，一般而言，主要是针对享有外交特权和豁免权的外国人的刑事责任以及特别刑法规范对于洗钱犯罪的规定。

2. 属人管辖权

我国公民在我国领域内犯罪，当然应该适用我国法律。对于我国公民在我国领域外实施犯罪，也应该适用我国法律。对此，可以借鉴《刑法》的相应规定。我国《刑法》第7条第1款规定：“中华人民共和国公民在中华人民共和国领域外犯本法规定之罪的，适用本法，但是按本法规定的最高刑为3年以下有期徒刑的，可以不予追究。”同时《刑法》第7条第2款规定：“中华人民共和国国家工作人员和军人在中华人民共和国领域外犯本法规定之罪的，适用本法。”关于外国裁判的效力问题，由于我国是一个主权独立的国家，不受外国审判效力的约束，但同时也要考虑实际情况，如果犯罪分子在外国已经受过刑罚处罚，比如受过缓刑宣告，或者执行了刑期的一部分或者全部的，可以考虑免除或者减轻处罚，这种做法既维护了我国主权，同时又尊重了他国主权，体现了原则性与灵活性的结合。对此，可以在反洗钱法中规定，中国公民在我国领域外犯罪，依照我国反洗钱法应当负刑事责任，虽然经过外国审判，仍然可以依照我国反洗钱法予以追究。但是，在外国已经受过刑法处罚的，可以免除或者减轻处罚。

这里所说的“人”，既包括自然人，也包括单位。单位是否可以构成本罪，不同国家对此所作的规定存在一定差异。从国际社会的立法来看，肯定单位可以成为洗钱犯罪的主体是国际社会反洗钱的一般趋势。联合国《禁止非法贩运麻醉药品和精神药品公约》尚未把单位作为本罪的犯罪主体，而是留给各缔约国国内法自行规定。反洗钱金融行动特别工作组《四十条建议》第 6 条规定，在可行的情况下，公司本身，而不仅是其雇员，应负刑事责任。其立法实际上是把单位纳入了洗钱犯罪主体的范围。联合国《制止向恐怖主义提供资助的国际公约》第 5 条第 1 款规定：每一缔约国应根据其本国法律原则采取必要措施，以致当一个负责管理或控制设在其领土内或根据其法律设立的法律实体的人在以该身份犯下了本公约第 2 条所述罪行时，得以追究该法律实体的责任，这些责任可以是刑事责任、民事责任或行政责任。该条第 3 款规定：每一缔约国特别应确保对按照上文第 1 款负有责任的法律实体实行有效、相称和劝阻性的刑事、民事或行政制裁。这种制裁可包括罚款。联合国《打击跨国有组织犯罪公约》第 10 条专门就法人责任作了明文规定：（1）各缔约国均应采取符合其法律原则的必要措施，确定法人参与有组织犯罪集团的严重犯罪和实施根据本公约第 5 条、第 6 条、第 8 条和第 23 条确立的犯罪时应承担的责任。（2）在不违反缔约国法律原则的情况下，法人责任可包括刑事、民事或行政责任。（3）法人责任不应影响实施此种犯罪的自然人的刑事责任。（4）各缔约国均应特别确保使根据本条负有责任的法人受到有效、适度和劝阻性的刑事或非刑事制裁，包括金钱制裁。《联合国反腐败公约》第 26 条对法人责任的规定与《打击跨国有组织犯罪公约》的规定是一致的。

从上述公约规定来看，肯定单位可以成为洗钱犯罪的主体应该成为我国反洗钱立法的选择。基于单位犯罪只有在法律明文规定的情况才可以构成，我们认为，在我国的反洗钱立法中应该规定单位犯罪，并明文规定：公司、企业、事业单位、机关和团体实施洗钱行为的，应当负刑事责任；单位构成犯罪的，对单位判处罚金，并对直接负责的主管人员和其他直接责任人员判处刑罚，即对单位犯罪实行双罚制，以遏止单位洗钱犯罪发展的态势。

3. 保护管辖权

保护管辖权是针对我国国家利益和公民利益而设立的一种保护性法律制度，其目的在于合理地维护特定国家及其国民的合理利益。由于洗钱行为的跨国性流动，通过保护性管辖来维护我国国家利益和公民利益是合理的。对此可以借鉴我国《刑法》的相应规定。我国《刑法》第 8 条规定："外国人在中华人民共和国领域外对中华人民共和国国家或者公民犯罪，而按本法规定的最低刑为 3 年以上有期徒刑的，可以适用本法，但按照犯罪地的法律不受处罚的除外。”因此，在进行我国反洗钱法的保护管辖权的设计时，必须坚持两个条件：(1) 该种犯罪按照我国法律最低刑为 3 年以上有期徒刑；(2) 按照犯罪地的法律也应受到刑罚处罚，即双重犯罪原则，因为如果按照犯罪地的法律不属于犯罪行为的话，由于犯罪分子是外国人，犯罪地点又在国外，根据该国不引渡原则，我国很难对该犯罪人进行法律追究，但如果不加以规定的话，就等于放弃了我国的管辖权，那些犯罪的外国人就可以利用洗钱犯罪行为肆无忌惮地对我国国家和公民的利益进行侵犯。因此，反洗钱法对此加以规定，有利于维护我国的国家利益，保护我国驻外工作人员、考察人员、留学生、侨民等公民的合理利益。

4. 普遍管辖权

普遍管辖权是随着跨国犯罪发展而出现的一种新型管辖形式。在国际司法实践中，有可能出现某种犯罪一国按照属人原则、属地原则和保护原则都无法行使管辖权，但该犯罪在国际社会中具有严重的社会危害性需要加以制裁处理的行为。对此，国际社会中确立了普遍管辖权原则，对于某种国际罪行，不论该犯罪人是本国人还是外国人，也不论该罪行发生在本国领域内还是本国领域外，只要该犯罪属于该国缔结或参加的国际条约所规定的罪行，一旦犯罪分子在该国领域内被发现，该国就应该在条约所规定的义务范围内行使管辖权。由于洗钱行为的上游犯罪以及洗钱行为本身大多都是国际条约所规定的犯罪行为，因此，在反洗钱法中确立洗钱犯罪的普遍管辖原则，不仅是我国履行国际公约义务的要求，也是反洗钱犯罪的必然结果。

5. 构成管辖权

它是指原生罪发生在一国境外，而对其外流收益的清洗在该国境内进行，无论一国对原生罪是否享有管辖权，但其对在本国境内发生的洗钱行为享有管辖权。[1] 这一刑事管辖权立法为欧盟所首创。如《欧洲反洗钱公约》第 2 条第 1 款规定：“缔约国是否对原生罪享有刑事管辖权，无关紧要。”《欧盟反洗钱指令》第 1 条第 3 款规定：“即使产生洗钱财产的犯罪行为是在另一个成员国或者第三国实施，仍然应当认为是洗钱。”这两项规定，首次采用了构成管辖权方式，较之《联合国禁毒公约》采用的传统刑事管辖权模式是一个创新。这对于打击跨国洗钱犯罪，具有重大的意义和深远的影响。我国在立法中采用构成管辖权的模式，有利于维护国家主权及其经济安全，有利于严厉惩治与有效预防洗钱犯罪。

---

[1] 阮方民：《洗钱罪比较研究》，中国人民公安大学出版社 2002 年版，第 260 页。

二、反洗钱法的时间效力

法律的时间效力包括反洗钱法的生效时间、失效时间以及反洗钱法是否具有溯及力。在此重点讨论反洗钱法的生效时间以及溯及力问题。

（一）反洗钱法的生效时间

反洗钱法的生效时间，是指反洗钱法发生法律效力即对人和事发生法律约束力的时间。关于法律的生效时间，通常有两种规定方式：一是从公布之日起生效；二是公布之后经过一段时间再发生法律效力。一般而言，法律既然是为解决现实社会问题而颁布的，当然在法律公布之后就应该发生法律效力，但由于有些法律对于人们而言比较生疏，或者该法律对人们的生活影响巨大，需要通过一段时间的法律宣传和教育工作，便于广大人民群众以及司法工作人员学习掌握，并且为了使司法机关及其工作人员做好相应的实施新法的心理和业务准备工作，有些法律的生效往往采取了第二种生效时间的规定。那么，我国的反洗钱法的生效时间到底应该采用哪一种模式呢？对此，我们认为，由于洗钱行为日益普遍，人类对于洗钱行为的危害有了一个基本的了解，特别是 1997 年《刑法》第 191 条规定洗钱犯罪以来，打击洗钱行为的社会心理以及执法准备工作都已经具备，在此情况下没有必要再给实施反洗钱法留下宣传普及的时段。因此，我国的反洗钱法的生效时间应该采用第一种模式，即在全国人大通过之后由国家主席颁布之日起生效。

（二）反洗钱法的溯及力

法律的溯及力，是指法律在生效后，对于其生效以前未经审判或者判决尚未确定的行为是否适用的问题 。如果适用，就具有溯及力；如果不适用，就没有溯及力。关于溯及力，各国主要存在四种不同立法例。

（1）从旧原则。即按照行为时的旧法处理，新法不具溯及力。

（2）从新原则。即按照新法处理，新法具有溯及力。

（3）从新兼从轻原则。即新法原则上具有溯及力，但旧法不认定为犯罪或者处刑较轻的，要按照旧法处理。

（4）从旧兼从轻原则。即新法原则上没有溯及力，但新法不认为犯罪或者处刑较轻的，则要按照新法处理。

以上关于法律溯及力的诸原则中，从旧兼从轻原则即符合罪刑法定原则的要求，又适应实际需要，因而为绝大多数国家所采用。

我国《反洗钱法》是否具有溯及力的问题，主要涉及对反洗钱法与《刑法》第 191 条的效力进行协调问题。由于《反洗钱法》相对 1997 年《刑法》

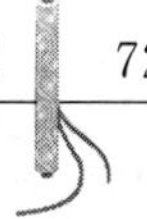

第 191 条关于洗钱犯罪的规定属于新法，同时又都属于基本法，因此，在两者发生冲突的情况下，应适用新法优于旧法的原则，《刑法》第 191 条关于洗钱犯罪的规定应当然被反洗钱法中洗钱犯罪的规定所代替，但在反洗钱法生效之前，未经审判或者判决尚未确定的案件，应适用有利于被告人的原则，采用从旧兼从轻原则，即反洗钱法对于其生效以前的行为原则上不具有溯及力，只有在反洗钱法处刑较轻的情况下，才能适用反洗钱法，这样规定符合法律可预期性的基本精神。

57. 国家反洗钱信息监测处理中心的构建*

一、国家反洗钱信息监测处理中心设立的必要性

国际反洗钱经验表明，建立国家反洗钱信息监测机构，集中收集、分析、监测和处理可疑交易信息，是开展反洗钱工作的基础和关键环节。信息是反洗钱工作的基础和前提，没有信息，反洗钱工作根本就无法开展和运作，更不谈取得良好的效果。FIU 是集中收集、分析处理交易报告的机构。FIU 定位于反洗钱的前沿和中枢，为反洗钱工作的开展提供了线索与证据，是有效打击洗钱犯罪的关键。因此，随着各国反洗钱工作体系或制度的不断完善，很多国家在反洗钱的斗争中认为有必要专门建立一个储备金融情报信息的“仓库”，目的在于集中反洗钱执法或主管部门的力量进行反洗钱调查活动；还有一些国家也意识到有必要专门建立一个专门机构接受、处理和分析可疑交易报告，在私人金融部门和政府立法当局或主管当局之间起到纽带和协调的作用。这些特殊的专门机构通常被称为金融情报中心即 FIU，它们使得不同的反洗钱主体如金融机构、法律实施当局、主管当局及司法当局等之间洗钱的情报信息迅速交换、传递变为可能。同时，FIU 在情报信息的处理过程中很好地保护了正当的合法的私人利益。鉴于 FIU 在反洗钱工作中特殊的角色和所发挥的非常重要作用，它日益受到各国的重视。因此，20 世纪 90 年代初期以来，全世界范围内许多国家相继设立各自的 FIU，许多国家成立了专门的反洗钱信息监测处理机构，如作为反洗钱信息监测处理机构合作组织的埃格蒙特集团的 58 个成员国家和地区成立了类似的机构。虽然不同的国家设立的 FIU 的需要和目的

* 本文在贾济东、赵慧同志的协作下完成，收录于《反洗钱的理论与实践》，中国金融出版社 2006 年版。

不尽相同，FIU的名称、组成、类型和职能也不尽一致，但其一般都具有以下特点：一是信息机构依法成立，职责明确；二是为了避免过多的行政干预、快速有效地处理大量信息数据，信息机构必须具有一定的独立性和信息处理权；三是洗钱信息的分析处理专业性和时效性极强，又涉及多个领域，信息机构需有金融、财政、税务、刑侦、法律等多方面的专家；四是信息机构一般都配有先进的人工智能分析系统，运行效率较高，能及时处理大量的信息数据。

反观我国反洗钱信息的收集和分析工作，取得了一定的成效，但也存在不少问题，主要表现为以下几个方面。

（1）大额交易报告多，可疑交易报告少。《金融机构大额和可疑外汇资金交易报告管理办法》规定，银行金融机构必须将达到大额标准的交易和可疑的资金交易上报给外汇局。银行对大额的外汇资金交易数据上报较好，但可疑资金交易报告少，特别是不能量化的可疑资金交易报告很少。产生这种问题的原因主要在于：银行工作人员对洗钱交易的识别机能还有待提高，对客户了解不够，不能分析资金交易与客户背景是否匹配，同时还有怕惹麻烦的思想。其深层次原因在于：银行经营主体追求利润最大化目标与履行报告义务、执行反洗钱法规之间的矛盾。在部门利益的驱动下，基层的营运部门不愿冒着失去一个既有客户的风险，而主动与主管部门合作对每一笔可疑交易进行监控。在这种情况下，严格保护客户秘密，维护客户的“合法”权益往往成为金融机构不履行报告义务的借口。

（2）非现场核查分析多，现场核查分析少。反洗钱工作的第一步就是收集数据，分析数据，发现线索。就外汇管理机关而言，目前的反洗钱工作主要集中在对收集的数据进行汇总上报，对反洗钱数据进行非现场分析，对有疑问的企业和个人，通过银行进行核查多，外汇局反洗钱工作人员进行现场核查少。洗钱线索的发现和锁定，不是一件容易的事，因为洗钱行为是隐蔽的，不那么容易发现，除了非现场的分析外，现场的核查，同银行一线工作人员直接接触，掌握客户的背景，分析资金交易的特点，是十分必要的。目前，银行的分支局反洗钱组织机构不健全，只设立了反洗钱岗，往往是一个人负责这方面的工作，疲于应付报表分析，没有精力进行核查。随着反洗钱工作的深入开展，这已经成为反洗钱效率一个突出的制约因素。

（3）对资金交易记录核查多，对客户背景深入了解少。对交易金额排列前30名和交易频率排列前30名的企业和个人，在要求银行核查的时候，银行对资金交易的账务记录核查多，从什么时间到什么时间段，做了多少笔交易，这些资金从什么地方来，到什么地方去，都能够说清楚，但是对客户背景则一无所知，或知之甚少，这暴露出银行对客户背景深入了解少。这就需要公安、工商、海关、税务、商务等部门的合作，建立反洗钱信息共享机制，为银行对资金监测对象背景的全面了解提供条件。

（4）对有关报表解读处理程序比较简单，尚不能对大量数据进行有效的分析判断。

（5）缺乏对不同部门提供的数据进行对比验证，降低了信息分析、甄别的效率和质量。

为了解决上述问题，增强对洗钱信息的可控性、监测与处置洗钱信息的有效性，适应反洗钱斗争的需要，经中央批准，我国专门的反洗钱情报部门——中国反洗钱监测分析中心已正式成立。该机构归中国人民银行管理，承担的职能目前主要有4项：（1）收集大额和可疑交易信息；（2）整理分析交易信息；（3）向执法、司法等部门提交分析结果；（4）开展情报交流。但该中心在法律和实践上存在两个问题：一是中心法律地位不明确，其职责没有明确的法律规定；二是其接收的仅是金融机构报告的信息，也就是说该中心目前只是金融领域的信息中心，而并非整个反洗钱活动的信息中心。因此，我们主张设立了一个不隶属于任何部门，直接受国家反洗钱工作协调机构领导的“国家反洗钱信息监测处理中心”，并提出如下理由。

（1）建立国家反洗钱信息监测处理中心是我国履行国际义务的需要。联合国《打击跨国有组织犯罪公约》和《联合国反腐败公约》均明确要求各缔约国建立金融情报机构，作为收集、分析和传递关于潜在洗钱活动信息的国家中心。如联合国《打击跨国有组织犯罪公约》第7条第1款（b）规定：在不影响本公约第18条和第27条的情况下，确保行政、管理和执法和其他负责打击洗钱的当局（本国法律许可时可包括司法当局）能够根据本国法律规定的条件，在国家和国际一级开展和交换信息，并应为此目的考虑建立作为国家级中心的金融情报机构，以收集、分析和传播有关潜在的洗钱活动的信息。联合国《反腐败公约》第14条第1款（2）项就国家情报中心的建立借鉴了《打击跨国有组织犯罪公约》的相关规定。2003年6月，国际上最重要的反洗钱组织——金融行动特别工作组（FATF），通过了第三次修订的被广泛认可为反洗钱工作全球标准的《40条建议》中规定：“各国应建立一个金融情报中心以作为接收、分析和分发可疑交易报告和其他关于潜在洗钱和恐怖融资情报的国家中心。”世界上许多国家都成立了专门的反洗钱信息监测处理机构，如欧盟理事会成员国就都成立了金融情报机构（FIUS），负责收集和分析根据理事会91/308/EEC号指令的规定收到的情报，旨在建立可疑金融交易与潜在的犯罪

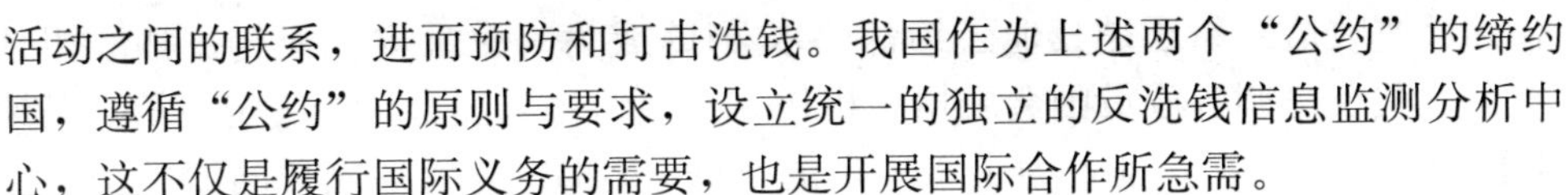

活动之间的联系，进而预防和打击洗钱。我国作为上述两个“公约”的缔约国，遵循“公约”的原则与要求，设立统一的独立的反洗钱信息监测分析中心，这不仅是履行国际义务的需要，也是开展国际合作所急需。

（2）设立独立的反洗钱信息监测中心是国际反洗钱斗争经验的总结。反洗钱信息监测处理中心负责收集、分析、监测、处理可疑交易、大额交易信息，是开展反洗钱工作的基础与关键环节。为了保证信息收集的准确性，防止过多的行政以及其他外部干预，强调反洗钱信息监测中心的独立性地位是必要的。这是因为，反洗钱斗争的经验教训表明，任何一个部门的内部机构是无法实现反洗钱协调与制约的。例如，英国的全国犯罪情报中心经济犯罪处成立之初曾在警察部门，但随着实践的发展还是通过立法变成了一个独立的机构即犯罪情报总署。这些经验说明，设立一个独立的不受其他因素干涉的反洗钱信息监测分析处理中心是十分必要的。

（3）设立国家级反洗钱信息监测处理中心是增强反洗钱信息监测功能的需要。随着国家级反洗钱信息监测处理中心的设立，这既不意味着信息收集监测和分析能力的减弱，也不意味着免除了中国人民银行、国际外汇局、银监局等部门提供洗钱信息义务，而是强调所有有关的洗钱信息必须汇集到国家反洗钱信息监测处理中心，每一个反洗钱主体都必须在自己承担反洗钱义务的范围内及时准确地将有关信息提交给国家反洗钱信息监测处理中心。这有利于实现反洗钱信息的统一化管理，有利于规范信息交换流程，提高信息监控及处理效率，更大限度地减少部门壁垒，实现反洗钱信息的资源共享与合作。从这个意义上看，反洗钱信息监测因为其体制的一体化、地位的权威性、运作的规范化、协作的有序性，这就从根本上解决了因制度或机制缺失造成监测信息的流失、监测成本无控制增长、监测效率与效益降低等，从而强化了一体化监测体制与一体化运行机制的功能。

二、国家反洗钱信息监测处理中心的地位

国家反洗钱信息监测处理中心的地位主要涉及的问题为：（1）国家反洗钱信息监测处理中心是否具有独立性；（2）国家反洗钱信息监测处理中心与刑事执法部门之间的关系如何加以界定。

从国际社会来看，FIU 是反洗钱协调机构的核心机构，所有国家的反洗钱协调机构都是围绕 FIU 建立和运转的。因此，FIU 的地位涉及反洗钱工作的成败。就 FIU 是否为独立性机构而言，需要从国际社会的立法和经验加以总结。就国际公约规定来看，不管是联合国《打击跨国有组织犯罪公约》《联

合国反腐败公约》还是其他公约都要求 FIU 成为一个独立性机构。如欧盟理事会《关于协调各成员国金融情报机构在交换情报方面合作的决定》第 2 条第 1 款指出：成员国保证，为了本决定的目的，FIUS 应为各成员国的一个独立机构，并符合下面的定义："为了打击洗钱，一个负责接收、（在允许程度上请求）分析有关可疑犯罪收益或被国家立法规定要求的金融情报线索，并向权力部门传播情报的中央国家机构。"第 3 条规定：成员国应保证本决定下的 FIUS 的功能应不受它们的内部状况影响，无论它们是行政部门、法律执行部门或者司法部门。这实际上强调了 FIU 独立性，其独立性包括两个方面，即内在的独立性和外在的独立性。其他国家的立法经验也说明了 FIU 独立的重要性。如比利时的金融情报处理中心、瑞士的洗钱报告中心、澳大利亚的 AUSTRAC 都是独立性机构；英国的国家刑事犯罪情报中心经济犯罪处成立之初曾在警察部门，但随着反洗钱的发展需要还是通过立法变成了一个独立性机构；加拿大的 FINTRAC 是一个独立的机构，向财政部长汇报工作，总部位于渥太华，并在温哥华、多伦多和蒙特利尔设有办公室。之所以要求 FIU 的独立性，主要理由就在于，只有 FIU 作为一个独立性机构，才能避免其受到其他机构的干预，独立自主地开展反洗钱信息的分析和收集，顺利完成反洗钱工作的任务。如果 FIU 受制于人，不仅无法保证信息收集的完整和准确，也无法独立地开展反洗钱信息的分析和监测，最终无法完成反洗钱任务。因此，我国国家反洗钱信息监测处理中心一定要具有独立性，它直接在国家反洗钱协调机构的领导下开展工作，对其负责，其他任何机构、团体和个人都无权对它的行为加以干涉。这种独立性表现为几个方面：（1）人事上的独立；（2）财政上的独立；（3）内部独立，即 FIU 工作人员在收集、分析监测洗钱信息时依法独立，行使其权力不受其他 FIU 部门或个人的干涉。

大额和可疑交易线索是监控资金交易和发现犯罪线索的重要手段，而且这些线索对于洗钱案件的侦查非常重要。因此，在各国的反洗钱协调机制中，刑事执法部门与 FIU 之间的关系十分重要，它是整个国家反洗钱机制的核心关系。关于 FIU 与刑事执法部门之间的关系，国际上存在以下两种模式。

（1）FIU 自行调查涉嫌洗钱犯罪案件。有的国家认为，如果不赋予 FIU 调查侦查权，当其发现可疑线索时再移送给刑事执法部门查处，有可能造成时间浪费，错过打击犯罪的最佳时机。并且，刑事执法部门的调查时间往往会过长，这不利于及时处理其他相关的金融交易信息。另外，由于 FIU 和刑事执法部门分属于两个不同的彼此相互独立的机构，由此可能造成部门壁垒，人为地造成制度消耗成本，不利于洗钱案件的查处。因此，有的国家采取了各种可行的方式，如通过将原有的刑事执法部门中的相关案件侦查室移植 FIU 等，赋予 FIU 侦查权。如果调查后发现洗钱罪成立，则可直接起诉；若发现不是洗钱罪，可将其移送其他执法部门处理。这种模式的国家主要有美国等。在美国，反洗钱机构较多，如国务院、财政部、国土资源部、司法部等，每一个反洗钱部门都具有洗钱案件的侦查权。但值得注意的是，还有同上述国家相区别的一种折中模式，即 FIU 具有初步调查权。如法国，其金融情报中心为 TRACFIN，设在财政工业部内，TRACFIN 就对涉嫌洗钱或其他犯罪的可疑交易线索有初步调查的权力。因此，TRACFIN 不直接将可疑交易线索移送警察部门或海关部门调查，而是经过分析和前期调查，有证据证明交易线索涉嫌犯罪后，才将其移交相应的部门立案调查；如有证据证明是清洗贩毒非法所得的，则将线索移交检察机关，如有证据证明是违法海关法的跨国清洗贩毒所得，则移送海关部门查处。[1]

（2）FIU 向刑事执法部门移送涉嫌犯罪线索。有的国家将 FIU 的职能限于信息情报收集、汇总和分析等，其最关键的职能是信息情报职能，通过 FIU，依托现代化的信息传输和分析系统，将原分散于不同行业、部门和地区的情报进行整合和分析。为提高移送刑事执法部门的可疑交易质量，减轻刑事执法部门的工作量，FIU 一般都下设专门的情报分析小组，分析大额和可疑交易线索，提出其怀疑该交易涉嫌犯罪的依据后，才通过一定的方式如电子化系统将有关交易违法线索移送刑事执法部门查处。还有的国家直接由刑事执法部门派代表常驻 FIU，作为联络员，以加快违法交易线索的移送和核查工作等。此外，各国 FIU 一般都建有综合性数据库，提供审计、纳税、诚信等方面信息查询的链接，供刑事执法部门调查时查询。如比利时金融情报中心的中心任务就是接受来自金融机构的可疑交易线索的举报，在对所收到的举报进行分析和筛选，并补充必要的信息后，将其中有严重洗钱犯罪（1993 年 1 月 11 日制定的法律中所列举的犯罪）倾向的举报移交司法部门；将其中该中心不认为应该移交给司法部门的举报存档。为了正确分析举报信息来源的准确性与否，比利时金融情报中心在接受举报后，有权向下列机构索取其认为有用的信息：举报可疑交易的金融机构；法律规定的所有其他金融机构和个人；所有警察机关；所有国家行政机关；监督部门、管理部门；欧盟委员会反欺诈协调处（OLAF）。

上述两种模式都有自己的优点，但也存在自身的不足。第一种模式当然有

[1] 吴卫华："试论我国反洗钱工作协调机制"，载 2004 年 9 月南京《反洗钱法国际研讨会文集》。

利于提高反洗钱案件查处的效率。我国主要在于需要赋予反洗钱局一定的侦查权，但这就涉及国家权力的重新分配，操作起来比较困难，不具有现实可行性。第二种模式建立在FIU和刑事执法机构良好的配合基础上，如果部门之间存在壁垒，就很容易导致洗钱案件的时机错失。因此，我们建议我国的立法模式可以借鉴法国那种折中主义模式。即：一方面，执法部门在调查涉及洗钱犯罪案件时，有权从FIU获取相关的金融交易报告资料，而FIU也有权从执法部门获取相应的情报，包括在初步调查可疑交易时需要的情报。FIU不受我国国内银行保密法的限制，所有具有报告义务的主体包括银行、保险机构、证券商、外汇部门等部门都必须向FIU提供其所需资料。另一方面，执法部门在收到反洗钱局提供了有证据证明交易线索的案件后，应该立即开展工作，并将结果报告给国家反洗钱局。再一方面，必须加快信息的网络化工作，为打击洗钱犯罪提供快速便捷的服务。在这方面，澳大利亚的经验值得我们借鉴。澳大利亚AUSTRAC电子化系统的建立大致可分成两个阶段：第一阶段（1992～1997年），属于起步阶段。1992年开发“电子数据采集系统”，1993年开发“交易报告分析与查询系统”。第二阶段（1998年至今），电子化系统得到大力发展。这一时期最重要的特点是互联网技术的飞速发展，开始建立数据仓库，开始与国内协作单位联网。1999年5月，AUSTRAC制定并发布了《信息技术战略规划》。AUSTRAC认为，未来需要重点关注两项技术的发展和应用：一是门户技术。需要建立一个内部门户网站，把应用系统整合和集成为一个整体，为用户提供便利的单一入口。二是数据挖掘。要把多个数据库的信息（如银行交易数据库、联邦或州的犯罪历史数据库等）集成起来，尽快侦破洗钱犯罪案件。因此，为了保障执法部门能有力地打击洗钱犯罪，我国国家反洗钱局应该加强反洗钱信息情报的基础设施建设，对我国每个公民进行终身编号，将户籍、身份证、护照、银行账号、学历学位、工作及收入的基本情况予以登记，作为公民基本信息放入内部网上资料库，为反洗钱工作搭建平台。有关机关在办案过程中可根据需要上网检索和查询，同时也便于对网上交易进行监督。这种模式的优点在于克服了前两者的不足，有利于洗钱线索的收集，有利于克服反洗钱机构之间的壁垒，节约司法成本，便于司法机关把主要精力放在有明显证据证明的洗钱犯罪案件的侦查上，有利于打击洗钱犯罪。

三、国家反洗钱信息监测处理中心的职能

关于FIU的职能，不同国家的FIU的职能可能存在一定的差异。如比利时的金融情报中心由一个理事会、一个管理处和一个警方情报联络处组成。理

事会的职能是决定是否将可疑交易提交给司法机构，理事会作出的决定需要多数成员的赞成票，在反对票和赞成票相同的情况下，主席的投票为决定性投票。管理处负责接受可疑交易的举报，补充收集必要的信息后，对所接收的举报进行筛选，然后提交到理事会。警方情报联络处的职能同金融情报处理中心的主要职能是一致的，其工作的侧重点是收集国内外警方有关金融机构所举报的可疑交易的情报，以及寻找有可能同可疑交易有关联的犯罪线索。澳大利亚的交易报告与分析中心（AUSTRAC）是直接向司法和海关部部长负责的独立的联邦政府部门，同时也是联邦总检察长的下属机构之一。AUSTRAC 具有两方面的职能：(1) 作为金融和博彩行业的监管者，承担着反洗钱、反恐怖主义融资以及反金融领域犯罪的责任；(2) 作为金融情报中心（FIU），通过监测和遏制洗钱、逃税、其他严重犯罪和恐怖融资，为执法部门、反恐部门和税收部门提供情报服务和帮助。而瑞士《联邦预防金融机构洗钱法》第 23 条则规定：洗钱报告中心须对收到的报告中涉及的情况进行核实，应采取 1994 年 10 月 7 日颁布的《联邦中央刑警总局法》所规定的步骤；该中心须使用自己的数据系统来处理有关洗钱的资料；该中心在有理由怀疑发生了刑法典第 260 条第 1 款或第 305 条涉及的犯罪行为、所涉及的资产为犯罪所得或某犯罪组织有支配该资产的权力的情况下，须立即通知主管的公诉机关。《加拿大犯罪收益（洗钱）法》第 40 条规定：加拿大金融交易和报告分析中心（FINTRA）是一个独立部门，负责收集、分析、评估和披露信息以便为侦查、预防和制止洗钱提供帮助，确保控制下的个人信息受到保护，未经授权不得泄露，并通过工作来提高公众对于洗钱相关事宜的知晓和理解等。FINTRAC 的主要职责是为侦查与阻止洗钱和恐怖融资活动收集、分析并披露相关信息。地区办公室只负责将收集的信息向总部报告，不负责进行分析。FINTRAC 同时也有对报告主体进行合规审查的职责，即负责确保报告主体履行了其在反洗钱法律下的义务。美国的金融犯罪执法网络即 FinCEN 的主要职责是为洗钱及其他金融犯罪的侦查与起诉提供信息与分析。具体来说，FinCEN 的主要任务分为三个方面，首先，根据《银行保密法》等反洗钱法律的规定，要求金融机构及其他报告义务主体提交可疑交易报告和现金交易报告，并保存交易记录。其次，对收集到的信息进行分析，并将信息及分析结果提供给执法部门。其三，监督各报告主体建立反洗钱内控制度，并派检查专员检查内控制度的运行。

通过以上国家立法的比较考察，我们认为，我国反洗钱信息监测处理中心的职能应该包括以下几个方面：(1) 接受各报告主体提供的反洗钱信息；(2) 分析、评估该信息，并根据不同情况作出不同的处理；(3) 应刑事执法部门的请求，提供相关洗钱信息的查询和监测工作；(4) 负责反洗钱信息的国内和国际交流；(5) 监督、检查各主体建立内控制度，并给予相应的处罚。

四、国家反洗钱信息监测处理中心的人员编制与经费安排

关于FIU人员的组成，从国际社会来看，主要体现为两个特点：(1) 专业性；(2) 综合性。专业性是指反洗钱工作作为一项技术性工作，对反洗钱工作人员的专业要求很高，特别是关于洗钱的分析和监测，就要求相关人员具有较高的金融知识，因此，在国家反洗钱信息监测处理中心中必须有相关专业性人才的参与，这样才能发挥FIU真正的功效。在这方面，有一些国际经验值得我们借鉴。如比利时的金融情报处理中心的理事会共有6名成员，除3名检察官以外，都是金融专家，目前的3位金融专家分别由银行监督官员、保险公司官员和经济学教授构成，从而保证了该中心的专业性运作。美国的FinCEN的工作人员主要是情报专家、金融专家和计算机专业人员。联合国《与犯罪收益有关的洗钱没收和国际合作示范法》建议，情报机构应由在金融、银行、法律、情报、海关或警察调查方面（以及政府部门认为可利用的其他方面）有特长的专家组成。因此，我国反洗钱信息监测处理中心应该借鉴这一经验，在人员组成上应该有具有金融、法律、情报等方面的专家。综合性是指反洗钱信息监测处理中心的人员组成应该具有学科交叉性。由于洗钱犯罪和洗钱信息的处理牵涉到金融、执法和司法等多个学科领域，也由于洗钱犯罪的跨国性、跨区域性很强，只有相关领域内有经验的专家专业人员组成，才能形成打击洗钱犯罪的合力，也才能及时、准确地对洗钱案件和洗钱罪犯加以识别。如，比利时金融情报中心既有金融方面的专家，还包括3名检察官。而英国的国家刑事情报局经济犯罪处的工作人员来源非常复杂，有的来自警方，有的来自海关，有的来自税务，还有的来自金融管理机关和福利机构。因此，在我国反洗钱信息监测处理中心的人员配置上可以适当考虑人员组成综合性这一国际经验做法。为了保证反洗钱信息监测中心机构、人员编制的法定性与权威性，中央编制部门一定要在充分调研论证的基础上予以确定，防止简单以行政机构设置方法套批该机构，拍脑袋决策划定人员编制。

关于反洗钱信息监测处理中心的经费安排，国际社会的做法有差异。根据比利时《金融情报处理中心构成、组织与独立法》第12条的规定：比利时金融情报处理中心有自己独立的预算，但最高限额由司法部和财政部确定并需要接受他们的监督。其经费由向其提供有关可疑交易的举报义务的金融机构和有关个人提供。这些金融机构虽然向“中心”提供了经费，但无权对其行为加以

监督。《加拿大犯罪收益（洗钱）法》就规定，加拿大金融交易和报告分析中心主任应由总督支付固定的薪水。《澳大利亚1988年金融交易报告法》第36A关于AUSTRAC主任的报酬规定为：（1）中心主任的报酬由报酬裁定委员会决定；（2）中心主任享有规定的津贴；（3）本条根据《1973年报酬裁定委员会法》生效。联合国《禁止非法贩运麻醉药品和精神药物公约》第5条第5款规定：缔约国按本条规定依另一缔约国的请求采取行动时，该缔约国可特别考虑就下列事项缔结协定。将这类收益和财产的价值或变卖这类收益或财产所得的款项，或其中相当一部分，捐给专门从事打击非法贩运及滥用麻醉药品和精神药物的政府间机构。联合国《打击跨国有组织犯罪公约》第14条第3款规定：一缔约国应另一缔约国请求依照本公约第12条和第13条规定采取行动时，可特别考虑就下列事项缔结协定或安排：（a）将与这类犯罪所得或财产价值相当的款项，或变卖这类犯罪所得或财产所获款项，或这类款项的一部分给根据本公约第30条第2款（c）所指定的账户和专门从事打击有组织犯罪工作的政府间机构。我国台湾地区"洗钱防制法"第12-1条第1款规定：依前条第一项没收之犯罪所得财物或财产上利益为现金或有价以外之财物者，得由法务部拨交检察机关，司法警察机关或其他协助查稽洗钱犯罪之机关作公务上使用。因此，国家反洗钱信息监测处理中心的经费存在三种安排：一是由负责向其报告的主体支付；二是由纳入国家财政；三是从洗钱犯罪所得中予以划拨。在这三种模式中，我们认为，我国应采用国家财政保障为主加从洗钱犯罪收益追缴中划拨相结合的体制。即：在对内反洗钱信息情报监测的经费由中央财政统一支付，在与国际反洗钱合作中从我国境内协助追缴的洗钱犯罪收益中提取经费，或在他国协助追缴的犯罪收益中提取、划拨一部分经费，既能平等地承担国际义务，加强国际合作，又有利于消除国际合作障碍，分散反洗钱风险，解决经费不足，尽可能地多追缴收益，减少国家损失等，同时有利于鼓励FIU在洗钱犯罪中发挥解决主动作用。

五、国家反洗钱信息监测处理中心的运作模式

根据世界各国对FIU职责的规定，FIU的主要工作可以分为四个步骤，即信息收集、信息分析、信息披露和信息交换。下面以美国金融执法网络（FinCEN）和加拿大的FINTRAC为例分析FIU的主要运作过程。

1. 信息的收集

FinCEN的最主要信息来源是反洗钱法律规定的报告主体所报送的信息，包括金融机构以及赌场等非金融机构。其他的信息来源还有执法部门的信息数

据库和商业数据库。报告主体报送信息主要是报送电子文本，也有纸质报告的报送。报告主体均是直接向 FinCEN 报告信息，无需报送到监管部门与执法部门，监管部门与执法部门可以向 FinCEN 提供信息，但无报告的义务。FINTRAC 的信息来源与 FinCEN 很相似，包括法律规定的报告主体、执法部门、加拿大安全信息服务系统、商业和公共数据库以及国际合作者和公众。报告的主要方式也是通过 FINTRAC 的网站；对于电子资金划拨可以成批报送；对不能通过电子手段传输的可以通过传真或邮件进行纸质报送。[1]

2. 信息的分析

1993 年 3 月，FinCEN 就着手建立一套人工智能系统，以加强对收集到的信息的分析。FINTRAC 同样是运用技术分析工具将数据分类与研究，审查出可能与洗钱或恐怖融资相关的信息。[2]

3. 信息的披露

FinCEN 有完备的数据库，收录了收集到的信息及分析的结果，监管部门和执法部门均可以随时进入该数据库，免费查询并获得所需要的信息，作为执法的依据与证据。而私人则不得进入该系统。执法部门与监管部门派驻在 FinCEN 的联络员也可以起到传递信息的作用。FINTRAC 的信息披露制度要比美国严格。监管部门与执法部门均不得进入 FINTRAC 的系统查询信息。只有经 FINTRAC 分析，有合理的理由怀疑该信息可能与洗钱或恐怖融资有关或可能会影响加拿大安全时，才会向执法部门披露信息的概要。如果执法部门想要详细地了解该信息，必须得到法院出具的提交令（production order）提交给 FINTRAC，FINTRAC 才会把全部信息给执法部门。加拿大就是通过这种方式来达到保护私人信息与反洗钱信息披露的平衡。[3]

另外，关于信息反馈问题，即执法部门利用信息的效果。在美、加两国法律中，对信息的反馈均无强制性规定，即执法部门与监管部门均无义务将其使用信息的效果反馈给信息中心。但在实践中，这些部门通常会沟通，交流信息的准确度及对调查的作用等情况。

4. 信息的交换

信息交换是一国 FIU 为了履行国际公约义务，依照他国 FIU 或侦查、司法部门的请求而将其掌控的有关该国涉嫌洗钱交易的情报信息予以提供或披露

[1] 吴卫华等：《关于反洗钱立法赴美国、加拿大考察情况报告》，第 14 页。

[2] 同上。

[3] 同上书，第 15 页。

的行为。

信息交换同信息披露有相似之处，但两者涉及情报信息的范围、披露与交换的程序、交换的对象有着根本的区别。

（1）范围不同。相对国内信息披露而言，后者所提供的信息必须是同请求国的洗钱犯罪直接关联的，亦即洗钱犯罪或上游犯罪，或洗钱收益被移转情形之一发生在提供信息的国家的。

（2）请求权的限制不同。即请求提供交换信息情报的国家须是参加缔约并受公约条款约束，提供国为有履行义务的国家。

（3）遵循的原则不同。即请求国与提供国在国际法上的地位是平等的，在此前提下，两者交换信息、提供情报是至为对等的义务，一方不得为另一方无条件地提供信息或享受情报，这种对等交换信息与情报可能构成一个现实的或限期的对等互利互惠的合作关系，也可能处于一个较长期的合作的预期对等互利互惠关系；在欧盟，这种互换信息则是欧洲一体化框架下的法定义务与法定权利。随着洗钱犯罪的日益猖獗，国际和地区反洗钱协作的增多，而反映在立法上也日益成熟。《联合国禁毒公约》第 20 条原则规定了“应由缔约国提供的情报”。《联合国制止向恐怖主义提资助的国际公约》第 12 条第 4 款规定：“每个缔约国可考虑设立机制，与其他缔约国分享必要的信息或证据，以按照第 5 条确定刑事、民事或行政责任。”《联合国打击跨国有组织犯罪公约》第 28 条规定了“收集交流和分析关于有组织犯罪的性质的资料”，《联合国反腐败公约》第 56 条规定：“在不影响本国法律的情况下，各缔约国应当努力采取措施，以便在认为披露根据本国确立的犯罪的所得的资料可以有助于接收资料的缔约国启动或者实行侦查、起诉或者审判程序时，或者在认为可能会使该缔约国根据本章提出请求时，能够在不影响本国侦查、起诉或者审判程序的情况下，无须事先请求而向该缔约国转发这类资料。”第 58 条规定：“缔约国应当考虑设立金融情报机构，由其负责接收、分析和向主管机关转递可疑金融交易的报告。”第 61 条第 2 款规定：“缔约国应当考虑尽可能拟订共同的定义、标准和方法而相互并通过国际和区域组织发展和共享统计数字、有关腐败的分析性专门知识和资料，以及有关预防和打击腐败的最佳做法和资料。”《联合国与犯罪收益有关的洗钱没收和国际合作示范法》第 3 编第 1 章第 1 节第 3 条规定：“根据相互协调，金融机构可与负责接受和处理可疑交易报告的外国金融情报机构交换情报……在收到来自外国处理可疑交易报告的对等情报机构的情报请求后，金融情报机构应在处理这些报告所拥有的职权范围内作出回应。”由此，国际公约对信息情报交换的立法规定，经历了交换主体、范围、程序、约束等不明确到较为明确的过程，不仅细化了反洗钱监测机构的运作方式，也为国际合作提供了广阔的前景。而欧盟 2000 年 10 月 17 日通过施行的《关于协调各成员国金融情报机构在交换情报方面合作的决定》指出，伴随着 FIUS 与成员国和 FIUS 多学科组织的调查部门之间情报交换的提高，整合金融、法律执行和司法部门的知识，改善金融情报机构之间的情报交换机制是有组织犯罪多学科组织内设的洗钱专家组认识到的目标之一。该《决定》使欧盟国家间的信息情报交换机制上升到法律规范，并使它制度化和程序化，为国际反洗钱信息情报交换提供了立法经验。随着我国国际反洗钱合作步伐的加快，加强对反洗钱信息监测情报交换方面的机制完善、体制创新、立法完善和制度创新，已急迫地提上了重要议事日程。因此，以国际和地区立法经验为借鉴，构建我国反洗钱监测信息情报交换制度是十分必要的。

5. 处罚措施

关于报告主体未按法律规定履行报告义务的情况，FinCEN 和 FINTRAC 在权限上有很大的不同。根据《银行保密法》的规定，对不履行报告义务的机构，有民事处罚也有刑事处罚。FinCEN 有权作出民事处罚的决定。刑事处罚则由法官作出。而在加拿大法律中，对这种情况只有刑事处罚，没有民事处罚，也就是说 FINTRAC 没有处罚权。如果报告主体违规情况轻微，一般是由 FINTRAC 与其协商解决，情况严重时，则交由警察起诉。据工作人员介绍，自 FINTRAC 成立至今，尚未发生移送警察部门处理的情况。❶

从以上对美、加两国信息中心的介绍可以看出，虽然两个机构在组织结构、职责、运作方式、处罚权等多个方面都有区别，但最主要的差别体现在信息披露制度上。很明显，在打击洗钱和保护私人信息这两种利益的权衡中，美国偏重于前者，而加拿大更注重后者。但从执法机关的反应来看，加拿大严格的信息披露要求或多或少地影响了 FINTRAC 在反洗钱工作中的作用的更好发挥。如在与 IMET 会谈时，该部门官员就表示 IMET 调查案件就很少采用 FINTRAC 的信息。其中的一个原因就是 FINTRAC 不能提供全部的资料。❷

因此，我国的 FIU 建设应该汲取加拿大这方面的经验，FIU 的信息免费对监管部门和执法部门开放，这一点在上述 FIU 与执法部门之间的关系时已经作了论述。另外，美、加两国在信息披露制度的设计上，一个是查询制，一个是主动披露；一个重提高打击洗钱活动的效率，一个重保护私人信息。制度

❶ 吴卫华等：《关于反洗钱立法赴美国、加拿大考察情况报告》，第 17 页。

❷ 同上。

设计如何取舍，通常是由该国的实际需要决定的。我国在进行制度设计时也要考虑我国洗钱活动的实际情况。鉴于我国洗钱活动日趋严重，并考虑到执法部门与监管部门工作的实际需要，建议我国的信息披露制度采取主动披露与查询制相结合，在打击犯罪的前提下保护个人隐私权的指导原则。具体来说，建议信息中心的资料及分析结果对执法部门和监管部门免费开放，可备随时查询；同时，信息中心对有洗钱嫌疑的信息也有义务及时告知执法部门与监管部门。对于涉及个人隐私的信息，建议通过技术手段加密，执法部门与监管部门需经特殊的批准程序方能获得。此外，还要设立严格的保密制度，禁止私人获得信息，严禁将信息用于反洗钱之外的用途，严惩非法使用信息，同时设定严格的法律责任。再者，从美、加两国的做法来看，执法部门对信息中心不承担信息报送与信息使用效果反馈的义务，其主要职责是根据信息中心提供的信息，进行洗钱犯罪调查。美、加信息中心虽无反馈义务，但中心及执法部门越来越感到反馈对于信息的有效利用、总结经验、提高分析能力等具有重要作用。因此，我们在前述 FIU 与执法部门之间的关系时就设计了信息反馈义务，要求执法部门对于 FIU 提供的信息处理结果报告给 FIU，这样做的目的在于保证有关洗钱信息的合理利用，同时形成一种 FIU 与执法部门之间的相互制约关系，促进反洗钱行动的深入开展。

58. 试论反洗钱协调机制的构建*

一、反洗钱协调机制的性质与特点

反洗钱协调机制，是指以国家反洗钱协调机构为主导，以指导、监督、协调、管理为基本途径，以反洗钱义务报告机关、信息监测部门、调查机关、刑事侦查机关、司法机关各司其职，各负其责，相互配合，相互制约，协调一致，形成合力，优化资源，降低成本，提高效率与效益，维护国家经济安全，维护公平正义的市场交易秩序，维护国家、集体、经济组织、公民的合法权益为目标，具有反洗钱制度安排性质的层级结构体系。所谓制度，在西方新制度经济学理论看来，它是“人民有意识制订的一系列政策和规则，它包括政治规则、经济规则和契约以及由各类正式规则所形成的一种等级结构”。❶ 在广义上，它是人们现实所形成的各种经济、社会、政治组织或体制的集合体，是一切经济活动与种种经济关系所产生和发展的构架。❷ 格鲁奇则把制度概括为具有“规则性、系统性或规律的共同点”，它是构成统一体的各个项目相互依存或相互影响的综合体或图式。制度安排同制度的区别在于：前者是指支配经济单位之间可能合作与竞争的方式的一种安排，其目标：（1）提供一种结构使其成立的合作获得一些在结构外不可能获得的追加收入；（2）提供一种能影响法律或产权变迁的机制，以改变个人（或团体）可以合法竞争的方式，通常可概括为经济原则（或经济效率原则）和安全原则。❸ 后者的外延要广泛得多，制

---

* 本文发表于《法治时代》2005 年概念版；收录于《反洗钱的理论与实践》，中国金融出版社 2006 年版。

❶ 张培刚主编：《发展经济学教程》，经济科学出版社 2001 年版，第 152 页。

❷ 同上。

❸ 卢现祥：《西方新制度经济学》，中国发展出版社 2004 年版，第 34 页。

度安排在制度范畴内仅仅是一个层级结构，是制度实现与运行方式的一个侧面或一个子系统，若干个层级结构或子系统，才构成制度层级结构本身或构成完整的大系统。[1]

反洗钱协调机制作为反洗钱制度安排，在反洗钱制度层级结构中处于联结、枢纽的地位，是其他反洗钱制度层级体系所不能替代的。反洗钱义务报告制度在反洗钱制度层级结构中处于先导性的地位，其功效在于监管市场交易行为，发现可疑交易资金，依规则对大额、可疑交易资金提供报告义务，为信息监测中心发现、鉴别、确认洗钱行为提供基础。信息监测情报中心在反洗钱制度层级结构中处于基础性地位，其功效在于对报告义务机关或报告义务人所提供大额、可疑交易行为依规则进行调查、审核、鉴别与确认，在紧急状态下依规则启动应急预警机制，即通报、告知调查机关或侦查机关，或检察机关采用法定强制措施，即冻结洗钱资金、避免赃钱的移转、变换、隐蔽等，为调查机关或侦查机关提供准确的情报或洗钱信息、材料与证据，从而为调查或侦查机关提供前提和基础。反洗钱调查机关或侦查机关或检察机关在反洗钱中处于关键地位，其功效在于通过对洗钱情报充分地运用，依规则和程序进行调查、收集证据、冻结账户、扣押财产、追缴赃钱及其收益，依行政规则处罚洗钱违法者，或依刑事诉讼法进行立案侦查、逮捕、起诉、交付审判，为单处或并处没收非法收益及其财产发挥惩罚性作用。而反洗钱协调机制的地位具有独立性，其主要功效在于将反洗钱制度中有关的指导思想、基本原则、根本任务、政策措施贯穿于反洗钱的各个阶段与环节之中，使相对独立、各司其职的反洗钱机关、部门与机构形成有机的整体。因此，反洗钱协调机制具有枢纽和联结作用，在反洗钱斗争日益深入的形势下，其制度层级功效日显重要。这是因为，反洗钱协调机制，在反洗钱制度规则中属于一个层级，它是蕴含在反洗钱制度体系中的内在综合要素，是各个子系统相互联结的“桥梁”。一方面，它以自身的独立性构成一个小系统；另一方面，它又向其他子系统渗透与联结，共同构成反洗钱制度的大系统。换句话说，反洗钱协调机制寓于反洗钱的各个子系统中，各个子系统通过协调机制相互联结，从而构成科学的反洗钱体系结构。反洗钱机关同反洗钱机制的区别在于：前者是行使反洗钱协调规则的单位，后者是有关协调反洗钱主体行为的游戏规则，两者是种属关系，即被包容与包容关系，从一定意义上讲，反洗钱协调单位是行使反洗钱协调机制的主体之一或主导者之一，它本身仍属于反洗钱协调机制的一个有机组成部分。

[1] 卢现祥：《西方新制度经济学》，中国发展出版社2004年版，第36页。

从反洗钱协调机制的定义出发，其特征可概括如下。

（一）独立性

相对于反洗钱义务报告机关、信息情报监测部门、调查机关、刑事侦查机关、司法机关自身运行机制而言，反洗钱协调机制作为一种外部调控机制，具有相对独立性。其功能作用的启动、介入与运行，有赖于这些部门运行机制的接收、磨合、容纳，并通过自身运行机制的作用得以实现。一方面，它以独立的机制凭借一定的规则与程序来作用于这些部门既定的运行机制，以实现协调机制所要达到的追加利益与安全目标；另一方面，它依照既定职责“比较优势”并按照一定的规则与程序，对于这些部门怠于职责或乱作为，或不遵循既定规则与程序，给反洗钱“一体化”功能作用产生“噪音”，进而增加其自身机制运行成本或产生负效益等，反洗钱协调机制能够有序地予以校正，使反洗钱效率达到“帕累托最优”状态。

（二）系统性

反洗钱协调机制自身是一个层级系统。其职责包括制定国家反洗钱战略、阶段目标、政策策略、实施步骤等；定期或不定期开展反洗钱情报检查，总结推广经验；协调相关部门将反洗钱纳入国民经济、社会发展中长期计划与年度计划；协调反洗钱职能部门开展反洗钱的统一行动、重大活动；开展反洗钱教育与防范活动；开展国际反洗钱交流与合作；拟定、审查或提请反洗钱法律、行政法规等规范，为建立反洗钱法律体系与制度体系开展调研与决策咨询活动等。其载体上由法律、行政法规、规章、规定等规则与程序所表达；机构上由内部的层级部门与外部的上下层级机构来保障。因而，反洗钱协调机制具有自身的系统性、规范性与严密性。

（三）律他性

反洗钱协调机制的突出功效在于：有效地化解反洗钱职能部门之间的“利益冲突”；防范或校正反洗钱过程中易发多发的“委托—代理”问题，减少反洗钱的“外部利益”与“外部风险”，弥补或减少反洗钱“制度缺失”或“制度真空”所形成的反洗钱整体利益损失；减少或防范因部门规则与程序冲突造成的反洗钱摩擦成本，控制和克服反洗钱“边际效应陷阱”现象，即由于部门利益冲突，部门规则与程序冲突，使得反洗钱的社会成本不断增加，而反洗钱整体效益无控制地递减，并且形成无法自我克服的一种状态。因此，科学有序的反洗钱协调机制是解决上述反洗钱“成本—收益”困境必不可少的，它所具有的律他性功能对反洗钱制度体系的良性运行具有不可或缺的作用。任何分兵把口、各自为战的机制，其运行结果必然是低效率的，且风险成本偏高。

（四）载体性

反洗钱协调机制的载体或外化包括四方面：（1）一定的制度安排；（2）一定的有形规则与可操作的严密程序；（3）社会大多数人在现实上的认可与行为上的遵从；（4）自上而下严密的组织系统与组织结构。即：从纵向而言，有一套机构组织；从外部而言，能直接作用反洗钱的职能部门与职能机关。严密规范的组织体系，不仅为反洗钱职能部门与全社会开展有效的反洗钱斗争所必需，而且为国际社会实践所证明。

（五）权威性

反洗钱协调机制的权威性不是凌驾于反洗钱职能部门之上的绝对权力，而是其制度安排的法定性、其自身层级结构体系的科学性、可行性与现实必要性，更重要的是其利益目标选择的一体化、反洗钱法律实施的一体化、反洗钱力量的一体化、反洗钱功能的最大化、反洗钱成本的最优化。同时，任何以反洗钱协调机制权威为名而追求自身利益的，都将被机制所抵制或无效，或最终被机制的力量所校正。

二、建立反洗钱协调机制与组织机构的必要性

反洗钱涉及很多领域和部门，通过立法形式建立反洗钱工作协调机制与反洗钱协调机构并规范其制度安排具有重要意义。反洗钱协调机制的运作成功与否，关系到整个反洗钱工作的成败。因此，我们主张建立国家反洗钱协调机制，确立组织机构，统一协调全国的反洗钱政策和法律措施的实施工作。在该协调机制的指导、监督、管理下，相关的国家行政部门如人民银行、财政部、司法部、民政部、建设部、物价总局、商务部、发改委、国土部、工商总局等根据反洗钱法的要求，针对各自所管理的行业或单位建立健全反洗钱预防和控制制度，并向反洗钱信息监测处理中心上报大额和可疑交易报告。设立国家反洗钱协调机制及组织机构的思路是合理的，符合反洗钱工作的基本规律，同时是国际立法经验在我国反洗钱立法上的借鉴。

（1）洗钱活动方式上的多样性和范围内的广泛性，决定了反洗钱工作是一项复杂、系统的社会工作。金融、财政、税务、工商、海关、外汇管理、外交、公安、司法等在反洗钱工作中占有重要的地位。只有建立有效的反洗钱协调机构，各部门各司其职、各负其责、协调配合，才能保证反洗钱工作取得成效。建立反洗钱协调机制，设立相应的组织机构，有利于集中执法资源，减少反洗钱制度运行滞阻带来的无谓消耗，形成反洗钱合力；有利于建立反洗钱情报交流和共享机制，及时获取反洗钱犯罪线索，建立犯罪预警机制，提高反洗

钱的效率。

(2) 建立反洗钱协调机制与组织机构是我国反洗钱工作经验与教训的总结。2002 年 5 月，经国务院批准，我国建立了反洗钱联系会议制度，确定公安部为牵头单位。2003 年 5 月，公安部向国务院递交《关于加强反洗钱工作有关问题的请示》，提出我国反洗钱工作具体办事机构设在中国人民银行的建议，得到批准。2003 年 9 月，修改后的人民银行“三定方案”明确规定：“原由公安部承担的组织协调国家反洗钱工作的职责转由中国人民银行承担”，并在中国人民银行主要职责中明确规定：“组织协调国家反洗钱工作，指导、部署金融业反洗钱工作，承担反洗钱的资金监测职责。”2003 年 9 月，经国务院批准，中国人民银行设立了反洗钱局，负责组织协调国家反洗钱工作，研究和拟订金融机构反洗钱规划和政策，以及承办反洗钱的国际合作与交流工作等。但我们认为，由中国人民银行负责协调全国的反洗钱工作既没有法律依据，也不具有可行性。调查表明，中国洗钱犯罪金额每年不少于 2 000 亿元人民币，相当于我国经济总量的 2%左右。这充分说明，我国的洗钱活动非常猖獗，洗钱行为已经成为危害我国经济发展、影响社会稳定的毒瘤。而根据司法机关的报告，我国到目前为止仅有一例洗钱行为进入司法程序，而且该案还是在查处其他犯罪过程中发现的。两者的对比，深刻地反映了一个事实，那就是：我国目前的反洗钱工作不得力，反洗钱力量没有很好地整合，现有的反洗钱协调机制及组织机构无法实现反洗钱的效率与效益。作为我国治安保卫机关并具有一定的行政强制措施的公安部门都无法协调我国的反洗钱工作，我们很难相信承担制定和执行我国货币政策、防范和化解金融危险、维护金融稳定职能的中国人民银行能够完成公安机关所不能协调的反洗钱工作。事实上，中国人民银行作为货币宏观调控部门是无法协调好全国的反洗钱工作的。对于这一点，中国人民银行首任反洗钱局局长凌涛 2004 年在深圳召开的反洗钱国际研讨会上表示：“尽管金融机构是反洗钱工作的中坚力量，但反洗钱绝不是金融机构一家能完成的。反洗钱局在组织协调反洗钱工作的同时，为了更好地与其他部门协调，目前已经向国务院建议成立一个由国务院牵头的反洗钱工作领导小组。”另外，根据《中国人民银行法》第 4 条第（10）项，中国人民银行仅仅“指导、部署金融业反洗钱工作，负责反洗钱的资金监测”，并不具有组织协调全国反洗钱工作的职责，同时也没有权力对其他行政部门以及非金融机构的反洗钱工作进行管理。因此，将反洗钱协调工作赋予中国人民银行，其制度创设没有法律依据，实践中也是不成功的。

(3) 建立反洗钱协调机制与组织机构具有相应的制度依据。根据国务院于

1997 年 8 月发布的《国务院行政机构设置和编制管理条例》第 6 条第（7）项，“国务院议事协调机构承担跨国务院行政机构的重要业务工作的组织协调任务。”根据该《条例》第 10 条第（1）项，“设立国务院议事协调机构，应当严格控制；可以交由现有机构承担职能的或者由现有机构进行协调可以解决问题的，不另设立议事协调机构。”该《条例》表明，国务院议事协调机构的设立必须是为了解决跨部门之间重要业务，同时必须是在现有机构无法解决该问题的情况下才有必要。根据该《条例》关于设立国务院议事机构目的的规定，我们认为，反洗钱协调机制的建立符合该《条例》的立法目的。由于反洗钱工作涉及银行、海关、财政、工商、税务、审计、外交、外汇、保监、证监、银监、外商投资办、公安、检察、法院等的协作，同时现有的中国人民银行反洗钱协调机构没有能力完成该协调工作，因此，根据该《条例》设立全国反洗钱协调机构是有章可循的。根据该《条例》第 6 条第（7）项，“国务院议事协调机构议定的事项，经国务院同意，由有关的行政机构按照各自的职责负责办理。”也就是说，有关行政机构在协调议事机关作出相应的行政行为后，必须根据自己的职责完成该项工作，从而保证协调机制目标任务的实现。

（4）建立反洗钱协调机制与组织机构是国际社会的普遍做法。建立有效的反洗钱协调机制及其组织机构，是国际社会打击洗钱的成功经验。许多国际组织如世界银行（WB）、国际货币资金组织（IMF）、金融行动特别工作组（FATF）等都规定了反洗钱协调机制。例如，FATF 在其《四十条建议》第 31 条中指出，“各国应确保政策制定者、金融情报中心、执法部门和金融监管部门之间具有有效的适当的合作机构，以使其在发展、执行反洗钱和反恐融资的国内政策时相互协调”。世界各国在反洗钱协调机制与组织机构的设立上表现为两种倾向：一是设立反洗钱专门协调机构，负责全国范围内的反洗钱工作。由于各国国情不同，在反洗钱协调机构的设置模式和功能上略有差异，有的国家创设一个新的独立性机构，如西班牙 1993 年设立的反洗钱预防委员会；有的国家在原有部门中设立，隶属于财政部或金融监管部门，如英国在国家犯罪情报总署设立了国家经济犯罪处，并在该处设立处理金融情报的经济犯罪小组作为金融情报中心来协调反洗钱工作。二是不设立专门的反洗钱协调机构，各部门通过类似联席会议或其他松散形式进行反洗钱协调与配合。根据我国反洗钱经验，建立反洗钱协调机制、设立国家反洗钱协调机构是最有效最合理地监控和打击洗钱犯罪的措施。

三、建立反洗钱协调机制及组织机构的原则与条件

事实上，由于各国政治体制、法律文化传统及国情的不同，反洗钱协调机制也存在差异。

（一）美国的反洗钱协调机制及组织机构

美国的反洗钱协调机制及其组织制度安排设置较为复杂，具有反洗钱职能的部门很多，其中最重要的是国务院、财政部、国土安全部和司法部等部门，这些部门都有洗钱犯罪的侦查权，负责本领域内的洗钱犯罪案件调查。但财政部是美国反洗钱机构中最重要的部门，全权负责美国 1970 年《银行保密法》的实施工作，而且是负责实施《爱国者法案》的主要部门。该部下设了金融犯罪执法网络，即 FinCEN，是美国的 FIU；还下设了金融执法局等重要部门，具有执法权、制定金融监管法规权和向国会提出立法草案权等。从总体上看，美国的反洗钱机制及组织制度具有以下特点：（1）刑事执法权分散，侦查部门众多；（2）FinCEN 发挥“纽带”作用；（3）部门协作形式多样。

基于美国反洗钱部门众多的特点，为了有效整合资源，美国十分重视跨部门的协调与配合，主要有以下 3 种合作形式。

（1）集中不同刑事执法部门的资源，加强对重大洗钱案件的调查和起诉工作。如 2002 年，美国在对洗钱罪判罚情况进行分析时发现 2000 年联邦法院以洗钱罪判刑的仅有 17%刑期较长，有 20%的洗钱数额超过 100 万美元。此外，洗钱案件起诉在地区分布上也不平衡，少数重点地区的发案数量和案件起诉数量所占的比例非常大。考虑到执法部门的资源有限，因此，美国从 2002 年 8 月开始加强对重大洗钱案件的调查和起诉工作，集中不同的刑事执法部门，集中精力加强对洗钱组织和洗钱数额超过 10 万美元的组织头目的打击力度。多年来，美国先后建立了高风险洗钱和金融犯罪行动组（HIFCA）、毒品交易严重地区行动组（HIDTA）、有组织犯罪和毒品犯罪执法行动组（OCDETF）、联合反恐行动组（JTTF）、电子犯罪行动组以及特种行业处（SOD）等跨部门的联合行动组，集中了各部门来自联邦、州和地方三个层次最优秀的成员。在利用 FINCEN 提供的情报及其他线索确定出重点目标和地区后，上述跨部门行动组即对嫌疑目标重点追踪。上述联合行动组中最重要的当属高风险和金融犯罪行动组，目前全美共 6 个，分布在加利福尼亚等毒品和洗钱犯罪较为严重的州，由联邦、州和地方执法机构起诉部门的人员组成，有的还包括金融监管部门。财政部每年向其拨付专门经费，并每年组织专门部门对其工作成效进行评估。

（2）加强金融情报中心同刑事执法部门间的联系，主要是向刑事执法部门提供大额和可疑交易线索，以及通过不断完善金融数据库向执法部门提供情报支持。

（3）政府部门同私营部门间的配合。美国一向重视加强政府同私营部门间的合作，其中最主要的是可疑交易报告免除制度的实施。为了降低私营部门反洗钱成本，美国国会于 1994 年通过立法免除了某些低风险交易的报告义务，以缩减现金交易报告数量，这些低风险交易包括某些州政府和联邦部门、与主要证券交易所有关的组织和经常进行现金存款的“合格商业客户”所进行的现金交易。《爱国者法案》第 366 节也要求财政部于 2002 年 10 月向国会报告法定免除范围扩大的可行性，以加强对现金交易报告义务免除条款的执行。

（二）欧盟等国的反洗钱协调机制及组织机构

欧盟的反洗钱机制及组织制度主要是欧洲刑警组织，其职责就是提高各成员国主管部门在合作预防和打击严重有组织犯罪方面的有效性，反洗钱方面的案件主要由欧洲刑警组织中的金融犯罪司负责。基于维护主权的考虑，金融犯罪司并不负责具体案件的侦查。通常的情况是，金融犯罪司应各成员国警方的要求或者根据自己的监测，掌握、发现或证实有关线索，一旦有了明显线索，案件将返回给有关成员国进行侦查和处理。法国的反洗钱协调机制同美国一样，也是以金融情报中心为核心，在大额和可疑交易报告制度的基础上，各部门协同作战。比利时的反洗钱专门机制的组织制度安排主要是金融情报处理中心，是根据《有关金融情报处理中心的结构、组织、运作和独立性的皇家法令》而成立的。

（三）英国的反洗钱协调机制及组织机构

在英国，金融违规和金融犯罪行为概括起来有三种形式：洗钱、金融欺诈、内部操纵市场的行为。金融监管局有权制定有关反洗钱的行业规范，发现违法洗钱规则的行为有权采取必要的处罚措施。英国负责洗钱情报处理的机构是国家刑事情报局，在国家刑事情报局下设经济犯罪处。其职责主要是收集处理来自金融情报部门的可疑性交易的报告，亦是国家反洗钱的专门部门。“9·11”事件后，国家刑事情报局又设立了一个新处——打击恐怖主义融资处，负责收集可疑情报，进行分析研究，打击恐怖融资活动。根据法律规定，从 1994 年起，所有金融机构都要向国家刑事情报局经济犯罪处报告可疑性交易。有关对毒品犯罪和洗钱犯罪的起诉由海关起诉部负责。英国的起诉权一般由皇家检察院行使，但是涉及毒品、税务和洗钱的案件由海关起诉部负责。其原因在于，洗钱方面的案件，对检察院来讲还比较新。当然，海关对于洗钱犯罪案件的起

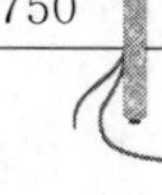

诉也是为了预防毒品犯罪，通过起诉和控制洗钱来减少用于毒品犯罪的资金来源。

（四）澳大利亚的反洗钱协调机制及组织机构

澳大利亚司法与海关部负责统筹协调和组织实施全国的反洗钱工作；联邦警察部队负责对《犯罪收益法》中规定的洗钱罪的执法和取证工作；交易分析与报告中心（AUSTRAC）负责确保《金融交易报告法》的顺利实施，并收集、分析和发布有关金融交易报告信息，将发现的各种违法行为提交给公共检察官决定是否起诉；与司法和海关部合署办公的澳大利亚总检察长办公室则负责组织对反洗钱立法实施情况的检查，并定期召集各方面人士就反洗钱立法以及实施情况进行评估。

综上，一国在建立本国的反洗钱机制及组织机构时应坚持下列原则。

（1）本土化原则。就是指由于各国实际情况的差异，在建立本国的反洗钱协调机制及组织机构时，绝不能照搬他国固定的模式，而是在借鉴他国经验的基础上，对本国反洗钱工作进行充分调研，确立最佳的组织模式。

（2）经济化原则。就是指在建立本国反洗钱协调机制、设立组织机构时，要合理配置反洗钱资源，促进反洗钱工作的顺利开展。由于反洗钱的成本较高、投入很大，因此，各国在建立本国的反洗钱协调机制及组织机构时，都要重视对反洗钱人力、物力和财力的合理配置，充分发挥有限资源的最大效能。

事实上，不管各国如何设置反洗钱机构，并赋予不同的职责，有效的反洗钱协调机制及组织机构都应该具备以下三个条件。

（1）各部门职能清楚、分工明确。由于反洗钱涉及的部门较多，且大多数机构还承担着其他工作，并非专职的反洗钱部门，因此，对反洗钱中的各项职能应充分考虑，并合理地分配给不同部门执行，避免造成职能重叠或职能真空。

（2）各部门有序合作、紧密配合。包括各部门之间的横向联系与纵向配合。

（3）设立反洗钱信息监测处理中心（FIU），迅速处理、分析和传递不同部门之间的情报信息。由于现代洗钱活动具有快捷性等特点，如果反洗钱信息滞后，必然会带来执法部门反应迟钝。因此，从各国实践来看，FIU 是反洗钱协调机制的核心机构，所有国家的反洗钱协调机构，都是围绕 FIU 来展开的。

四、反洗钱协调机制的功能

新制度经济学的代表人物舒尔茨、诺思、林毅夫等人从不同角度揭示了制度的一般功能。他们指出，制度具有经济价值的服务功能、创造秩序和降低交易不确定性的功能、节约与再分配的功能。❶ 作为有效制度的本质特征，德国新制度经济学家柯武刚、史漫飞认为，制度的本质特征在于普适性，它是指一般抽象的（而非针对具体事件的）、确定的（明确而可靠的）和开放的系统，能适应于无数的情况；简单规则大都比复杂规则更易于了解，并因此能更好地发挥功能。为了鉴定制度复杂性机能障碍，彼得·舒尔茨提出了 4 个特征：（1）密集化，即制度要调控大量细节，且常常以指令方式来调节；（2）技术化，即规则无法被普通公民理解，只有专家学者才能解释和应用它们；（3）不统一，这是指在不同的法律体系（如地方法律、州法律和国家法律）之间存在着重叠之处；（4）不确定性，这是指存在许多有条件规则，结果没有任何单一的审问决定法律结果。为了克服人们被迫服从的高昂成本，理查德·爱泼斯坦提出了个人自主、第一占有权、自愿交易、控制侵权、必要情况下的有限优惠、在不得不进行再分配时为接管产权提供正常补偿的简化规则。❷

反洗钱协调机制作为反洗钱制度结构的一个层级体系系统，其功能可概括为几个方面。

第一，协调功能。统一的反洗钱机制由于整合了金融机构、非金融机构、侦查、司法机构、中介组织等反洗钱力量，因此能够协调金融机构之间、金融机构与非金融机构之间、上述机构与侦查、司法机关之间、中央与地方之间、国内与国外之间的关系，从而减少反洗钱制度消耗成本，使复杂的反洗钱力量变得更有效率和更可预见，从而建立了洗钱机构之间的有效协调与信任能力，便于集中、统一采取反洗钱行动。

第二，保护和控制功能。反洗钱机制的建立，合理划定了反洗钱的权力边界，使得合法的经济行为与洗钱行为得以区分，从而有利于保护合法经济活动的自主领域，使其免受反洗钱措施的不合理干预；同时，也有利于反洗钱机构集中兵力，依靠制度性协作力量预防和打击洗钱行为。

第三，防止和化解冲突功能。由于反洗钱机制合理地配置了各个反洗钱部

---

❶ 张培刚主编：《发展经济学教程》，经济科学出版社 2001 年版，第 15 页。

❷ ［德］柯武刚、史漫飞：《制度经济学：社会秩序与公共政策》，韩朝华译，商务印书馆 2000 年版，第 150 页。

门的职责，并明确了其职责范围，因此，各个反洗钱机构就能在统一的反洗钱机制的组织、协调、指导和监督下正确地行使自身的反洗钱职责，从而防止了各机构之间就反洗钱具体问题的相互推诿；同时，即使各个反洗钱机构之间就某一反洗钱问题存在冲突，也可以在统一的反洗钱机制下运用制度和规则合理地化解、调整该冲突。

第四，权势和选择功能。我国的反洗钱机制是在现有反洗钱机构的基础上，通过整合而形成的。在整合我国反洗钱机制的过程中，不仅继承了原来比较好的反洗钱制度传统，同时又根据经济全球化以及国际社会普遍成功的经验予以适当的修正。这样一来，我国的反洗钱协调机制不仅是对理性和社会和平的让步，使我国的反洗钱机制具有深厚的本土资源特色，同时又内含了国际化的色彩，有利于我国反洗钱机制的国际交流与合作。

五、我国反洗钱协调机制与组织机构的设立

在我国，反洗钱尚未被提到维护国家经济与政治安全的战略高度来认识，在目前尚未建立全国统一的反洗钱机制及其协调机构的情况下，反洗钱工作还处于各自为战的状态。这种状态主要表现在两个方面。

（一）反洗钱政策措施政出多门

各职能部门都有相对独立的反洗钱机构和措施，反洗钱机构存在部门化、行业化的特点，甚至各个部门所发布的反洗钱措施之间有存在冲突的地方。如2001年9月中国人民银行成立了反洗钱工作领导小组，负责协调和领导金融体系内的反洗钱工作。同时，中国人民银行专门成立反洗钱监测分析中心和反洗钱局，负责反洗钱的情报收集和采取相应行动，并先后就反洗钱问题出台了“一个规定”“两个办法”（即《金融机构反洗钱规定》《人民币大额和可疑支付交易报告管理办法》《金融机构大额和可疑外汇资金交易报告管理办法》），以及其他相应的防止洗钱行为的相应规定（如《个人存款账户实名制规定》等），初步建立了以“了解客户”“交易报告”和“记录保存”为基础的反洗钱金融体系。公安部则在经济犯罪侦查局设立了反洗钱处，负责制定侦查、打击洗钱活动的对策措施，组织、协调全国公安系统的反洗钱活动。国家外汇管理局也成立专门的反洗钱工作机构，统一协调外汇局系统的反洗钱工作。其他部门如保监会等也有自己相应的反洗钱机构。这种相对独立并行的机构，尚无统一的协调机制来联结，形成了反洗钱的制度壁垒、机制阻隔和部门分割。

（二）现有的反洗钱协调机制仅局限于少数部门间的运用，并不具有普遍意义

同时，对于该反洗钱协调机构的地位和职责也没有一个明确的法律定位。如2002年建立了由公安部牵头，央行、国家外汇局等有关部门参加的反洗钱工作部际联席会议制度，尝试在中国建立了较大范围的反洗钱协作机制。由于该协调机制仅是几个部门组织的反洗钱行为协作，加之没有相应的法律制度支撑，从而使得其生存艰难。即使是公安部与国家外汇管理局已经建立了反洗钱合作规定，但真正有效的合作机制也还需要在实践中逐步探索。这种条块分割的反洗钱机构的存在使得现存反洗钱机制存在如下弊端。

(1) 由于各个部门反洗钱标准和监管体系的不同，从而使得反洗钱技术和信息共享方面存在很大障碍，反洗钱技术和信息的获取代价巨大，全国的反洗钱资源配置出现闲置和浪费现象。

(2) 由于没有统一的反洗钱协调机制及相应的组织机构，因此，当反洗钱行为涉及多个部门的配合时，也会因为制度障碍而导致协调成本过高，从而导致反洗钱的投入过大。

(3) 由于各个部门都有自己的反洗钱评价体制，加之部门利益的影响，使得反洗钱人为地形成部门壁垒，甚至出现相互推诿的局面，从而使得反洗钱行为的效率低下。

因此，为了充分发挥反洗钱协调机制的效应，保证其能够整合全国的反洗钱力量，便于协调全国的反洗钱行为，应该将反洗钱协调机构直接隶属于中央。这个机构可以称为“中央反洗钱委员会”或者“中央反洗钱领导小组”。只有这样，才能避免反洗钱机制不畅通、反洗钱行为受制于地方以及部门利益的影响，从而使协调机制发挥其基础性制度安排的作用。这个反洗钱领导机构统一组织和协调全国范围内银行、外汇、外商投资办、银监、证监、保监、工商、税务、审计、海关、公安、检察、法院之间的关系，加强反洗钱的调控与监督；在其内部设立国家反洗钱调查局，专门行使调查与侦查职能，加强防控与惩治力度，确保国家金融安全与经济安全。对于国家反洗钱局，应该从以下几个方面加以把握：第一，地位的独立性。主要强调其直接对国家反洗钱协调机构负责，独立于其他任何行政机关、社会团体和个人，以保证其超然的地位来行使反洗钱工作，避免其工作受到其他行政机关、社会团体和个人的不当影响。第二，职能的综合性。有权制定反洗钱行政规章、发布反洗钱行政命令、负责反洗钱制度的日常检查监督以及调查、采取强制措施和行政处罚的权力。

有关反洗钱协调机构的职能、人员组成和经费安排，笔者提出如下设想。

第一，反洗钱协调机构的职能。根据我们的立法设想，我国反洗钱协调机构的职能应该是综合性的，具体包括以下几个方面。

（1）统一监管、指导、协调全国的反洗钱工作；

（2）根据《反洗钱法》，制定反洗钱行政法规、发布行政决定、命令；

（3）对各职能部门的反洗钱措施实施监督；

（4）研究反洗钱过程中的重大问题，并提出解决方案与对策；

（5）负责反洗钱的宣传，提高全社会的反洗钱意识；

（6）参与反洗钱的国际合作事宜；

（7）对反洗钱主体执法情况开展检查、督查；

（8）开展拟定反洗钱法规、政策的调查研究，提出立法建议；

（9）法律规定的其他事项。

第二，反洗钱协调机构的人员组成。反洗钱是一项兼具专业性和综合性的复杂工作。为了保证反洗钱协调机构决策的正确性和科学性，我们建议，反洗钱协调机构中人员构成应该既具有专业性，又具有广泛的代表性，即由金融机构、非金融机构、海关、税务、司法机关、外汇、工商等部门的人员构成，从而保证反洗钱决策的专业性，以便于应对洗钱犯罪。

第三，反洗钱协调机构的经费安排。关于反洗钱协调机构的经费安排，国际公约和一些国家或地区的国内立法对此有一些规定可供参考。如联合国《禁止非法贩运麻醉药品和精神药物公约》第 5 条第 5 款规定："缔约国按本条规定依另一缔约国的请求采取行动时，该缔约国可特别考虑就下列事项缔结协定。将这类收益和财产的价值，或变卖这类收益或财产所得的款项，或其中相当一部分，捐给专门从事打击非法贩运及滥用麻醉药品和精神药物的政府间机构。"联合国《打击跨国有组织犯罪公约》第 14 条第 3 款规定："一缔约国应另一缔约国请求依照本公约第 12 条和第 13 条规定采取行动时，可特别考虑就下列事项缔结协定或安排：(a) 将与这类犯罪所得或财产价值相当的款项，或变卖这类犯罪所得或财产所获款项，或这类款项的一部分捐给根据本公约第 30 条第 2 款（c）项所指定的账户和专门从事打击有组织犯罪工作的政府间机构。"我国台湾地区"洗钱防制法"第12 -1 条第 1 款规定："依前条第一项没收之犯罪所得财物或财产上利益为现金或有价以外之财物者，得由法务部拨交检察机关、司法警察机关或其他协助查稽洗钱犯罪之机关作公务上使用。"瑞士《联邦预防金融机构洗钱法》第 2 条就反洗钱管理机构的报酬作出规定："1. 反洗钱管理机构可以从其直接管辖的金融机构或自治组织取得报酬；2. 由联邦委员会确定报酬达到标准。"因此，综合上述国际立法经验，结合中国国

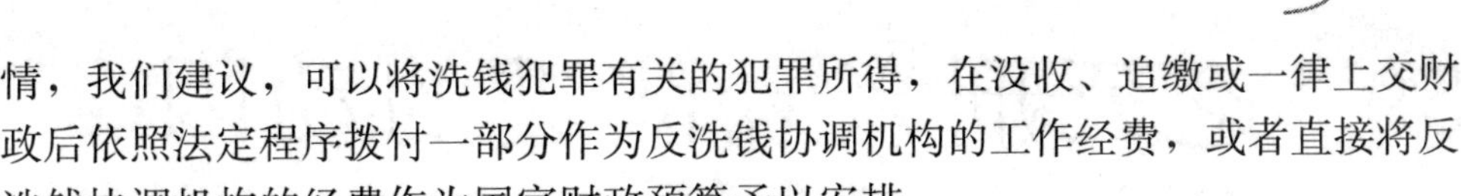

情，我们建议，可以将洗钱犯罪有关的犯罪所得，在没收、追缴或一律上交财政后依照法定程序拨付一部分作为反洗钱协调机构的工作经费，或者直接将反洗钱协调机构的经费作为国家财政预算予以安排。

59. 论死刑兴衰演进的动因及其本质*

——兼论中国死刑的保留与限制

死刑，是指剥夺犯罪分子生命权利的刑罚方法。❶ 在我国，法律规定死刑刑罚执行方法包括死刑立即执行和死刑缓期两年执行两种情况。死刑以剥夺犯罪分子的生命为内容，亦称生命刑。由于生命不同于人身自由，人身自由具有可恢复性，生命一旦被剥夺则不可恢复，所以死刑是所有刑罚方法中最严厉的，亦称极刑。死刑是维护阶级统治的一种严厉手段，它伴随着国家和法律的产生而同时出现，是人类历史上一个最古老的刑种，而且在相当长的历史阶段上作为惩罚反对统治关系行为的最主要的刑罚方法而存在。站在我国当今和平发展盛世的起点上，从坚持宪法原则，实施依法治国方略，推进民主政治，全面建设小康社会，实现人的全面进步出发，研究建立较为完善的科学的轻缓的死刑制度，具有重大现实意义。

一、死刑的起源

作为以剥夺人的生命为内容的最严厉的刑罚，死刑为何会作为刑罚的最原始形态在人类历史上出现？古今中外的学者提出了许多不同的见解。

在中国，对死刑的产生形成了四种学术见解：(1)“天赋说”，认为死刑是上天赋予的，是天命的产物；(2)“战争说”，认为死刑是源于战争，“刑起于兵”成为古往今来中国人的共识；(3)“遏制说”，认为死刑是基于遏制犯罪、维护社会秩序的需要而产生的；(4)“阶级斗争说”，认为死刑是基于阶级斗争

---

* 本文发表于《中国刑事法杂志》2004 年第 5 期；收录于《中国刑法学年会文集（2004 年度）第一卷：死刑问题研究（上册）》，中国人民公安大学出版社 2004 版。

❶ 马长生、邱兴隆主编：《刑法热点问题研究》，湖南人民出版社 2003 年版，第 1 页。

的需要而产生的。在原始社会，人的智力、能力有限，无法解释许多复杂的自然现象，因此自然将其与某种神秘力量联系在一起。由此，人们产生了对天的敬仰和畏惧，当法与刑产生后，人们便将其归于上天的安排。然而，在科技发达的今天，这种说法当然就不攻自破了。至于死刑是基于遏制犯罪而产生，与其说是对刑罚之起源的揭示，还不如说是对刑罚的功能与目的的抽象。死刑源于阶级斗争说，与前者一样，不是对死刑起源之缘由的揭示，而是对“法是统治阶级意志的体现，是统治阶级维护自身的统治的手段”这一法理学上的所谓“法律本质论”的套用。这两种观点都是以古推今的主观推论，其结论必然不具有客观真实性。

在西方社会，则形成不同的观点。概括起来是：(1)“神授说”，认为死刑的产生源于神的安排，这同中国古代的死刑“天赋说”有着惊人相似之处，都是超出社会乃至人本身而寻找刑罚产生的根源；(2)“契约说”，认为死刑是社会契约的结果；(3)“生存说”，认为死刑是社会维护自身生存需要的必然结果；(4)“本能说”，认为死刑是人类复仇本能的产物。死刑源于社会契约说，其考察的前提不是客观存在的历史事实，而是毫无根据的一种假定，而以假定为前提的考察结论自然不可能是客观真实的。死刑源于维护社会秩序之需要，这与中国的死刑是为了遏制犯罪有异曲同工之处，它只是说明了死刑存在的必要性，而不是对死刑产生的根源的揭示。因此，死刑源于复仇说是一种较为合理的观点。这是因为：第一，众多国家早期法律中有关刑罚的规定具有明显的报复和复仇色彩；第二，复仇是人皆有之的一种本能。当然，这一说法仅适合于大多数外国国家，并不是普遍适用，具体分析还有待进一步探讨。

人类有过茹毛饮血的历史。从远古走来的人类，至今还残留着一些史前时期的遗迹。19世纪末、20世纪初的考古研究资料证明，在非洲的许多土著人、美洲的印第安人、澳大利亚西部的土著人等未开化的民族中，都有着以血复仇的习惯。[1] 由最初不加区别的血亲同态复仇，到部落间或部落联盟以血复仇的仪式化；由最初部落以血复仇的原始共同行使，或部落战争赋予首领代表同态血亲复仇，到那些在经济、政治上取得胜利的阶级，通过将本阶级的意志上升为国家意志，并以刑罚的方法将其继承、保留下来。在中国，则有“刑起于兵”之说。这是因为，氏族社会后期，作为掠夺手段的征伐战争极为频繁，一方面，战争先于刑罚而存在，决定了两者之间存在派生与被派生关系的可能

[1] ［德］卡尔·布鲁诺·赖德著：《死刑文化史》，郭二民编译，生活、读书、新知三联书店1992年版，第19～32页。

性；另一方面，既然有战争，便必然有约束军队的规范，因而存在制定具有刑法性质的军法的必要性。因此，中国古代的刑罚产生于战争的需要，战争成为中国古代死刑产生的直接原因之一。在古巴比伦王国时期，《汉谟拉比法典》第196条、第197条、第200条、第229条、第230条分别规定：伤人眼者还伤其眼，折人骨者还折其骨，落人齿者还落其齿，为人筑屋者如工程不固、屋塌致主人于死，其本人处死；如致屋主之子于死，则其子应当处以死刑。❶ 因此，死刑并不是人类文明高度发展的产物，更不是随着人类文明发展而越来越发达；相反，它是作为人类从未开化时期继承下来的遗迹，是随着人类文明的发展而逐步走向没落的。正如马克思曾经揭示死刑与原始社会以血复仇制度的血缘关系时所指出的一样，“死刑是往古的以血还血、同态复仇习惯的表现”。❷ 特别是，在氏族部落体制走向崩溃的历史阶段上，国家作为凌驾社会之上的暴力机器，首先要对氏族共同以血复仇形态的死刑行刑权提出异议，把部落首领或专司行刑权成员的职责予以废止，国家把追查并处决杀人犯等死刑行刑权交给专司其职的司法官。❸ 这样，“以血复仇”为载体的“死刑”就被国家宣告和执行死刑的刑罚所替代。

二、死刑兴衰演变过程及其动因

在不同的历史发展阶段上，死刑所处的地位表现出不同的特点。死刑兴衰演进可概括为5个阶段。

第一，报复时代。在人类文明发展史上，这一阶段一般可划分为公元前4000年至东方公元前221年、西方公元476年。在不同的国家或地区，具体年代则有较大差异性。人类刑罚制度发展历史上的第一种刑罚体制是以报复为基本理性的刑法体制。在这种刑罚体制下，死刑自然带有浓厚的报复色彩。报复时代的死刑所表现的特点是：（1）种类的繁杂性。死刑的种类纷繁复杂，且行刑野蛮。在古代雅典的“德拉法”时期，法律把一切侵犯奴隶主利益的行为都规定为严重的犯罪，甚至连所谓懒惰行为也适用死刑。❹ 在古罗马时期，法律规定有活焚、绞刑、在十字架上钉死和拷打致死等。我国商代则有大辟、炮

---

❶ 周密：《中国刑法史纲》，北京大学出版社1998年版，第38页。

❷ 《马克思恩格斯全集（第8卷）》，人民出版社1965年版，第352页。

❸ 马长生、邱兴隆主编：《刑法热点问题研究》，湖南人民出版社2003年版，第2页。

❹ 同上。

烙、挖心、醢[1]、俎[2]、金瓜击顶、活埋、焚炙等；其以“墨、劓、刖、宫、辟”为典型酷刑特征的奴隶制五刑中，死刑最为残酷。这反映了报复时代死刑的野蛮与残忍性。（2）适用对象的不平等性。死刑的适用也因人的身份、地位而异，表现出极大的不平等性。如：中国商代提出的“刑不上大夫，礼不下庶人”，即贵族除谋反、篡逆等严重政治犯罪外，一般“轻重不在刑书”,[3]“命夫命妇不躬坐狱讼”,[4]“公族无宫刑，不剪其类也”。[5]（3）株连的广泛性。由于刑罚奉行连带责任，因此必然会株连无辜。

第二，威慑时代。其年代一般可划分为东方公元前221年、西方公元476年～1870年法国资产阶级大革命兴起时期。威慑时代是刑罚继报复时代之后的又一发展阶段。与前一阶段相似，死刑在此阶段也表现出种类繁多、内容残酷、株连无辜等特征。由于所奉行的是重刑威慑主义，死刑的地位更为突出，以致其成为刑罚体系的核心，许多极其轻微的犯罪均被规定为死罪。如中国秦代死刑有弃市、戮后、斩杀、磔、腰斩、车裂、阬、定杀、枭首、夷三族、具五刑、凿颠、抽肋等残酷的执行方法。[6]汉朝文景之治时期，缇萦上书虽去掉肉刑，但扩大了死刑的范围。[7]魏晋时期“十恶不赦”“八议”正式入律[8]，才为隋唐以后的“笞、杖、徒、流、死”等封建制五刑奠定了刑罚体系。欧洲则自西罗马于公元476年灭亡后，进入了长达千年的“黑暗中世纪”时代。中世纪的德国《加洛林纳刑法典》以滥用死刑著称，连在池塘捕鱼、堕胎也要处死；英国的死刑直至19世纪初，仍保有220多种。正如恩格斯所指出的：“谁都知道英国的刑法典在欧洲是最森严的。就野蛮来说，早在1810年它就毫不亚于《加洛林纳法典》了，焚烧、轮碾、砍四块、从活人身上挖出内脏等，曾是惯用的几种刑罚。”[9]

第三，等价刑罚时代。在这一阶段，罪刑法定的等价刑罚得以建立和发展。商品经济的发展，世界市场的开辟，科学技术的进步，产权制度的建立，为资本主义的发展提供了强大动力和外部条件。以17世纪英国哲学家洛克和

[1] 读音hai，即剁成肉酱。
[2] 读音zu，即切成肉片。
[3] 《周礼·秋官司寇第五，司刑》，郑云德引《尚书·大传》。
[4] 《周礼·秋官·大司寇》。
[5] 《礼议·王》。
[6] 曾宪义主编：《中国法制史》，北京大学出版社、高等教育出版社2000年版，第76页。
[7] 同上书，第101页。
[8] 同上书，第128～133页。
[9] 《马克思恩格斯全集（第1卷）》，人民出版社1965年版，第701页。

18世纪法国启蒙思想家孟德斯鸠、卢梭为代表，提出并完善了自然权利说、天赋人权说、社会契约论，认为人人生而具有平等的生命权、自由权和财产权，而国家权力是每个公民所自愿让出的一小部分个人权利集合而成的，国家是社会契约的产物；在自然权利中，生命是一种受到特殊保护的权利。与此相适应的，以罪刑法定为标志的等价时代的刑罚得以出现和发展。如美国1791年生效宪法修正案明确规定了适当的法律程序（due process of law）原则："……未经正当程序不得剥夺任何人的生命、自由或财产"。1810年《法国刑法典》继续采纳这一原则，第4条明确规定："不论违警罪、轻罪或重罪，均不得以实施犯罪前未规定之刑罚处罚之"。1889年的《意大利刑法典》第1条、1882年施行的《日本刑法》第1条均规定了罪刑法定主义。英国资产阶级在"光荣革命"近200年以后，才于1840年将死刑减到15项。[1] 沙皇俄国彼得大帝的女儿叶利扎维塔女皇于1741年最早决定废除死刑，这比意大利刑法学家贝卡利亚在《论犯罪与刑罚》中提出废除死刑的思想要早23年；叶卡特琳娜二世统治时也很少执行死刑。[2] 可见，这一阶段刑罚体制以等价报应与等价威慑为基本理性，死刑是作为等价报应与等价威慑的手段而存在的，因而表现出与前两个阶段明显不同的特点：(1) 执行单一化，即：基于报复或威慑需要而生的纷繁多样的死刑已显多余，单一化成为等价时代死刑制度之首要而鲜明的特征。(2) 表达方式的轻缓化，即：等价时代死刑单一化的意义不只在于单一化本身，更重要的在于死刑的单一化带来了死刑的轻缓化。(3) 死罪的限制化，即：死刑的分配受到严格限制，其所侵害权益的价值低于生命之价值的犯罪大多被排除在死刑的分配范围之外，保留有死刑的犯罪基本上均是具有致人死亡的因素或所侵害权益的价值不低于生命的价值的犯罪，从而实现了死罪与死刑在所剥夺的价值上的对等。笔者认为，死罪限制化这一特点是最具进步意义的，它是死刑制度走向合理化的一个良好开端。

第四，矫正时代。自20世纪初以来，刑罚进入了矫正时代。在这一阶段，废除死刑的国家逐渐出现，其中19世纪末20世纪初废除死刑的国家有3个，20世纪前半叶废除死刑的国家有6个。因而出现了第一次世界性的废除死刑的热潮。即使在保留死刑的国家，死刑在矫正时代的适用范围也从立法上受到严格限制。在司法上，对保留有死刑的犯罪也很少适用死刑。在矫正时代，主宰刑罚的基本理性是矫正。据此，在相当多的国家，对既已作出的死刑判决并

---

[1] 马克昌主编：《刑罚通论》，武汉大学出版社1995年版，第87页。

[2] 同上书，第88页。

非一律予以实际执行，而是通过赦免等途径尽量减少死刑的实际执行，以给犯罪人留有改造的余地与自新的机会。因此，减少死刑的实际执行构成矫正时代死刑的重要特点之一。

第五，折中时代。进入 20 世纪 60 年代以来，刑罚由矫正时代转入折中时代，由以教育、矫正犯罪人为惟一理性转向以报应、一般预防与个别预防为共同理性。这是由于死刑的不人道性越来越成为一种共识，死刑在此期间成为许多国家致力废除的目标。与此相适应，出现了世界性的废除死刑的第二次高潮。据联合国统计，截止到 1999 年，全球有 74 个国家全面废除死刑，事实上废除死刑的 38 个，仅对通常犯罪废除死刑的 11 个。❶ 在这一阶段，死刑呈现出反差鲜明的特征。基于对刑罚的人道性与矫正犯罪人的追求，部分未废除死刑的国家，一如既往地严格限制死刑在立法上的分配与实际适用。如前苏联 1917～1947 年三次废止死刑又恢复死刑，直到 1996 年修订的《俄罗斯联邦刑法典》才接近全面废除死刑。❷ 与此相反，在另一些保留死刑的国家或地区，甚至在矫正时代一度不适用死刑的国家或地区，却基于对刑罚的等价报应性与一般威慑作用的追求而扩大或恢复死刑的适用。保留死刑的国家或地区在死刑问题上所持的两种截然相反的态度，明显地体现了不同国家或地区在折中时代对刑罚价值之取向的偏重。一是虽求折中但偏重人道与矫正者严格限制死刑的适用，如：亚洲国家的日本、韩国刑法典均保留死刑，虽然日本于 1989 年暂停使用死刑，韩国 1974～1975 年也暂停使用死刑，但其后均恢复。二是虽求折中但偏重报应与威慑者扩大死刑的适用。总之，在折中时代，人类社会进入了崇尚人权保障的新时期。这个时期，死刑成为一个备受国际社会批判的问题，废除死刑的国家首次超过保留死刑的国家而成为国际社会的大多数。

纵观数千年的死刑史，可以发现死刑呈现出由兴至滥、由滥呈衰与由衰至亡的发展趋势。促成这一趋势的原因多种多样，主要包括经济背景、政治背景、人文背景和理性认识等因素。

首先，经济的渐进性发展是死刑由兴到衰演进的根本动因。在人类开发利用自然资源、推进经济发展的历史进程中，人类由蒙昧时代进入史前文明的公元前 4000 年，逐步学会了由制造打制石器、磨制石器、骨（木）器，到制造陶器的飞跃，经济形态也逐步由狩猎经济、采集经济、畜牧经济，实现了向原始农业经济的跨越，从而为人类向文明时代的跨越奠定了物质基础和前提条

❶ 马长生、邱兴隆主编：《刑法热点问题研究》，湖南人民出版社 2003 年版，第 844 页。

❷ 同上书，第 5 页。

件。氏族社会全体成员要维护本氏族部落的生存与发展，必定要就狩猎、采集、畜牧、种植、扩大氏族领地，同其他氏族部落通过战争、争斗等形态，解决生存与发展的尖锐矛盾与冲突，血亲同态复仇被作为原始部落间调整矛盾与利益的必要手段，并作为习惯规范保留下来。当东方社会的中国（公元前2100年～公元前221年）、西方社会（公元前2200年～公元476年）进入奴隶社会的历史阶段上，东西方人逐渐学会了制造青铜器、铁器，实现了由原始农业经济向传统农业经济的跨越，出现了四大文明古国。为了争夺领土、资源、财富包括战俘和奴隶，巩固和维护那些在经济上、军事上、政治上取得胜利的阶级的利益，发端于军法并逐步表现为国家一般报复式刑罚制度的死刑便应运而生，并且表现出极端的残忍性。在瓦特第一台单式蒸汽机于1769年问世之前的封建社会，人类社会逐步学会了制造和使用高级形态工具，并在更大空间范围内利用自然资源，推进了传统农业与手工业的发展，创造了辉煌的农业文明。东方的四大发明逐步传到西方，“火药、指南针、造纸术、印刷发明为西方文艺复兴创造了必要的最强大的杠杆”。❶ 无论西方中世纪时代的教会、国王、教士、领主与中下阶层，还是东方“家天下”的天子、诸侯、士大夫及其社会下层，都同样为经济资源的开发利用发生着尖锐的矛盾。因此，在东方以“十恶不赦”与“八议”为主要内容的死刑威慑与法外开恩是封建威慑时代死刑的表达方式。在西方，则是神明裁判同世俗裁判分庭抗礼，死刑刑罚残酷至极。1769～1945年，人类逐步学会了制造能量工具（蒸汽机、电动机、化工技术），开发利用能量资源，形成自中国唐代首次生产力高潮之后的第二、三、四次生产力高潮，在不到200年的时间里，人类社会实现了由传统农业向传统工业的伟大历史跨越，创造了辉煌的工业文明。与此相适应，以等价刑罚为特征的死刑制度相继产生，并发挥着保护资产阶级等价交换的经济基础和政治利益的重要作用。自第二次世界大战以来，随着科技迅猛发展、经济全球化的到来，人类社会逐步学会制造信息工具，利用信息资源，又形成了以核能和平利用、外层空间技术、生物工程、微处理技术、新技术新材料新工艺为标志的五次生产力高潮。生产力的发展，促成了人类社会有关“人重物轻”等人的价值追求的转变。正由于一方面对传统犯罪的评价轻微化，另一方面对严重性突出的经济型或财产型犯罪又不需要严厉惩罚，刑罚呈现出由严酷走向缓和的趋势。与此相适应，作为最严厉刑罚的死刑地位急剧下降，其走向衰亡成为历史的必然。所以说，生产力的发展导致对犯罪评价轻微化，也最终推动死刑逐

❶ 宋健主编：《现代科学技术基础知识》，科学技术出版社1994年版，第16页。

步由兴盛、泛滥走向限制、衰亡。

其次，政治利益的需要是死刑由兴到衰演进的直接动因。不同的政治体制下，法律制度互不相同。相应的，在作为法律制裁手段的死刑的发展过程中，政治因素曾产生过很大影响，且这种影响在特定时期甚至比经济因素的影响更直接而巨大。首先，特权政治是死刑兴盛的温床。死刑之所以在报复时代、威慑时代兴盛不衰，在很大程度上是奴隶制、封建制时期的特权政治的产物。在这种专制统治下，法律自然只能是政治的附庸。对君主及其利益集团的保护构成法律的首要任务。相应的，死刑受到器重，既被奉为保护君主专制政治的最有效手段，也被作为君主随意施用的刑罚。专制政治则是死刑泛滥的直接根源，死刑泛滥又是专制政治的外在表现。专制政治的最大特点是君主大权独揽，社会等级森严。在这种政治条件下，法律自然保护以君权为核心的等级特权。正是对等级特权的保护与法律的随意性，为死刑的泛滥提供了沃壤。民主政治是死刑的掘墓人。由于威慑刑罚体制极不适应资本主义以等价交换为基础的商品经济与民主政治，其在自由资本主义末期被等价刑罚体制所取代，便成为历史的必然。基于保护等级特权的需要与法律的随意性而生的死刑的泛滥，开始受到遏制。不仅如此，政治的民主化还导致了大量死罪的被限制适用，甚至被废除。因此，民主政治既摧毁了滥用死刑的专制政治基础，又直接导致了死刑的锐减，同时为死刑的全面彻底废止指出了方向。

中国在融入经济全球化的进程中，一方面，物质文明取得了很大成功，民主政治、法制建设、精神文明建设取得了世人瞩目的成就；另一方面，在中国处于由传统农业向传统工业、由传统工业向现代工业、由现代工业向信息社会三重跨越的历史阶段上，仍面临着物质文明、政治文明、精神文明建设的艰巨任务。而作为反映民主政治、精神文明进程重要标志之一的刑事法律制度中的死刑刑罚制度，如何站在我国当今和平发展盛世的起点上，站在践行“三个代表”重要思想，坚持宪法原则，实施依法治国方略，推进民主政治，实现小康社会奋斗目标和人的全面进步的高度，如何适应国际社会的死刑由限制→大部分废止→全面废止的总趋势，如何对中国在经济转型期、体制转轨期、加入WTO过渡期的特殊历史条件下，按照“限制死刑，保留死刑，死刑保留同不执行死刑相分离，主要适用死缓，为逐步向全面废止死刑过渡创造条件”的思路，对现有的70个死刑罪名进行全面清理，按照分步走的办法进行调研论证，等等，都已急迫地摆在我们面前，成为法制建设的重大课题。笔者认为，由于中国处在初等发达的阶段上，国力不甚雄厚，限制并最终全面废除死刑，还有较长的路要走。任何操之过急、脱离国情的做法都是难以成功的。这里，笔者

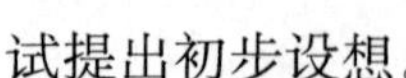

试提出初步设想。

(1) 在实施步骤上，从国情和人文环境状况出发，分阶段削减死刑条文和死刑罪名。如：第一阶段为现今至 2020 年，先行取消对经济犯罪适用死刑；第二阶段为 2021～2030 年，保留战争罪、颠覆国家政权罪、分裂国家罪、黑社会性质组织犯罪、侵犯公民生命权利的暴力犯罪、恶性犯罪（杀人、放火、抢劫、投放危险物质等），其余罪名一律废除死刑；第三阶段为 2031～2050 年，即在建国 100 周年前中国达到中等发达国家水平时，大幅度削减死刑，仅保留战争罪、分裂国家罪、颠覆国家政权罪、杀人罪、爆炸罪、投放危险物质罪，并控制在 10 个罪名以下，❶ 从而为全面废除死刑创造条件。

(2) 在执行上，2020 年前，可以主要采用死缓的执行方法，以控制实际执行死刑的数量；将下放省级法院的死刑核准权收回最高人民法院，以限制和减少死刑的适用，保证死刑准确适用。

(3) 在死刑政策上，坚持“少杀、慎杀”的方针，以及“宽严相济”“重重轻轻”的刑事政策，对于罪大恶极，但不致立即执行死刑的犯罪分子，尽量适用死刑缓期两年执行的制度，给犯罪人悔过自新的机会。

(4) 在刑罚种类上，修改现行刑法的刑罚种类。可增设判处终身监禁的新刑罚种类；提高有期徒刑及其数罪并罚时的上限期，即改有期徒刑上限 15 年为 20～25 年，数罪并罚时可延长到 30～35 年。这有利于缓解民众对削减死刑罪名的担忧，缓和犯罪被害人及其亲友因报应观念而产生的失衡心态，从而有利于社会稳定。❷

(5) 在目标上，同中国现阶段小康社会目标相一致，在 2020 年前建立起较为完善的限制死刑的刑罚制度；到 2050 年建立起新型轻缓的死刑刑罚制度，即保留死刑制度，但事实上不执行死刑，或主要执行死刑缓期执行。这有利于完善中国特色社会主义刑事法律制度，有利于建立反映死刑制度国际轻缓化趋势、符合中国国情的科学的刑罚体系，有利于进一步树立泱泱大国法制健全、民主进步、切实履行国际义务的新形象。

最后，人文背景及其所决定的理性认识是死刑由兴到衰演变的社会人文基础。死刑兴衰演变除了与经济的发展、政治的变迁息息相关以外，死刑的兴衰演进还有着其深厚的人文背景。死刑在报复时代之所以以同态或同害报复的方

---

❶ 赵秉志、张军主编：《中国刑法学年会文集（第 2 卷）：刑法实务问题研究（下册）》，中国人民公安大学出版社 2003 年版，第 1022 页。

❷ 马长生、邱兴隆主编：《刑法热点问题研究》，湖南人民出版社 2003 年版，第 14 页。

式存在，有着特定的认识论上的根源，这便是原始的机械决定论。蒙昧时代的人类，认识能力低下，与此相适应，人们对犯罪也只限于对其外在特征的认识。正是如此，对犯罪的评价仅仅以其行为方式或损害结果为基点，这样就必然导致以此来决定作为对犯罪之否定评价之载体的刑罚创制、发动、配置与执行。相应的，以与犯罪的行为方式或损害结果相对应作为死刑之创制、发动、配置与执行的准则，便顺理成章。死刑在威慑时代的泛滥，既有其哲学上的根据，又有其认识论上的原因。就哲学上的根据而言，自由意志论是死刑之所以泛滥的前提。这是因为，只有肯定人的行为是人的自由意志的产物，才可能认识到犯罪是可以受到控制的行为，也才会出现为遏制犯罪而广用滥施死刑的现象。从认识论的角度看，片面夸大人的主观能动性的作用，是死刑之泛滥的思想根源。犯罪的可受控制性与刑罚之可以产生遏制犯罪的作用受到关注，刑罚由消极的报复转向积极的威慑。在威慑时代，刑罚的创制和运用者将威慑视为万能，因而将重刑威慑视为治罪的惟一手段，具有最严厉的惩罚性的死刑自然而然地被奉为治罪的最有效的法宝，从而使死刑的泛滥成为必然。在近代人文思潮启蒙时期，相对决定论是一种占重要地位的哲学思潮。这种哲学既看到了人的主观能动性，又看到了人的主观意志的有限性。兴起与存续于启蒙运动之后的等价刑，从认识论的角度看，在很大程度上是相对决定论的产物。等价刑以罪与刑的等价为制刑与行刑的根据，其等价的尺度不再是犯罪行为及其结果的外在表现，而是其内在的价值，即犯罪所侵害的社会权益的价值。因此，等价刑根据犯罪所侵害的价值决定刑罚的价值，便构成对死刑的重大限制。所以，死刑在等价时代的衰落，是客观决定主观、主观相对有限地作用于客观的相对决定论的必然结果。自欧洲文艺复兴起，人道主义始作为一种思想体系得以产生。自由观念深入人心，平等的社会价值得到公认与追求，博爱作为一种理念与美德已成为一种共识，这一切都导致死刑地位的剧降，即人道主义思潮的兴起与传播是死刑被限制→被废除→全面消亡的思想基础。

由于文化传统的差异，东西方在死刑的存在、限制、废除等方面表现出较大的差异。在中国，儒家、道家、墨家、兵家等思想和理念深刻地影响着死刑，如“杀人偿命”“治乱世用重典”“明德慎刑”“世重世轻”“慎杀、少杀”“约法三章”等，都对后世产生了重大影响。在东方，“诸法合体，民刑不分”以及“人治”为主、法治为辅、“德主刑辅”长期占据思想文化主导地位。在这种法律文化背景下，亚洲各国大多保留了死刑，要废除死刑既缺乏民意基础，更缺乏文化力量。❶ 在西方，“天赋人权”“生命宝贵”“人本主义”思想影响下的法律文化，使得死刑存废得到主流社会的认知：“生命不可轻易剥夺”。因此，作为东方大国的中国，要由保留死刑→限制死刑→废除死刑，最关键的是在大力加快物质文明建设步伐、创造雄厚的物质基础的同时，要建设与此相适应的新型法律文化，批判传统的死刑价值论，顺应世界历史发展潮流。❷

三、死刑的本质

所谓死刑的本质，是指死刑的性质、功能的质的规定性。从不同角度划分，可把死刑本质分为法律本质与阶级本质两类。

一是死刑的法律本质。死刑的法律本质是指死刑在刑罚制度体系中内在的质的规定性。对于死刑的法律本质，西方学者通常将其与死刑的本质作同一理解，其并不涉及死刑本质的阶级性即死刑的阶级本质问题。他们通常认为死刑的本质是报应和教育，这是值得商榷的。我们知道，本质即是事物本身所固有的，决定事物性质、面貌和发展的根本属性，它存在于事物本身的内部而不是外部，是不以人的意志为转移的客观存在，属于客观范畴。而教育刑或目的刑所强调的教育或者目的，只不过指的是人们通过刑罚来达到的使人改恶从善、复归社会的一种主观愿望，属于主观范畴。显然，将本质和目的这两种分属于客观和主观的不同范畴作同一理解并不妥当。本质是内在的，属于事物的内在的质的规定性；而报应、教育则是刑罚的外在特征。将报应和教育或者目的当作死刑的本质，这就混淆了死刑的根据和死刑的本质。从我国的实际情况出发，宜认为刑罚的本质是对犯罪的惩罚性，亦即刑罚是对犯罪的惩罚。而死刑则是这种惩罚的极端表现，易言之，死刑的法律本质是对犯罪的最严厉惩罚。

二是死刑的阶级本质。死刑的阶级本质是通过自身功能、目的、方式所表现的统治阶级的根本利益。作为一种法律现象，死刑具有特定的法律特征及其本质，而作为一种只有在阶级社会才存在的法律现象，它又无疑具有鲜明的阶级性，而这种鲜明的阶级性所表现出来的本质特征就是死刑的阶级本质之所在。因为，在原始社会，社会生产力发展水平极为低下，为了生存，人们不得不结成一个个群体共同劳动。而随着生产力的发展，出现了剩余劳动产品，于是人们开始了对剩余产品的追逐争夺，从而形成一个特殊的集团，最终成为剥

❶ 马长生、邱兴隆主编：《刑法热点问题研究》，湖南人民出版社 2003 年版，第 35 页。

❷ 同上。

削阶级即奴隶主阶级。当然，作为被剥削的奴隶阶级则必然不甘心其政治上、经济上的受奴役、受压迫的地位，于是通过各种途径进行反抗，这种“孤立的个人反对统治关系的斗争”被处于统治地位的统治阶级通过法律规定为犯罪并通过刑罚手段予以残酷镇压，死刑即是这种残酷镇压的最早表现形式。奴隶社会是这样，封建社会和资本主义社会也是这样。我们是社会主义国家，同历史上一切剥削阶级通过国家制定、执行的死刑刑罚制度的性质是有根本区别的，我们对此要正确区分，而不应该相互混淆。因此，在中国，死刑是维护人民民主专政和广大人民群众的根本利益和意志，其矛头针对那些违背广大人民群众根本意志的最为严重的犯罪行为，死刑的阶级性同样也得到了鲜明的体现。与法律性相比，死刑的阶级性更是其本质属性之所在。也就是说，死刑的存在和设置，体现着统治阶级的意志，维护的是统治阶级的利益；死刑是阶级统治的工具。我国在全面建设小康社会的历史现阶段，死刑是人民民主专政的工具，理应为我们所用，但必须对其进行严格的限制，并逐步为死刑的轻缓化向死刑的全面废止过渡创造条件。

60. 社会稳定与刑事政策研究*

犯罪是当今世界普遍存在的社会问题，而且各国的犯罪多呈上升趋势。犯罪的存在和发展，无疑破坏了社会的稳定，妨碍了社会的进步。为了维持良好的社会秩序，保证社会良性运行和协调发展，任何一个国家都会鼓励和促进对防止犯罪之对策即刑事政策的研究。当前，中国社会正处于体制转型时期，许多复杂的社会问题相伴而生，包括出现犯罪的浪潮。与此背景相适应，我国在今后较长时期内，应当确立和遵循一种什么样的刑事政策，以有效打击犯罪，维护社会的稳定，已成为摆在我们面前的一项需要认真研究和对待的重要课题。

本课题采用实证方法和比较方法进行研究，在借鉴、吸收国内外现有刑事政策研究成果的基础上，对犯罪、刑事政策和社会稳定的界定及三者的关系进行了探讨，分析论证了我国现行刑事政策的重要作用以及存在的问题，提出了我国在今后一段时期应当采取的刑事政策。希望本课题的研究对有关机关制定防止犯罪的对策、对维护社会稳定和促进社会发展进步，能够有所裨益。

一、犯罪、社会稳定与刑事政策的界定

（一）犯罪的界定

犯罪是一种十分复杂的社会现象，它和国家、法律一样，是社会发展到一定历史阶段的产物。对于什么是犯罪，由于各国政治、经济、文化、法律制度及社会发展历史进程不同，对犯罪的界定也不尽相同，即使在一国之内，不同学科对犯罪的定义也有区别。但归纳起来不外乎两种：一种是犯罪学意义上的犯罪；另一种是刑法学意义上的犯罪。犯罪学意义上的犯罪，又可称为实质意义犯罪，是指由于对法益造成侵害或可能造成侵害而违反法秩序，应当受到社

---

* 本文系作者主持的2001年最高人民检察院重点课题研究成果；收录于《中国检察（第一卷）——2001年最高人民检察院重点课题汇编》，中国检察出版社2003年版。

会的非难并被施加以某种强制措施的行为。用实质意义的犯罪概念衡量，即使是不被科处刑罚的反社会的行为，比如精神病人和幼儿的行为，也可能构成犯罪，也是其研究的对象。刑法学意义上的犯罪，又称为形式意义犯罪，是指刑罚法规所规定的可罚的行为，所谓可罚的行为是指，国家从大量反社会的当罚行为中选择出有必要现实地加以处罚的行为，按照一定的类型（犯罪构成要件）规定在刑罚法规中，成为法律上可罚的行为。这一意义上的犯罪是根据罪刑法定主义的要求，作为科处刑罚的前提是在刑罚法规中规定下来的。[1] 犯罪的这两种定义之间存在密切联系，犯罪既属于法律范畴，也属于社会范畴，它是社会法律现象。在大多数情况下，二者是不矛盾的，并且犯罪学上的犯罪概念是以刑法学上的犯罪概念为基础的，但由于刑法学主要研究犯罪与刑罚问题，而犯罪学主要是研究犯罪发生、发展变化的规律及预防对策，故犯罪学意义上的犯罪概念的外延比刑法学意义上的犯罪概念的外延要大，它不仅包括刑法上所规定的犯罪行为，而且还包括其他法律文件所规定的违法行为，以及人们（特别是青少年）的不良行为。笔者认为，从保障人权的角度出发，应沿用犯罪的刑法学定义，但在谈到对犯罪的预防时不可避免地也要涉及犯罪学意义上的犯罪概念。

（二）社会稳定的界定

1. 社会稳定的概念和特征

所谓稳定，从最一般的意义上讲，是稳固安定，没有变动的意思。但是与这种单纯词义学上的概念不同，我们所说的社会稳定不是指社会生活的稳而不动、静而不变，而是指的安定、协调、和谐和有序，是通过人们的自觉干预、控制和调节而达到的社会生活的动态平衡。它包含以下三层含义：首先，社会稳定具体表现为社会生活的有序性和可控性状态。所谓有序性是指人们社会生活的有组织性和社会关系的协调性，具体是指人们的各种社会生活和有组织性和社会关系的协调性，具体是指人们的各种社会生活和社会行为都按照一定的社会规范得到了有效的组织，人们之间的社会关系都在一定社会规范的约束下显得协调、和谐。可控性是指现行的社会规范能够能效地组织人们的社会活动，协调人们之间的社会关系，即使人们之间的社会关系上出现了一些不协调、不和谐的情况，也总是能够被有效地限制在一定范围内，不会对社会生活产生毁灭性的影响。当社会生活处于有序性和可控性状态时，我们就说该社会是稳定的，而当社会生活失去这种有序性亦即陷入无序和失控的状态时，则意

---

[1] 马克昌等主编：《刑法学全书》，上海科学技术文献出版社 1993 年版，第 609 页。

味着该社会是不稳定的。其次，社会稳定是社会在客观条件允许下自觉调控的结果。作为社会稳定的基本表现，社会生活的有序性和可控性状态并不是无矛盾的状态，更不是静止不变的状态。事实上，社会生活本身充满复杂的矛盾，并贯穿于社会生活的各个领域，这些复杂的社会矛盾及其引发的各种各样的社会冲突必然会破坏人们社会生活的组织性和社会关系的协调性，使人们的社会生活处于经常不断的变动之中，因此要保持社会稳定，就必须自觉地对社会生活进行调控。再次，社会稳定是相对于不稳定而言的。社会不稳定存在两种典型的情况：一是社会生活处于变革和革命之中，二是社会生活处于严重波动和动乱之中。虽然两种情况都是社会不稳定的表现，但它们的性质截然不同：社会生活严重波动和动乱的结果是整个社会生活特别是社会政治生活的严重失控状态，它在任何意义上都是人们正常社会生活的破坏力量，也是人类社会在任何时候都应努力避免的；而社会变革和革命所引发的社会不稳定只是使得人们社会生活获得新生前的阵痛，它在冲破原有社会那种危机四伏的病态稳定的同时，必然会催生和创造出一种新的、更加适合人们正常社会生活和社会发展客观要求的社会稳定。社会稳定具有以下特征。

（1）社会稳定具有相对性和可变性。社会稳定并不是社会生活的自然状态，而是人们调控活动的结果，这本身就意味着社会稳定是相对的，而社会的不稳定是绝对的。相对性是指社会稳定的有条件性和暂时性，它包含有两层含义：其一，我们说某一社会是稳定的，一般是就其社会生活的整体态势而言的，但一个整体上稳定的社会往往包含着一些不稳定的因素；其二，我们说某一社会是稳定的，有时是就其特定社会生活中的政治生活状况而言，但一个社会在政治上稳定并不意味在其他方面也必然稳定。相对性包含着并决定了它的可变性。所谓社会稳定的可变性是指社会的稳定状态及稳定程度，是随着人们的社会活动和社会关系特别是随着各种社会矛盾和冲突的变化而不断变化的。承认社会稳定的可变性，并不与人们保持社会长治久安的努力相矛盾，也不会动摇人们保持长治久安的决心和信心，恰恰相反，它还有利于人们更加自觉地去保持社会稳定。事实上，正是由于社会稳定是可变的，所以才有一个如何保持社会稳定的问题。一个国家到底变为稳定还是不稳定，取决于两个方面的因素：一是该社会各种社会矛盾和冲突的发展状况，二是该社会是否能够对人们的社会生活和社会关系进行有效的调控。

（2）社会稳定具有动态性和过程性。社会稳定是社会生活的动态平衡，具有动态性特征。社会稳定的动态性与社会稳定的可变性是既有区别又有联系的，如果我们把特定时空内具有特定形式的社会稳定视作社会生活的一种定态的话，那么社会稳定的可变性就是指社会生活的此种定态可变为他种定态。社会稳定的变化有两个不同的方向，它既可以变为不稳定，也可以变为更加稳定，这里的不稳定和更加稳定都是相对于社会生活原有定型的他种定态。与此不同，社会稳定的动态性是指稳定作为社会生活的有序性和可控性本身也是不断变动着的状态。这种动变着的状态，我们通常称之为动态平衡。当然，社会稳定的动态性与可变性的区分是相对的，因为作为社会生活的一种定态，社会稳定的动变超过一定的阈值就会使社会生活过渡到其他定态，可以说广义的可变性本身就包括其动态性。其次，既然社会稳定具有动态性，社会稳定是社会生活的动态平衡，那么社会稳定就必然表现为一个过程，具有过程性特点。任何特定形式的社会稳定都必然呈现为社会关系平衡、涨落、平衡这样一个不断交替的过程。

(3) 社会稳定还有形式上的多样性。社会稳定总是与特定社会生活相关联的，总是特定社会的稳定，即特定社会的一种现实状态。而任何社会都有其特殊的历史文化传统和现实生活条件。这些方面的因素必然会这样或者那样影响该社会的现实状态，使社会稳定带有自己的个性色彩，采取自己的独特形式，因此社会稳定在具体表现形式上是多种多样的。[1]

2. 社会稳定的基本内容

以上我们所说的社会稳定是从社会系统的整体结构描述社会状况的总体性概念。由于社会有机系统包含着诸多领域和层面，因而社会稳定又可具体划分为政治局势稳定、经济形势稳定、思想情绪稳定和社会秩序稳定等方面。也就是说，社会稳定并不是一个抽象的概念，它必须通过社会内部各具体领域的稳定表现出来，另一方面，它又不是这些稳定的线性盈加，而是它们以一定结构方式联系起来所呈现的一种有序化状态。政治局势的稳定是指一个国家的政治生活呈现出安定的局面，没有发生全局性政治动荡和政治骚乱，具体表现为社会政治局面的总体态势的有序性和可控性，它意味着政治系统在其运行过程中，能运用内外部各种调节机制，适应环境的变化，并容纳、调整社会系统内的各种矛盾，使之保持在“秩序”的范围内。政治局势的稳定是社会稳定的最基本和最集中表现，它是社会稳定追求的首要目标。经济形势的稳定是指社会经济生活的协调有序性及其发展态势的可控性，它是整个社会稳定的基础，只有国家经济繁荣，生产力发展，人们安居乐业，社会稳定才有可靠的根基。思想情绪的稳定是指社会成员对社会现实状况的感情趋向，也就是人们通常所说

[1] 陶德麟主编：《社会稳定论》，山东人民出版社 1999 年版，第 4～5 页、第 9～15 页。

的“人心”或“民心”。思想情绪的稳定并不意味着所有社会成员都具有一样的思想情绪，这几乎是不可能的，而是指大多数社会成员对社会的现状和未来走向的认可态度。思想情绪的稳定对社会稳定是极为重要的，如果大多社会成员对社会的现状牢骚满腹、怨声载道、悲观失望，并且看不到光明前景，社会的稳定就很难实现。思想情绪的稳定对社会稳定起着直接的重要作用，这是因为人们的言行在很大程度上是直接受思想情绪支配的，强烈的思想情绪既可以驱动人们战胜困难，创造业绩，对社会稳定产生巨大的正效应，也可以驱动人们越轨违法，破坏社会的正常运转，对社会稳定产生巨大的负效应。而且人们的思想情绪还有相互感染的特点，在一定条件下可以发生强化作用。社会秩序的稳定则是指在法律、道德和风俗习惯规范指导下人们生活的有序状态，主要表现在社会治安状况和社会风气两个方面。社会稳定表现在人们日常生活和工作的程序和规范中，就是社会秩序的稳定。任何社会的统治阶级和国家的治理者都要要求保持社会秩序的稳定。社会秩序的稳定和失范都有范围和程度的区别，有一定的阈值。在一定的界限内，社会秩序出现某些方面、某种程度的失范现象，并不意味着整个社会秩序已经失去稳定，而只能看作是一种扰动，一种不稳定的因素。但是，当失范现象超过一定的阈值，法律、道德及风俗习惯等规范对社会成员已基本上失去制导作用时，整个社会秩序的稳定就被破坏。对于社会系统的稳定来说，系统内的诸要素所处的地位并不是并列、均等的，其中政治局势的稳定处于核心的地位，经济形势的稳定则是整个社会稳定的最终基础，而社会的其他方面均决定于政治、经济这两方面的稳定，但这并不意味着其他方面是可有可无的，它们相互作用、相互依存，在一定的结构形式中被整合为一个动态发展的社会稳定系统。由于社会稳定是人类社会发展过程中的一种动态和相对平衡的状态，是社会系统在其整合和运行过程中所体现出的一种有序性、连续性和可控性的表征；又由于社会系统包含了经济、文化以及社会生活等诸多要素和诸多方面，它们之间以一定的方式相互依存，耦合互动，所以，如果其中有任何一个方面无序扰动，产生“越轨”行为，都会“牵一发而动全身”，影响系统整体的稳定。[1]

（三）刑事政策的界定

1. 西方国家对刑事政策的界定

犯罪是阶级社会出现以来即已存在的社会现象，各个社会的统治者为了与犯罪作斗争，往往提出各种镇压、防止犯罪的对策，以保护其对政治经济的统

[1] 陶德麟主编：《社会稳定论》，山东人民出版社 1999 年版，第 55～85 页。

治，这种镇压、防止犯罪的对策，就是刑事政策。换言之，刑事政策是国家对犯罪这样一种客观的反社会现象作出的对策性反应。早在古希腊时代，柏拉图、亚里士多德等大思想家就曾说过：犯罪不外是一种疾病，所以刑罚不应是对既往的，而应是对将来的。这些是刑事政策思想的萌芽。而刑事政策一词的出现，乃是近二百年的事情，其最早出现在18世纪末19世纪初德国法学教授克兰斯洛德与费尔巴哈的著作中。克兰斯洛德认为，刑事政策是立法者根据各个国家的具体情况而采取的预防措施。费尔巴哈则认为，刑事政策是国家据以与犯罪作斗争的惩罚措施的总和，是“立法国家的智慧”。此后这一概念沉寂了相当长的时间，一直到20世纪初才由冯·李斯特加以复兴，并赋予了新的更广的内涵。冯·李斯特将刑事政策定义为“国家和社会据以组织反犯罪斗争的原则的总和”；法国著名刑法学家马克·安赛尔将刑事政策视为“观察的科学”与“组织与犯罪作斗争的艺术或战略”。[1] 在此基础上，学者们又提出了“二定义说”（即广义说与狭义说）与“三定义说”（广义说、狭义说与最狭义说）。为了便于理解，兹依后一观点加以说明。

（1）广义的刑事政策，指国家以预防、镇压犯罪为目的所采取的一切措施与方针。它不限于直接以预防犯罪为目的的刑事制度、保安处分等，即使间接的与预防犯罪有关的各种社会政策，例如失业政策、住宅政策、教育政策、交通政策等，都可以叫做“刑事政策”。李斯特所谓“最好的社会政策，即最好的刑事政策”。梅兹格所谓刑事政策，指对犯罪的预防与斗争的国家活动的各个种类，都是采取广义的刑事政策的见解。

（2）狭义的刑事政策，指对犯罪者或对有犯罪的危险者，以预防、镇压犯罪为直接目的的国家强制对策。我国台湾学者张甘妹认为：“狭义的刑事政策，得谓为国家以预防及镇压犯罪为目的，运用刑罚以及具有刑罚类似作用之诸制度，对于犯罪人及有犯罪危险人所作用之刑事政策之诸对策。”日本学者平出禾、前田俊郎说：“换言之，所谓刑事政策，系国家或社会公共团体，以防止、镇压犯罪为目的，对犯罪者或有犯罪的危险者所加的立法、司法、行政的强制措施。通常说‘刑事政策’时，即指此意义。”

（3）最狭义的刑事政策，指对各个犯罪者、犯罪的危险者，以特别预防为目的而实行的措施（刑罚、保安处分等）。这种刑事政策，往往叫做“犯罪对策论”。日本学者大谷实指出：“就最狭义说，可以理解为，对犯罪者或有实行

[1] ［法］米海依尔·戴尔玛斯·马蒂著：《刑事政策的主要体系》，卢建平译，法律出版社2000年版，第1～2页。

犯罪的危险者所加的强制措施，叫刑事政策。”德国学者希裴尔采最狭义的见解，“认为刑事政策乃就目的性之观点，对于刑法成效之观察。它并非一门独立之科学，而是在刑法领域中，研究现行刑法之适用性以及刑法在未来尽可能符合目的构想之发展”。❶

比较而言，广义的刑事政策定义超出了刑事法制范围，和社会政策等难以区别。刑事政策就其本义而言是指为遏制犯罪而专门设置的刑事措施，某些社会政策虽然也会在无形中对犯罪发生抗制作用，但不是专门为遏制犯罪而存在的，而是另有其社会经济目标的追求。最狭义说则将刑事政策仅限于刑法领域，而犯罪是一种极为复杂的社会现象，决非仅仅依靠刑法即可达到预防犯罪的目的，因而按照这种见解，很难完成刑事政策所面临的任务，所以它也为一般刑事政策学者所不取。而狭义说虽仅限于以预防犯罪为目的的刑事上的对策，但不限于各种刑罚制度，还包括保安处分、假释以至保护观、察、更生保护等制度。故当今西方国家的刑事政策学，大多以此狭义的刑事政策为对象。

2. 我国刑事政策的概念和特征

关于我国刑事政策的概念，学界亦存在不同认识，我们认为仍应以狭义说为宜，具体可表述为：所谓刑事政策，是指党和国家为了达到抗制犯罪的目的，根据犯罪的总态势和犯罪人的不同状况而制定的各种刑事对策。与刑事法律相比，刑事政策具有如下特征。

（1）宏观性。刑事政策是党和国家从宏观角度制定的具有全局意义的抗制犯罪的战略决策和行动准则，一旦颁布即对整个国家的刑事法制产生普遍的指导作用，它指导着刑事立法和刑事司法的全过程。刑事政策的宏观性包含概括性，即刑事政策通常比较原则、概括，而《刑法》则比较具体、明确。刑事政策的这一特点决定了它不能用以指导具体犯罪的定罪量刑，只能指明打击和预防犯罪的方向、重点、程度、目标、原则等宏观事项，具体如何打、防还必须依照刑法进行。

（2）灵活性。刑事政策是根据一定的社会治安形势与犯罪状况制定的，因而如果形势变化了，刑事政策可随之调整，具有很大的灵活性。而《刑法》一经颁布，就具有相对稳定性。而且现代刑法采用的相对确定的法定刑的立法方式为惩治犯罪提供了较大空间，故社会治安形势的变化一般只影响到刑法的适用，而不会立即引起刑法内容的变化。

（3）综合性。刑事政策的综合性主要是指刑事政策的实施是采用多种手段

❶ 马克昌主编：《中国刑事政策学》，武汉大学出版社1992年版，第2～3页。

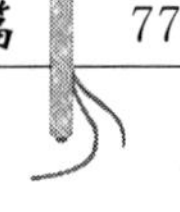

进行的，不仅包括各种刑罚方法和非刑罚方法，而且还包括各种社会对策，这是当代世界各国刑事政策的一个共同特点。

（4）形式的多样性。刑事政策是党和政府制定和发布的，既可以表现为党和政府的决议、文件、指示，也可以表现为党和政府领导人的报告和讲话等形式，而刑法是由国家立法机关，经过法定程序制定的，主要表现为成文化的法典、单行条例等。

以上是刑事政策的主要特征，而阶级性、目的性由于是刑事政策和刑法的共同性质，故在此不再赘述。

二、犯罪、刑事政策与社会稳定的关系

（一）社会不稳定因素引发犯罪，犯罪加剧社会的不稳定

无论是基于情感的冲动还是理性的思考，社会稳定性问题往往使人们联想到犯罪，犯罪作为对人类生存与发展具有严重危害性的行为，它与犯罪控制已成为社会发展过程中一个极端引人注目的问题。❶ 就我国现阶段的社会环境看，从宏观上讲，社会基本上是稳定的，但也存在着不稳定因素。这是因为，社会稳定本身是具有相对性的，绝对的社会稳定是不可能的。也就是说，任何社会的不稳定因素都是客观存在的，如果对这些因素估计不足，处理不当，它们就会蔓延滋长，发展到占据主导地位时，稳定就会被破坏。而且稳定因素和不稳定因素还可以在一定条件下互相转化，因而这就有一个调控的问题，也就是保持稳定的问题。❷

当前，中国社会正处在一个前所未有的体制转型时期，也即正由传统社会向现代社会过渡。而社会转型无论从政治、经济、文化、道德、法律、社会等各个层面上，其所产生的影响是极其深远而广泛的。由于传统社会与现代社会两端之间缺乏足够的兼容能力，因此，现代化过程中不断出现中断现象亦即现代化过程中连续性的中断，是一种正常的普遍态势，这种中断可以表现为经济崩溃、社会动乱、政府更迭、政策急剧转向等。现代化过程产生不稳定性，这已成为共识。❸ 这是因为，新旧体制的交替过程，实质上是一个新旧规范更替的过程，但是二者的更新、交替过程并不是同步进行的，中间往往存在着巨大的时空间隙。在旧的规范已被破除，而新的规范完全确立起来之前，社会就会

---

❶ 康均心："现代化与犯罪"，载《法学评论》1998 年第 6 期。

❷ 陶德麟主编：《社会稳定论》，山东人民出版社 1999 年版，第 4 页、第 9～11 页。

❸ 康均心："现代化与犯罪"，载《法学评论》1998 年第 6 期。

不可避免地出现一种“失范”与“失序”现象，而作为这种失范与失序现象的重要表现的犯罪率难免上升。另一方面，在转轨时期，社会多数阶层在动摇原有价值观念的同时，没有及时构筑起适合于发展远景的合理、健康的价值观，造成价值观念的迷失与混乱。在这种观念支配下，大量越轨行为包括犯罪行为日益加剧。因此，在国家经济高速发展、广大人民群众生活不断提高的同时，也伴随着出现了许多社会问题，包括出现犯罪的浪潮。但是，从社会发展角度看，这乃是在社会转型过程中不可避免地出现的一种合乎规律的并且较为普通的现象。当然最理想的模式是社会转型而社会稳定，经济发展而犯罪减少，中国某些地区也呈现出这种情况。但从全国范围来看，中国经历如此空前广泛而深刻的社会变革，处于如此错综复杂的社会转型时期，要想避免犯罪浪潮的出现，将是非常困难的。我们应当正视业已出现的犯罪，分析其诱发因素，并采取相应的抑制和规范对策。在现阶段，影响社会稳定的因素主要有以下几种。

（1）腐败现象，指国家工作人员利用职务上的便利，以权谋私，贪污受贿、走私贩私、鲸吞国有资产等现象。腐败现象带来的一个消极后果，是在民众中形成一种具有一定普遍性的失望与不满情绪，破坏与恶化党群关系、干群关系，以至严重影响社会的稳定。

（2）失业和贫富两极分化。随着改革开放的逐步深入与扩展，国内国际竞争的日益加强，许多国有企业陷入困境，被迫裁员，从而造成大量工人失业。由于我国尚未建立起完善的社会保障制度以及职业流动的合理渠道，因而亏损企业职工很容易滋生不满情绪和不满行为。伴随改革开放的另一个问题是贫富差别的日益扩大，社会阶层开始分化，容易使低收入阶层产生不平衡心理，从而诱发不稳定因素。

（3）迷信问题。迷信的土壤是人的愚昧，而迷信又加剧和扩大了愚昧，甚至导致疯狂。迷信如果被不法分子利用，成了邪教，成了组织，它们对人民的危害更大。1997 年被取缔的“法轮功”邪教组织就是明显的例子。自称“救世主”的李洪志炮制的“法轮功”用荒谬绝伦的歪理邪说蒙骗了数以百万计的群众，在几年里就形成了一个相当严密的非法组织。“法轮功”不仅使一些人精神失常，家破人亡，而且多次煽动群众围攻学校、党政机关乃至中央领导机关，企图颠覆社会主义政权。这种非法组织如不坚决取缔，后果不堪设想。

（4）流动人口。人口流动作为一种特定的人口现象，随着改革开放的不断深入而形成汹涌的浪潮。流动人口的质与量在某种程度上表明一个国家或地区的社会经济发展水平。但在社会缺乏完善的调控机制前提下，流动人口往往成为社会的不稳定因素。当前我国的流动人口主要表现为农村人口流向城市，流

动人口一方面活跃了城乡经济，另一方面也给城市发展带来了不稳定因素。大量的民工潮给城市住房、就业和交通带来巨大的压力，并引发了重要的社会经济问题和社会稳定问题。如在城市突发事件中，有许多都与流动人口有关。

以上不稳定因素都直接或间接地激化了社会矛盾，进而引发犯罪。改革开放以来，犯罪数量更是明显上升，自1984年以来，我国的年均立案率就以29%左右的速度增长，其中严重恶性犯罪猛增，如1984～1991年间，从刑事立案数看，凶杀案平均每年递增30%，强奸案每年递增20%，抢劫案每年递增80%，❶ 进入20世纪90年代后，刑事犯罪的上升趋势更加迅猛，犯罪的绝对数量和相对比率都大为增加，犯罪的社会危害性也日趋严重并呈现出有组织化、技术化、智能化的发展趋势。特别是近年来，爆炸、杀人、抢劫、绑架等严重暴力犯罪活动，入室盗窃等多发性侵犯财产的犯罪居高不下，一些带有黑社会性质的犯罪团伙和流氓恶势力称霸一方，为非作恶，欺压、残害群众，严重破坏了经济、社会生活秩序，从而造成社会治安状况的极端恶化，“好人受气，坏人神气”，国家利益和人民群众的财产和人身安全受到严重威胁，群众没有安全感，“离家怕人偷，出门怕人抢，女工不敢上夜班”，搞得人心惶惶。1997年，北京一家调查咨询公司在京、沪、穗等6大城市对12万居民进行调查，其中，对于“如今过日子最担心的是什么”问题的回答，选择“安全”一项的达到56.2%，高居榜首。❷ 由此可见，犯罪活动的日益猖獗是造成当今社会治安形势严峻的根本原因，这种现象严重束缚了人们的生产、工作、学习的积极性，阻碍了生产力的发展，影响了经济建设的顺利进行，从而直接影响到社会的稳定，并极大地损害了党和政府在人民群众中的威信。从这一意义上讲，犯罪乃社会稳定之大敌，诚如恩格斯所言：“蔑视社会最明显、最极端的表现就是犯罪。”❸

（二）刑事政策是专为抗制犯罪出现的，犯罪状况直接决定刑事政策

刑事政策与犯罪之间，从表面看来，似乎没有什么直接关系，二者必须以刑事法律为中介才发生联系。但实际情况并非完全如此。从二者的表现形式来看，犯罪是严重危害社会的行为，是一种内容丰富、表现多样的客观实在，而刑事政策是执政党和国家在犯罪和刑罚问题上的宏观意志，属意识范畴。根据马克思主义存在决定意识及意识的能动作用的辩证唯物主义原理，刑事政策与

---

❶ 转引自黄太云：“增加死刑能否遏制犯罪”，载《法学家》1995年第1期。

❷ 陶德麟主编：《社会稳定论》，山东人民出版社1999年版，第84页。

❸ 《马克思恩格斯全集（第1卷）》，人民出版社1965年版，第16页。

犯罪状况的关系如下。

1. 犯罪状况直接决定刑事政策的内容

在刑事政策的视野中，犯罪是作为一种对象物出现的，一切刑事政策均围绕犯罪而展开。可以说，正是人们对犯罪现象研究的深化，才成就了刑事政策学在刑事科学中独立的学科地位及其存在价值。日本学者大谷实在谈到刑事政策和犯罪现象的关系时指出："现代意义上的刑事政策科学的研究的兴起，是由于在19世纪的欧洲，注意到了累犯的增加这一犯罪现象，从而对根据传统的刑法及刑罚论的犯罪预防效果产生了怀疑的结果，少年犯的对策、精神障碍人的犯罪对策等近代的政策及制度的展开，也是对于现实中所发生的具体犯罪现象进行认识的结果。"❶ 从社会学的角度看，犯罪是一种社会的病态。正如人有病，要治病，需要了解病情和病因，才能对症下药一样，要想预防犯罪，整饬治安，除了把握犯罪现象以外，还必须了解犯罪的原因，以便采取有效的犯罪对策。因此，一定时期内犯罪活动的原因、特点及趋向，就最为直接地决定了这一时期刑事政策的内容。主要表现为以下几个方面。

（1）一定的刑事政策总是根据犯罪和犯罪人的实际情况制定的。犯罪是极为复杂的社会现象，有极其严重、严重、一般、较轻或轻微等种种差别；犯罪分子也是千差万别的，存在着首恶与胁从、抗拒和悔改等不同情况。这些都给我国制定"首恶必办、胁从不问、立功受奖"的"镇压与宽大相结合"的政策提供了事实根据。同时，由于犯罪现象是复杂的，产生犯罪的原因是复杂的，社会治安问题必然也是复杂的。所以，要减少犯罪、解决社会治安问题，就必须采取综合治理的方针。

（2）犯罪和犯罪人的情况变化了，刑事政策可能随之而发生变化。刑事政策作为一定条件下的现实政策而存在，是用以指导打击和预防犯罪的行动准则。如果犯罪和犯罪人的情况已经变化，则刑事政策亦须随之改变，否则其很可能蜕变为过时政策而无法用以正确指导打击和预防犯罪的现实活动。这不仅会使刑事政策丧失其现实性，还会影响其有效性，甚至导致有效性完全丧失，所以，刑事政策必须随犯罪状况的变化而变化。

（3）一定时期内犯罪活动严重程度会影响该时期刑事政策的侧重度及侧重点。详言之，对于同一类犯罪行为，即使实行同一政策，由于不同时期犯罪活动严重的严重程度不同，刑事政策也会有或者侧重严厉或者侧重宽缓的重大差别：即在社会治安状况较好，严重破坏社会秩序的犯罪不突出的情况下，刑事

❶ ［日］大谷实著：《刑事政策学》，黎宏译，法律出版社2000年版，第25页。

政策所持的态度就相对缓和，在其影响下，刑事法律对这种行为的评价就相对较轻；而在社会治安状况较差，严重破坏社会秩序的犯罪猖獗的情况下，刑事政策所持的态度就相对严厉，在其影响下，刑事法律对这种行为的评价也就相对严厉。❶

其次，犯罪的客观存在性也决定了刑事政策的具体内容。传统观念认为，犯罪是一种绝对的恶，是丑恶的和令人憎恶的一种社会病态现象，并由此得出犯罪没有任何有益的存在理由，必欲将之赶尽杀绝的结论。而在现代社会，犯罪越来越被看做一种社会现象，它与一定的社会结构具有密切的联系。法国著名的社会学家迪尔凯姆曾对犯罪存在的必然性、犯罪的相对性和犯罪的积极功能做过全面的论述。他认为，犯罪不仅见于大多数社会，不管它是属于哪种社会，而且见于所有类型的所有社会。不存在没有犯罪行为的社会。虽然犯罪的形式有所不同，被认为是犯罪的行为也不是到处一样，但是，无论在什么地方和什么时代，总有一些人因其行为而使自身受到刑罚的镇压。如果随着社会由低级类型向高级类型发展，犯罪率呈下降趋势，则至少可以认为犯罪仍是一种正常现象，但它会越来越失去这种特性。然而，我们没有任何理由相信犯罪确实会减少。许多事实都在证明，好像事实正与此相反。自 21 世纪以来，统计资料为我们提供了观察犯罪行为动向的手段；实际上，犯罪行为到处都是有增无减。迪尔凯姆由此得出结论：犯罪是一个社会的必然现象，它同整个社会生活的基本条件联系在一起，由此也就成为有益的，因为与犯罪有密切联系的这种基本条件本身是道德和法律的正常进化所必不可少的。❷ 我国学者对此也有论述，著名刑法学家高铭暄教授和陈兴良教授认为，犯罪作为一种社会现象，是社会、心理和生理诸种因素互相作用的产物，其存在具有某种社会必然性。不仅如此，从功能分析的意义上说，犯罪的存在还具有一定的合理性，它为社会提供一种张力，使社会在有序和无序、罪与非罪的交替遭变中跃进。著名刑法学家储槐植教授则进一步明确指出，犯罪具有排污和激励两项促进功能，犯罪是一种社会代谢现象，并认为微观上犯罪本身有害社会与宏观上犯罪伴生社会代谢、促进社会发展形成了千古悖论。❸ 犯罪存在的客观必然性，决定了它只能被抵制在一定的限度之内，而不可能被彻底消灭。因此，刑事政策只是抵

---

❶ 马克昌主编：《中国刑事政策学》，武汉大学出版社 1992 年版，第 71～73 页。

❷ ［法］迪尔凯姆著：《社会学方法的准则》，狄玉明译，商务印书馆 1995 年版，第 83 页、第 87 页。

❸ 梁根林：“合理地组织对犯罪的反应”，载《金陵法律评论》2001 年秋季卷，第 5～16 页。

制犯罪，将其控制在社会所能容忍的限度之内的策略，而不可能消灭犯罪。同时，犯罪不是孤立的现象，而是由一定社会形态与社会结构决定的社会现象。因此犯罪问题仅依靠刑罚是难以解决的，只有消除导致犯罪产生与存在的社会条件，才是治本之道。

2. 刑事政策能动作用于犯罪状况

刑事政策虽然受决定于犯罪状况，但它不是消极坐待被决定，而是可以积极地随着犯罪状况的变化而正确处理其稳定性和可变性的关系，适时地针对犯罪状况作一些调整。刑事政策和犯罪的逻辑关系表现为：社会上存在犯罪现象，就有与之作斗争的相应的刑事政策，然后才出现相应的刑事法律，刑事政策是刑法的先导，指导着刑法同犯罪作斗争。不仅如此，在新旧社会制度更替，社会发生重大变革的一段时期内，往往由于旧的刑法被废弃，而新的刑法尚未制定，人们同犯罪作斗争也主要依靠刑事政策。刑事政策对犯罪状况的能动作用主要表现在以下几个方面。❶

首先，有些刑事政策的指导作用贯穿刑事执法的始终，直接影响刑事执法的全局。刑事政策同其他政策一样，也具有层次性。有些刑事政策只用于一时，有些刑事政策的指导作用则贯穿于刑事法律执法的始终；有些刑事政策的作用只及一面，有些则作用于全局。例如“惩办与宽大相结合”“坦白从宽、抗拒从严”等刑事政策，就指导刑事执法的始终和全局，甚至还指导刑事立法的高层级的刑事政策，这些刑事政策自新中成立以来，在打击和预防犯罪的整体效果方面，使犯罪状况朝有利于社会治安总体效果的方向发展，起到了巨大的作用。

其次，大多数的刑事政策是针对社会现实中的犯罪状况制定出来，用以从宏观上指导刑事执法，从而应时、应需控制犯罪状况。例如，1982 年 4 月 13 日中共中央、国务院《关于打击经济领域中严重犯罪活动的决定》，1983 年 3 月 25 日中共中央《关于严厉打击刑事犯罪活动决定》，就较适宜地从全局上对打击刑事犯罪活动的方向、重点、力度、目标、原则等宏观注意事项作了指示。这些刑事政策，通过适度的政策指导，反映了社会治安的需要，及时控制了犯罪状况。

再次，刑事政策的能动作用还表现在，它能通过直接影响司法人员的法律观念和执法意识，在刑事执法活动中体现指导作用，从而作用于犯罪，影响犯罪状况。

---

❶ 于逸生、李本：“刑事政策与犯罪状况的关系初探”，载《法学与实践》1997 年第 2 期。

（三）刑事政策的终极目的是维护社会稳定，刑事政策要受社会稳定之规律性制约

人类社会自产生以来，社会稳定就一直是人类努力谋求的状态，它既是社会生活得以正常进行的必要条件，也是一个民族和国家走向兴盛的根本前提。特别是在当今世界上，在和平与发展已成为时代主题，却又不时受到种种干扰和冲击的情况下，对于那些不发达国家来说，能否有效地保持社会稳定，关系到它们能否有效把握历史机遇，实现自身社会经济的高速、持续、协调发展，关系到它们的现代化发展战略能否得到顺利的实施。在我国现阶段的社会实践中，改革、发展与稳定是社会的三大主题，在改革和发展的推进中实现政治和社会的长期稳定，是我们进行现代化建设所追求的社会环境目标。邓小平同志曾经指出："中国的问题，压倒一切的是稳定，没有稳定的环境，什么也搞不成，已经取得的成果也会失掉。"❶ 而犯罪乃社会稳定之大敌，刑事政策正是为抗制犯罪而出现的。"社会稳定是社会在客观条件允许下自觉调控活动的结果，对社会生活的调控总是借助于一定的社会规范来进行的，而各种社会规范的基本功能也正在于指导人们的社会活动和社会关系，在各种用以调整社会生活的社会规范中，法律和道德是最有代表性的。运用法律进行调控的属于'硬调控'，运用道德进行调控的属于'软调控'，也就是社会学中通常所说的'硬控制'和'软控制'。硬调控一般具有严格规定的程序并带有强制的性质，它通过运用各种国家强制力量将社会生活和社会关系的变化限制在一定的范围内，以达到保持社会稳定的目的，用以进行硬调控的社会规范除法律外还有政策，包括以国家的名义制定并应用于社会生活各个领域的规章和准则，违背这类社会规范就会受到各种法律的、行政的或经济的制裁和处罚。而软调控是借助社会舆论、文化传统和教育的力量，使社会生活的有序性的客观要求内化为人们的自觉追求，并由此校正人们的行为，协调人之间的社会关系，达到保持社会稳定的目的。用于软调控的社会规范除道德外还有其他一些形式，如风俗习惯等，违背这些社会规范虽然不会受到以国家强制力为保证的各种制裁，但却会受到社会舆论的谴责和社会心理的鄙弃。软调控对于社会稳定同样发挥着不可替代的作用。"❷ 对于犯罪这种严重危害社会的行为首先应适用"硬调控"，即运用刑事政策和刑事法律进行抗制（当然不能忽视教育和文化传统的力量），而在犯罪控制系统中，刑事政策又起着决定性的作用，它指导着刑事

---

❶ 《邓小平文选》，人民出版社 1993 年版，第 284 页。

❷ 陶德麟主编：《社会稳定论》，山东人民出版社 1999 年版，第 5 页。

立法、刑事司法、刑事执行等各个方面，担负着预防犯罪和控制犯罪的功能。反过来，统治阶级之所以针对犯罪采取种种策略，目的就在于维护有利于其统治的社会关系和社会秩序，也就是为了维护社会的稳定。日本学者大谷实认为，所谓刑事政策是国家机关（国家和地方公共团体）通过预防犯罪、缓和犯罪被害人及社会一般人对犯罪的愤慨，从而实现维持社会秩序的目的的一切措施政策，包括立法、司法及行政方面的对策。也就是说，为使每个人独立地形成其人格，追求幸福，首先必须安定社会秩序，而保持社会秩序安定之大敌是犯罪，因此，必须将扰乱社会或威胁社会的行为作为犯罪予以制止。这说明刑事政策的终极目的是维持社会秩序，也即强调构成社会的个人和集团之间的调和、安定并促进社会的发展。刑事政策就是以国家机关为主体的，以防止犯罪为中心的维持社会秩序的活动的整体。❶ 故对于刑事政策而言，维护社会稳定是比预防犯罪和控制犯罪更高层次的价值取向，是刑事政策的终极目标。

但是，刑事政策并非统治阶级的主观臆想，它同样要受到社会稳定之规律性的制约。统治阶级制定和实施刑事政策的目的就在于为社会政治、经济发展创造一个安定、有序的环境，因此，国家制定什么样的刑事政策，打击面是宽是窄，刑罚是轻是重，都必须服从于实现这一根本目的的需要。当社会秩序总体平稳，犯罪状况没有危及社会存在基础时，对犯罪行为的打击适当减缓完全是应该的；而当一个社会秩序恶化，犯罪行为猖獗，已严重危及社会的生存条件时，运用刑罚武器对犯罪行为给予相对严厉的处罚也在情理之中。由于社会稳定只能是相对的，绝对的社会稳定是不可能的。又由于犯罪是社会中的一种正常现象，任何社会都不可能没有犯罪，因而我们对于犯罪在心理承受上应更强些，容忍性也应更大些，只要犯罪活动没有达到不可控制的程度，只要没有严重影响到经济的发展和社会的进步，就应当认为是正常的情况。这就要求我们在制定刑事政策时，立足于这一现实，“合理地组织对犯罪的反应”❷，即抗制犯罪，力求将犯罪控制在一定的范围之内，只要控制在这个社会所能容忍的限度之内，刑罚的效益和成本就能为社会接受，社会也就能平稳地向前发展。

综上所述，在犯罪、刑事政策和社会稳定三者之间，犯罪是因，刑事政策是手段，而社会稳定是目的，三者相互决定、相互制约，构成一个矛盾的运动过程。

---

❶ ［日］大谷实著：《刑事政策学》，黎宏译，法律出版社 2000 年版，第 3～4 页。

❷ ［法］马克·安赛尔：“从社会防卫运动角度看西方国家刑事政策的新发展”，载《中外法学》1989 年第 2 期。

三、我国刑事政策的现状及评析

（一）我国刑事政策的现状

我国的刑事政策是在长期的革命斗争实践过程中逐步形成和发展起来的。早在革命战争年代，我党在对敌斗争中，在处理革命队伍和根据地人民内部的违法犯罪问题时，就形成了许多政策和策略。如在抗日战争时期，党所确定的“锄奸政策”，采取区别对待的方针，对顽固的汉奸和反共分子坚决镇压，对反动派中的动摇分子给以宽大处理，这就是“镇压与宽大相结合”的政策的萌芽。在解放战争时期，我党我军对蒋方人员采取区别对待的方针，实行“首要者必办，胁从者不问，立功者受奖”的政策。对革命队伍内部存在的问题，我党提出不能搞“残酷斗争”“无情打击”，对犯有非敌对性质错误和罪行的人应采用“惩前毖后，治病救人”的方针。建国后，面临着镇压反革命，巩固新生政权的艰巨任务，党和国家把党在革命战争年代提出的一些对敌斗争政策和策略进一步系统化，并根据新的形势提出了一系列新的刑事政策和策略。例如，为了做好“镇反”工作，党和国家明确提出了“镇压（惩办）与宽大相结合”的刑事政策，并将其内容归纳为六点：首恶必办，胁从不问，坦白从宽，抗拒从严，立功折罪，立大功受奖。后来这一政策被推广适用于一切犯罪，以至成为我国基本的刑事政策。1979 年 7 月 1 日通过的《中华人民共和国刑法》就是以惩办与宽大相结合这一基本的刑事政策作为制定依据的；针对社会主义社会各种矛盾的复杂性，党和国家提出了严格区分敌我矛盾和人民内部矛盾的方针；从无产阶级的历史使命出发，提出在社会主义条件下对罪犯实行劳动改造，使之成为新人的方针，并具体提出了“给出路”“改造第一，生产第二”等一系列劳改工作方针和政策；针对青少年犯的年龄特点，提出了“教育、感化、挽救的方针”以及“教育为主、惩罚为辅”的原则；针对改革开放之后严重危害社会治安的犯罪和严重经济犯罪猖獗的状况，党和国家提出了“依法从重从快打击严重危害社会治安的犯罪分子”和“依法从重从快惩处严重破坏经济的罪犯”（即“严打”）的方针；文化大革命结束后，针对刑事犯罪，特别是青少年违法犯罪情况相当严重的局面，中共中央又明确提出了社会治安综合治理的方针；[1] 在这些刑事政策中，惩办与宽大相结合是指导刑事立法和刑事司法的基本的刑事政策，社会治安综合治理是控制犯罪的总方略，其他都是具体

[1] 肖扬主编：《中国刑事政策和策略问题》，法律出版社 1996 版，第 5～6 页；马克昌主编：《中国刑事政策学》，武汉大学出版社 1992 年版，第 51～62 页。

的刑事政策。基本刑事政策和具体政策的关系，概括来说是决定与被决定、原则与具体、整体与个别的关系，即基本刑事政策决定具体刑事政策，具体刑事政策是基本刑事政策的贯彻落实，它们共同构成了我国现行刑事政策这个有机统一的整体。

（二）我国现行刑事政策评析

1. 我国刑事政策的重要作用

我国的刑事政策，是党和国家长期历史经验的总结，它凝聚着老一辈无产阶级革命家的智慧，有的甚至是付出血的代价才取得的。毛泽东同志早在1948年谈到政策和策略的重要性时就指出："政策和策略是党的生命。"❶ 这是对党和国家刑事政策历史作用的最好的概括。在革命战争年代，党的政策和策略是指引中国革命取得胜利的可靠保证。党领导人民取得全国性胜利以后，党的政策对社会主义革命和建设事业仍然起着相当大的作用。例如，作为我国基本刑事政策的"惩办与宽大相结合"的政策，在革命战争年代曾有力地配合了我党的政治斗争，起到了瓦解敌对势力的作用，这是我党在对敌斗争的一个重要策略，即利用矛盾，争取多数，反对少数，各个击破，它后来发展为一个很重要的刑事策略原则；建国后，这一刑事政策对于分化犯罪分子、保卫新生的民主政权和社会主义制度同样起到了不可估量的作用。惩办与宽大相结合政策的历史功绩还在于，它对我国社会主义刑法制度的产生及其基本性质和内容的确定具有一定的决定作用。历史经验已充分证明，惩办与宽大相结合的政策是预防犯罪、打击犯罪、改造罪犯的有效对策。在大力健全社会主义法制的今天，这一政策仍具有全局性指导意义，值得我们继续贯彻推广。当代犯罪学和刑事政策学的研究表明，社会治安问题是社会诸多矛盾和消极因素的综合反映，是一种社会"综合征"，故对于犯罪这一社会瘤疾，单靠法律手段是不可能解决问题的，只有采用政治的、法律的、经济的、行政的、文化的、教育的等多种手段才能奏效。可以说，正是基于对犯罪现象和犯罪原因的科学分析，党和国家才提出了社会治安综合治理的方针，并将其作为新的历史时期预防犯罪和控制犯罪的总方略。我国十多年来的社会治安综合治理的实践表明，这一决策是完全正确的，它是解决我国治安问题的根本途径，也是在新形势下专门工作同群众路线相结合原则的新发展，密切了党和政府同人民群众的联系，充分体现了社会主义制度的优越性，因而我们应当将这一政策长期坚持下去。除此之外，其他具体的刑事政策，如对罪犯实行惩罚与教育改造相结合的政策，

❶ 《毛泽东选集（第4卷）》，人民出版社1991年版，第1298页。

对青少年犯实行“教育、感化、挽救”的政策，也都被证明是行之有效的，对于预防犯罪和控制犯罪起到了积极的作用。即使是针对特定时期的犯罪状况而制定的某些临时性的刑事政策，如“严打”政策，客观上也起到了在短期内遏制犯罪的作用。实践证明，党和国家在同犯罪长期斗争中创造的这些刑事政策，对我们来说是一笔宝贵的历史财富，我们应当进行总结，发扬光大，并在实践中使这些刑事政策不断发展完善。

2. 现行刑事政策存在的问题

如上所述，现行刑事政策过去在维护我国社会的安定团结、预防犯罪、惩罚犯罪和改造罪犯等方面发挥了重要作用。但是，毋庸讳言，由于种种原因，我国现行的刑事政策仍然存在着许多问题。特别是“严打”政策，在我国过去20年的司法实践中一直占主流地位，自1983年起，我国已先后进行了四次“严打”专项斗争，但是每次“严打”之后，犯罪率都不降反升，治安环境每况愈下。这种状况虽然可以说是体制转型期所理应付出的代价，但同时也与我国所制定的刑事政策密切相关，因而我们有必要对现行刑事政策进行检讨。概而观之，我国刑事政策之不足，可以概括为以下两个方面。

（1）刑事政策自身存在的问题，主要有以下几种情况。

其一，刑事政策制定的科学化程度不高。刑事政策作为国家预防和控制犯罪的一种强制对策，它的制定应遵循犯罪与刑罚的客观规律，并要经过科学论证。但是，从我国的司法实践来看，刑事政策的制定大多受到政治运动的影响，刑事政策的政治色彩浓于犯罪与刑罚的自身规律。有学者通过对1996年“严打”的发动起因（全国人大常委会副委员长李沛瑶同志被杀案）和2001年“严打”发动的起因（石家庄“3·16”特大爆炸案）进行分析后指出，它们都带有一定的偶然性，并不必然反映整个社会的治安形势。❶ 这说明我国刑事政策（包括长期的和短期的）的制定，带有一定的盲目性，在很大程度上是基于对犯罪现象的本能反应，而不是对犯罪规律理性认识的结果。往往是出现一个犯罪高潮，只是想通过刑事惩罚予以镇压。尤其具有典型意义的是，各地逢年过节执行死刑的习惯性做法，反映出将社会治安维持在何种程度寄托于刑罚之上，也表明我们对犯罪现象缺乏科学的防范措施。❷ 我国有犯罪学家在研究、分析了1983～1990年凶杀、伤害、抢劫和强奸四类犯罪案件后指出：“从各年发展变化趋势来看，这四类暴力型犯罪无论是绝对数还是占当年人口总数的比

---

❶ 刘仁文：“论刑事政策的制定”，载《金陵法律评论》2001年秋季卷，第17～19页。

❷ 陈兴良：“刑事政策视野中的刑罚结构调整”，载《法学研究》1998年第6期。

例，都呈上升趋势。从1985年后一直是直线上升，1989年比1984年增加了一倍多。这是一个令人担忧的、需要认真加以研究和解决的严重问题。”❶ 如果一项刑事政策实施后被证明并未收到预期的效果，就应及时调整，这方面尤其应引起决策者的重视。

其二，个别刑事政策追求短期轰动效应，忽视长期治理。回顾我国过去20多年来的实践，“严打”的刑事政策始终占主流地位，而“严打”所奉行的是“什么问题突出就解决什么，哪里问题严重就抓紧治理哪里”，即“头痛医头，脚痛医脚”，从而在全国范围掀起一场又一场的“严打”战役。在具体方式上采取“运动战”“歼灭战”，如1983年提出的口号是“三年为期，三次战役”；在政策目标的制定上，由于对改革开放后刑事犯罪的复杂性和长期性缺乏科学的认识，将其定位在“一网打尽”，这样的刑事政策注定会以短平快的打击策略为基点，而不可能着眼于预防和长期斗争。后来的事实证明，“一网打尽”的政策目标并没有实现，事实上也不可能实现。这种“运动战”式的“严打”成了每隔一个时期就要重复出现一次的间歇性政治任务，“严打”期间，对所有被列入“严打”范围的犯罪强调从重从快处罚，一旦“严打”结束，又回到以前所谓“打击不力”的状态，从而陷入人们所谓的“宽严相济”，社会治安问题周期性反复的循环怪圈。❷ 而犯罪分子也掌握了这一规律，每次“严打”一开始，犯罪分子都有所收敛，以躲避一下“风头”，等“严打”一结束，便又卷土重来，甚至变本加厉，危害更为严重。可见，“运动战”式的“严打”不仅难以实现社会治安的根本好转，而且给惩治犯罪的工作增加了更大的难度。

实际上，打击和预防犯罪是一项系统的工程，不可能一蹴而就，它需要社会各方面密切合作，实行社会治安综合治理。即使对“严打”这一具体的刑事政策而言，它也应包括三方面的因素：即“严打”前因素、“严打”中因素和“严打”后因素。“严打”前因素主要考虑为刑事司法活动提供周密的法网支持。法网粗疏，虽欲“严打”而无据，法网严密，方可严惩不贷，也才有可能达到一种“不打而治”的境地。“严打”中因素主要考虑刑事司法机关的通力合作，合作的前提是各司法机关各司其职，合作的过程是相互制约，合作的原则是从实体到程序都不能逾越法律的界限。“严打”后因素主要考虑巩固“严打”战果，其中最重要的一点即是依靠社会力量做好刑满释放人员的安置工

---

❶ 杨春洗主编：《刑事政策论》，北京大学出版社1993年版，第179～180页。

❷ 张绍谦：“关于‘严打’的刑法学思考”，中国法学会刑法学研究会2001年年会论文。

作，使其能够回归主流社会生活。[1] 而从我国历次“严打”来看，存在的突出问题就在于没有及时巩固“严打”的成果，即“重打击轻治理”“重惩治轻防范”，从而导致司法机关陷入对犯罪疲于应付的境地。

其三，刑事政策与刑事法律不分，刑事政策取代刑事法律。刑事政策与刑事法律既有区别，又有联系。二者从本质上来讲存在着一致性，即都是在马列主义毛泽东思想指导下制定的，体现了工人阶级和广大劳动人民的意志，都是同犯罪作斗争，保障党和国家的总路线和总任务的实现，巩固和发展社会主义经济基础的工具。但是，二者在内容和表现形式上又是有差异的。刑事政策和刑法之间的一致性和差异性，反映在它们的相互关系上，具体表现为：①刑事政策对刑法具有指导作用。刑事政策对刑法的指导作用贯穿于刑事立法、刑事司法和刑事执法的全过程。首先，在刑事立法方面，刑法的制定或修改，总是以一定的刑事政策为依据的。刑事政策是刑法的灵魂，刑法是刑事政策的条文化、具体化，刑法一旦脱离刑事政策就会迷失方向。我国 1979 年《刑法》就是在党和国家的刑事政策，特别是惩办与宽大相结合的政策指导下制定的；《刑法》颁布之后又多次对其进行补充和修改，也是立法者自觉运用刑事政策调整罪刑关系的结果。其次，在刑事司法的过程中也要考虑党和国家的有关刑事政策，以保证刑法的正确适用。国家在一定刑事政策的指导下创制了刑罚，这只是为完成刑法的任务提供了条件。要真正完成刑法的任务，必须通过落实刑事责任的方式来实现，而落实刑事责任的关键就是刑罚裁量。由于现行《刑法》对犯罪规定的刑罚幅度都相当大，并规定有多种情节，而且许多刑法用语缺乏明确性，因此要真正做到量刑准确，罪刑相适应，离不开刑事政策的指导作用。再次，刑事政策对刑事执行也具有指导作用。我们执行刑罚的目的，不是为惩罚而惩罚，而是要通过刑罚，使他们接受教育改造，化消极因素为积极因素。因此，要正确执行刑罚，必须切实贯彻党和国家的改造第一、生产第二、惩办与教育改造相结合的政策，如果脱离刑事政策的指导，把惩办与教育改造对立起来，其结果不是犯惩办主义的错误，就是犯“教育万能”的错误，都不能达到刑罚的目的。②刑事政策不能脱离刑事法律的制约。刑事法律是刑事政策的条文化，但刑事政策本身不是法律，而刑法一旦制定，就应具有一定的稳定性。我国《宪法》和党章明确规定，党组织和各级国家机关都必须在宪法和法律范围内活动，不允许任何超越和凌驾于法律之上的特权存在。根据这一原则，刑事政策应在刑法规定的范围内运用，决不能将刑事政策凌驾于刑法

[1] 杨春洗、余净：“刑事政策视野中的‘严打’”，中国法学会刑法学研究会 2001 年年会论文。

之上，即“刑法是刑事政策不可逾越的藩篱”。❶ 例如，党和政府制定的对严重危害社会治安的犯罪分子从重从快惩处的政策，就是指在刑法规定的量刑幅度内从重，在《刑事诉讼法》规定的程序内从快。当某项刑事政策在《刑法》中没有明文规定而又必须贯彻时，则应当通过国家立法机关，依照法定的程序，将其转化为刑法，或者由法律解释机关作出符合《刑法》规定的解释，这样，刑事政策才具有国家强制力，才能发挥政策的威力。换言之，刑事政策是用以从宏观上指导打击和预防犯罪的，而具体如何打击和预防犯罪则必须通过刑事法律加以作用，二者在与犯罪作斗争中的地位和作用是不同的。

刑事政策和刑法之间的这一关系决定了二者不可混淆、不可等同和不可相互替代，但是，在我国过去的司法实践中存在着政策和法律不分的情况。在建国初期，由于我国的刑事法制尚不健全，在处理犯罪方面主要依靠政策，刑事政策实际上代替了刑事法律。董必武后来曾说：“我们通常说依据党和国家的政策办事，这里所指的政策也起着法律的作用。”❷ 这种情况在 1979 年《刑法》和《刑事诉讼法》颁布之后有了较大转变，但是，由于长期受法律虚无主义的影响，此后在形式上，政策与法律不分的现象仍然存在，突出表现为两种情况：一种是直接以政策代替法律，规定犯罪与刑罚的具体问题。例如，1983 年 3 月 29 日中共中央政法委员会政法［83］6 号函，直接指示了个人贪污不满 2 000 元的是否需要判刑的问题；而 1983 年 12 月 20 日中央纪律检查委员会、中央政法委员会《关于严惩严重经济犯罪的意见》更是直接规定了十几种犯罪的定罪与量刑问题。❸ 二是由于受某一具体刑事政策的驱使，在出台一项新的法律或法律解释时，随意突破基本刑事法的规定。例如，1983 年全国人大常委会通过的《关于严惩严重危害社会治安的犯罪分子的决定》，就是在“严打”政策的驱动下，突破了刑法总则“从旧兼从轻”的有关时效问题的规定，规定了“从新”的原则，使该法具有溯及既往的效力。此外，还将几类重要犯罪的上诉期限由 10 天改为 3 天，也明显地违反了《刑事诉讼法》的有关规定。

其四，对刑罚的期望值过高。我国历来有重刑主义的传统，早在春秋战国时期，就有“行刑重其轻者”的刑事政策思想，期望能够通过严刑峻法而收

---

❶ ［日］庄子邦雄：“刑罚制度的基础理论”，载《国外法学》1979 年第 4 期。

❷ 《董必武选集》，人民出版社 1985 年版，第 450 页，转引自肖扬主编：《中国刑事政策和策略问题》，法律出版社 1996 年版，第 8 页。

❸ 于逸生、李本：“刑事政策与犯罪状况的关系初探”，载《法学与实践》1997 年第 2 期。

"禁一奸之罪而止境内之邪"的预防效果，这种思想影响了整个封建社会的行刑理念。但这一目的从来没有实现过，反而造成法愈重则国愈乱，刑愈滥而国愈穷的局面，导致专制统治最终被犯罪所颠覆的结果。我们社会主义国家的刑法虽然同一切剥削阶级的刑法有着本质的区别，但在对犯罪的遏制上也过多地依靠了刑罚这一武器。在这种重刑主义思想影响下，每当社会治安形势恶化，犯罪率上升，人们就会本能地将其原因归结为惩罚不够、打击不力，从而主张加重刑罚，并因此造成了恶性循环，于是只好掀起一次又一次的"严打"战役，具体表现为对严重危害社会治安的犯罪分子"从重""从快"惩处，在司法实践中更青睐于"从重"。而从其本意上来讲，"从重"是指在法律规定的限度之内判处相对较重的刑罚，但是，从我国的历次"严打"来看，大都采取直接提高原定法定刑的做法，例如，1983 年全国人大常委会《关于严惩严重危害社会治安的犯罪分子的决定》就以立法的形式提高了几十种犯罪的法定刑，其中许多都高至死刑。尽管根据社会政治、经济形势的变化对刑法及时调整是有必要的，但是，如此大规模的通过提高法定刑的方式而期望在短期内遏制住犯罪的做法即反映出了立法者的重刑主义倾向。这种简单的做法导致我国刑法中罪名越来越多，刑罚越来越重，特别是死刑的适用范围不断扩大，成为典型的重刑法典。

事实上，刑罚的威慑力是非常有限的，贝卡利亚就曾说过："严峻的刑罚会造成这样一个局面：罪犯所面临的恶果越大也就越敢于规避刑罚。为了摆脱对一次罪行的刑罚，人们会犯下更多的罪行。"❶ 这从我国历次"严打"之后犯罪率不降反升可得到证明。对于遏制犯罪来说，关键在于刑罚的确定性和及时性。列宁曾指出，"有人早就说过，惩罚的防范作用决不在于刑罚的残酷，而在于有罪必究。"❷ 因为，对国民而言，即使刑罚量再小，只要无可避免地落在犯罪人身上，总会让人害怕；相反，即使刑罚非常残酷，但只要给人留下一线能够逃脱的希望，就会鼓励人们出于侥幸心理冒险实施犯罪行为。❸ 而要真正实现有罪必罚，首先就要严密刑事法网，使犯罪分子无隙可穿。由于我国目前的刑事立法尚存在着许多漏洞，故单靠严刑峻法并不能有效地打击和防范犯罪。刑罚的及时性是指，犯罪一旦发生，刑罚就应当在最短的时间内迅速到来，以充分发挥刑罚的功能，实现刑罚目的。"惩罚犯罪的刑罚越是迅速和及

❶ ［意］贝卡利亚著：《论犯罪与刑罚》，黄风译，中国大百科全书出版社 1996 年版，第 43 页。

❷ 《列宁全集（第四卷）》，人民出版社 1984 年版，第 364 页。

❸ 马克昌主编：《近代西方刑法学说史略》，中国检察出版社 1990 年版，第 50 页。

时，就越是公正和有益。……这是因为，犯罪与刑罚之间的时间间隔得越短，在人们心中，犯罪与刑罚这两个概念的联系就越突出，越持续，因而，人们就很自然地把犯罪看做起因，把刑罚看作不可缺少的必然结果。”❶ 边沁也曾指出：“刑罚应尽可能紧随罪行而发生，因为它对人心理的效果将伴随时间间隔而减弱。此外，间隔通过提供逃避制裁的新机会而增加了刑罚的不确定性。”❷ 及时性原则要求司法机关在犯罪发生后，及时侦破，及时控诉，及时审判，使刑罚能在较短的时间内同犯罪联系起来，这样才能实现特殊预防及一般预防之目的。而就我国目前的“严打”，来说，对“从快”的要求多强调在法律规定的范围内快审快判，甚至突破刑事诉讼法的规定办案，而忽视对犯罪案件的及时侦破和处理，即平时“有案不立，立案不破”，“严打”时再突击办案。“不破不立”是当前许多司法机关通常的做法，由于没有立案，侦破人员往往没有工作上的压力或者缺乏责任心，导致许多本来可以迅速破案的案件，长时间得不到侦破。而犯罪分子也由于未及时受到刑罚制裁，带着侥幸心理反复多次实施对社会危害更严重的犯罪，最终酿成惊天大案。因而对于“严打”中的“从重从快”来说，更应强调“从速”破案，多破案件，争取使所有的犯罪分子都能受到及时的惩罚。

（2）刑事政策执行中存在的问题。其一，平时打击不力，“严打”时突击办案。打击犯罪是一项长期的斗争，需要各级司法机关以高度的责任心常抓不懈，但在我国，许多司法机关都习惯于将其作为阶段性的政治任务来完成，每当中央决定要“严打”时，各地都会集中力量对犯罪进行快侦快破，严查严办，大量犯罪分子在短期内就被抓获足见公安机关的破案效率；一旦“严打”过后，则松了一口气，消极对待自已的工作，不但不注意综合治理，甚至连正常的职能都难以发挥，以至养痈遗患，使犯罪越来越多。而国家不可能听任严峻的治安形势继续发展下去，于是只好再次寄希望于“严打”。故从某种程度上来说，“严打”是一个无奈的选择。❸ 这种现象值得我们深思。如果平常能坚持有罪必究，何至于战役期间的“大丰收”？而这种“大丰收”又是以国家和人民的利益遭受更大的损失为代价的。雅虎新闻网 2001 年 9 月 3 日转发了中国新闻社的一条消息，题目是：《“严打”三月破案率 100%，到底是功绩还

❶ ［意］贝卡利亚著：《论犯罪与刑罚》，黄风译，中国大百科全书出版社 1999 年版，第 50 页。

❷ ［英］吉米·边沁著：《立法原理》，李贵方等译，中国人民公安大学出版社 1993 年版，第 69 页。

❸ 刘守芬、汪明亮：“反‘黑’特别司法制度研究”，中国法学会刑法学研究会 2001 年年会论文。

是失职》。这篇报道说："据报载，某市公安局在最近3个月内破获各类刑事案件1 228起，打掉公安挂牌的黑社会性质的犯罪集团4个、黑恶犯罪集团21个，抓捕逃犯41名，重大案件侦破率100%。今天出版的《中国青年报》刊登读者'石言'的来信，就此责问：这到底是功绩还是失职？黑社会性质的犯罪集团和黑恶犯罪集团均非一日可成，少则一两年，多则三五年。为什么我们的公安部门不能将其控制、消灭于萌芽状态？难道该市的这些集团都是在一天或一月内形成的？……一个法治的国家绝对不能靠'严打'、专项治理这些运动来保持社会治安的稳定，我们应着手于日常的治安管理，做好日常的基础工作，做好安全防范工作。如果那样，我们的社会也将更加安宁。"❶

其二，片面追求高效率，忽视人权保障。在贯彻"严打"这一刑事政策过程中，一些司法机关急功近利，片面追求高效率，而忽视了依法办案，严重损害了犯罪嫌疑人和被告人的合法权益。例如，"严打"斗争中，通常由政法委牵头，公、检、法三家集中作业，形成典型的流水线作业，严重影响了司法机关办案的独立性；在"严打"中，有些司法机关突破国家确定的"严打"对象的范围，甚至将一些过失犯罪也"拔高使用"；一些地方为了早日结案，不惜刑讯逼供，损害了刑事诉讼法的正确实施等等。在这种情况下当然无法保证案件的质量，有学者统计，从近年平反冤假错案的情况看，运动中判处的案件比一般情况下判处的案件错的多。❷这就要求我们在"严打"斗争中，无论是"从重"还是"从快"，都必须以保证案件质量为前提，只有这样，才能真正实现社会的公平与正义。

其三，过分强调某一具体刑事政策，忽视基本的刑事政策。在我国刑事政策体系中，惩办与宽大相结合原则是基本的刑事政策，它贯穿于刑事立法与刑事执法的全过程，而其他具体的刑事政策都应服从于这一政策。但从我国的司法实践来看，这一原则并未得到切实贯彻，特别是在"严打"过程中，为了从重，往往不问案由和具体情节，对犯罪分子一律顶格判处刑罚；为了从重，无视犯罪人犯罪后的态度，一律重判。因而在犯罪分子中间流传着这样一句话："坦白从宽，牢底坐穿；抗拒从严，回家过年"。这种做法导致犯罪分子丧失对国家政策的信任，使这一政策成为一句不起作用的空话，也就难以实现特殊预防及一般预防之刑罚目的。

---

❶ 转引自张绍谦："关于'严打'的刑法学思考"，中国法学会刑法学研究会2001年年会论文。

❷ 陈兴良：《刑法哲学》，中国政法大学出版社1997年版，第117页。

四、完善我国刑事政策的构想

（一）近代西方国家的刑事政策对我国的启示

从20世纪中期开始，由于受目的刑论的影响，西方国家掀起了一场轰轰烈烈的刑法改革运动。这场运动以“新社会防卫论”为基础，其代表人物是法国著名学者马克·安赛尔。新社会防卫论有下列主张：一是对现有的与犯罪作斗争的制度进行批判性研究，甚至提出质疑；二是主张联合所有的人文科学，对犯罪现象进行多学科的综合研究，反对单纯强调刑法解决的专有权这一传统观念；三是遵照以下两个互为补充的指导思想建立起一个崭新的刑事政策体系：一方面，坚决反对传统的报复性惩罚制度；另一方面，坚决保护权利，保护人类，提高人类价值，并以此为核心，提出了“合理地组织对犯罪的反应”这一口号。从这一观点出发，刑法不是惟一的、甚至不是主要的对付犯罪的工具，因此首先应当对“预防”予以极大的注意，通过“预防”抵制诱发犯罪的因素，其中包括个人因素和社会机体的因素。在基本的刑事政策方面，自20世纪中期以来，从世界范围看，已达成若干共同性的发展趋势，对此，德国当代著名刑法学家汉姆·海恩里希·耶赛克从刑事政策的角度给予了精辟论述，他通过对犯罪学的研究以及与此相联系的各种研究认为，现代刑事政策在怎样处理犯罪以及应该采取什么方法和手段来战胜犯罪方面，大致已经达成了以下三个共识：其一，立法者为了避免不必要地将某些行为规定为犯罪，同时也为了在一般人的思想上维护刑罚的严肃性，必须将刑法所必须归罪的行为范围限制在维护公共秩序所必需的最低范围之内。其二，犯罪暗数的研究不仅揭示了犯罪的普遍存在，而且发现，同导致人们陷入重罪的诱惑力相比，公民对法律的忠诚更强有力。因此，只要人们对那些现实地威胁法律所保障的和平的严重犯罪还保有免疫力，就不应当认为公共安全受到了威胁。所以，对于有轻微甚至中等程度的犯罪行为的人，应当扩大在自由状态中进行考验的办法。其三，应当使警察和司法机关的工作集中于较严重的犯罪，至于轻微的犯罪则委托给行政机关通过简易程序予以解决。[1] 耶赛克的这段话勾勒出了当今世界性刑法改革运动的一大原则——刑法谦抑原则和两大主题——非犯罪化和非刑罚化，这种刑事政策思想对当今世界各国产生了重大而深远的影响。

但是，这种轻缓型的刑事政策思潮在20世纪70年代遭到了全球范围内日

---

[1] ［德］汉姆·海恩里希·耶赛克：“世界性刑法改革运动概要”，载《法学译丛》1988年第3期。

益高涨的犯罪浪潮的强有力挑战。近20年来，西方国家犯罪大幅度增加，犯罪趋向低龄化、有组织化和国际化，同时，犯罪日益发展为暴力犯罪，并且采用了许多现代高科技手段，造成的危害也更加严重，过去受到宽容的政治犯罪今天也以暴力和恐怖的面目出现，对人们的生活构成极大威胁。而各国政府像以往一样“就事论事”，采取了一些临时措施，如加重法定刑，建立专门监狱或在监狱中设立专门的“高度安全”监区关押恐怖分子和暴力犯罪分子，直至取消刑事诉讼程序的某些保证。意大利、德国、法国以及英国都采取了或准备采取这种性质的措施。当然，这些严厉的措施往往是例外的或临时的，但是其仍然标志着某些西方国家的刑事政策的最新动向。另外，由于刑罚个别化、“重返社会待遇”“医疗方案”等举措耗资巨大，却没有产生预期的效果，人们对此已失去信心，并给予了严厉的抨击，有些国家的不定期刑逐渐被抛弃，重新恢复严格的刑罚法定原则，这些变化也旨在重新恢复对犯罪进行严厉的法律制裁。❶ 这一现象表明，西方诸国在面临犯罪成倍增长，严重的犯罪日益突出，严重影响社会的安定，而又没有别的有效措施的情况下，国家只有对原有刑事政策作出调整，即将上述轻缓型的刑事政策调整为“轻轻重重”的复合型的刑事政策。“轻轻”是为了更好地实现“重重”，使司法机关腾出力量对付重罪；而在西方其他一些国家，特别是北欧诸国，采取的则是“轻轻重重，以轻为主”，即将“重重”作为对“轻轻”的一种补充。❷ 这种根据犯罪的实际情况对刑事政策所作的带有明显两极发展倾向的调整方式对于我们有着一定的借鉴意义。

（二）构建我国未来刑事政策的设想

1. 理论基础：合理组织对犯罪的反应

综上可得，犯罪作为一种特定的社会现象，它的存在具有某种社会必然性，而且也有其自身的运动规律，这就决定了我们不可能将其消灭，也无法将其消灭，这就要求我们对传统的犯罪抗制机制进行反思，确立一种更加科学的与犯罪作斗争的政策思想。在这一点上我们可以借鉴“新社会防卫论”的理论，即“合理地组织对犯罪的反应”。至于如何才能做到“合理地组织对犯罪的反应”？有学者提出应当重点构建以下几个刑事政策思想，对我们今后制定刑事政策有一定的借鉴意义：其一，必须科学认识刑罚的威慑和遏制犯罪的机

❶ ［法］马克·安赛尔：“从社会防护运动角度看西方国家刑事政策的新发展”，载《中外法学》1989年第2期。

❷ 杨春洗主编：《刑事政策论》，北京大学出版社1994年版，第397～400页。

制。刑罚的威慑效应不仅取决于刑罚的严厉性，同时还取决于刑罚的确定性、刑罚的及时性和刑罚的感受性，因此不能简单地寄希望于严刑峻法来遏制犯罪；其二，必须认识刑罚作为一种心理威慑力量作用的局限性，确立刑罚的相对性概念。刑罚尽管是惩罚和预防犯罪的重要手段，但它的作用是有限的，必须与其他社会控制措施协调配合才能发挥其功能；其三，必须改变对犯罪的绝对化的认识，树立现实主义的刑事政策。即应认识到犯罪存在的必然性和合理性，在一定限度和范围内容忍犯罪的存在，使之发挥新陈代谢的功能；其四，必须确立讲究刑罚效益的刑事政策，不使刑罚的运用成为不经济；其五，对现行的与犯罪作斗争的制度进行批判性的研究。在联合其他人文学科展开对犯罪现象的多学科的一体化研究的基础上，根据理性、科学和现代法治精神构筑符合21世纪要求的刑事政策体系和刑罚制度。[1] 这也说明刑事政策不应是对犯罪这种客观的反社会现象的被动反应，而应采取一种主动的、积极的对策去惩治以及预防犯罪。

至于如何确定对犯罪反应的“合理”程度，笔者认为应以是否足以维护社会的稳定为标准。这是因为，刑事政策是以社会本位为出发点的，统治阶级之所以制定、实施刑事政策，其初衷就是为了实现政治目的——维护社会的稳定，主要是指有利于其统治的社会关系和社会秩序，因而，只要现实生活中存在的犯罪状况并未直接影响到社会的稳定，我们就应该认为这是正常的，并对之采取相对宽容的态度，那种想把一切犯罪都赶尽杀绝，创造一个不存在犯罪的理想社会的想法是不切合实际的。是否影响社会稳定还可以作为指导刑事立法和刑事执法的一个依据：在刑事立法中可以据此科学地划定犯罪圈，并规定相应的刑罚幅度；在司法实践中，可以据此对犯罪分子判处适当的刑罚以及对犯罪分子正确适用各种刑罚执行制度。为保证刑事政策的科学性，在刑事政策的制定中还必须遵循一定的原则，如科学原则、法制原则和人权原则。这就要求我们要遵循刑事科学关于预防、惩治和控制犯罪的基本原理和要求，加强刑事政策制定的规范化、民主化；以现代法治精神和国际人权公约为基准，用法治和人权来指导刑事政策的制定；在刑罚外发掘治理违法犯罪的新举措，对犯罪进行综合治理。[2] 要放弃那种以践踏人权为代价的重刑化倾向，这种做法虽然可以平息被害人及其亲属的愤慨，但并未考虑犯罪人及其亲属的内心感受，容易造成新的不稳定因素，实不足取，因为“刑罚犹如双刃之剑，用之得当，

---

[1] 梁根林：“合理地组织对犯罪的反应”，载《金陵法律评论》2001年秋季卷，第5～16页。

[2] 刘仁文：“论刑事政策的制定”，载《金陵法律评论》2001年秋季卷，第17～29页。

国家与社会两受其利，用之不当，国家与社会两受其害。”

2. 从维护社会稳定的角度出发，确立“轻轻重重，轻重结合”的刑事政策

由于刑事政策总是根据犯罪和犯罪人的实际情况而制定的，因而我们有必要首先对犯罪和犯罪人进行分类。关于犯罪的分类，历来是从犯罪原因论及对策论出发，以犯罪主体即犯罪人的特征为标准而进行的。正因为犯罪是特定的犯罪人所实行的，因此，以犯罪人为中心的犯罪分类方法便必不可少。但是，在将对各种犯罪人的刑事政策视为问题以前，一边叙述什么样的犯罪正在以什么样的程度的量在发生，一边具体把握犯罪现象，研究作为大量现象的犯罪原因，采取一般预防或作为防范活动的对策，这也是重要的。因此，犯罪分类，正如具体认识犯罪现象，如凶恶犯的增加表示治安恶化一样，是认识犯罪动向的工具概念。在此意义上讲，犯罪分类是和犯罪人分类并列的刑事政策上的重要课题。❶ 以下我们对其分别进行探讨，以便做到科学决策，最大限度地实现刑事政策预防犯罪和控制犯罪的功能，最终实现社会稳定。

（1）犯罪的分类及其对策。所谓犯罪的分类，是为了把握犯罪原因和犯罪现象，按照一定的基准或特征将犯罪类型化。对于犯罪，根据不同的标准可以进行不同的分类。如以犯罪侵害的客体的性质为标准，可分为危害国家安全犯与普通刑事犯；根据犯罪行为是否违反社会伦理，可以分为自然犯与法定犯；以行为的表现形式为标准，可以分为作为犯与不作为犯；以犯罪的社会危害性程度的轻重为标准，可分为基本犯、加重犯与减轻犯。此外还有多种不同的分类。❷ 以上分类对于了解各类犯罪的特点，认识其社会危害程度，正确适用刑罚，具有重要的意义，但是对于国家根据犯罪的整体情况制定行之有效的刑事政策并无太大的参考价值。我们认为合理的分类方法应以是否直接影响社会稳定为标准，这是因为刑事政策的终极目的是维护社会稳定，刑事政策只有以此为立足点方可奠基于科学的根基。根据犯罪是否直接影响社会稳定或影响程度的大小，可以将其分为以下几类。

第一类，不直接影响社会稳定的犯罪。主要包括一些危害较小的过失犯罪、法定犯以及告诉才处理的犯罪，如过失损毁文物罪、非法狩猎罪、非法捕捞水产品罪、暴力干涉婚姻自由罪、没有造成严重后果的虐待罪、一般的侮辱罪、诽谤罪等。这些犯罪因为其侵犯的社会关系与社会的政治稳定、经济稳定

❶ ［日］大谷实著：《刑事政策学》，黎宏译，法律出版社 2000 年版，第 321 页。

❷ 马克昌主编：《犯罪通论》，武汉大学出版社 1999 年版，第 36～44 页。

和社会大众的心理安全没有直接的联系，因此，对社会稳定没有直接的影响，至于对社会稳定的间接影响或多或少还是存在的。

第二类，直接影响社会稳定的犯罪。除上述第一类外，其他所有的犯罪都对社会稳定直接产生这样或那样的影响，但在具体程度上又有差别，由此又可分为严重影响社会稳定的犯罪和一般影响社会稳定的犯罪。

严重影响社会稳定的犯罪主要包括以下几类：①严重危及他人人身、财产安全的犯罪，特别是暴力犯罪，如杀人、强奸、抢劫、绑架、拐卖妇女、儿童以及盗窃等案件。近年来，这类犯罪的数量持续上升，对社会的危害日益严重，破坏了正常的社会秩序，扰乱了社会的安定，给国家和人民的生命财产造成了重大损失。②聚众性犯罪，如武装叛乱、暴乱罪、聚众扰乱社会秩序罪、聚众冲击国家机关罪等。聚众性犯罪往往参加人数多，原因复杂，涉及面广，且通常伴随着一定的暴力性，因此它对社会的危害并不仅仅是大量的人财物的损失，更重要的是它对一个国家或地区的稳定存在着严重的威胁。③部分危害公共安全的犯罪，如放火、爆炸、投毒、劫机劫船、涉枪犯罪以及造成严重后果的过失犯罪，如重大责任事故罪、重大飞行事故罪等。这些犯罪因多危及不特定多数人的生命、健康或重大公私财产的安全，极易在人民群众中造成恐慌，从而产生不安全感。④有组织犯罪，特别是恐怖组织犯罪和黑社会性质组织犯罪。这些犯罪无论从犯罪主体的规模及内部分工、犯罪类型、犯罪活动的范围、犯罪手段、危害结果、反侦查能力、生存能力都较普通犯罪技高一筹。更为危险的是，此类犯罪有向政治渗透，与腐败共生的倾向，红黑结合，使有了保护伞后的犯罪，更加肆无忌惮。这些犯罪在现阶段的态势正处于趋升时期，特别是恐怖组织犯罪更是当今世界各国面临的一个严重问题，直接影响了人们的生活，在人们的心目中产生了较其他犯罪危害更为严重的印象，对当今社会秩序的破坏力较平常为烈。⑤邪教组织犯罪。邪教不仅利用人们的迷信，毒害人们的思想，摧残人们的肉体和精神，骗取钱财，而且建立非法组织，利用迷信破坏法律实施，冲击国家机关，扰乱社会秩序，企图实现其反动的政治目的，也会严重破坏社会的稳定。⑥贪污贿赂犯罪。贪污贿赂罪的本质在于以公权谋私利，进行权钱交易，其社会危害性不仅表现在侵犯了公共财产所有权，而且严重破坏了国家工作人员人民公仆的形象，玷污了党和政府的声誉。特别是近年来，随着腐败现象的蔓延，作为腐败现象最典型的贪污贿赂犯罪不断增多，严重侵蚀了党和国家的健康肌体，威胁到国家政权存在的基础。群众对此反应比较强烈，从而诱发了许多不安定因素，严重影响到社会的稳定。

一般影响社会稳定的犯罪：除以上六类犯罪之外，其他犯罪也都会直接影响社会稳定，但在程度上轻于上述几类犯罪。

需要指出的是，以上分类只是大体上根据其对社会稳定有无直接影响以及影响程度进行划分的，并不是固定不变的，在一定情况下可能发生转化，即原来对社会稳定无直接影响的犯罪可能对其产生影响甚至严重影响，反之亦然。这就要求我们用发展的眼光看问题，及时掌握犯罪的动态，做到有的放矢。

明确犯罪分类之后，就应针对不同的犯罪采取相应的对策。我们认为，根据我国的实际情况，并参酌西方国家的有关刑事政策，在我国今后较长的一段时间内应采取“轻轻重重”的刑事政策，即对那些（严重）影响社会稳定的犯罪实施（较）严厉的惩罚，而对那些不直接影响社会稳定的甚至部分对社会稳定影响不太严重的犯罪执行轻缓型的刑事政策。主要理由为：第一，这是我国惩办与宽大相结合政策的具体要求。惩办与宽大相结合的刑事政策是我们党和国家最基本的刑事政策，其基本精神就是要求我们在处理犯罪时应针对犯罪分子以及犯罪行为的不同情况做到区别对待、宽严相济、惩办少数、改造多数。其他具体的刑事政策都应以基本刑事政策为基础，不能违背这一原则，而“轻轻重重”正是这一基本刑事政策的具体体现。第二，马克思主义认为，在复杂的事物发展过程中，有许多矛盾存在，其中有主要矛盾和次要矛盾，主要矛盾的存在和发展，规定和影响着其他矛盾的存在和发展。如果不能认识这两种矛盾的差别性，不能具体懂得矛盾的情况，就不能找出解决矛盾的办法。因此我们在解决复杂问题的时候，要善于抓住事物的主要矛盾，这样其他问题也就迎刃而解了。[1] 这就要求我们当前要重点针对那些（严重）影响社会稳定、制约经济发展的犯罪采取严厉措施，以保障国民经济的健康发展和人民群众的生命、财产的安全。

在我国，当前一些严重的犯罪较为突出，在一定程度上影响了社会稳定和经济发展；另一方面，一些轻微的犯罪虽然危害较小，但总体上来看也呈上升趋势，这既是社会体制转型带来的负面影响，也与修订刑法后法网的扩大密切相关。故对我国而言，“轻轻”与“重重”二者应当均衡，即“轻轻重重，轻重结合”。即首先应严惩那些（严重）影响社会稳定的犯罪，表现在刑事立法上，首先应严密刑事法网，这是因为，严密刑事法网比单纯加重惩罚力度更能取得遏制犯罪的功效。例如，针对在司法实践中对受贿罪在客观方面是否须具备“为他人谋取利益”这一要件尚存在着争议这一情况，可参考国外立法，取

[1] 《毛泽东选集（第1卷）》，人民出版社1991年版，第295～297页、第301页。

消这一要件，以便更有效地打击此类犯罪。在法定刑的配置上，对那些（严重）影响社会稳定的犯罪应设置相对较重的刑罚。对于那些不直接影响社会稳定的犯罪甚至一些对社会稳定直接影响较小的犯罪来说，则应采取轻缓的刑事政策。具体到我国司法实践中，对一些法定犯或过失犯罪，可实行非犯罪化或非刑罚化，或多适用缓刑或罚金刑，以避免那些被判处短期徒刑、主观恶性较小的犯罪分子在狱中受到交叉感染，与教育改造犯罪分子的目的背道而驰。回顾我国过去的“严打”，往往过分强调“重重”的一面，忽视甚至抹杀了“轻轻”的一面，个别地区在严重犯罪不突出的情况下，将普通犯罪拔高使用，甚至将交通肇事罪也划为“严打”的范围，这既与我国惩办与宽大相结合的基本刑事政策不符，也违背了“严打”应有的针对性，因而往往达不到应有的效果。

其次，应当充分认识刑罚在抗制犯罪方面的有限作用，将刑法与其他措施并用，实行综合治理。我国的社会治安综合政策，早在20世纪80年代就得到国际社会的普遍赞赏。[1] 但问题在于这一措施并未真正落到实处，“综合治理”在许多地方实际上是“谁也不理”，只注重打击，疏于防范，犯了本末倒置的错误。事实上，对于抗制犯罪来说，预防是关键，单纯的惩办只能治标而不能治本，实践证明效果并不佳。故我们认为，在贯彻“轻轻重重，轻重结合”政策的同时，更重要的是通过推行社会政策，努力创造良好的社会环境，形成遏制犯罪的社会机制。要正确认识特定历史条件下可能造成社会不稳定的主要因素，并及时采取有效对策。目前应采取的主要措施有：进一步深化政治体制改革，加强民主法制建设；大力发展经济，同时重视精神文明建设；切实解决失业、待业及贫富不均问题，改革社会保障制度；加强基层政权和各种社会组织的建设，提高对犯罪的抗制能力；建立有效的社会矛盾化解机制，以减少犯罪；严格各种管理制度，包括财会制度、枪支弹药爆炸物品管理制度等；深入开展反腐败斗争，加强廉政建设等等。通过建立一系列防范措施，将犯罪扼杀于萌芽之中，防患于未然。

（2）犯罪人的分类及其对策。犯罪总是由特定的犯罪人实施的，而刑事政策说到底是以已犯了罪的人或可能犯罪的人为对象的，因而对犯罪人的研究对刑事政策的制定同样具有指导意义。关于犯罪人分类的研究肇始于近代学派。刑事人类学派的代表龙勃罗梭从原因论入手，将犯罪人分为天生犯罪人、精神病型犯罪人、激情犯罪人、机会犯罪人。刑事社会学派的代表李斯特则从处遇

---

[1] 兰明良：“为自由、正义与发展而预防犯罪”，载《国外法学》1986年第2期。

论出发，将犯罪人分为不能改造的犯罪人、可能改造的犯罪人和机会犯，主张对第一类应将其同社会永久隔离，对第二类应进行教育改造，对第三类犯罪人应进行威吓。以上学说将刑法理论由传统的“犯罪行为论”转向了“犯罪行为者论”，使人们开始关注对犯罪人的改造或回归，对现代刑法学的影响长久而深远，但也有很大的局限性，如龙勃罗梭的“天生犯罪人”说之立论有失偏颇，李斯特则不适当地夸大了行为人的反社会性或社会危害性的意义和作用，使得犯罪行为本身失去了固有的独立意义，犯了本末倒置的错误。❶ 我们认为，对犯罪人进行分类，仍应以是否危及社会稳定为标准，理由同前，并根据其特点对其采取不同的对策，方能实现刑事政策之终极目标。据此，可以将犯罪人分为以下几类。

第一类，不危及社会稳定的犯罪人，主要指那些偶然失足、危害不大的少年犯、过失犯、精神障碍犯。在此我们重点探讨少年犯的对策问题。少年犯罪是一个世界性的问题，在许多国家特别是一些发达国家已经成为严重的社会问题之一，但是由于少年犯身心尚未成熟，社会经验不足，是应受保护的对象，并且其可塑性较强，故各国对少年犯均采取不同于成年犯的刑事政策。我们党和政府历来重视少年的健康成长，在 1981 年 8 月 18 日～9 月 9 日召开的第八次全国劳改工作会议《纪要》中专门针对青少年罪犯提出了“三个像”和“六个字”的方针即“……对青少年罪犯要像父母对待患了传染病的孩子、医生对待病人、老师对待犯了错误的学生那样，做耐心细致的教育、感化、挽救工作……”。1991 年 9 月 4 日通过的《中华人民共和国未成年人保护法》又专章规定了对未成年人的“司法保护”，并于第 38 条明文规定，“对违法犯罪的未成年人，实行教育、感化、挽救的方针，坚持教育为主，惩罚为辅的原则”。具体而言，我国对少年违法犯罪采取了以下措施：（1）对违法犯罪的少年根据不同年龄区别对待；（2）对违法犯罪的少年扩大适用非刑罚措施，包括劳动教养、收容教养、工读教育、社会帮教等；（3）对犯罪的少年司法干预从宽，尽量避免关押，代之以免予刑事处分、严格限制适用短期自由刑、广泛适用管制刑以及放宽适用缓刑制度等；（4）对犯罪少年坚持从轻、减轻的处罚原则等等。❷ 这些措施对于少年犯的教育改造有着非常重要的意义。除此之外，我们认为，对少年犯罪应重在预防，如加强对少年的人生观、道德观和价值观的教育，净化社会环境，特别是要净化新闻媒体，割断不轨交往，以防止其误入歧

---

❶ 马克昌主编：《近代西方刑法学说史略》，中国检察出版社 1996 年版，第 182～199 页。

❷ 马克昌主编：《中国刑事政策学》，武汉大学出版社 1993 年版，第 318～335 页。

途等；其次，对少年犯罪司法干预从宽应制定切实可行的保障措施。例如，日本《少年法》规定，对少年犯罪，在向刑事法院提起公诉以前，为了确认有无要保护性，先得将有关案情的全部资料移送家庭法院审查，认为足够给予刑事处分时，再移交给检察官，且移交的案件只限于16岁以上、所犯之罪的法定刑为死刑、徒刑及监禁的少年案件。通常移送检察官的案件，不到总数的1%。对少年犯的刑事处分，则设有如下特例，即对犯罪时未满18岁的人，应当处以死刑的，判处无期刑；应当处以无期刑的，判处10年以上15年以下的徒刑或监禁；对少年所判处的实刑，原则上应为不定期刑，但需规定上限或下限。[1] 而我国《刑法》仅笼统规定对少年犯应从轻或减轻处罚，而在具体执行方面缺乏保障措施，故我们建议作如下修改：从总体上对少年犯"应当减轻或从轻处罚"；具体执行方面，对少年犯尽可能实行非刑罚化或非监禁化，如对造成危害较小的少年犯特别是初犯扩大适用非刑罚措施；对判处3年以下有期徒刑、拘役的少年犯原则上应适用缓刑；对少年犯应禁止适用累犯的规定；对少年犯的减刑、假释条件应适当放宽，例如，在立法上规定少年犯只需执行原判刑期的三分之一即可适用假释。另外，对于少年犯，应由公检法司和学校等机关、单位共同组成帮教委员会，专门负责他们的思想教育工作，以防止他们再次失足。

第二类，危及社会稳定的犯罪人，又可分为两种。

第一种：严重危及社会稳定的犯罪人，主要包括职务犯（特指利用职务进行犯罪的国家工作人员）和累犯，以下对其分别进行论述。

一是职务犯及其对策。任何犯罪都无一例外地具有社会危害性，其危害的程度和方面可能有所不同。而职务犯由于其主体的特殊性，其行为侵犯社会关系的多重性，及对职务的违背性等，表现出更广泛、更严重的社会危害性。此外，职务犯对社会的不良示范作用较之其他犯罪更大，因此，中国政府历来强调对职务犯从严制裁，即从严治吏。但是，当前我国无论在立法上还是司法上都没有体现出对职务犯的从严治理。如贪污罪与盗窃罪同样都侵犯了他人财产权，而贪污罪由国家工作人员利用职务之便实施，理应从严从重处罚，但贪污罪的法定起点数额为5 000元，而根据我国有关司法解释，盗窃罪的起点数额为500～2 000元，这不仅不是从严治吏，反而是从宽治吏。又如，被动型受贿罪的犯罪构成要求行为人为他人谋取利益，这一规定导致行为人虽收受他人财物，但没有为他人谋取利益的行为得不到应有的制裁。另外，在司法实践中

[1] ［日］大谷实著：《刑事政策学》，黎宏译，法律出版社2000年版，第345页。

对职务犯还存在着“以官代刑”，以行政处分代替刑事处分的现象，以至于职务犯越来越多，严重损害了党和政府在人民群众中的威信和形象，腐蚀和毒化了社会风气，对社会稳定的影响极大。针对此，我们应当从党和国家的前途和命运的高度出发，切实贯彻从严治吏的刑事政策。为了严格执行这一刑事政策，首先应完善刑事立法和司法，放宽职务犯罪的成立条件，凡是职务犯罪的成立标准应该比相似的非职务犯罪的标准宽松，在处罚上也应该更为严厉；其次，对职务犯应广泛地适用罚金、没收财产和剥夺政治权利。除完善立法和司法外，还应建立健全各项规章制度，建立职务犯罪的抗制体系，例如，健全举报制度和国家工作人员的财产申报制度等，从而有效地打击和预防职务犯罪。

二是累犯及其对策。“19世纪后半叶以来，累犯问题是犯罪学或刑事政策中最重要的课题”。❶ 累犯虽然曾经服过刑，但在服刑期间他们的恶习并没有得到改造，刑满释放后就重操旧业，疯狂向社会进行报复，故累犯不仅具有严重的社会危害性，而且具有严重的人身危险性，严重影响到社会的稳定，因而如何同累犯作斗争，稳定社会秩序，也就成为当今世界各国面临的共同问题。

我国历来将累犯作为打击的重点，表现在刑事立法中严格区分普通累犯和特别累犯，并在修订刑法时将普通累犯前后犯罪的时间间隔由3年改为5年，表现了我国从严打击累犯的决心。但这也存在有不足之处，即虽然对普通累犯和危害国家安全罪累犯在成立要件上作了区分，但在处罚原则上却是“一刀切”，对累犯规定一律从重处罚。实践证明，如此笼统规定，不利于严厉惩治那些社会危害性较重、人身危险性较大的累犯，因此当前要求进一步修改完善累犯处罚原则的呼声很高。有的学者指出，特别累犯应有别于普通累犯，即对普通累犯应当从重处罚，对特别累犯应当从重或加重处罚。有的学者补充指出，应“增添加重处罚的理由”，并提出借鉴国外累犯加重处罚的立法例，采取有限制的加重，如在法定最高刑以上一格判处的规定或具体规定加重本刑几分之几。❷ 这一思路的基本精神和方向是正确的，但过于重打击而轻预防。我们认为可借鉴国外做法，引入保安处分或不定期刑制度。例如，适用刑罚与保安处分并科，即以刑罚对过去恶性行为予以谴责，以保安处分预防未然犯罪，目前许多国家采取这一立法例，并收到了较好的效果；或者采用相对不定期刑方式，仅规定刑期的上限或下限，由执行机关依犯罪人在服刑期的悔改表现决定最终执行的刑期。以上措施对于消除犯罪人的人身危险性，维护社会稳定有

---

❶ ［日］藤木哲也著：《刑事政策概论（全订第六版）》，中国台湾青林书院2008年版，第388页。

❷ 马克昌主编：《刑罚通论》，武汉大学出版社1999年版，第420页。

着极其重要的意义。

第二种，一般危及社会稳定的犯罪人。除上述几种情况外，其他犯罪人大都可以归为这一种，对于他们应采取相对轻缓的刑事政策。“因为大多数人都是正常发展的，所以对于轻微甚至中等程度的犯罪行为的人，应当扩大在自由状态中进行考验的办法”❶，即尽可能实行非监禁化。其出发点有二：一是减轻监狱等监禁设施的压力，使刑罚执行的成本最小化；二是避免犯罪人在监禁设施内的交叉感染，并使其不至于完全与社会正常生活隔离，刑满后能尽早复归社会。至于罪犯在监狱中的处遇，应贯彻教育为主、惩罚为辅的原则，注意行刑的社会化。“在法治原则下，应当科学、合理和充分地利用诸如假释之类增加罪犯自由度的刑罚执行方式；充分发挥减刑等的激励作用；在科学的理论指导下，合理地减轻对罪犯人身监禁的严厉程度，实行半开放式或者过渡监狱的行刑方式等等。”❷ 最后也是最为重要的一点即是依靠社会力量做好刑满释放人员的安置工作，避免其重蹈覆辙。当然，做到这一点远比单纯的打击要艰难得多，因为“刑事政策极其严重的困难之一是，我们尽力使犯罪人能够适应社会，其本人也恢复了信心，尽管如此，这些犯罪人却发现对他们的真正惩罚是在他们走出监狱之后才开始的，社会排斥他们，使他们的全部生活都由犯罪打上了烙印”。❸ 这就要求我们除借鉴国外立法，建立完善的前科消灭制度和复权制度外，还应做好周围群众的思想工作，妥善安置刑满释放人员的工作、生活，以达到最终实现社会稳定之目的。

---

❶ ［德］汉斯·海因里希·耶赛克：“世界性刑法改革运动概要”，载《法学译丛》1998 年第 3 期。

❷ 孟勤：“犯罪人变化及对策研究”，载《法学》2001 年第 5 期。

❸ ［法］卡斯东·斯特法尼等著：《法国刑法总论精义》，罗结珍译，中国政法大学出版社 1998 年版，第 426 页。

61. 我国洗钱犯罪的现状与刑事立法问题探讨*

洗钱犯罪作为一种国际犯罪，是国际社会通过国际公约予以明文禁止并确认其实施者应当受到刑事制裁的行为。在我国，随着改革开放的深入和刑事司法实践的发展，洗钱行为日益受到社会各界的广泛关注。正是在国际公约和国内犯罪的双重推动下，反洗钱的刑事立法在我国成为现实。

一、洗钱犯罪的形势与刑事控制的现状

第一，洗钱犯罪大量存在。国际反洗钱斗争表明，近年来发展中国家已成为洗钱犯罪的“乐土”。国际反洗钱专家、七国集团金融特殊行动组（FATF）主任贝克2002年访问中国时曾经指出，由于西方国家多年来卓有成效的反洗钱努力，目前洗钱犯罪分子已经改变了目标，将重点放在发展中国家。他们利用这些国家没有反洗钱法和金融机构监管落后等弊端，大肆进行洗钱活动。据亚太组织一位研究洗黑钱问题资深官员称，每年至少有2 000亿美元黑钱通过亚太地区的银行系统转移，而这一地区的洗黑钱问题向来被低估。[1]

第二，洗钱手法多种多样。我国《刑法》第191条规定的洗钱上游犯罪范围为4类，其洗钱行为方式为5种，即提供资金账户、协助将财产转换为现金或者金融票据、通过转账或者其他结算方式协助资金转移、协助将资金汇往境外以及以其他方法掩饰、隐瞒犯罪的违法所得及其收益的性质和来源。实践中，行为人除了通过金融机构实施的上述洗钱行为外，还存在多种其他方式，

---

* 本文在贾济东同志的协作下完成，发表于《中国刑事法杂志》1998年第2期，2001年9月被湖北省法学会评为一等奖；收录于《反洗钱的理论与实践》（中国金融出版社2006年版）、《反腐败法治建设的国际视野（联合国反腐败公约）与中国刑事法治之协调完善研究》（法律出版社2008年版）。

[1] http：//www. nationmidwest. com/free/comment35. htm.

如通过股市和证券交易机构洗钱，通过投资开办公司和实业或与境外公司合资等形式洗钱，通过投资房地产、饮食娱乐等服务行业洗钱，通过出国留学、移民洗钱等，从而使巨额赃款合法化。

第三，洗钱犯罪危害严重。洗钱行为给犯罪所得黑钱披上合法的外衣，掩盖了犯罪的踪迹，为犯罪分子安全、循环使用赃款和继续甚至扩大犯罪提供了便利条件和物质基础，其影响范围广，社会危害性大，这无疑为司法机关准确、及时地查明犯罪、顺利追缴赃款赃物设置了障碍，严重干扰了司法机关同毒品犯罪、黑社会性质的组织犯罪、恐怖活动犯罪和走私犯罪作斗争的正常开展。同时，犯罪分子为了顺利洗钱，往往贿赂国家工作人员或者金融等机构的工作人员，容易助长腐败现象的蔓延。

第四，刑事控制力度堪忧。与洗钱犯罪大量存在的现状相对的却是，有关机关立案侦查的不多，批捕起诉的就更少。之所以出现这种状况，原因是多方面的，如立法不完善、有权解释不及时，反洗钱机构成立晚、力量严重不足、监督手段不力，加之司法机关与行政机关和金融机构等部门之间协调不够，办案手段和保障不到位，等等。其中最为重要的原因是，我国当前经济持续快速发展，人、财、物的流动也急剧加速，而与经济发展配套的政策、法律、制度滞后，以致洗钱犯罪易于得逞，有关机关难以查处。

二、我国反洗钱刑事立法严重滞后

我国反洗钱刑事立法的滞后性主要表现在以下三个方面。

第一，刑法有关规定与司法实践中的发案情况形成明显反差。从湖北省检察机关查处的有关案件看，腐败案件中往往隐含着洗钱行为。例如，原中国长江动力公司（集团）党委书记、董事长兼总经理于某侵吞长动（集团）菲律宾公司国有资产约2.3亿元人民币，其所采取的手法就是非法转移我国有公司股权，并通过菲律宾证券交易委员会办理转移股权签证手续，为其侵吞国有资产披上合法的外衣。然而，由于我国刑法并未将职务犯罪规定为洗钱罪的上游犯罪，因而导致这一领域大量的洗钱行为得不到应有的查处。

第二，刑法有关规定与《金融机构反洗钱规定》相互冲突。中国人民银行制定并于2003年3月1日起施行的《金融机构反洗钱规定》第3条："本规定所称洗钱，是指将毒品犯罪、黑社会性质的组织犯罪、恐怖活动犯罪，走私犯罪或者其他犯罪的违法所得及其产生的收益，通过各种手段掩饰、隐瞒其来源和性质，使其在形式上合法化的行为。"该规定在对毒品犯罪，黑社会性质的组织犯罪、恐怖活动犯罪和走私犯罪进行重点提示的同时，将"其他犯罪"也

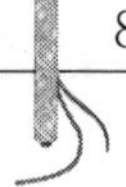

规定为洗钱行为的上游犯罪，是符合洗钱行为的现状和有关国际公约的精神的。《刑法》的有关规定与之相比，则显滞后。

第三，《刑法》有关规定与《联合国打击跨国有组织犯罪公约》和《联合国反腐败公约》的要求不相协调。2000 年 11 月 15 日第 55 届联合国大会审议通过并于 2003 年 9 月 29 日正式生效的《联合国打击跨国有组织犯罪公约》和 2003 年 10 月 31 日第 58 届联合国大会通过的《联合国反腐败公约》均对洗钱犯罪作出了明确而具体的规定。如《联合国打击跨国有组织犯罪公约》第 6 条"洗钱行为的刑事定罪"第 1 款规定了洗钱罪的定义："各缔约国均应依照其本国法律基本原则采取必要的立法及其他措施，将下列故意行为规定为刑事犯罪：（a）（一）明知财产为犯罪所得，为隐瞒或掩饰该财产的非法来源，或为协助任何参与实施上游犯罪者逃避其行为的法律后果而转换或转让财产；（二）明知财产为犯罪所得而隐瞒或掩饰该财产的真实性质、来源、所在地、处置、转移、所有权或有关的权利；（b）在符合其本国法律制度基本概念的情况下：（一）在得到财产时，明知其为犯罪所得而仍获取，占有或使用；（二）参与、合伙或共谋实施，实施未遂，以及协助、教唆、便利和参谋实施本条所确立的任何犯罪。"《联合国反腐败公约》第 23 条"对犯罪所得的洗钱行为"第一款也作了同样的规定。该公约第 14 条关于"预防洗钱的措施"还规定：各缔约国均应当"建立全面的国内管理和监督制度，以便遏制并监测各种形式的洗钱"；"在国家和国际一级开展合作和交换信息，并应当为此目的考虑建立金融情报机构，作为国家中心收集、分析和传递关于潜在洗钱活动的信息"；"实施可行的措施，监测和跟踪现金和有关流通票据跨境转移的情况，但必须有保障措施，以确保信息的正当使用而且不致以任何方式妨碍合法资本的移动"；同时，"缔约国应当努力为打击洗钱而在司法机关、执法机关和金融监管机关之间开展和促进全球、区域、分区域及双边合作"。

我国刑法的有关规定与上述两个国际公约之间的差别是相当大的。

（1）关于上游犯罪的范围。我国限定为毒品犯罪、黑社会性质的组织犯罪、恐怖活动犯罪、走私犯罪四类犯罪，国际公约则无任何限定。

（2）关于洗钱的行为方式。我国《刑法》规定的洗钱行为方式有五种，即提供资金账户、协助将财产转换为现金或者金融票据、通过转账或者其他结算方式协助资金转移、协助将资金汇往境外以及以其他方法掩饰、隐瞒犯罪的违法所得及其收益的性质和来源。国际公约则规定了更为广泛的行为方式，如：转换或转让财产；隐瞒或掩饰财产的真实性质、来源、所在地、处置、转移、所有权或有关的权利；获取、占有或使用犯罪所得财产等等。

(3) 关于犯罪目的。我国刑法规定的是为了掩饰、隐瞒违法所得及其产生的收益的来源和性质，而国际公约的规定还包括为了协助任何参与实施上游犯罪者逃避其行为的法律后果的目的。

(4) 关于洗钱罪的主体范围。我国《刑法》在列举洗钱行为方式时，特意使用了“提供”“协助”等限制性概念，从而排除了毒品犯罪、黑社会性质的组织犯罪、恐怖活动犯罪和走私犯罪的正犯，其范围限于协助这四类犯罪分子实施洗钱行为的人。国际公约则包括任何犯罪的正犯、共犯以及协助犯罪分子实施洗钱行为的人。

(5) 关于洗钱罪的性质和成立范围。我国的洗钱罪是一种狭义的概念，刑法将它规定在“破坏金融管理秩序罪”中，洗钱的方式主要被规定为通过金融机构进行中转的行为。同时，刑法将洗钱罪与窝藏、转移、收购、销售赃物罪，窝藏、转移、隐瞒毒品、毒赃罪，巨额财产来源不明罪和隐瞒境外存款罪等并列规定，洗钱行为与这几类犯罪行为之间不具有包容关系。前述联合国公约则将转换或转让财产，隐瞒或掩饰财产的真实性质、来源、所在地、处置、转移、所有权或有关的权利，获取占有或使用犯罪所得财产等行为均纳入洗钱行为之中，洗钱的方式除了通过金融机构进行中转之外，还存在多种手法。《联合国反腐败公约》第 24 条虽然也规定了“窝赃”犯罪，但其前提是“在不影响本公约第 23 条（对犯罪所得的洗钱行为）的规定的情况下”予以规定的。

三、完善反洗钱刑事立法及有关措施的建议

我国作为公约的签署国和批准国，应该履行公约义务，致力于国际法国内化的工作。同时，随着实践的发展，反洗钱的任务将更加艰巨，如何完善刑事立法和有关措施，将是我们必须直面的一个重大课题。有鉴于此，笔者提出如下建议。

（一）洗钱犯罪单设一章或制定反洗钱特别法

从犯罪的客体来看，刑法分则各章是按照同类客体来划分的，洗钱犯罪有其独立的客体。它除了破坏金融管理秩序外，还侵犯了司法活动的正常进行。如果洗钱活动的领域进一步拓展，上游犯罪的范围进一步扩大，洗钱行为的触及面将更为广泛，洗钱罪所侵犯的客体也将更加复杂，若仍将洗钱罪置于破坏金融管理秩序罪中，则很不适宜。从惩治犯罪的角度来看，单设一章有利于加大打击力度。从国际潮流来看，越来越多的国家和地区制定了专门的反洗钱法律。例如，美国早在 1986 年即已通过《反洗钱控制法》，1990 年 3 月瑞士联邦院通过了《反洗钱诈骗法》，同年法国制定了《金融机构参与反贩毒金钱清

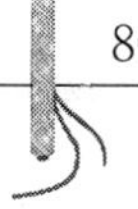

洗法》，德国于1993年通过了《反洗钱法》。将洗钱犯罪单设一章，是与国际反洗钱立法的普遍趋势协调一致的。在《刑法》修改之前，鉴于反洗钱形势严峻，有必要先通过制定反洗钱特别法，为遏制洗钱犯罪提供法律依据。

（二）拓展上游犯罪的范围

《联合国打击跨国有组织犯罪公约》第6条第2款和《联合国反腐败公约》第23款明确要求各缔约国均应寻求将第1款规定的洗钱犯罪适用于范围最为广泛的上游犯罪，同时要求各缔约国均应将构成可受到最高刑至少四年的剥夺自由或更严厉处罚的犯罪，有组织犯罪、腐败犯罪、妨害司法犯罪列为上游犯罪；如果缔约国立法中明确列出上游犯罪清单，则至少应在这类清单中列出与有组织犯罪集团有关的范围广泛的各种犯罪。该条还要求各缔约国均应向联合国秘书长提供其实施本条的法律以及这类法律随后的任何修改的副本或说明。可见，拓展上游犯罪的范围，既是我国司法实践的要求，也是我国作为上述两公约的缔约国所应尽的义务。因此，笔者主张，参照2003年3月1日施行的中国人民银行关于《金融机构反洗钱规定》第三条的有关规定，将我国《刑法》第191条洗钱罪的上游犯罪修改为“毒品犯罪、黑社会性质的组织犯罪、恐怖活动犯罪、走私犯罪或者其他犯罪”，这样，既不违背突出打击重点的立法宗旨，又履行了国际公约的义务，有利于对洗钱行为的有效预防和刑事控制。

（三）修改洗钱行为方式

随着金融制度的改革和管理措施的完善，洗钱者会发现，利用金融机构为中介进行洗钱犯罪越来越困难，他们将逐渐冷落金融机构这个工具，而把注意力日益转向直接投资等领域，以规避银行的监督。因此，我们应及时研究实践中的新情况、新问题、新动向，将非法金融活动以外的洗钱行为也纳入反洗钱立法的视野，条分缕析各种洗钱行为方式，分别规定与之相适应的刑事责任。

（四）适当提高法定刑

《刑法》第191条规定，对于个人犯洗钱罪的，没收违法所得及其产生的收益，处5年以下有期徒刑或者拘役，并处或者单处洗钱数额5%以上20%以下罚金；情节严重的，处5年以上10年以下有期徒刑，并处洗钱数额5%以上20%以下罚金。单位犯洗钱罪的，对单位判处罚金，并对其直接负责的主管人员和其他直接责任人员，处5年以下有期徒刑或者拘役。2001年12月29日《中华人民共和国刑法修正案（三）》第7条对《刑法》第191条关于单位犯罪的处罚规定进行了修改，在“对单位判处罚金，并对其直接负责的主管人员和其他直接责任人员，处五年以下有期徒刑或者拘役”之外，增加规定了

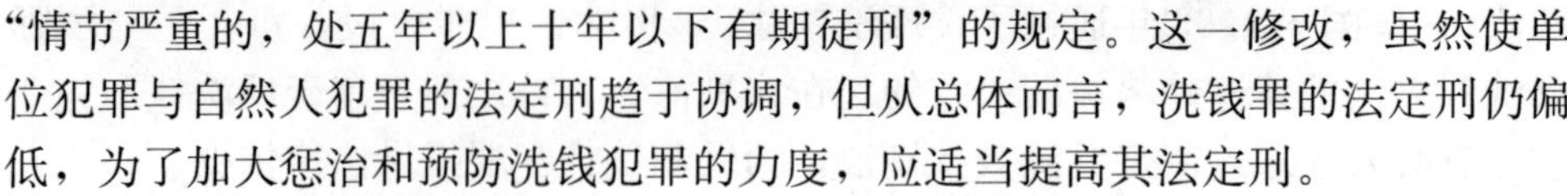

“情节严重的，处五年以上十年以下有期徒刑”的规定。这一修改，虽然使单位犯罪与自然人犯罪的法定刑趋于协调，但从总体而言，洗钱罪的法定刑仍偏低，为了加大惩治和预防洗钱犯罪的力度，应适当提高其法定刑。

（五）完善刑事程序法的有关规定

检察机关在查处职务犯罪时，往往会发现非国家工作人员协助国家工作人员进行洗钱的线索，如果严格按照管辖的规定，将有关线索移交公安机关查处，不仅会贻误时机，造成巨额赃款被转移或犯罪嫌疑人潜逃国外的严重后果，而且也不利于对有关职务犯罪的查证。因此，这种管辖规定不符合司法规律和刑事发案的特点。建议修改《刑事程序法》，赋予检察机关在查处职务犯罪时发现涉嫌洗钱犯罪的查处权力。

（六）及时出台刑法有权解释

刑法对洗钱犯罪的有关规定比较原则，不可能穷尽司法实践中的一切具体问题。同时，我国《刑法》对洗钱罪与有关犯罪如窝藏、转移、收购、销售赃物罪，窝藏、转移、隐瞒毒品、毒赃罪等予以并列规定，与国际公约的有关规定不尽一致，而且，在实践中如何正确使用法律，如何认定洗钱的行为方式、主体和“明知”故意，如何把握情节严重的程度，如何量化、细化等，都有待立法解释和司法解释作出回答。可见，及时、准确、规范的刑法有权解释对司法实践至关重要。